中国环境百科全书

选编本

环境法学

《环境法学》编写委员会　编著

主　编　王　曦

中国环境出版社·北京

图书在版编目（CIP）数据

环境法学/《环境法学》编写委员会编著. —北京：中国环境出版社，2017.6

（《中国环境百科全书》选编本）

ISBN 978-7-5111-1146-3

Ⅰ. ①环… Ⅱ. ①环… Ⅲ. ①环境法学—中国 Ⅳ. ①D922.68

中国版本图书馆 CIP 数据核字（2016）第 314999 号

出版发行 中国环境出版社
（100062 北京市东城区广渠门内大街 16 号）
网 址：http://www.cesp.com.cn
电子邮箱：bjgl@cesp.com.cn
联系电话：010-67112765（编辑管理部）
发行热线：010-67125803，010-67113405（传真）

印 刷 北京盛通印刷股份有限公司
经 销 各地新华书店
版 次 2017 年 6 月第 1 版
印 次 2017 年 6 月第 1 次印刷
开 本 787×1092 1/16
印 张 17
字 数 440 千字
定 价 92.00 元

编写委员会

主　　编　王　曦

编　　委　（按姓氏汉语拼音排序）

陈维春　高　琪　戈华清　巩　固　胡　苑
李广兵　李　威　李亚虹　卢　锟　罗　吉
罗文君　秦天宝　邵琛霞　唐　瑭　王清华
王文革　王小钢　王小军　谢海波　徐丰果
杨华国　杨　兴　赵　俊　周　卫　朱达俊
朱建国　朱晓勤　（日）北川秀树

参编人员　（按姓氏汉语拼音排序）

高　莉　罗　琼　王　彦　王　珍　庄　超

出版说明

《中国环境百科全书》（以下简称《全书》）是一部大型的专业百科全书，选收条目 8 000 余条，总字数达 1 000 多万字，对环境保护的理论知识及相关技术进行了全面、系统的介绍和阐述，可供环境科学研究、教育、管理人员参考和使用，也可供具有高中以上文化程度的广大读者查阅和学习。

《全书》是在环境保护部的领导下，组织近 1 000 名环境科学、环境工程及相关领域的专家学者共同编写的。在《全书》按条目的汉语拼音字母顺序混编分卷出版以前，我们先按分支和知识门类整理成选编本，不分顺序，先编完的先出，以求早日提供广大读者使用。

《全书》是一项重大环境文化和科学技术基础平台建设工程。其内容横跨自然科学、技术与工程科学、社会科学等众多领域，编纂工作难度是可想而知的，加上我们编辑水平有限，一定会有许多不足之处。此外，各选编本是陆续编辑出版的，有关条目的调整、内容和体例的统一、参见和检索系统的建立，以及《全书》的编写组织和审校等，还有大量工作须在混编成卷时进行，我们诚恳地期望广大读者提出批评和改进意见。

中国环境出版社

2015 年 1 月

前　言

《中国环境百科全书》是我国第一部大型环境保护专业百科全书。环境法学分支是其中的一个重要组成部分。作为一部工具书，这个分支的使命是通过词条和词条体系，全面、准确地反映环境法领域里的主要概念、原理和制度，为读者正确认识环境法律现象提供工具性支持。这个分支所包含的词条分为总论、环境保护基础法律、环境污染防治法律、自然资源利用与保护法律、环境与资源保护专门事项法律、环境资源保护相关法律、环境保护行政法规、地方环境保护法规、环境保护国际法律文件、外国环境法和中外环境法重要案例几个部分。它们比较科学、全面地反映了环境法律现象和环境法学的全貌。

当前，国际社会和我国的环境法治都在蓬勃发展。2015 年通过的关于气候变化问题的《巴黎协定》标志着国际环境法的发展进入了一个新阶段。2014 年修订的《中华人民共和国环境保护法》通过建立有关规范和约束有关环境的政府行为的制度，使我国的环境法律首次覆盖了环保事业的全部主体，为我国的环境治理提供了全面的制度保障框架。在这个新形势下，政府环境管理大为加强，环境公益诉讼方兴未艾，我国生态文明建设出现了一个前所未有的蓬勃发展新局面，由此人们对环境法日益关注。因此，《环境法学》选编本的出版恰逢其时。我们希望它能够成为环保事业的各方主体，如党政领导、行政官员、企业家、居民和社会组织、司法界人士、教育者、研究人员和学生运用和研究环境法的案头书之一，并对他们的有所帮助。

2009 年，经环境保护部政策法规司推荐，我应邀参加《中国环境百科全书》编纂工程的筹备活动。在此过程中，我牵头起草了环境法学分支的词条建议稿并开始联系词条作者。2012 年 4 月，我正式受聘主持《中国环境百科全书》环境法学分支的编撰工作。我组织了一个以中青年学者为主的编委会来从事这项工作。编委会成员有北川秀树（日本京都龙谷大学）、陈维春［华北电力大学（北京）］、高琪（上海交通大学）、戈华清（南京信息工程大学）、巩固（浙江大学）、胡苑（上海财经大学）、李广兵（武汉大学）、李威（河南工程大学）、李亚虹（香港大学）、卢锟（上海海洋大学）、罗吉（武汉大学）、罗文君（湖北经济学院）、秦天宝（武汉大学）、邵琛霞（南京审计大学）、唐瑭（上海海洋大学）、王清华（上海锦天城律师事务所）、王文革（上海政法大学）、王小钢（吉林大学）、王小军（上海海洋大学）、谢海波（上海应用技术大学）、徐丰果（中南林业科技大学）、杨华国（浙江嘉兴学院）、杨兴（广东金融学院）、赵俊（上海政法大学）、周卫（深圳大学）、朱达俊（中共南京市委党校）、朱建国（中国农业科学研究院）、朱晓勤（厦门大学）。我负责这个分支的词条总体设计、分工与协调、词条初稿审改，并与出版社合作审定词条终稿。卢锟博士协助我做了大量的联络、协调和词条修改等工作。编委会成员都是词条的撰写者，并几易其稿，为此付出了极大的努力。借此机会，我对这个团队所有成员的辛勤工作和大力支持表示衷心感谢！

本书的编撰始终得到环境保护部政策法规司、中国环境出版社等单位的领导和专家的关心和大力支持。同行专家认真审阅了词条体系和词条初稿并提出了很好的修改意见。本书的编辑对词条给予认真、细致的审读并提出很好的编辑意见。在此我对他们一并表示衷心感谢！

对我和我的团队来说，编撰这部工具书是一项新的工作。虽然我们付出了极大的努力，但由于经验不足，水平所限，书中难免出现错误。特别是，由于本书的编撰时间比较长，在此期间我国环境法治的一些最新的发展没有来得及纳入本书，这只有留待今后弥补。因此我们衷心希望读者不吝赐教，提出宝贵的意见和建议，以便将来不断改进本书。

王　曦　博士
上海交通大学法学院教授
上海市人民政府参事
第九至第十一届全国政协委员
世界自然保护联盟环境法学院（IUCN-AEL）第六届“资深学者奖”获得者（2014 年）

凡　例

1．本选编本共收条目 151 条。

2．本选编本条目按条目标题的汉语拼音字母顺序排列。首字同音时，按阴平、阳平、上声、去声的声调顺序排列；同音、同调时，按首字的起笔笔形一（横）、丨（竖）、丿（撇）、丶（点）、フ（折，包括亅乚く等）的顺序排列。首字相同时，按第二字的音、调、起笔笔形的顺序排列，余类推。

3．本选编本附有条目分类索引，以便读者了解本学科的全貌和按知识结构查阅有关条目。

4．条目标题上方加注汉语拼音，所有条目标题均附有外文名。

5．条目释文开始一般不重复条目标题，释文力求规范、简明。

6．较长条目的释文，设置层次标题，并用不同的字体表示不同的层次标题。

7．一个条目的内容涉及其他条目并需由其他条目的释文补充的，采用“参见”的方式。所参见的条目标题用楷体字排印。一个条目（层次标题）的内容在其他条目中已进行详细阐述，本条（层次标题）不必重述的，采用“见”的方式，例如：“环境法”条中，在叙述国际环境法外延时，表示为“**国际环境法的外延**　见国际环境法。”

8．在重要的条目释文后附有推荐书目，供读者选读。

9．本选编本附有全部条目的汉字笔画索引、外文索引。

10．本选编本中的科学技术名词，以全国科学技术名词审定委员会公布的为准，未经审定和尚未统一的，从习惯。

目　录

条目音序目录

A

Agenting Su Wulagui Wulagui He Yan'an Zhijiangchang An，2010 nian

阿根廷诉乌拉圭乌拉圭河沿岸纸浆厂案，2010 年 （Argentina v. Uruguay（on the pulp mills on the Uruguay River），2010） 联合国国际法院审理并于2010年做出判决的阿根廷与乌拉圭之间因乌拉圭在边界河流乌拉圭河的本国一侧建设纸浆厂而引起的国际争端。该判决是国际法院在1997年匈牙利与斯洛伐克之间的加布奇科沃-大毛罗斯大坝案之后，就相邻国家在边界河流利用过程中产生的争端做出的第二个判决。

案情简介 乌拉圭河是一条国际性河流，上游在巴西境内，中游为巴西与阿根廷的界河，下游是阿根廷与乌拉圭的界河。1975 年，阿根廷与乌拉圭签署了有关乌拉圭河国际法律地位的规约——《乌拉圭河规约》(简称《1975 年规约》)，就该河流的航行安全、引航、港口设施的利用、救助、打捞，水资源、河床与底土的利用，自然资源的保护与开发，河流污染的预防与治理等事项，明确了两国的权利与义务。根据《1975 年规约》，两国共同建立了乌拉圭河管理委员会，负责管理《1975 年规约》的具体实施。《1975 年规约》还规定，两国因规约的实施产生争端，在无法通过协商加以解决时，将提交国际法院做出裁判。2003 年起，乌拉圭政府先后批准在乌拉圭河本国沿岸一侧建立两家纸浆厂。第一家纸浆厂——CMB（ENCE）纸浆厂由西班牙国家纤维公司投资成立，后因放弃投资未能建成。第二家纸浆厂简称 Orion（Botnia）纸浆厂，由芬兰 Botnia 森林公司（欧洲第二大纸浆生产商）投资兴建，位于乌拉圭河的左岸，在 CMB（ENCE）纸浆厂选址下游数千米，离弗赖本托斯市不远。该纸浆厂自 2007 年 11 月 9 日起开始运营。对于该纸浆厂给乌拉圭河造成的环境污染问题，两国政府之间始终存在分歧。

2006 年 5 月 4 日，阿根廷向国际法院提出诉讼，指控乌拉圭违反了《1975 年规约》，并要求其承担法律责任。国际法院于 2006 年 7 月 13 日裁定根据其当时掌握的情况，无须行使《1975 年规约》第 41 条规定的查明临时措施的权力。

2006 年 11 月 29 日，乌拉圭也提出了要求查明临时措施的请求，请求国际法院命令阿根廷采取“一切合理和适当的步骤……防止或结束对乌拉圭与阿根廷之间运输的阻断，包括对两国间桥梁或道路的封锁”。国际法院于 2007 年 1 月 23 日裁定根据国际法院当时掌握的情况，无须行使《1975 年规约》第 41 条规定的权力。国际法院同时再次呼吁争执双方履行各自应当承担的国际义务，本着诚意根据《1975 年规约》展开磋商与合作，避免进一步采取不利于解决目前争端的任何行动。

阿根廷和乌拉圭分别在 2006 年 7 月 13 日的命令设定的期限内提交了诉状和辩诉状。

2009 年 9 月 14 日至 10 月 2 日，举行了公开听讯。2010 年 4 月 20 日，国际法院做出判决，裁定乌拉圭违反了《1975 年规约》所规定的程序性义务。

诉讼请求 在2009年9月29日的听证会上，阿根廷完全支持其在诉状、答辩状和口头诉讼中所述的所有理由，要求国际法院：①裁定乌拉圭通过授权建造CMB（ENCE）和在乌拉圭河左岸建成并运作Orion（Botnia）纸浆厂及其相关设施，违反了《1975年规约》规定的其应承担的各项义务，对此负有国际责任。②裁定并宣布，乌拉圭因此必须恢复对《1975年规约》对其规定的义务的严格遵守；立即停止其负有责任的国际不法行为；在当地并在法律意义上恢复实施国际不法行为之前的局势；对这些国际不法行为所造成的损失（正在恢复的局势无法补救这种损失）对阿根廷进行赔偿，赔偿数额将由国际法院在诉讼的下一个阶段决定；提供足够的保证，保证今后不再阻止适用《1975年规约》，特别是该规约第二章设立的协商程序。

在2009年10月2日的听证会上，乌拉圭则提出："根据在乌拉圭的反诉状、答辩状和口头诉讼期间所列的事实和论据，乌拉圭要求国际法院裁定并宣布，驳回阿根廷所提交的请求，肯定乌拉圭按照《1975年规约》的规定继续经营Botnia纸浆厂的权利。"

另外，阿根廷的请求书附有一项查明临时措施的请求，请求国际法院命令乌拉圭在国际法院做出最后裁决之前，暂不批准建造纸浆厂和所有建筑工程，为保护和养护乌拉圭河的水环境同阿根廷合作，并且不要为建造两个纸浆厂采取任何与《1975年规约》不符的进一步单方面行动，也不要采取任何其他可能加剧争端或使争端更难解决的行动。

法院裁决 2010年4月20日，国际法院法官经过集体讨论做出判决：①认定乌拉圭违反了其根据《1975年规约》第7条至第12条承担的有关边界河流环境保护的程序性义务；②认定乌拉圭未违反其根据《1975年规约》第35条、第36条和第41条承担的实质性义务，理由是纸浆厂并没有给乌拉圭河造成实际污染；③一致驳回各方提出的所有其他主张。

裁决理由 国际法院在判决书中分别就乌拉圭违反《1975年规约》的程序性义务和实质性义务阐述了判决理由。

关于违反程序性义务 国际法院对乌拉圭违反《1975年规约》所规定的程序性义务的指控进行了分析。

程序性义务和实质性义务之间的联系 《1975年规约》规定这两类义务在预防方面存在功能性联系，但从这些义务各自的内容看，这种联系并不能使缔约方免于分别履行这些义务并在必要时视情况承担违反义务的责任的要求。

程序性义务及其相互关系 国际法院认为，乌拉圭在为建造两家纸浆厂和临近Orion（Botnia）纸浆厂的港口码头发放初步环境许可之前，没有将计划开展的工程告知乌拉圭河管理委员会，而且关于两家纸浆厂的环境影响评估报告是在发放初步环境许可之后才通过乌拉圭河管理委员会向阿根廷转交的。因此，乌拉圭未能遵守《1975年规约》第7条规定的义务，即通过乌拉圭河管理委员会将计划通知阿根廷。

双方是否同意偏离《1975年规约》所规定的程序性义务 阿根廷和乌拉圭曾于2004年达成"谅解"，但只涉及CMB（ENCE）纸浆厂项目，且乌拉圭在"谅解"中同意提交给乌拉圭河管理委员会的信息一直没有提交。国际法院的结论是，如果2004年"谅解"的目的在于免除乌拉圭在《1975年规约》第7条下的义务，那么，由于乌拉圭并未遵守"谅解"的条款，因此，不能视为乌拉圭不用遵守该规约第7条规定的程序性义务。

设立高级技术组的协定也没有允许乌拉圭偏离其《1975年规约》第7条规定的提供信息和通知的义务，而乌拉圭在谈判期限到期之前批准建造纸浆厂以及在弗赖本托斯市建造港口码头的做法违反了该规约第12条规定的谈判义务。因此，乌拉圭构成了对该规约第7至第12条规定的整个合作机制的漠视。

乌拉圭在谈判期限结束之后的义务 在《1975年规约》第12条规定的谈判期限于2006

年 2 月 3 日到期之后，乌拉圭没有承担任何“不建造的义务”。双方在当天确认，在高级技术组范围内开展的谈判已失败。因此，乌拉圭的不当行为不可超越该时期。

关于违反实质性义务 国际法院在确认了乌拉圭违反了其告知、通知和谈判的程序性义务后，又对其违反《1975 年规约》所规定的实质性义务的指控进行了分析。

促进河流得到最佳和合理利用的义务 国际法院注意到，最佳和合理利用要通过履行《1975 年规约》所规定的保护环境和共同管理这一共有资源的义务来实现。

实现最佳和合理利用要求平衡缔约方的权利，还需要在利用河流开展经济和商业活动的同时保护其不受到这种活动可能引起的环境损害。对平衡权利的需求在《1975 年规约》有关缔约方权利和义务的多项条款中均有体现。国际法院按照这些条款以及其中规定的权利和义务对乌拉圭批准建造和运作 Orion（Botnia）纸浆厂的行为进行评估。

确保对土壤和林地的管理不损害河流系统及河流水质的义务 国际法院认为，阿根廷尚未证实其论点，即乌拉圭关于大规模开展桉树种植、向 Orion（Botnia）纸浆厂供应原材料的决定不仅对土壤和乌拉圭林地的管理产生影响，而且对河流的水质也有影响。

协调措施以避免生态平衡发生变化的义务 《1975 年规约》第 36 条规定：“缔约方应通过委员会协调必要的措施，以避免生态平衡发生任何变化，并控制虫害和河流及受其影响的地区的其他有害因素。” 阿根廷尚未令人信服地证明，乌拉圭拒绝进行该规约第 36 条所规定的这种协调，因此违反了该规定。

防止污染和保护水环境的义务 国际法院认为，缔约方按照《1975 年规约》第 41 条的规定承担的义务是在其各自的国内法律制度体系框架内采取适当的规则和措施来保护和维护水环境并防止污染。

①环境影响评估。为使各缔约方适当地履行第 41 条（a）款和（b）款承担的义务，必须进行环境影响评估。该案中，争端在于在环境影响评估中是否一定考虑了可能的备选地点，虑及待建工厂所在地区河流可能的承受能力；是否应（或者事实上）与沿岸的乌拉圭人和阿根廷人进行讨论。对此，国际法院指出，乌拉圭的确对 4 个地点进行了评估，然后才选定在弗赖本托斯市建造 Orion（Botnia）纸浆厂，并且确实与受影响的人口进行了商议。②Orion（Botnia）纸浆厂所用生产技术的问题。国际法院指出，没有证据证明 Orion（Botnia）纸浆厂在生产每吨纸浆所排放的污水方面没有遵守最佳可用技术。③污水排放对河流水质的影响。由于在工厂投产之前乌拉圭河的总磷浓度就相对较高，并考虑到乌拉圭以赔偿形式所采取的行动，河流中的总磷浓度超过了乌拉圭水质标准这一事实不能被视为违反了《1975 年规约》第 41 条（a）款的规定。此外，没有证据证明 2009 年发生的赤潮、酚类物质的汇集、河流中发现的壬基酚以及河流中二噁英和呋喃浓度的增加与 Orion（Botnia）纸浆厂的运作之间存在关联。④对生物多样性的影响。法院没有找到充足的证据得出乌拉圭违反了其保护水环境（包括保护动物和植物）的义务的结论。尚未证实 Orion（Botnia）纸浆厂的污水排放与阿根廷的乌拉圭河环境监测方案的研究结果所报道的轮虫畸形或者在萨瓦洛鱼中发现二噁英或脂肪减少之间存在关联。⑤大气污染。国际法院认为，没有任何明确的证据表明，Orion（Botnia）纸浆厂通过向大气排放有害物质而使其进入了水环境。记录中没有确凿证据证明乌拉圭没有适当尽职行事，也不能证明 Orion（Botnia）纸浆厂自投产以来所排放的污水会产生有害影响或对河流的生物资源、水质或生态平衡造成损害。因此，根据提交给国际法院的证据，国际法院的结论是，乌拉圭没有违反其根据该规约第 41 条承担的义务。⑥持续义务：监测。缔约双方都有义务使乌拉圭河管理委员会连续行使《1975 年规约》所赋予它的权力，其中包括监测河流水质和评估 Orion（Botnia）纸浆厂运作对水生环境的影响。就乌拉圭而言，它有义务继

续按照该规约第 41 条的规定监测纸浆厂的运作，确保其遵守乌拉圭的国内法规和乌拉圭河管理委员会所确立的标准。

案件影响 这起国际环境纠纷，在国际环境保护实践、国际环境法学上均有重要意义，已成为边界河流环境法律争端中比较典型的案例。在国际环境保护实践方面，国际法院对该案的判决表明，双边水资源纠纷的处理，必须严格按照双方的条约约定来执行，并应密切展开磋商和合作，环境问题最终需要通过协商解决。

在国际环境法学领域，该案的判决结论及其论证过程，对于国际法上的边界河流制度，特别是跨界环境损害责任法律制度的理论发展，具有积极意义。 （朱达俊 王曦）

Aodaliya、Xinxilan Su Faguo Heshiyan An，1974 nian

澳大利亚、新西兰诉法国核试验案，1974 年 （Australia and New Zealand v. France（on nuclear tests），1974） 由联合国国际法院审理的澳大利亚和新西兰因法国在南太平洋的核试验活动而对法国提起的诉讼。

案情简介 1966—1972 年，法国在南太平洋的法属波利尼西亚进行了一系列的大气层核武器试验。试验期间，法国宣布某个地区为“禁区”和“危险区”，不允许外国飞机和船舶通过。1973 年，法国声明计划进一步进行空中核试验。澳大利亚和新西兰于 1973 年 5 月 9 日分别在国际法院对法国提起诉讼。同年 5 月 16 日，斐济政府向法院提出允许它参加上述两国诉讼的请求。同日，法国政府发表声明，否认国际法院对该案有管辖权，表示不接受国际法院的管辖，并要求法院撤销该案。

此后法国多次公开声明不再进行空中核试验，因此，1974 年 12 月 20 日，国际法院以 9 票对 6 票做出判决，分别判定澳大利亚和新西兰的请求不再有标的，法院因而无须对此做出裁决。

诉讼请求 澳大利亚请求法院：依法判决，宣布“在南太平洋继续进行大气层核试验不符合国际法可适用的规则”，并命令“法兰西共和国不得继续进行此类试验”。

新西兰请求法院：依法判决，宣布“法国政府在南太平洋地区进行核试验，引起放射性微粒回降构成侵犯新西兰按照国际法享有的权利，继续此类试验将侵犯这些权利”。

在此案中，澳大利亚对法国核试验的违法性根据列举了以下三点：①禁止大气层核试验是普遍性的法规，违反这一法规的话，国际社会的所有国家都将具有起诉的当事者资格；②法国的核试验侵害了受其巨大威胁的国家及其国民的权利，特别是核试验引起的放射性微粒回降，严重侵犯了原告国的领土主权以及主权独立的权利；③法国的核试验对公海及其上空的船舶、飞机的通航造成了严重妨害，且放射性物质导致了公海严重的污染等，极大地侵犯了公海自由。新西兰除列举法国的核试验违反了“禁止在大气层进行核试验”和“禁止污染人类环境”两条具有普遍性的法规外，还强调法国核试验严重侵害了新西兰领土主权、人身安全和公海自由三项权利。

临时保全措施 1973 年 6 月 22 日，国际法院以 8 票对 6 票做出两项命令，指示在做出最后判决以前，澳大利亚、新西兰和法国应各自保证不采取任何会恶化或扩大提交法院的该争端，或损害对方执行法院可能做出的决定的权利的行动，尤其是法国政府应避免进行对澳大利亚和新西兰领土造成放射性微粒回降的核试验。

法院裁决 国际法院认为，请求国原先和最终的目的是要停止这些试验；法国在 1974 年的多次公开声明中宣布，在 1974 年的一系列大气层试验完成后，法国将停止进行这种试验；法院认为请求国的目的实际上已经达到，因为法国已承担义务不再在南太平洋大气层进行核试验；争端因而已消失，诉讼请求不再有标的，无从做出判决。

判决宣布后，指示临时保全措施的 1973 年 6 月 22 日命令不再有效，有关措施也终止。

裁决理由 法院的裁决，特别提及了法国声明的地位和范围，认为：以单方面的行为做出的有关法律或事实情况的声明可以具有创造法律义务的效力，这已经得到公认。

在该案中，请求国虽然承认争端可能由法国的单方面声明而解决，仍然认为在法国上述声明发表后，存在进一步进行大气层试验的可能性。然而国际法院考虑到法国的用意和声明时的情况，认为其构成法国的一项保证。法国已向全世界，包括请求国，即澳大利亚和新西兰，准备实际中止大气层核试验。必须假定其他国家注意到这些声明并相信它们是有效的。

案件影响 该案是国际法院受理的第一起关于核试验的案件。虽因法国拒绝出庭应诉而未进入实质性审理阶段，但国际法院的判决在该问题上关于国际法原则、规则的理解与运用，对国际环境法的形成与发展起到了重要作用。

①核试验是否符合国际法。该案中，国际法院并没有就核试验是否符合国际法做出实质性判决，只在程序规章中指示了临时保全措施，要求法国不得采取可能恶化和扩大争端的任何行动，避免进行可能在澳大利亚和新西兰领土上产生放射性尘埃的核试验。法院的措施暗示了法国的核试验行为符合国际法，但是在自己的领土上进行试验时不得损害其他国家的环境。因此，该案的主要问题是“合法行为所引起的跨界损害后果”。

澳大利亚和新西兰试图让国际法院宣布法国的核试验不合法，虽然未能成功，但是这一诉讼，以及早先在澳大利亚和其他地方进行的核试验造成长期影响的证据，促成了1985年南太平洋地区无核区的建立。禁止《南太平洋无核区条约》成员在该区域进行核试验，禁止在该区域海洋倾倒放射性废物，说明了区域性的和国际上基于环境的考虑对这类活动的反对正在增强。这对1996年通过《全面禁止核试验条约》是一个推动。

②核试验的环境污染问题。澳大利亚和新西兰主要围绕核试验的环境损害和污染等问题提出主张，并提出了证明法国的核试验可能造成环境损害的初步证据，国际法院在指示临时保全措施的命令中对此予以肯定。从法院的临时保全措施命令中可以看出，空中核试验把放射性微粒释放到大气层中，对空间造成污染，这是国际法所不允许的，因为各国有防止跨界污染的义务。

③单方面声明的法律效力。法院在判决中就单边许诺的法律意义进行了论证：以单边行为的方式做出涉及法律或事实情况的宣言可以有产生法律义务的效果。当做出宣言的国家有意按照宣言的字句受其拘束时，就赋予其所采取的立场以法律义务的性质，该国从此以后就在法律上必须以其宣言作为行为准则。虽然并不是任何单边行为都引起义务，但是当国家做出限制其将来行动自由的宣言时，应当予以限制的解释。

国际法院的判决解释称，原告的目的是终止法国的核试验，而现在法国已经单方面宣告停止核试验了，所以，原告国的诉讼请求目的已达到，法院没有必要对该案做进一步的判决。事实上原告的目的不仅是请求法国停止在太平洋的核试验，而且要求禁止一切的核试验，这在当时属于一般国际法上的特例。原告两国的诉讼请求意在创设核试验所产生的“禁止危险发生的法律制度”，对于国际法的危险责任领域的发展具有十分重大的意义。

该案后续发展 1995年6月13日，法国宣布，从1995年9月起，法国将在南太平洋地区进行一系列最后的地下核试验，到1996年5月31日，将进行8次核试验。为了阻止这些核试验，新西兰提起了一项“对情势进行审查”的要求，要求国际法院根据1974年的判决做出“临时保全措施”的指示。

法院审查了新西兰的请求，并做出了决议。法院认为，根据新西兰当时的请求，1974年判决中所指的核试验仅限于大气层核试验，而并非所有可能在新西兰领土上产生放射性尘降的核试验。既然法国所做的承诺是停止大气层核试验，那么国际法院不认为1974年判决的基础已受到1995年一系列新的地下核试验的影响。就该案而言，由于法国所做的承诺在用词和行动上都无可挑剔，国际法院也就无法考虑20年后国际环境法的发展以及地下核试验所产生的新的放射性尘降等事实。（朱达俊）

推荐书目

王曦.国际环境法.2版.北京：法律出版社，2005.

B

《Bali Xieding》

《巴黎协定》 （Paris Agreement） 于巴黎气候变化大会上通过，旨在加强《联合国气候变化框架公约》及其目标的执行、促进可持续发展和消除贫困的多边应对气候变化的国际法文件。

2015 年 12 月 12 日，《联合国气候变化框架公约》（以下简称《公约》）第 21 次缔约方大会——巴黎气候变化大会通过了《巴黎协定》。2016 年 9 月 3 日，全国人大常委会批准中国加入《巴黎协定》。2016 年 11 月 4 日，《巴黎协定》正式生效，《公约》的 197 个缔约方中有 94 个批准了该协定，其温室气体排放占全球总量的 70%左右。《巴黎协定》在正式生效后，成为继《公约》《京都议定书》后第三个具有法律约束力的国际法规则。

条约的内容 《巴黎协定》共 29 条，包括目标、减缓、适应、损失损害、资金、技术、能力建设、透明度、全球盘点等内容。《巴黎协定》规定，各方应加强对气候变化威胁的全球应对，把全球平均气温较工业化前水平升高控制在 2℃之内，并为把升温控制在 1. 5℃之内努力。只有全球尽快实现温室气体排放达到峰值，21 世纪下半叶实现温室气体净零排放，才能降低气候变化给地球带来的生态风险以及给人类带来的生存危机。

《巴黎协定》明确规定了“自主承诺+年度评审”减排模式，即全体《公约》缔约方自主提出各自的减排贡献，进而通过 2023 年之后开始的每五年一次的全球总结，评估实现长期目标的集体进展情况。《巴黎协定》还规定了《公约》全体缔约方共同采取减排行动的原则，其中，第四条第 4 款规定：“发达国家缔约方应当继续带头，努力实现全经济范围绝对减排目标。发展中国家缔约方应当继续加强它们的减缓努力，鼓励它们根据不同的国情，逐渐转向全经济范围减排或限排目标。”第六条进一步规定了不同国家自愿合作执行自主贡献的条款。上述规定为“共同但有区别的责任”原则做了新的注解。

在“共同但有区别的责任”的原则下，《巴黎协定》在全球集体行动领域首次实现了全成员参与减排的自主贡献的新机制。这一新机制的最大特点就是从《京都议定书》确立的“自上而下”的只针对附件一发达国家的强制性量化减排目标转变为《巴黎协定》的“自下而上”的涵盖全体《公约》缔约方的国家自主贡献减排，终止了不同国家对“共同但有区别的责任”原则的纷争，并通过国家信息通报和透明度原则的建立试图在遵约机制上有所进步。但是《巴黎协定》仍未就遵约形成强有力的规则，使得未来各国履行承诺的随意性无法控制。

条约的意义 首先，推动各方以“自主贡献”的方式参与全球应对气候变化行动，积极向绿色可持续的增长方式转型，避免过去几十年严重依赖石化产品的增长模式继续对自然生态系统构成威胁；其次，促进发达国家继续带头减排并加强对发展中国家提供财力支持，在技术周期的不同阶段强化技术发展和技术转让的合作行为，帮助后者减缓和适应气候变化；最后，通过市场和非市场双重手段进行国际合作，通过适宜的减缓、顺应、融资、技术转让和能力建设等方式，推动所有缔约方共同履行减排贡献。（李威）

《〈Basai'er Gongyue〉Zeren Yu Peichang Yidingshu》

《〈巴塞尔公约〉责任与赔偿议定书》（Protocol on Liability and Compensation of Basel Convention） 又称《危险废物越境转移所造成损害的责任和赔偿问题议定书》。是《控制危险废物越境转移及其处置巴塞尔公约》的执行机制，增强了《巴塞尔公约》的约束力、有效性与执行性。该议定书的通过是国际环境法的法律责任制度的一项重大发展。

产生背景 《巴塞尔公约》没有规定具体的责任和赔偿条款，但自1989年《巴塞尔公约》秘书处成立后，法律工作组依据该公约第12条的规定，开始研拟相关的责任和赔偿规则与程序，自1992年8月20日公约生效之后，缔约国对责任与赔偿规范的建立逐渐形成共识。因此，在1999年12月举行的第五次缔约国大会中提出《危险废物越境转移及其处置所造成损害的责任和赔偿问题议定书》草案，并获得大会的批准。

议定书的内容 议定书共有33条与两个附件。其主要内容包括：第1条宣布其目标是建立一套综合赔偿制度，从而能够迅速、充分赔偿因危险废物和其他废物越境转移及其处置，包括此类废物的非法运输所造成的损害。第2条对其所用“损害”等术语给予了界定。规定“损害”具体指生命丧失或人身伤害、财产丧失或损坏、使用环境而获得的经济利益的收入（包括资金和所涉费用）因环境遭到破坏而告丧失、恢复被破坏的环境而采取的措施所涉费用、采取预防措施所涉费用等。第3条规定了议定书的适用范围，包括从在出口国国家管辖范围内某一地区把废物装上运输工具开始，包括非法运输在内的危险废物和其他废物越境转移及其处置过程中发生的事件所造成的损害。第4条规定了严格赔偿责任。原则规定依照公约第6条发出通知者应对损害负赔偿责任，直至处置者接管有关危险废物或其他废物时为止。其后处置者应对损害负赔偿责任。如出口国系发出通知者或在未发出任何通知的情况下，则出口者便应对损害负赔偿责任，直至处置者接管有关危险废物或其他废物时为止。第5条规定在不损害第4条的情况下过失赔偿责任可以予以使用。第13条规定赔偿责任的时限为自事件发生之日起10年内，或索赔者已知悉或有理由认为其应知悉有关损害之日起5年内提出要求，但最迟不能超过事件发生之日起10年。第17条规定了管辖法院。第19条规定了适用的法律。议定书附件A规定了有关条款中所指的过境国名单；议定书附件B规定了议定书第4条所规定的赔偿金限额。议定书第20条规定议定书应自第20份批准、接受、正式确认、核准或加入文书交存之日后的第90天开始生效。（罗吉）

《Baohu Chouyangceng Weiyena Gongyue》

《保护臭氧层维也纳公约》（Vienna Convention for the Protection of the Ozone Layer） 旨在采取适当的国际合作与行动措施，以保护人类健康和环境免受足以改变或可能改变臭氧层的人类活动所造成的或可能造成的不利影响的一项公约。这是一项“框架性”公约，并未对耗损臭氧层物质的限制和停止使用规定具体的目标和时间表，而是将这些问题留待缔约方以议定书的形式解决。

产生背景 臭氧层破坏问题在20世纪70年代就引起了国际社会的关注。联合国环境规划署成立后不久就将此问题列入其行动计划，1974年的全球环境监测系统将臭氧层作为连续监测的对象，1976年4月联合国环境规划署理事会第一次讨论了臭氧层破坏问题，1977年3月召开的臭氧层专家会议制定了《关于臭氧层行动的世界计划》。1980年联合国环境规划署理事会决定建立一个特设工作组来负责起草保护臭氧层的全球性公约。经过几年努力，1985 年 3 月 22 日在奥地利首都维也纳召开的“保护臭氧层外交大会”通过了《保护臭氧层维也纳公约》。1988 年 9 月 22 日该公约生效。我国于 1989 年 9 月 11 日正式加入该公约，同年 12 月 10 日公约对中国生效。

公约的内容 《保护臭氧层维也纳公约》共有 21 条及两个附件。公约规定了缔约方的一般义务，即“各缔约方应依照本公约以及它们所加入的并且已经生效的议定书的各项规定采取适当措施，以保护人类健康和环境，使之免受足以改变或可能改变臭氧层的人类活动所造成的不利影响”，这是缔约方进行一系列合作的基础。公约还规定了各缔约方在研究和系统监测方面进行合作的原则和在法律、科学和技术方面进行合作的内容。为使公约得到有效实施，公约设立了缔约方会议和秘书处。缔约方会议定期召开，持续审查公约的执行情况，而且可视需要审议和通过公约的议定书和附件及其修正案。

公约的意义 《保护臭氧层维也纳公约》虽然没有达成任何实质性的控制协议，但其明确指出了大气臭氧层耗损对人类健康和环境可能造成的危害，呼吁各国政府采取合作行动，保护臭氧层，并首次提出将氯氟碳化合物（CFCs）作为被监控的化学品，为今后采取国际性措施控制 CFCs 做好了准备。

（李广兵　王珍）

推荐书目

杨国华，胡雪.国际环境保护公约概述.北京：人民法院出版社，2000.

《Baohu Dongbei Daxiyang Haiyang Huanjing Gongyue》

《保护东北大西洋海洋环境公约》

（Convention for the Protection of the Marine Environment of the North-East Atlantic，OSPAR）又称《奥斯陆-巴黎公约》。旨在促进国际合作、保护东北大西洋海洋环境的区域性公约。

《保护东北大西洋海洋环境公约》于 1992 年 9 月 22 日在巴黎签订，1998 年 3 月 25 日起正式生效，替代了 1972 年《防止在东北大西洋和部分北冰洋倾倒废物污染海洋的公约》（简称《奥斯陆公约》）和 1974 年《防止陆源物质污染海洋公约》（简称《巴黎条约》）。

公约共有 34 条、5 个附件及 3 个附录，主要内容包括缔约国一般义务、海洋环境质量评估、技术研究与合作、信息分享、奥斯陆-巴黎委员会的组成和职能以及纠纷解决机制等。5 个附件分别规定了陆源污染防治、海上倾倒或焚烧造成污染防治、海上来源污染防治、海洋环境质量评估以及海洋生态系统和生物多样性保护的具体要求。3 个附录主要包括一些技术标准。

公约规定了严格的措施，要求有效控制污染源。其适用范围包括缔约国的内水、领海和专属经济区以及除波罗的海、地中海以外的区域的海洋的公海部分，公约涉及的污染包括陆源污染和船舶、飞机与海上设施倾倒和焚烧造成的污染。缔约国有义务采取一切措施防止和消除污染，并实行预防原则，即在没有确凿证据证明会造成污染之前就采取必要的预防措施。缔约国应遵循污染者负担原则，由污染者承担预防和治理污染的费用。缔约国必须履行公约附件对不同类型的污染所做的规定。公约对定期评价海洋环境状况也做出规定，缔约国有义务提交环境质量报告和措施效果评价。

（秦天宝）

《Baohu Shijie Wenhua He Ziran Yichan Gongyue》

《保护世界文化和自然遗产公约》

（Convention concerning the Protection of the World Cultural and Natural Heritage） 国际社会为集体保护具有突出普遍价值的文化遗产和自然遗产而订立的国际公约。

产生背景 由于岁月侵蚀和社会经济条件的变化，世界各地的文化遗产和自然遗产遭受破坏的可能性越来越大。任何文化或自然遗产的坏变或消失，都会对世界遗产保护造成有害影响，保护不论属于哪国人民的这类罕见且无法替代的财产，对全世界人民都很重要。很多国家（或地区）由于科学、技术、经济力量的薄弱而不能充分有效地保护这些遗产，国际社会有责任通过提供集体援助来参与保护这些文化遗产和自然遗产。1972 年 11 月 16 日，联合国教科文组织大会第 17 届会议在巴黎通过了《保护世界文化和自然遗产公约》，1975 年 12 月 17 日正式生效。截至 2016 年 6 月，共有 192 个缔约方。

公约的内容　该公约旨在为集体保护具有突出普遍价值的文化遗产和自然遗产建立一个依据现代科学方法组织的有效制度。公约除序言外，包括 8 个部分，共 38 条。公约保护的文化遗产包括古迹、建筑群和遗址 3 类；自然遗产包括从审美或科学角度看具有突出的普遍价值的由物质和生物结构或这类结构群组成的自然景观，从科学或保护角度看具有突出的普遍价值的地质和地文结构以及明确划为受到威胁的动物和植物生境区，从科学、保存或自然美角度看具有突出普遍价值的天然名胜或明确划分的自然区域。公约承认国家领土内的文化遗产和自然遗产的确定、保护、保存、展出和传于后代主要是有关国家的责任，各缔约国应采取积极有效措施保护本国的文化遗产和自然遗产。同时，公约规定在充分尊重文化和自然遗产所在国的主权和不损害国家立法规定的财产权的前提下，承认这类遗产是世界遗产的一部分，整个国际社会有责任对其进行保护。公约承诺建立 “世界遗产委员会”，制定《世界遗产名录》和《濒危世界遗产名录》，并设立“世界遗产基金”。公约规定，各缔约国均可要求对本国领土内具有突出普遍价值的文化或自然遗产给予国际援助；缔约国应通过教育和宣传计划，增强本国人民对文化和自然遗产的赞赏和尊重；缔约国应按规定提供公约执行情况的报告。

公约与中国　中国于 1985 年 11 月 22 日加入该公约，1986 年 3 月 13 日起公约对中国生效。自 1987 年第 11 届世界遗产委员会会议首次将故宫等 6 项中国自然和文化遗产列入《世界遗产名录》，到 2016 年 7 月第 40 届世界遗产委员会会议结束，中国已有 50 项文化和自然遗产被列入该名录，已经成为被列入《世界遗产名录》最多的几个国家之一。

中国认真履行公约义务，重视保护文化和自然遗产工作，并积极参与有关国际合作。在 1991 年缔约国第 11 次大会上，中国首次当选世界遗产委员会成员，并于 1992 年、1993 年、1994 年进入世界遗产委员会主席团，在 1992 年、1993 年的世界遗产委员会会议上，还两次当选副主席。2004 年 6 月 28 日至 7 月 7 日，中国在江苏省苏州市承办了第 28 届世界遗产委员会会议。会议更新了《濒危世界遗产名录》，通过了《苏州决定》，将缔约国每年只能申报一项世界遗产的《凯恩斯决定》修改为：从 2006 年起，一个缔约国每年可至多申报两项世界遗产，其中至少有一项是自然遗产。会议期间还通过了《世界遗产青少年教育苏州宣言》，以此作为实现世界遗产青少年教育的行动纲领。《苏州决定》使公约找到了更加具体明智的方式落实全球战略，使《世界遗产名录》更具有代表性和可信性。

公约的作用　公约将文化和自然遗产的保护内容合并在一起，作为世界上第一部专门保护文化和自然遗产的综合性条约，对后续的专门性条约起到了示范作用。公约对保护人类文化和自然遗产起到了积极的推动和保证作用，受到世界众多国家的欢迎。截至 2016 年 7 月，全世界共有 1052 处遗产地被列入《世界遗产名录》。（卢锟）

《Baohu Yesheng Dongwu Qianxi Wuzhong Gongyue》

《保护野生动物迁徙物种公约》　（Convention on the Conservation of Migratory Species of Wild Animals，CMS）　又称《波恩公约》。是国际社会根据 1972 年斯德哥尔摩联合国人类环境会议通过的行动计划中关于迁徙动物的建议而制定的专门为保护和管理迁徙物种的全球性公约。

《保护野生动物迁徙物种公约》于 1979 年 6 月 23 日在德国波恩签订，1983 年 12 月 1 日生效。截至 2016 年 8 月 1 日，公约共有 124 个缔约方。中国目前尚不是公约的缔约方，但是对该公约十分关注，先后两次以观察员身份参加公约的缔约方大会。此外，美国、加拿大、俄罗斯等国也尚未加入公约。

公约的内容 公约包括前言、20 个条文和两个附录。公约规定，迁徙物种分布区域国对保护状况不佳的迁徙物种应给予特殊照顾，单独或联合采取行动来保护该类物种及其栖息场所。该条还规定缔约方应促进和支持有关迁徙物种的研究或在这些方面进行合作。公约将所保护物种分别列入两个附录。附录 I 中的物种为已经确定为有灭绝危险的迁徙物种，缔约方被要求采取严格措施保护其整个分布区或部分分布区，除极少例外情况，禁止取用这些物种；附录Ⅱ中的物种为保护状况不佳或可能从国际合作中明显获益的迁徙物种，公约鼓励缔约方彼此缔结保护和管理这些物种的国际协定。每个协定应适用于某个迁徙物种的整个分布地区，并对分布地区的所有有关国家开放，即使该国非公约缔约方。（秦天宝）

推荐书目

孙江，何力，黄政.动物保护法概论.北京：法律出版社，2009.

常纪文.动物保护法学.北京：高等教育出版社，2011.

《Beijing Xuanyan》

《北京宣言》（Beijing Declaration on Environment and Development） 部分发展中国家为应对环境问题、加强在环境和发展领域的合作而通过的宣言。

产生背景 1989 年联合国大会第 44/228 号决议决定 1992 年在巴西里约热内卢召开联合国环境与发展大会。此后，国际社会在全球、区域和国家三个层次上为会议的召开做了大量的准备工作。1991 年 6 月 18 日至 19 日在北京召开了“发展中国家环境与发展部长级会议”，此次会议共有 41 个发展中国家的部长级代表、10 个国际组织的特邀代表团和 9 个发达国家的观察员近 200 人参加，就全球环境与发展这一人类共同关心的问题进行了广泛而深入的讨论，通过了《北京宣言》。

宣言的内容 《北京宣言》共有 32 条，内容可以概括为四个方面：①关于全球环境问题的认识。宣言认为全球环境恶化是不可持续的发展模式和生活方式造成的，发展中国家不断加剧的贫困也对环境造成了更大的压力。环境保护和可持续发展是全人类共同关心的问题，需要国际社会共同采取行动。②应对全球环境问题的基本原则。这些原则包括：环境问题应在发展进程中加以解决，发展权必须得到承认；每个国家都应能够根据自己经济、社会和文化条件的适应能力，决定改善环境的进程；必须建立一个有助于所有国家，尤其是发展中国家持续和可持久发展的公平的国际经济新秩序，为保护全球环境创造必要条件；环境保护领域的国际合作应以主权国家平等的原则为基础；保护环境是人类的共同利益，应坚持“共同但有区别的责任”原则。③对各领域和跨领域的各类具体环境问题表明了发展中国家的原则、立场和观点。涉及的领域包括土地退化，沙漠化，水旱灾害，水质恶化与供应短缺，海洋和海岸资源恶化，水土流失，森林破坏和植被退化，气候变化，臭氧层破坏，生物多样性锐减，有害废弃物和有毒物的控制和管理，城市环境退化等。主要观点包括：国际社会的广泛参与是全球环境保护事业取得成功的关键；有关全球环境问题的国际法律文件都应包括充足的、新的、额外的资金条款，并对发达国家的这项义务做出明确规定；应专门建立“绿色基金”，向发展中国家提供充足的、额外的资金援助；科学技术在保护全球环境方面有重要作用，需要采取措施确保以优先的、最有利的、优惠的和非商业性的条件向发展中国家转让环境无害技术。④关于 1992 年里约热内卢联合国环境与发展大会和发展中国家在环境与发展问题上的协调与合作的意见和建议。宣言倡议在 1992 年里约热内卢联合国环境与发展大会筹备阶段，发展中国家应加强相互磋商和协调，以便更有效地向国际论坛陈述观点，更好地维护发展中国家的整体利益。宣言强调 1992 年里约热内卢联合国环境与发展大会讨论的议题应包括发展中国家的关心事项，会议的文件应符合联合国大会有关决议所载原则，并反映发展中国家为准备大会而召开的国际会议的成果。

宣言的意义 《北京宣言》反映了广大发展中国家对全球环境与发展问题的深刻理解与高度关注，统一了发展中国家对环境与发展问题的认识，并为发展中国家积极参加里约热内卢联合国环境与发展大会做了思想准备。

（李广兵 王珍）

bijiao huanjingfaxue

比较环境法学 （comparative jurisprudence of environmental law） 用比较研究的方法对不同国家之间或本国与外国之间的环境法和环境法学进行研究而得出的环境法学知识体系。

主要任务 对各国（包括一国内实行不同法制的地区和联邦制国家各组成部分）的环境法律、环境法律实践和环境法学进行比较研究，从它们的同和异之中认识并阐述环境法和环境法律现象的一般规律，为国别环境法和国别环境法学、国际环境法和国际环境法学以及环境法学基本理论的发展提供理论支持。

沿革 20 世纪 60 年代以来，随着环境问题的日益严重，各国纷纷加强环境立法和环境法制建设。由于本国环境立法和环境法制建设的需要，各国加强了比较环境法学的研究。环境立法和环境法制的强化首先发生在美国、日本和西欧发达国家。相应地，比较环境法学首先兴起于这些国家。这些国家的法学家和立法者为了建立和加强本国的环境法制，纷纷互相学习、研究对方国家的环境法律。稍后，对苏联和东欧国家的环境法的研究以及对发展中国家的环境法的研究在发达国家也开展起来。自 70 年代以来，中国、印度等发展中国家为了建立本国的环境法制和更好地参与国际环境保护活动，也加强了比较环境法学的研究。这种研究既包括对发达国家环境法的研究，又包括对发展中国家环境法的研究。80 年代以来，全球变暖、臭氧层破坏、海洋污染、危险废弃物的跨国转移等全球性环境问题引起各国的关注，国际社会的环境保护合作日益加强，与此同时，比较环境法学在各国都得到了长足的发展。

在中国的发展情况和作用 自 1972 年我国出席斯德哥尔摩联合国人类环境会议以后，国内开始重视对各国环境法学的比较研究。在制定《中华人民共和国环境保护法》《中华人民共和国海洋环境保护法》《中华人民共和国大气污染防治法》《中华人民共和国水污染防治法》《中华人民共和国森林法》《中华人民共和国草原法》《中华人民共和国野生动物保护法》等一系列环境保护法律时，比较环境法学研究都无一例外地成为立法前期工作的不可缺少的一部分。比较环境法学还为我国政府的环境外交活动做出了贡献，如国际环境保护条约的谈判和制定。在立法工作的带动下，我国的比较环境法学研究逐渐常规化，比较环境法学已成为国家社会科学研究领域的一个重要内容，在比较环境法学领域里的国际学术交流也日益活跃。

比较环境法学对中国的环境法制建设有很大的促进作用。这种作用主要体现在以下四个方面：①促进环境立法的健全和完善。②促进环境法的实施。③促进国际环境合作。④促进环境法学教育和研究的发展。

在中国的主要研究内容和领域 根据我国环境保护事业的需要，我国比较环境法学的主要内容和领域有中国与外国环境法比较研究，内地与台湾地区、香港和澳门特别行政区环境法比较研究。

研究方法 比较环境法学研究以比较作为基本的研究方法。一般有以下三个步骤：①获得并研究对象国家和地区的环境法律文献资料，包括相关的社会历史等资料；②揭示对象国家或地区的有关法律实践和法学理论的同与异；

③探索这些同与异背后的原因并加以理论阐述。（王曦）

《Binwei Yesheng Dong-zhiwuzhong Guoji Maoyi Gongyue》

《濒危野生动植物种国际贸易公约》（Convention on International Trade in Endangered Species of Wild Fauna and Flora，CITES） 又称《华盛顿公约》。是一项旨在加强对野生动植物国际贸易的控制和管理，保护野生动植物资源的国际性公约。

关于该公约的提议始于 1972 年斯德哥尔摩联合国人类环境会议。公约于 1973 年 3 月 3 日在美国华盛顿签署，并于 1975 年 7 月 1 日生效。2016 年 12 月 16 日，公约秘书处发布了更新后的公约附录Ⅰ、附录Ⅱ、附录Ⅲ。该附录自 2017 年 1 月 2 日起生效。截至 2016 年 3 月 30 日，已有 182 个缔约方。中国于 1980 年 12 月 25 日签署该公约，1981 年 4 月 8 日正式对中国生效。

公约的内容 公约共有 25 条及 3 个附件，主要内容包括基本原则，附录Ⅰ、附录Ⅱ、附录Ⅲ所列物种标本的贸易规定，许可证和证明书，缔约国应采取的措施，与非公约缔约国贸易以及争议的解决等。

公约根据有关野生动植物种的濒危程度及其与贸易的关系将物种分列入以下三个附录：附录Ⅰ包括所有受到和可能受到贸易影响而有灭绝危险的物种。对这些物种标本的贸易必须加以特别严格的管理，只有在特殊情况下才能允许进行贸易。附录Ⅱ包括：①所有目前虽未濒临灭绝，但如对其贸易不严加管理，就可能变成有灭绝危险的物种；②为了使①中指明的某些物种标本的贸易能得到有效的控制，而必须加以管理的其他物种。附录Ⅲ包括任一缔约国认为属其管辖范围内，应进行管理以防止或限制开发利用，而需要其他缔约国合作控制贸易的物种。

公约主要通过许可证和证明书制度控制这些附录所列物种标本的国际贸易。公约要求各缔约方对附录所列野生动植物进出口活动实行出口许可证、进口许可证、再出口证明书以及证明书（海上引进）制度，建立有效的双向控制机制。

公约还规定缔约方有权在国内采取更为严格的措施或者完全禁止附录中所列物种标本的贸易、取得、占有和转运，也有权在国内采取措施禁止或限制非附录物种标本的贸易、取得、占有和转运。（秦天宝）

推荐书目

巴巴拉·J. 劳瑎. 编织环境法之网：IUCN 环境法项目的贡献.王曦，等译.北京：法律出版社，2012.

《Bu Kuosan Hewuqi Tiaoyue》

《不扩散核武器条约》（Treaty on the Non-Proliferation of Nuclear Weapons，NPT） 又称《防止核扩散条约》或《核不扩散条约》。是防止核扩散、推动核裁军和促进和平利用核能国际合作的国际条约。

产生背景 《不扩散核武器条约》诞生的主因是国际社会对很多国家拥有核武器这一现实所带来的世界安全问题的忧虑。冷战威胁着美国和苏联两国脆弱的关系，而拥有核武器国家的增多又进一步引发了人们对于世界安全甚至是爆发核冲突的担忧，所以国际社会迫切需要一套遏制核武器威胁的国际体制。

订立《不扩散核武器条约》的建议是由爱尔兰对外事务部部长弗兰克·艾肯（Frank Aiken）在 1958 年提出的。随后在 1959 年和 1961 年，爱尔兰向联合国大会提出两项议案，即“防止核武器更大范围扩散”和“要求拥核国家不向无核国家提供核武器”，这两个议案成为《不扩散核武器条约》的雏形。1960 年和 1964 年，法国和中国分别成功地爆炸了核装置。美国和苏联极为担心有更多国家拥有核武器，于是开始采取行动。1965 年，美国、苏联分别向日内瓦十八国裁军委员会、联合国提出一项防止核武器扩散的条约草案。1966 年，美国、苏联两国秘密谈判，次年，向十八国裁军委员会提出了《不扩散核武器条约》的联合草案，并于1968年提出联合修正案。1968年6月12日，联合国大会核准该条约，并对所有国家开放签署。该条约于1968年7月1日由英国、美国、苏联和其他59个国家分别在伦敦、华盛顿和莫斯科签署，1970年3月5日正式生效。根据有关规定，该条约有效期25年，其间每5年举行一次审议会议，审议条约的执行情况。1995年5月11日，缔约国在纽约联合国总部召开的审议和延长《不扩散核武器条约》大会上，决定无限期延长这个条约。截至2015年4月，共有190个缔约国。没有签署该条约的国家有印度、巴基斯坦和以色列。朝鲜于1985年12月12日正式加入，于1993年3月12日宣布退出意向，后又撤回，于2003年1月10日再次宣布退出意向，并于同年4月10日正式退出。

条约的内容 该条约共有11条，条约所称有核武器国家是指在1967年1月1日前制造并爆炸核武器或其他核爆炸装置的国家。第一条规定了有核武器国家的核不扩散义务，每个有核武器的缔约国承诺不直接或间接向任何接受国转让核武器或其他核爆炸装置或对这种武器或爆炸装置的控制权；并不以任何方式协助、鼓励或引导任何无核武器国家制造或以其他方式取得核武器或其他核爆炸装置或对这种武器或爆炸装置的控制权。第二条规定了无核武器国家的核不扩散义务，每个无核武器的缔约国承诺不直接或间接从任何让与国接受核武器或其他核爆炸装置或对这种武器或爆炸装置的控制权的转让；不制造或以其他方式取得核武器或其他核爆炸装置；也不寻求或接受在制造核武器或其他核爆炸装置方面的任何协助。第三条规定了无核武器国家须与国际原子能机构达成协定，以和平目的进行核活动，每个无核武器的缔约国承诺接受按照国际原子能机构规约及该机构的保障制度与该机构谈判缔结的协定中所规定的各项保障措施，其目的专为核查该国根据该条约所承担的义务的履行情况，以防止将核能从和平用途转用于核武器或其他核爆炸装置。无核武器的缔约国应单独地或会同其他国家，按照国际原子能机构规约与该机构订立协定，以适应该条约的要求。第四条规定缔约国为和平目的研究、生产和使用核能的不容剥夺的权利，所有缔约国承诺促进并有权参加在最大可能范围内为和平利用核能而交换设备、材料和科学技术情报。第五条规定了每个缔约国承诺采取适当措施以保证按照该条约，在适当国际观察下并通过适当国际程序，使无核武器的缔约国能在不受歧视的基础上获得对核爆炸的任何和平应用的潜在利益，对这些缔约国在使用爆炸装置方面的收费应尽可能低廉，并免收研究和发展方面的任何费用。无核武器的缔约国得根据一项或几项特别国际协定，通过各无核武器国家具有充分代表权的适当国际机构，获得这种利益。就此问题的谈判应在条约生效后尽速开始进行。具有这种愿望的无核武器的缔约国也可以根据双边协定获得这种利益。第六条规定了缔约国停止核军备竞赛和核裁军的承诺，每个缔约国承诺就及早停止核军备竞赛和核裁军方面的有效措施，以及就一项在严格和有效国际监督下的全面彻底裁军条约，真诚地进行谈判。

条约与中国 中国于1991年12月28日决定加入《不扩散核武器条约》，1992年3月9日向联合国递交加入书，同日对中国生效。中国于1998年12月31日签署了附加议定书，并于2002年3月正式完成该附加议定书生效的国内法律程序，是附加议定书最早生效的核武器国家。中国分别于2005年、2010年、2015年在纽约联合国总部参加《不扩散核武器条约》缔约国第七次、第八次、第九次审议大会，并且做了《关于中华人民共和国履行〈不扩散核武器条约〉情况的国家报告》。

条约的意义 《不扩散核武器条约》为维护世界和平和国际核安全及和平利用核能发挥了重要作用，反映了国际社会的共同利益，并为促进这些利益的实现提供了重要的制度保障。首先，建立了国际核不扩散体制，有效地减缓了核扩散的速度。条约为有核武器国家和无核武器国家设定了严格的核不扩散义务，并通过国际原子能机构为监督和协助缔约国履行义务提供机制保障。其次，促进了核武器大国减少核军备竞赛，进行核裁军。例如，根据《不扩散核武器条约》，美国和苏联在核裁军方面进行了长期谈判，达成了一系列国际条约，对核武器数量进行了一定的削减。最后，《不扩散核武器条约》为和平利用核技术，特别是核能的国际合作提供了法律框架，有利于无核武器国家和平利用核能，并积极参与国际合作。有核国家与无核国家之间以及有核国家之间签订的民用核能合作协定，进一步促进了核能领域的国际合作。（谢海波）

C

Chen xiansheng Su Mou Zhuangxiu Gongsi Shinei Wuran An，2001 nian

陈先生诉某装修公司室内污染案，2001 年 （Mr. Chen v. a decoration company，2001）中国第一例因室内空气污染引发的装饰工程质量案例。

案情简介 1998 年陈先生购买了位于北京某别墅小区的一套住宅，随后以 9 万余元的总价请北京某装饰公司进行装修。工程竣工入住后，陈先生感觉室内气味刺鼻，后因喉头不适，到医院检查，确诊为喉部肿瘤。经委托室内环境检测部门进行实地检测，结果为室内空气中甲醛浓度平均超过国家标准 25 倍。陈先生与某装饰公司多次协商未果，于 2000 年向北京市昌平区人民法院提起诉讼，要求某装饰公司清除污染的装饰材料，并赔偿拆除损失费、检测费、医疗补偿费、房租费等共计 8.9 万元。

案件裁决 2001 年 6 月 19 日，北京市昌平区人民法院做出一审判决：被告北京某装饰公司赔偿原告陈先生拆除损失费、检测费、医疗补偿费、房租费共计 8.9 万元，并在 10 日内清除污染的装饰材料。北京某装饰公司不服一审判决，上诉到北京市第一中级人民法院。2001 年 12 月，北京市第一中级人民法院终审判决驳回上诉、维持原判。

案件影响 该案是我国第一例因室内空气污染引发的装饰工程质量案例，被评为北京市 2001 年十大案件之一，受到多个大型媒体的关注。原告的胜诉对我国建筑装饰业、建筑装饰材料生产企业，以及我国室内环境法律法规的健全与完善有着较大影响，成为一个标志性的案件。 （邵琛霞）

F

《Faranliao Guanli Anquan He Fangshexing Feiwu Guanli Anquan Lianhe Gongyue》

《乏燃料管理安全和放射性废物管理安全联合公约》（Joint Convention on the Safety of Spent Fuel Management and the Safety of Radioactive Waste Management） 国际社会处理乏燃料和放射性废物管理安全问题的第一份国际法律文件。

产生背景 20 世纪 50 年代以来，核能在各国得到越来越多的应用，民用核设施的运行所产生的乏燃料和放射性废物的管理安全问题也越来越突出。为了防止乏燃料和放射性废物对人类和环境造成损害，并为各国安全管理乏燃料与放射性废物制定行为准则，国际原子能机构发起了这项公约的谈判。公约由国际原子能机构外交大会于 1997 年 9 月 5 日审议通过，并于 2001 年 6 月 18 日生效。

公约的内容 该公约共 7 章 44 条，主要分为以下三个部分。

①公约的目标、对相关定义的规定以及适用范围。公约的目标主要是通过加强本国措施和国际合作，包括情况合适时与安全有关的技术合作，以在世界范围内达到和维持乏燃料和放射性废物管理方面的高安全水平。

公约对相关定义进行了界定："乏燃料"是指在反应堆堆芯内受过辐照并从堆芯永久卸出的核燃料；"乏燃料管理"是指与乏燃料的装卸或贮存有关的一切活动，不包括场外运输，乏燃料管理也可涉及排放；"放射性废物"是指缔约方或者其决定得到缔约方认可的自然人或法人预期不做任何进一步利用的而且监管机构根据缔约方的立法和监管框架将它作为放射性废物进行控制的气态、液态或固态放射性物质；"放射性废物管理"是指与放射性废物的装卸、预处理、处理、整备、贮存或处置有关的一切活动，包括退役活动，但不包括场外运输，放射性废物管理也可涉及排放。

公约规定，该公约适用于民用核反应堆运行所产生的乏燃料的管理安全和民事应用产生的放射性废物的管理安全。

②各缔约方的义务。在乏燃料管理安全和放射性废物管理安全方面，要求每一缔约方应采取适当步骤，以确保在乏燃料管理和放射性废物管理的所有阶段充分保护个人、社会和环境免受放射危害。为此，各缔约方应对已存在的乏燃料管理设施和放射性废物管理设施的安全性予以审查。同时，对拟议中的乏燃料管理设施和放射性废物管理设施进行安全评估，并对其选址、设计、建造和运行予以严格管理。

在安全规定方面，要求每一缔约方在本国的法律框架内采取为履行该公约规定义务所必需的立法、监管和行政管理措施及其他步骤。为此，各缔约方应建立并维持一套乏燃料和放射性废物管理安全的立法和监管框架，并为此建立或指定一个监管机构。另外，公约还对乏燃料管理安全和放射性废物管理安全方面的许可证持有者的责任、人力与财力的保障、质量保障、运行辐射防护、应急准备、核设施退役、超越国界运输和废密封源等内容进行了具体规定。

③保障该公约实施的相关辅助条款。包括：有关缔约方大会和秘书处的规定，其中公约规定了一项有约束力的国家报告制度；有关争端解决的规定；有关公约的签署、批准、接受、核准或加入、生效、保留、修正、表决权、退出、保存人和作准文本的规定。

公约与中国 我国积极参加了公约的起草与磋商。全国人大常委会于 2006 年 4 月 29 日批准加入该公约。同时声明：①中华人民共和国政府对第二条（u）项以及第二十七条提及的“超越国界运输”的理解是：作为抵达国的《乏燃料管理安全和放射性废物管理安全联合公约》任何缔约方在同意来自另一缔约方的国内实体的超越国界运输前，应当向该超越国界运输的启运国确认该超越国界运输已得到该启运国的批准。②在中华人民共和国政府另行通知前，《乏燃料管理安全和放射性废物管理安全联合公约》暂不适用于中华人民共和国澳门特别行政区。 （王曦）

《Fangzhi Qingdao Feiwu He Qita Wuzhi Wuran Haiyang Gongyue》

《防止倾倒废物和其他物质污染海洋公约》 （Convention on the Prevention of Marine Pollution by Dumping of Wastes and Other Matter） 又称《伦敦倾废公约》。是为控制从船舶、飞机、平台或其他海上人造物将废物或其他物质倒入海中，防止污染海洋，国际法上最早处理海洋倾废问题的全球性公约。

产生背景 自 20 世纪 50 年代起，随着世界海上贸易和运输的迅速发展，船舶溢油和排油所造成的污染开始成为严重的海洋环境问题。70 年代初，海上倾倒所造成的污染更引起了国际社会的普遍关注。根据斯德哥尔摩联合国人类环境会议 86 号建议案，英国政府于 1972 年 10 月 30 日至 11 月 13 日在伦敦召开了关于海上倾废公约的政府间会议。会议通过了《防止倾倒废物和其他物质污染海洋公约》。公约于 1975 年 8 月 30 日生效。

公约的内容 公约由 22 条正文和 3 个附件组成。正文分别对公约缔约方防止海洋污染的义务、一些用语的含义、缔约方发放特别许可证和一般许可证的条件、对倾倒活动的管理、与区域性协定的协调、缔约方之间的帮助和支持、公约的实施及修正、公约的签字和批准、生效日期等做出了规定。附件一列举了禁止在海上倾倒的物质，被称为“黑名单”，主要包括有机卤素化合物、汞和镉及其化合物以及强放射性废物等。附件二列举了获得特别许可证后方可倾倒的物质，被称为“灰名单”，主要包括砷、铅、铜、锌及其化合物等。未列入附件一和附件二的物质，被称为“白名单”，在获得一般许可证之后，可以按许可证规定的时间、地点、倾倒方式等进行倾倒。附件三对废弃物的分类标准、倾废区选划的条件及应考虑的因素、废弃物倾倒的方式等问题做了规定。

公约与中国 1984 年 2 月，我国第一次以观察员身份出席了《伦敦倾废公约》缔约方第八次协商会议，并于 1985 年 11 月加入公约。1985 年 3 月 6 日，国务院发布《中华人民共和国海洋倾废管理条例》，并从当年 4 月 1 日起开始施行。作为《伦敦倾废公约》的缔约方，中国政府积极参加相关活动并履行义务。1986 年 3 月 12 日，国家海洋局在对全国海洋倾废情况进行全面普查核实后，根据沿海倾倒的需要，在科学论证的基础上选划了第一批海洋倾倒区。1990 年 9 月 25 日，国家海洋局发布《〈中华人民共和国海洋倾废管理条例〉实施办法》，作为《中华人民共和国海洋倾废管理条例》的配套细则；同时，还根据法律的有关条款制定了一系列技术管理规定等。1999 年 12 月 25 日，第九届全国人大常务委员会第十三次会议通过了修订后的《中华人民共和国海洋环境保护法》，关于海洋倾废的条文数从 3 条增加到了 7 条，明确要求国家海洋行政主管部门制定海洋倾倒废弃物评价程序和标准，拟定可以向海洋倾倒的废弃物名录，在管理上按照废弃物的类别和数量实行分级管理，第一次在法律中明确了临时性海洋倾倒区。

公约的意义 《伦敦倾废公约》是世界上第一个旨在保护海洋环境免受人类活动影响的全球性公约，在其生效后的40余年里取得了较大的成就，使20世纪六七十年代以来不受管制的海上倾倒和焚烧废弃物活动得到控制。此外，《伦敦倾废公约》及其1996年议定书还为国际社会保护海洋环境提供了重要的法律框架。

（李广兵 秦天宝 王珍）

推荐书目

杨文鹤.伦敦公约二十五年.北京：海洋出版社，1999.

《〈Fangzhi Qingdao Feiwu He Qita Wuzhi Wuran Haiyang Gongyue〉1996 Nian Yidingshu》

《〈防止倾倒废物和其他物质污染海洋公约〉1996年议定书》

（1996 Protocol to Convention on the Prevention of Marine Pollution by Dumping of Wastes and Other Matter） 又称《〈伦敦倾废公约〉议定书》。是通过对1972年《伦敦倾废公约》不断地扩展和修订，于1996年11月7日举行的《伦敦倾废公约》特别会议上审议通过的一个议定书。

该议定书于2006年3月24日生效，分别于2006年、2009年和2013年进行了修订。我国于2006年6月29日批准加入该议定书，同年10月29日对我国生效。

该议定书由29条和3个附件组成，主要规范了海上倾倒废弃物和海上焚烧的处置行为，包括可倾倒、处置的废弃物及倾倒设施、倾倒方式和倾倒区域等，并对其进行了具体限定；旨在推动缔约方单独或共同保护海洋环境免受污染，根据其自身的科学、技术和经济能力采取有效措施来预防、减少、消除因海上倾倒或焚烧废弃物和其他物质带来的污染。按照该议定书的规定，除“反列名单”中的特定废物和其他物质外，禁止所有倾废活动。“反列名单”包括疏浚挖出物，污水污泥，鱼类废物或工业性鱼类加工作业产生的物质，船舶、平台或其他海上人造设施，惰性的无机地质材料，自然来源的有机物质，主要由铁、钢、混凝土及其他类似无害物质构成的较大构造物（在没有其他可行方式处理的情况下，需评估其物理冲击，倾倒位置仅限于废物可以聚集的环境，如与外界隔绝的小岛）共七类物质。2006年11月2日，该议定书第一届缔约方会议通过了对议定书附件1的修正案，确定将“二氧化碳捕获过程获得的用于封存的二氧化碳流”增加进“反列名单”，成为第八类物质。

与《伦敦倾废公约》相比，议定书规定的“倾倒”不仅包括故意从船舶、航空器、平台或其他海上人工构筑物在海洋中处置废物或其他物质等，还增加了在海床及其底土中储存废物或其他物质，并对争端的解决进行了规定。《〈伦敦倾废公约〉议定书》与《伦敦倾废公约》一起为倾废活动提供了全面的规则。

（李广兵 秦天宝 王珍）

Feilübin Aobosa Su Faketulan An，1993 nian

菲律宾奥波萨诉法克图兰案，1993年

（Opasa v. Factoran，1993） 菲律宾最高法院审理并判决的一起未成年人起诉环境与自然资源部部长的环境公益诉讼案件。

案情简介 菲律宾是一个拥有丰富原始雨林的群岛国家。但其环境与自然资源部长期与许多公司签订木材许可合同，导致雨林面积急剧减少。1990年3月，在用尽各种行政救济措施未果的情况下，菲律宾律师奥波萨（Opasa）作为一群未成年人（由他们的父母代理）的代理律师，决定在马尼拉地方法院起诉当时的部长法克图兰（Factoran）（他卸任后，法院指定其继任者阿卡拉为被告）。菲律宾生态网有限公司作为一家非营利性的、以环保为宗旨的企业，作为附加原告参与。原告请求法院判决被告撤销现有的所有木材许可合同，并停止今后批准新的许可。诉讼是作为纳税人的集团诉讼提起的。原告声称其代表他们这一代，也代表了未出生的后代。1990年6月，被告以原告没有诉因和原告提出的问题是政治问题、超出法院审理范围为由，要求法院驳回

原告起诉。1991 年 7 月，一审法院裁定支持被告的请求，并且进一步认定原告所请求的救济将会导致对合同的损害，而这种损害是宪法所禁止的。原告不服该裁定，上诉至菲律宾最高法院。

案件裁决 1993 年 7 月，菲律宾最高法院做出判决，推翻了一审的裁定。在出庭资格问题上，法院认为，控诉的事项对全体菲律宾公民来说具有普遍和共同的利益，因此由上诉人代表所有菲律宾公民就该事项提起诉讼是一种合法的集团诉讼。法院认为，未成年人上诉人声称他们不仅代表自己，而且代表未出生的后代，这在代际责任概念的基础上是成立的。针对诉因问题，法院认为，菲律宾宪法第 2 条的第 15 款和第 16 款规定结合在一起，构成了公民享有和谐健康的生态环境的基本法律权利，被上诉人批准木材许可合同的决定侵犯了公民的该项权利，因此构成一个有效的诉因。针对争议是否是政治问题而超出法院审理范围的问题，法院认为，因为该案涉及一个确定的权利——公民和谐健康的生态环境权的具体执行，即使它确实是一个政治问题，菲律宾宪法第 8 条也允许对这类问题进行司法审查。针对合同损害问题，法院认为，木材许可合同不是宪法规定的免受侵害意义上的合同，将木材许可合同废除并没有法律障碍。

案件影响 该案因在世界上首次适用代际公平原则而成为一个里程碑式的案例，在其后很多有关环境与生态保护的案例和著作中得到引用。同时，因为环境权的模糊性问题，此案也引发了诸多争议。 （杨华国）

推荐书目

王曦. 国际环境法与比较环境法评论：第 2 卷. 北京：法律出版社，2005.

《Fengjing Mingshengqu Tiaoli》

《风景名胜区条例》 （Regulations of Scenic Area） 中国为了加强对风景名胜区的管理，有效保护和合理利用风景名胜资源而制定的行政法规。

适用范围和对象 中华人民共和国境内风景名胜区的设立、规划、保护、利用和管理。《风景名胜区条例》所称风景名胜区，是指具有观赏、文化或者科学价值，自然景观、人文景观比较集中，环境优美，可供人们游览或者进行科学、文化活动的区域。

产生背景 风景名胜资源是大自然和前人留给我们的珍贵的自然与历史文化遗产，是一种不可再生资源。为了加强对风景名胜区的保护，改革开放以来，我国政府陆续制定了一些法规、规章和规范性文件，对遏制破坏风景名胜资源的活动、规范开发利用风景名胜资源的行为起到了积极作用。但是，伴随着对风景名胜区的不断深入开发，已有的管理措施已经不能适应新形势下风景名胜区事业发展的需要。为了解决风景名胜区管理中出现的新问题，加强对风景名胜资源的保护，合理利用风景名胜资源，建立和完善风景名胜区管理制度，国务院修订了《风景名胜区管理暂行条例》（1985 年），于 2006 年 9 月 6 日通过了《风景名胜区条例》（以下简称《条例》），并于同年 12 月 1 日起实施。2016 年 1 月 13 日，国务院第 119 次常务会议通过《国务院关于修改部分行政法规的决定》，对该条例的部分条款予以修改。

主要内容 《条例》共 7 章 52 条。①《条例》建立了与权利人的协商机制和补偿机制。②《条例》确立了国家级和省级的二级风景名胜区设立机制。③《条例》严格规定了风景名胜区规划的编制审批程序，规定不得擅自修改经批准的风景名胜区规划。同时规定，在规划制定的过程中，应当广泛征求意见；必要时，应当进行听证。④《条例》规定风景名胜区管理机构对风景名胜区实行统一管理，明确了风景名胜区管理机构的执法主体地位，明确了风景名胜区管理机构对风景名胜区的保护、利用和开发建设管理工作的责任以及风景名胜区主管部门和其他有关部门对风景名胜区工作的监督管理职责。⑤《条例》规定了在风景名胜区内进行经营活动的基本制度。风景名胜区内的经营项目由风景名胜区管理机构通过公开公平竞争的方式确定经营者，并实行风景名胜资源有偿使用制度。⑥《条例》明确了风景名胜区内的禁止行为；并且规定了在风景名胜区内进行各种活动，应当依据规划，严格审批，且不得破坏景观、污染环境、妨碍游览。

作用 《条例》以“科学规划、统一管理、严格保护、永续利用”为指导思想，正确处理了风景名胜资源“保护”和“利用”的关系。通过设立新的制度，切实解决了风景名胜区管理中出现的新情况、新问题，在严格规范风景名胜区管理程序和各有关主体权利义务的同时，增强了法规的可操作性。（卢锟）

Fujian Sheng Longyan Shi Xinluo Qu Renmin Jianchayuan Su Zijin Kuangye Jituan Gufen Youxian Gongsi Zijinshan Jin-tongkuang Zhongda Huanjing Wuran Shigu An，2010 nian

福建省龙岩市新罗区人民检察院诉紫金矿业集团股份有限公司紫金山金铜矿重大环境污染事故案，2010 年 (People's Procuratorate of Xinluo District, Longyan City, Fujian Province v. Zijin Mining Co., Ltd.，2010)

一起由于企业污水池防渗膜破裂导致污水大量渗漏后，通过人为设置的非法通道溢流至汀江而引发的重大突发环境污染事件。

案情简介 紫金矿业集团股份有限公司（简称紫金矿业）是国内最大的黄金生产企业。2010 年 7 月 3 日，位于福建省上杭县的紫金矿业紫金山金铜矿所属的铜矿湿法厂污水池水位异常下降，池内酸性含铜污水出现渗漏，污水大量外渗，部分进入汀江，导致汀江部分河段水质受到严重污染，并造成大量鱼类死亡。事故发生后，紫金矿业采取了修筑围堰围堵、安装抽水泵等措施，汀江水质逐渐恢复正常。但在事故善后处理过程中，紫金矿业瞒报废水泄漏事故 9 天，直至 7 月 12 日才发布公告。

事故发生后，环境保护部会同福建省环境保护厅、龙岩市政府及环境保护部门组成联合调查组，通过听取情况汇报、查阅资料、现场勘查、调查取证等方式，查明此次事件的原因有三点：一是企业防渗膜破损直接造成污水渗漏。企业采用高密度聚乙烯（HDPE）衬垫防渗膜作为防渗漏措施，但由于未进行硬化处理，防渗膜承受压力不均，出现不同程度的撕裂，污水渗漏问题严重，加之持续强降雨影响，污水池底部压力发生变化，污水池防渗膜发生突然破裂，污水大量渗入地下并外溢至汀江。二是人为非法打通 6 号集渗观测井与排洪涵洞，且并未按照福建省有关环境保护部门的整改要求整改到位，致使渗漏污水直接进入汀江。三是设在企业下游的汀江水质自动在线监测设备损坏且未及时修复，致使事件发生后污染情况未能被及时发现。

2010 年 7 月 16 日，福建省上杭县政府新闻发布会公布事故处理进展，上杭县公安局依法对紫金山金铜矿铜矿湿法厂污水渗漏事件因涉嫌重大污染事故案立案侦查；紫金山金铜矿铜矿湿法厂厂长林文贤、副厂长王勇、环境保护车间主任刘生源被刑事拘留；同意上杭县环境保护局局长陈军安引咎辞职；对县经贸局局长黄仲华进行停职检查处理。同日，福建省政府有关部门表示要追究肇事企业主要负责人及相关责任人责任，对触犯法律的及时移交司法机关处理，对发生渗漏问题的防渗系统设计、施工单位进行全面调查，追究相关单位和人员责任。根据《中华人民共和国行政监察法》《关于实行党政领导干部问责的暂行规定》和干部管理权限，决定对上杭县县长邱河清予以停职检查，责令上杭县副县长蓝富雁辞职，责令龙岩市环境保护局局长林联锦辞职，给予上杭县环境保护局局长陈军安行政撤职处分，待进一步调查后给予相应处理。上杭县人民检察院以涉嫌环境监管失职罪对该县环境保护局紫金山环境监理站站长包卫东、副站长吴胜隆正式立案侦查，并采取了刑事拘留措施。

2010 年 9 月 26 日，福建省环境保护厅针对紫金矿业污水渗漏事件，对紫金矿业紫金山金铜矿做出了罚款 956.313 万元的行政处罚。2010 年 7 月 3 日案发后，紫金矿业紫金山金铜矿分别委托上杭县人民政府、永定县人民政府，赔偿了相关渔民养殖户的经济损失共计 2 220.6 万元。

案件裁决 具体如下。

重大环境污染事故罪一审 2010 年 12 月 22 日，福建省龙岩市新罗区人民检察院就紫金矿业紫金山金铜矿重大环境污染事故向新罗区人民法院提起公诉。该法院于 2010 年 12 月 28 日受理此案后依法组成合议庭，并开庭对此案进行了公开审理。

新罗区人民检察院在起诉书中指控：被告单位紫金山金铜矿于 2008 年 3 月在未进行调研认证的情况下，违反规定擅自将 6 号观测井与排洪涵洞打通；2009 年 9 月福建省环境保护厅发现隐患，要求被告单位对此彻底整改，但被告单位仅在排洪涵洞内砌了一堵 2.5 m 高的挡水墙，未做完全封堵，造成隐患仍然存在。2010 年 6 月中下旬，上杭县降水量达 349.7 mm。2010 年 7 月 3 日，被告单位污水池防渗膜破裂造成含铜酸性废水渗漏并流入 6 号观测井，再经 6 号观测井通过人为擅自打通的通道进入排洪涵洞并溢出涵洞内挡水墙后流入汀江，泄漏含铜酸性废水 9 176 m^3，造成被告单位下游水体污染和下游养殖鱼类大量死亡的重大环境污染事故。

检察机关对被告单位紫金矿业紫金山金铜矿和紫金矿业原副总裁陈家洪、紫金山金铜矿环境保护安全处原处长黄福才等 5 名被告人提出指控，称这 5 名被告人均犯有重大环境污染事故罪。

新罗区人民法院在对这起重大环境污染事故案下达的判决书中指出：被告单位紫金矿业紫金山金铜矿违反国家规定，在生产过程中对企业存在的环境保护安全问题重视不足，没有从根本上采取有效措施解决存在的环境保护隐患，继而发生了危险废物泄漏至汀江，致使汀江水域水质受到污染，造成养殖鱼类死亡，损失惨重，福建省上杭县城区部分自来水厂被迫停止供水 1 天，破网放生的鱼类达 3 084.44 万斤（1 斤=0.5 kg），后果特别严重。

法院经审理认为：被告人陈家洪、黄福才是应对该事故直接负责的主管人员，被告人林文贤、王勇、刘生源是该事故的直接责任人员，对该事故负有直接责任，其行为均已构成重大环境污染事故罪。

本案事故发生后，在尚未有司法机关介入之前，被告单位就向政府主管部门作了口头、书面的报告，且在司法机关立案之前或之后接受调查、询问期间被告单位的负责人、被告人都如实陈述和供述了案件的事实经过，具有投案的主动性和自愿性，依法应当认定为单位自首。对于如实供述案件事实的 5 名被告人，依法亦应认定为自首。

但是，针对单位自首和 5 名被告人的自首事实，法院认为：鉴于此案所造成的重大影响及特别严重的后果，对被告人不能减轻处罚而仅予以从轻处罚。根据各被告人在此案犯罪中各自所起的作用、悔罪表现，以及考虑此案所造成的重大影响及特别严重的后果，分别予以不同程度的从轻处罚。由于被告单位已赔偿了渔业网箱养殖户的经济损失 2 220.6 万元，对被告单位及 5 名被告人均酌情予以从轻处罚。

被告陈家洪的委托代理人认为：发生事故后，陈家洪积极抢险，应认定为有重大立功表现。被告紫金矿业紫金山金铜矿铜矿湿法厂原厂长林文贤的委托代理人提出，林文贤只应承担部分责任，对事故所起的作用较轻，建议法院对其减轻处罚并适用缓刑。被告紫金矿业铜矿湿法厂原副厂长王勇的委托代理人为其做了无罪辩护。被告紫金矿业紫金山金铜矿铜矿湿法厂环境保护车间原主任刘生源的委托代理人认为：刘生源对事故所起的作用显著轻微，在 5 名被告人中情节最轻，也有立功情节。针对所谓“重大立功表现”和“立功情节”的辩护理由，新罗区人民法院在一审判决中分别以理由不成立和与所查事实不符为由不予采纳。

新罗区人民法院在 2011 年 1 月 30 日对该案进行宣判，以重大环境污染事故罪对紫金矿业紫金山金铜矿判处罚金 3 000 万元，原已缴纳的行政罚款 956.313 万元予以折抵。新罗区人民法院对涉案 5 名被告人下达了一审判决。判决紫金山金铜矿铜矿湿法厂原厂长林文贤有期徒刑 3 年，并处罚金 30 万元；紫金山金铜矿铜矿湿法厂原副厂长王勇有期徒刑 3 年，并处罚金 30 万元；紫金山金铜矿铜矿湿法厂环境保护车间原主任刘生源有期徒刑 3 年 6 个月，并处罚金 30 万元。对紫金矿业原副总裁陈家洪、紫金山金铜矿环境保护安全处原处长黄福才宣告缓刑。

重大环境污染事故罪二审　紫金矿业紫金山金铜矿及 5 名被告人不服初审判决结果，向福建省龙岩市中级人民法院提出上诉。福建省龙岩市中级人民法院维持龙岩市新罗区人民法院原判。

职务犯罪一审　在这起重大环境污染事故中，5 名国家工作人员因涉嫌渎职等犯罪被追究法律责任。分别是：上杭县环境保护局紫金山环境监理站站长包卫东、上杭县环境保护局紫金山环境监理站副站长吴胜隆、上杭县环境保护局局长陈军安、上杭县环境保护局原副局长蓝勇和上杭县安监局局长陈正平。

2011 年 1 月 28 日，包卫东犯环境监管失职罪，被上杭县人民法院判处有期徒刑 2 年 3 个月，判决已生效。吴胜隆犯环境监管失职罪，被上杭县人民法院判处有期徒刑 1 年 9 个月，判决已生效。

2011 年 7 月 8 日，武平县人民法院对被告人陈军安、蓝勇做出一审判决，以贪污罪、受贿罪、环境监管失职罪、私分国有资产罪，判处陈军安有期徒刑 19 年 6 个月，并处罚金 1 万元、没收个人财产 16 万元，追缴犯罪所得；以贪污罪、受贿罪、环境监管失职罪，判处蓝勇有期徒刑 9 年，并处没收个人财产 1 万元，追缴犯罪所得。两名被告均提出上诉，龙岩市中级人民法院二审维持原判。

2012 年 7 月 13 日，陈正平因受贿罪、玩忽职守罪，被一审判处有期徒刑 8 年。（朱达俊）

G

《Ganyu Gonghai Feiyoulei Wuzhi Wuran Yidingshu》

《干预公海非油类物质污染议定书》（Protocol relating to Intervention on the High Seas in Cases of Marine Pollution by Substances other than Oil） 在《国际干预公海油污事故公约》框架下制定的，旨在防止公海上发生的除石油之外的其他物质污染对沿岸国的环境造成损害的议定书。

产生背景 20 世纪 60 年代，石油以外的其他污染物质，尤其是船舶运输的化学物质的数量不断增加，有些一旦被释放，会对海洋环境造成十分严重的危害。为此，政府间海事协商组织根据 1969 年布鲁塞尔海上污染损害国际法律会议的建议，制定了文件草案，将《国际干预公海油污事故公约》规定的适用范围扩大到除石油外的某些物质。1973 年 11 月 2 日至 8 日在伦敦召开了国际海洋污染会议，特别审议了上述草案文本，并通过了《干预公海非油类物质污染议定书》。该议定书于 1983 年 3 月 30 日生效，截至 2017 年 1 月，共有 53 个缔约国。1990 年 2 月 23 日，我国正式加入该议定书，同年 5 月 24 日该议定书对我国生效。

议定书的内容 该议定书是对《国际干预公海油污事故公约》的补充，包括序言、11 个条款和附件。主要规定了缔约国可在公海上采取必要措施，以防止、减轻或消除非油类物质造成的污染或污染威胁对其海岸线或有关利益产生的严重而紧迫的危险。议定书对“非油类物质”的含义做出了规定，并在附件中进行了列举。议定书规定，其只可由已批准、接受、认可或加入《国际干预公海油污事故公约》的国家批准、接受、认可或加入，如果议定书的某一缔约国退出了上述公约，即被视为退出了该议定书。（秦天宝）

推荐书目

朱强. 船舶污染侵权法上的严格责任研究. 北京：中国方正出版社，2008.

gongzhong canyu huanjing baohu

公众参与环境保护（public participation in environmental protection） 公众通过一定的程序或途径参与与其环境利益相关的开发决策活动，参与环境管理，并对各类组织或个人与环境有关的行为进行监督。

沿革 环境法上的公众参与，可溯源至 1992 年联合国环境与发展大会通过的《里约环境与发展宣言》。其在原则 10 中提出：“环境问题最好是在所有有关公民的参与下，在有关级别上加以处理。在国家一级，每个人应有适当的途径获得有关公共机构掌握的环境问题的信息，其中包括关于他们的社区内有害物质和活动的信息，而且每个人应有机会参加决策过程。各国应广泛地提供信息，从而促进和鼓励公众的了解和参与。应提供采用司法和行政程序的有效途径，其中包括赔偿和补救措施。”1998 年联合国欧洲经济委员会通过的《在环境问题上获得信息、公众参与决策和诉诸法律的公约》（《奥胡斯公约》），对公众在环境问题上获得信息、参与决策和诉诸法律的权利内容做了具体规定。

我国最早有关公众参与环境保护的法律条款可见于1989年的《中华人民共和国环境保护法》。我国立法直接规定公众参与始于2002年制定的《中华人民共和国环境影响评价法》。2006年国家环境保护总局专门颁布了《环境影响评价公众参与暂行办法》，具体规定了公众参与环境影响评价的原则、范围、方式和程序等。2007年国家环境保护总局颁布了《环境信息公开办法（试行）》，对环保部门和企业公开环境信息的一般义务做了规定。2014年《中华人民共和国环境保护法》修订，在第五条中明确了公众参与原则，并对“信息公开和公众参与”进行了专章规定。2015年7月，环境保护部公布《环境保护公众参与办法》（环境保护部令第35号）作为2014年《环境保护法》的配套细则，于2015年9月1日起实施。

一般认为，2005年圆明园听证会是我国公众参与环境保护的一个标志性事件，此后随着环境教育和立法保障的加强，公众环境保护意识不断提高，参与环境决策的广度和深度不断得到发展。

公众的范围 对于参与有关环境和开发决策的公众范围的界定，各国一般采取的标准是“受到直接影响”和“存在利害关系”。通常是指对决策所涉及的特定利益做出反应的，或与决策的结果有法律上的利害关系的一定数量的人群或团体。不仅包括不特定的公民个人，也包括与特定利益相关的政府机构、企事业单位、社会团体或其他组织。

我国环境立法中对公众的范围未予界定，从实践来看，一般是指“有关”公众，包括居民、各类专业人士、相关社会团体，以及与拟议行为有关的行政机关。

公众参与的权利 从发达国家公众参与决策过程的立法与实践看，公众在参与环境与开发决策活动中主要享有环境知情权、环境决策参与权和诉诸法律的权利。

中国公众参与环境保护的类型 按照参与目标的不同，可分为以下类型：以参与决策为目标的公众参与，以获取环境信息为目标的公众参与，以增进环境政策或决策的可接受性为目标的公众参与。按照公众参与环境保护的发起方式的不同，可以分为自上而下的公众参与和自下而上的公众参与；按照参与过程中公众和政府之间的关系状况可以分为对抗型的公众参与和合作型的公众参与。

意义 公众参与环境保护有利于促进环境保护事务决策科学化、民主化，有利于维护公民的环境权益，也有利于调动全社会的力量加强环境保护。

公众参与环境保护的影响是多方面的：一方面，对拟议行动的实施而言，可能引起耗时长、成本高、效率低的问题。但另一方面，它也有利于决策过程中收集到难以识别或不容易定量表达的主观信息和了解难以鉴别的环境影响，确定拟议行为和环境影响之间的联系，优化方案选择。（周卫）

推荐书目

王锡锌.行政过程中公众参与的制度实践.北京：中国法制出版社，2008.

李艳芳.公众参与环境影响评价制度研究.北京：中国人民大学出版社，2004.

《Guanyu Chijiuxing Youji Wuranwu De Sidege'ermo Gongyue》

《关于持久性有机污染物的斯德哥尔摩公约》（Stockholm Convention on Persistent Organic Pollutants） 又称《POPs公约》。是贯彻《里约环境与发展宣言》确立的风险预防原则，旨在保护人类健康和环境免受持久性有机污染物（persistent organic pollutants，POPs）危害的国际公约。它是继《保护臭氧层维也纳公约》和《联合国气候变化框架公约》之后，第三个具有强制性减排要求的国际公约。

产生背景 《21世纪议程》提出了降低持久性有机污染物风险的要求。1997年，联合国环境规划署理事会在其第19/13C号决议中，责成联合国环境规划署执行主任与各有关国际组织一起筹备召开一次政府间谈判委员会会议，任务是拟定一项具有法律约束力的国际文件，以便首先从已具体列明的12种持久性有机污染物（艾氏剂、氯丹、狄氏剂、异狄氏剂、七氯、灭蚁灵、毒杀芬、滴滴涕、六氯代苯、多氯联苯、二噁英和呋喃）着手，对某些持久性有机污染物采取国际行动。经过 1998—2001 年的谈判，联合国环境规划署于2001年5月22日至 23 日在斯德哥尔摩召开了政府间谈判委员会全权代表会议，并于 5 月 22 日通过了《关于持久性有机污染物的斯德哥尔摩公约》。根据规定的条件，该公约已于2004年5月17日正式生效。2005年5月2日至6日公约第一次缔约方代表大会在乌拉圭埃斯特角城（Punta del Este）举行。

公约的内容 该公约由 30 条正文和 6 个附件组成。正文的内容包括公约的目标、减少或消除特定POPs的排放的措施、增补新的POPs的程序以及保障公约实施的相关辅助条款。附件的内容包括 12 种 POPs 的清单及一些更详细的相关措施（附件 A、附件 B、附件 C）和增补新的 POPs 的筛选标准及所需提供的信息（附件 D、附件 E、附件 F)。其中，公约关于减少或消除 POPs 的排放的措施分三个方面：一是旨在减少或消除源自有意生产和使用的排放的措施。二是减少或消除源自无意生产的排放的措施。三是减少或消除源自库存和废物的排放的措施。公约规定的所要控制的 POPs 清单是开放性的，可以随时根据公约规定的筛选程序和标准对清单进行修改。最初列入公约管控的化学物质为艾氏剂、氯丹、狄氏剂、异狄氏剂、七氯、灭蚁灵、毒杀芬、滴滴涕、六氯代苯、多氯联苯、二噁英和呋喃 12 种，以后《POPs 公约》修正案陆续新增了α-六氯环己烷、β-六氯环己烷、林丹、十氯酮、五氯苯、六溴联苯、四溴二苯醚和五溴二苯醚、六溴二苯醚和七溴二苯醚、全氟辛基磺酸及其盐类和全氟辛基磺酰氟、硫丹、六溴环十二烷 11 种持久性有机污染物，目前，列入该公约的化学物质共有 23 种。

公约与中国 中国于 2001 年 5 月签署公约。2004 年 11 月 11 日，公约正式对中国生效。2007 年 4 月 14 日，国务院批准了《中华人民共和国履行〈关于持久性有机污染物的斯德哥尔摩公约〉的国家实施计划》，确定了我国的履约目标、措施和具体行动。2013 年 8 月 30 日，第十二届全国人大常委会第四次会议审议批准《POPs 公约》新增列九种持久性有机污染物的《关于附件 A、附件 B 和附件 C 修正案》和新增列硫丹的《关于附件 A 修正案》。2013 年 12 月 26 日，我国政府向公约保存人联合国秘书长交存我国批准公约修正案的批准书。按照公约有关规定，这两个修正案自 2014 年 3 月 26 日起对我国生效。2016 年 7 月 2 日，第十二届全国人大常委会第二十一次会议审议批准《POPs 公约》新增列六溴环十二烷修正案，该修正案自 2016 年 12 月 26 日起对我国生效。

公约的意义 《POPs 公约》是国际社会鉴于持久性有机污染物对全人类可能造成的严重危害，为淘汰和削减持久性有机污染物的生成和排放、保护环境和人类免受持久性有机污染物的危害，经过数年谈判后签署的一项重要的国际环境公约，是国际社会有毒化学品的科学管理、淘汰削减方面迈出的一大步。

（罗吉　罗琼）

《Guanyu Geguo Tansuo He Liyong Baokuo Yueqiu He Qita Tianti Zainei Waiceng Kongjian Huodong De Yuanze Tiaoyue》

《关于各国探索和利用包括月球和其他天体在内外层空间活动的原则条约》

（Treaty on Principles Governing the Activities of States in the Exploration and Use of Outer Space, Including the Moon and Other Celestial Bodies）又称《外层空间条约》或《外层空间宪章》。是 1963 年联合国大会通过的《各国探索和利用外层空间活动的法律原则宣言》的补充和发展，是有关外层空间的基本法。

《外层空间条约》于 1966 年 12 月 19 日由联合国大会通过。1967 年 1 月 27 日在伦敦、莫斯科和华盛顿三地开放供签署，同年 10 月 10

日生效。《外层空间条约》于 1983 年 12 月 30 日对我国生效。

条约的内容 该条约由序言和 17 项条文组成。主要内容如下：①各缔约国保证，不在绕地球旋转轨道放置任何携带核武器或其他类型大规模毁灭性武器的物体，不在天体上配置这种武器，也不以任何其他方式在外层空间部署此种武器。②各缔约国对其在外层空间，包括月球和其他天体所从事的活动，不论是由政府部门、还是非政府的团体组织进行，均应承担国际责任，并应负责保证本国活动的实施符合该条约的规定。③凡进行发射或促成把物体射入外层空间（包括月球和其他天体）的缔约国，以及为发射提供领土或设备的缔约国，对该物体及其组成部分在地球、大气空间或外层空间（包括月球和其他天体）使另一缔约国或其自然人或法人受到的损害，应负国际赔偿责任。④各缔约国从事研究、探索外层空间（包括月球和其他天体）活动时，应避免使其遭受污染，并避免地球以外的物质使地球环境发生不利的变化。 （罗吉　王彦）

《Guanyu Haishang Chuzhi Fangshexing Feiwu De Jueyi》

《关于海上处置放射性废物的决议》

（Resolution on Disposal at Sea of Radioactive Wastes） 全称《就海上处置放射性废物及其他放射性物质问题对〈防止倾倒废物和其他物质污染海洋公约〉附件的修正案》，简称 LC.51（16）号决议。由《防止倾倒废物和其他物质污染海洋公约》（又称《伦敦倾废公约》）缔约方协商会议于 1993 年 11 月 12 日通过，1994 年 2 月 20 日生效。中国于协商会议后，在规定的时间内通知《伦敦倾废公约》保存国（英国），表示中国接受该决议。

该决议包括前言和两个附件。该决议要求各缔约方应当单独地和共同地促进对海洋环境污染的一切来源进行有效的控制，并且应协调其政策以防止海洋倾废造成污染；认识到缔约方在过渡期内应接受国际原子能机构第 78 号及第 89 号系列安全文件（《磷酸盐工业中天然存在的放射性物质残留物的辐射防护和管理》《辐射源和实践豁免于管理控制的原则》）以及协商会议采纳的决议和建议的指导；进一步注意到缔约方正在考虑在修正《伦敦倾废公约》时把从海上向海床储存废物和其他物质包括在“倾倒”的定义中。 （秦天宝）

《Guanyu Haishang Fenshao Wenti De Jueyi》

《关于海上焚烧问题的决议》

（Resolution on Incineration at Sea） 全称《就海上焚烧问题对〈防止倾倒废物和其他物质污染海洋公约〉附件的修正案》，简称 LC.50（16）号决议。该决议旨在鼓励各缔约方采取适当步骤停止危险废弃物的海上焚烧，由《防止倾倒废物和其他物质污染海洋公约》（又称《伦敦倾废公约》）的缔约方协商会议于 1993 年 11 月 12 日在伦敦通过，1994 年 2 月 20 日生效。中国代表在表决该决议时投了赞成票。

该决议包括前言和 1 个附件。主要内容包括：禁止工业废弃物和污泥的海上焚烧；任何其他废弃物和物质的海上焚烧要求颁发特别许可证；在颁发海上焚烧特别许可证时，缔约方应当遵守《伦敦倾废公约》的有关规定。该决议还对“海洋焚烧设施”和“海上焚烧”进行了定义：“海洋焚烧设施”是指为海上焚烧的目的而操作的船舶、平台及其他人工构造物。“海上焚烧”是指为热摧毁的目的而在海洋焚烧设施上有意地焚烧废物或其他物质的行为，船舶、平台或其他人工构造物正常操作中所附带发生的行为不属于该定义的范围。 （秦天宝）

《Guanyu Huanjing Baohu De〈Nanji Tiaoyue〉Yidingshu》

《关于环境保护的〈南极条约〉议定书》

（Protocol on Environmental Protection to the Antarctic Treaty） 在《南极条约》框架下的关于保护南极环境的国际法律文件，是迄今为止保护南极环境内容最全面和最严格的环境条约。

该议定书规定南极地区为专门用于和平和

科学目的的自然保护区，并为保护南极大陆及附近地区的生态环境免遭破坏制定了严格的保护措施，其中包括在50年内禁止在南极地区进行一切商业性矿产资源开发活动等。

产生背景 1959年的《南极条约》并没有直接对环境保护做出专门规定，仅在第5条第1款“禁止在南极洲进行任何核爆炸和处理放射性废料”和第9条第1款（f）项“南极洲生物资源的保护和保存”中体现出对南极环境保护的关注。1991年10月4日，在西班牙马德里举行的第11届4次《南极条约》协商国特别会议通过了该议定书。26个《南极条约》协商国中，中国、美国、英国、法国、苏联等23国签署了议定书。议定书于1998年1月14日生效。

议定书的内容 议定书除序言部分以外，有27项条款、1个关于仲裁程序的附则和6个附件。

在序言部分，议定书申明有必要加强对南极环境及依附于它的和与其相关的生态系统的保护，重申《南极条约》关于南极只得用于和平目的、不得成为国际纷争的对象或场所的规定，确认将南极确定为特别保护区以及根据《南极条约》体系所采取的其他措施的要求，重申《南极海洋生物资源养护公约》的保护原则。

议定书将南极地区指定为贡献给和平和科学的自然保护区，并为其规定了全面的保护措施。议定书规定，对南极环境及其附属生态系统的保护以及南极的内在价值（包括其荒野价值、美学价值和科研价值），必须成为规划和在《南极条约》区域内从事一切活动时的基本考虑因素。

议定书要求缔约方加强合作，以促进有关保护南极环境及其生态系统的科学、技术和教育的合作项目。此外，还要求缔约方对其他缔约方的环境影响评价项目提供援助，提供有关环境风险和减轻事故影响的情报资料，与其他缔约方就考察站的选址进行协商以便减少对环境的累积影响，以及联合进行考察和共享考察站与其他设施。

议定书规定，缔约方必须保证在关于任何活动的决策做出之前的规划阶段执行议定书附件一所规定的环境影响评价程序，这些活动包括在《南极条约》区域内从事的科学研究、旅游和政府的或非政府的活动。

议定书要求缔约方以立法、行政和执法措施保障其遵守议定书的约定。缔约方应将它采取的这些措施通知其他缔约方。每一缔约方应提请所有其他缔约方注意它认为影响议定书的目标和原则的实施的活动。议定书要求缔约方制订应急计划以应付在南极地区发生的环境事故。

议定书规定缔约方应通过谈判、查询、调解、和解、仲裁、司法解决等和平手段解决其有关议定书的解释和适用的争议。议定书对争端解决程序的选择和争端解决程序做了比较详细的规定。此外，议定书的附则详细规定了仲裁程序。

该议定书的6个附件分别对环境影响评价、南极动植物保护、废物处理及废物管理、预防海洋污染和区域保护和管理、环境紧急状态下的责任做了详细规定。议定书的附件与议定书享有同等法律效力。

议定书的意义 《关于环境保护的〈南极条约〉议定书》对南极活动产生了历史性影响，不仅确认了《南极条约》各协商国在南极环境保护方面进行国际合作的实践，而且还制定了一套保护南极环境及其生态系统的规定，促使《南极条约》协商国调整其南极活动策略，保护南极大陆及附近地区的生态环境免遭破坏，这是人类为保护地球自然环境做出的一个理智的决定，是和平利用南极的重大进步。

（罗吉 王彦）

《Guanyu Jinzhi Fazhan、Shengchan、Chucun He Shiyong Huaxue Wuqi Ji Xiaohui Cizhong Wuqi De Gongyue》

《关于禁止发展、生产、储存和使用化学武器及销毁此种武器的公约》（Convention on the Prohibition of the Development，Production，Stockpiling and Use of Chemical Weapons and on Their Destruction） 又称《化学武器公约》

(Chemical Weapons Convention)。是世界上第一个全面禁止和彻底销毁化学武器的公约。

产生背景 早在1899年及1907年召开的两次海牙和平会议上，各国就达成一致协议，禁止在战争中使用含毒剂的炮弹。然而这些早期的协议在第一次世界大战中被撕毁了，战争期间化学武器的大规模使用造成了巨大的人员伤亡。

1925年6月17日，各国在日内瓦签订《关于禁止在战争中使用窒息性、毒性或其他气体和细菌作战方法的议定书》，即《1925年日内瓦议定书》。然而该议定书先天不足，未能有效禁止化学武器的生产和储存，致使所有缔约国均有权保存化学武器，其中不少缔约国还宣布保留进行报复性使用和对非缔约国使用的权利，由此导致化学武器禁而不止的局面。1972年4月10日，各国又于伦敦、莫斯科和华盛顿签订《关于禁止发展、生产和储存细菌（生物）及毒素武器和销毁此种武器的公约》，该公约时确认一项关于禁止细菌（生物）和毒素武器的协议，也是朝向同样就禁止发展、生产和储存化学武器的有效措施达成协议所迈出的第一个可行步骤。

1978年5月23日至6月30日，在纽约举行的联合国大会第一届裁军特别会议把化学武器公约谈判列为多边裁军谈判最紧迫的任务。但是，由于各种因素，公约谈判步履艰难，进展甚微。

为采取行动以切实促进严格和有效国际监督下的全面彻底裁军，包括禁止和消除一切类型的大规模毁灭性武器，实现《联合国宪章》的宗旨和原则，联合国开始筹划制定《化学武器公约》。

1992年11月30日，第47届联合国大会一致通过该公约的决议，1993年1月13日至15日，该公约的签字仪式在巴黎联合国教科文组织总部举行，包括中国在内的130个国家签署了公约。此后，公约转到纽约联合国总部继续开放签署。1997年4月29日，公约正式生效。

为确保该公约的各项规定（包括对公约遵守情况进行核查的规定）得到执行，并为各缔约国提供进行协商和合作的论坛，禁止化学武器组织（OPCW）于1997年5月23日在荷兰海牙成立。

截至2016年年底，全世界196个国家中只有个别国家没有加入该公约。

公约的内容 该公约由序言、24项条款和3个附件组成。主要内容为禁止发展、生产、储存和使用各类化学武器；销毁本国境内或丢弃在别国领土上的化学武器；拆除所有化学武器生产设施或将它们转为他用；提供有关国家的化学武器库、武器装备及销毁计划的详细信息等。

第一至十二条是公约的重要内容。第一条“一般义务规定”禁止发展、生产、以其他方式获取、储存、保有、转让和使用化学武器。缔约国应销毁其管辖和控制下的化学武器和化学武器生产设施，以及可能遗留在另一缔约国领土上的所有化学武器。缔约国不得为使用化学武器进行任何军事准备；不得协助或鼓励他人从事公约禁止的任何活动；并且不得使用控暴剂作为战争手段。

第二条“定义和标准”将“化学武器”定义为该公约不加禁止的目的以外使用的所有有毒化学品及其前体，其中该公约不加禁止的目的包括和平目的、有毒化学品的防护、不涉及将有毒化学品作为战争手段的军事目的以及执法目的。此外，“化学武器”还包括经过专门设计用于释放有毒化学品的弹药和装置以及专门设计的设备。

第三条“宣布”要求每一缔约国应至迟于公约对其生效后30天，向禁止化学武器组织提交有关化学武器以及化学武器生产设施的详细宣布，其中应列明其准确地点和数量，并提供有关其销毁的总体计划。各缔约国还应宣布它为控暴目的保有的化学品。

第四条是“化学武器”和第五条“化学武器生产设施”，就化学武器和化学武器生产设施的销毁，包括对此种销毁的核查做出了详细规定。

第六条是该公约不加禁止的活动，详细规定了由禁止化学武器组织通过例行的宣布和现场视察，对化学工业进行监督的综合制度。

第七条“国家执行措施”涉及各缔约国为确保该公约在本国的执行而必须采取的措施和立法，同时规定应设立或指定国家主管部门作为与禁止化学武器组织进行联络的中心。

第八条“组织”规定设立禁止化学武器组织，并将总部设在荷兰海牙。缔约国大会为该组织最高决策机构，每年举行常会，必要时可召开特别会议。

第九条“是协商、合作和事实调查”规定禁止化学武器组织可以对位于任何缔约国领土上或其管辖或控制下的任何其他地方的任何设施或地点进行临时通知的质疑性视察，以便澄清和解决与可能的违约有关的任何问题。被视察缔约国可以采用“有节制的视察”技术保护与该公约无关的敏感装置和信息。

第十条“援助和化学武器防护”规定受到化学武器威胁或攻击的缔约国可以获得援助，包括获得传感器、防护服、洗消设备和解毒剂等防护设备，并且可以获得有关化学防护措施的咨询意见。

第十一条“经济和技术发展”旨在促进缔约国之间为该公约不加禁止的目的进行与化学的发展和应用有关的化学品、设备和科学技术资料的尽可能充分的交流。各缔约国应承诺审查本国在化学品贸易领域的现行规章，使其符合该公约的宗旨和目标。

第十二条“纠正某一情况和确保遵守的措施，包括制裁”规定当某一缔约国未能采取补救行动以确保该公约得到遵守时，可对其采取若干惩罚措施，包括制裁。

其余 12 条是惯常条款，涉及：与其他国际协定的关系、争端的解决、修正、期限和退出、附件的地位、签署、批准、加入、生效、保留、保存人和有效文本。其中，第二十二条规定不得对该公约各条款做出保留，也不得对该公约各附件做出不符合该公约宗旨和目标的保留。

该公约规定的销毁进度是：第Ⅰ阶段，截至 2000 年 4 月，削减 1%；第Ⅱ阶段，截至 2002 年 4 月，削减 20%；第Ⅲ阶段，截至 2004 年 4 月，削减 45%；第Ⅳ阶段，截至 2007 年 4 月，削减 100%，禁止延期超越 2012 年 4 月。

公约与中国 中国政府于 1993 年 1 月 13 日在巴黎签署该公约，并于 1997 年 4 月 25 日交存批准书，同时声明如下：第一，中国一贯主张全面禁止和彻底销毁一切化学武器。公约为实现这一目标奠定了国际法律基础，因此中国支持公约的宗旨、目标和原则。第二，中国呼吁拥有庞大化学武器库的国家尽早批准公约，以利于早日实行公约的宗旨和目标。第三，公约的宗旨、目标和原则应得到严格遵守。关于质疑核查的规定不得被滥用，不得损害缔约国与化学武器无关的国家安全利益。中国坚决反对任何滥用核查规定危害中国主权与安全的做法。第四，在外国遗弃化学武器的国家应当切实履行公约的有关规定，承担销毁这些化学武器的义务，尽快彻底销毁遗弃在别国领土上的化学武器。第五，公约应切实发挥促进化工领域为和平目的的国际贸易、科技交流与合作的作用。公约应当成为规范缔约国之间在化工领域进行贸易、国际合作与交流的有效法律依据。

该公约于 1997 年 4 月 29 日对中国生效，并适用于香港、澳门特别行政区。

中国积极参加了公约的谈判，是公约的原始缔约国。中国积极支持禁止化学武器组织的工作，认真履行公约义务。中国建立了国家、省市级的履约机构；开展履约立法，先后颁布或修正了多部法律法规；按时提交各类宣布文件，接待禁止化学武器组织来华视察，并与之积极开展合作。 （朱达俊）

《Guanyu Tebie-Shi Zuowei Shuiqin Qixidi De Guoji Zhongyao Shidi Gongyue》

《关于特别是作为水禽栖息地的国际重要湿地公约》 （Convention on Wetlands of International Importance Especially as Waterfowl Habitat） 又称《拉姆萨尔公约》或《湿地公约》。是旨在保护水禽栖息地——湿地的全球

性公约，也是唯一一部有关湿地生态系统保护的全球环境条约。

20 世纪 60 年代，迁徙鸟类栖息的湿地持续退化，引起了一些国家和非政府组织的关注。在这些国家和组织的协商之下，该公约于 1971 年在伊朗的拉姆萨尔达成。《湿地公约》签署于 1971 年 2 月 2 日，于 1975 年 12 月 21 日正式生效，经 1982 年 3 月 12 日《巴黎议定书》修正，共有 12 项条款。1987 年 5 月 28 日《里贾纳修正案》修改了《湿地公约》的第六条和第七条。截至 2016 年 12 月 14 日，公约共有 169 个缔约方。中国于 1992 年 1 月 3 日加入《湿地公约》，公约于 1992 年 7 月 31 日对中国生效。《湿地公约》决定每 3 年举行一次缔约方会议，以审查该公约的执行情况和决定湿地名册的增删。截至 2016 年 8 月，已经举行了 12 届缔约方大会。《湿地公约》第 12 届缔约方大会于 2015 年 6 月在乌拉圭的埃斯特角召开。

公约包括序言和 12 个条文。公约将湿地界定为“不问其为天然或人工、长久或暂时之沼泽地、湿原、泥炭地或水域地带，带有或静止或流动，或为淡水、半咸水或咸水水体者，包括低潮时水深不超过 6 m 的水域”，其宗旨是通过各成员国之间的合作加强对世界湿地资源的保护及合理利用，以实现生态系统的持续发展。

公约设立了国际重要湿地名册，在批准或加入公约时应至少指定该国一处湿地列入该名册。

公约要求缔约方制订并实施计划以保护列入名册的湿地并促进其境内湿地的合理利用。公约规定缔约国应设置湿地自然保护区，无论该湿地是否已列入名册，以促进湿地和水禽的养护并应对其进行充分的监护。

《湿地公约》已成为国际重要的自然保护公约之一，截至 2015 年 4 月，有超过 2 100 块在生态学、植物学、动物学、湖沼学或水文学方面具有独特意义的湿地被列入国际重要湿地名册。 （秦天宝）

《Guanyu Tianran Ziyuan Zhi Yongjiu Zhuquan De Xuanyan》

《关于天然资源之永久主权的宣言》

（Declaration on the Permanent Sovereignty over Natural Resources） 国际社会公认的关于天然资源的重要国际政治法律文件。其基本精神是以承认各国依其本国利益自由处置其天然资源的自主权为基础，促进天然资源的发展和利用，特别是促进发展中国家的经济发展，保证其经济独立。

产生背景 第二次世界大战后，原来的殖民地纷纷独立，成为主权国家，但新独立的发展中国家的天然资源仍被外国公司或跨国公司控制，严重危害其经济发展和生存。因此，发展中国家强烈要求国际社会确认国家对天然资源的永久主权，以实现经济上的独立，维护国家主权的完整，促进社会经济发展。在这种形势下，联合国大会自 1952 年 1 月起通过了一系列关于天然资源的永久主权的决议，并于 1962 年 12 月 14 日通过了《关于天然资源之永久主权的宣言》。

宣言的基础主要有：①1952 年 1 月 12 日第六届联合国大会第 523 号决议案《通盘筹划的经济发展及商业协定》[A/RES/523（Ⅵ）]、1952 年 12 月 21 日第七届联合国大会第 626 号决议案《自由开发天然财富及资源的权利》[A/RES/626（Ⅶ）]。②1958 年 12 月 12 日第十三届联合国大会第 1314 号决议案《关于各国尊重民族与国族自决权的建议》[A/RES/1314（XIII）]，该决议案决定设立天然资源永久主权问题委员会，详尽调查天然财富与资源永久主权作为自决权利基本要素的状况，在必要时提出建议予以加强；该决议案还决定在详尽调查民族与国族对其天然财富与资源的永久主权状况时，要注意各国在国际法上的权利与义务，以及在发展中国家经济发展方面鼓励国际合作的重要性。③1960 年 12 月 15 日第十五届联合国大会第 1515 号决议案《同心协力共谋经济上发展较差国家的经济发展》[A/RES/1515（XV）]，该决议案建议对于各国处置其财富与天然资源的自主权利应予尊重。

宣言的内容 包括：①各民族及各国族行使其对天然财富与资源的永久主权，必须为其国家的发展着想，并以关系国人民的福利为依归。②各民族及各国族有权自主制定规则和条件以许可、限制或禁止查勘、开发与处置天然财富与资源的活动以及为此目的而输入所需外国资本。③查勘、开发与处置天然财富与资源的活动如经许可，则输入的资本及其收益应受许可条款、现行国内法及国际法的管辖。这些活动所获的利润必须按投资者与受助国双方自由议定的比例分派，同时必须保证绝不损害受助国对其天然财富与资源的主权。

宣言的进一步发展 第十七届联合国大会指出，欢迎国际法委员会加速编纂国家责任法典，并请秘书长继续研究天然资源永久主权的问题，向联合国经济和社会理事会提出报告，可能时并向第十八届联合国大会提出报告。

此后，1974 年联合国大会第 2229 次会议又通过了《建立新的国际经济秩序宣言》《建立新的国际经济秩序行动纲领》《各国经济权利和义务宪章》等文件，重申并进一步发展了国家对其天然资源拥有永久主权的原则。其中，《各国经济权利和义务宪章》规定："每个国家对其全部财富、自然资源和经济活动享有充分的永久主权，包括拥有权、使用权和处置权在内，并得自由行使此项主权。"《建立新的国际经济秩序宣言》宣布："所有遭受外国占领、外国和殖民统治或种族隔离的国家、领地和民族，对其自然资源和所有其他资源受到的剥削、消耗和损害有权要求偿还和充分赔偿"。国家对其天然资源的永久主权是新的国际经济秩序的基础。

（徐丰果）

《Guanyu Xiaohao Chouyangceng Wuzhi De Mengteli'er Yidingshu》

《关于消耗臭氧层物质的蒙特利尔议定书》（Montreal Protocol on Substances that Deplete the Ozone Layer） 又称《蒙特利尔议定书》。国际社会为了避免工业产品中的氯氟碳化合物对地球臭氧层造成破坏而制定的环境保护公约。

产生背景 为了应对氯氟碳化合物对地球臭氧层造成的破坏，联合国于 1985 年通过了《关于保护臭氧层的维也纳公约》。由于各国就实质性问题未能达成一致，该公约只是一个框架式的原则性公约，没有提出约束性措施。随着臭氧层破坏程度日益加剧，为进一步落实公约，联合国环境规划署在加拿大蒙特利尔主持召开了控制含氯氟烃的各国全权代表会议，并于 1987 年 9 月 16 日通过了《蒙特利尔议定书》，该议定书于 1989 年 1 月 1 日起生效。

1987 年《蒙特利尔议定书》对 CFC-11、CFC-12、CFC-113、CFC-114、CFC-115 五项氯氟碳化合物及 3 项哈龙的生产做了严格的管制规定，并规定各国有共同努力保护臭氧层的义务，凡是对臭氧层有不良影响的活动，各国均应采取适当的防治措施，影响的层面涉及电子光学清洗剂、冷气机、发泡剂、喷雾剂、灭火器等。该议定书虽然规定将氯氟碳化合物的生产冻结在 1986 年的规模，并要求发达国家在 1988 年减少 50%的生产量，同时自 1994 年起禁止哈龙的生产，但是 1988 年美国国家航空航天局发表了《全球臭氧趋势报告》，指出全球遭破坏的臭氧层并不仅限于南极与北极的上空，间接证实了《蒙特利尔议定书》对于氯氟碳化合物的管制仍不足。鉴于此，国际社会于 1990 年 6 月在英国伦敦召开了《蒙特利尔议定书》缔约方第二次会议，通过了伦敦修正案，对议定书内容做了大幅修正，其中最为重要的是扩大管制物质，除原先管制物质之外，另增加 CFC-13 等 10 种氯氟碳化合物、四氯化碳以及三氯乙烷，共计 12 种化学物质，并规定提前于 2000 年完全禁用上述物质。之后又陆续进行了多次调整和修正，包括 1992 年的哥本哈根修正案、1995 年的维也纳修正案、1997 年的蒙特利尔修正案、1999 年的北京修正案以及 2016 年的基加利修正案。其中最重要的是哥本哈根修正案，决议将发达国家的氯氟碳化合物禁产时限提前至 1996 年 1 月实施，而非必要的消费量均严格禁止。而基加利修正案则将强效温室气体氢氟碳化合物（HFCs）纳入了管控范围。

议定书的内容 《蒙特利尔议定书》及其修正案的主要内容包括：①采取风险预防原则。议定书的序言指出："决心采取公平地控制消耗臭氧层物质全球排放总量的预防措施，以保护臭氧层。"②对《保护臭氧层维也纳公约》附件中所管制的物质的产品具体规定了不同的削减和淘汰时间表。③对发展中国家做出了特别安排，包括提供额外资金和延缓某些义务的实施期限。建立了"蒙特利尔多边基金"，由经济合作与发展组织成员国自愿帮助发展中国家。④控制缔约方与非缔约方有关受控产品和物质的贸易，从而对非缔约方进行间接调整。⑤缔约方必须每年提交一次数据报告。⑥对缔约方履约实施监督，创设了"不遵守情事程序"（non-compliance procedure）。不能完全履行义务的缔约方可以主动向执行委员会汇报情况，其他缔约方也可以将其不履行议定书的情况诉诸委员会。缔约方会议在执行委员会调查的基础上做出决定，采取相应的措施，包括提供履约帮助、警告或者终止其所享有的权利和特权。

议定书与中国 中国分别于1991年6月14日和2003年4月22日加入了《蒙特利尔议定书》1990年伦敦修正案和1992年哥本哈根修正案。中国加入了修正后的《蒙特利尔议定书》（伦敦修正案、哥本哈根修正案）。此后，制订了相应的国家履约计划和行动方案，将减少消耗臭氧层物质纳入中国的环保议程。具体措施包括：①中国政府与联合国开发计划署于1996年合作确定了适合中国国情的替代品和替代技术，提出了可操作的政策措施和监督制度。②针对国内的相关行业颁布了保护臭氧层的行为规范，并在2000年修订的《中华人民共和国大气污染防治法》中规定："国家鼓励、支持消耗臭氧层物质替代品的生产和使用，逐步减少消耗臭氧层物质的产量，直至停止消耗臭氧层物质的生产和使用。在国家规定的期限内，生产、进口消耗臭氧层物质的单位必须按照国务院有关行政主管部门核定的配额进行生产、进口。"③在国家层面设置了履约的管理机构，在地方环保部门和行业组织的职责中也增加了相应的内容。④中国工业界的理念和行为也发生了变化，积极削减、停止生产或进口消耗臭氧层物质和产品，促进了中国履约目标的实现。

议定书的意义 《蒙特利尔议定书》首次对消耗臭氧层物质的消费和生产做出限制，确立了减少或消除一系列消耗臭氧层物质生产的时间表和目标，从而对臭氧层的保护赋予了实质性内容。此外，议定书还因其制度化的经济援助和监督实施机制，开创了在环境保护方面进行国际合作的新途径。 （李广兵 王珍）

《Guanyu Zai Guoji Maoyi Zhong Dui Mouxie Weixian Huaxuepin He Nongyao Caiyong Shixian Zhiqing Tongyi Chengxu De Lutedan Gongyue》

《关于在国际贸易中对某些危险化学品和农药采用事先知情同意程序的鹿特丹公约》 （Convention on International Prior Informed Consent Procedure for Certain Trade Hazardous Chemicals and Pesticides in International Trade Rotterdam） 又称《鹿特丹公约》或《PIC公约》。是一部规定事先知情同意程序和信息交流程序，保障危险化学品和农药在国际贸易中安全流通，防止危险化学品和农药污染的国际公约。

产生背景 《鹿特丹公约》于1998年9月在鹿特丹举行的外交会议上通过，2004年2月24日生效。2005年6月20日公约对中国生效。该公约是根据联合国《经修正的关于化学品国际贸易资料交流的伦敦准则》和《国际农药供销与使用行为守则》以及《国际化学品贸易道德守则》中规定的原则制定的。

从通过到开始生效，《鹿特丹公约》在自愿基础上作为事先知情同意程序运作，目的是继续采用原来的事先知情同意程序以及为《鹿特丹公约》在开始生效之后的有效运作做准备。公约生效之后对其缔约方具有法律约束力。第一次和第二次缔约方大会分别于2004年9月和2005年9月在日内瓦和罗马举行。截至2016

年 2 月，《鹿特丹公约》已有 155 个缔约方。

公约的目的 促进各缔约方在某些危险化学品的国际贸易中共同负责和努力合作，以便通过促进关于这些化学品特点的信息交流、为国家关于其输入和输出的决策过程做准备并向缔约方通报这些决定，保护人类健康和环境避免受到潜在损害，有助于这些化学品的环境无害使用。

适用范围 ①适用于：禁用或严格限用的化学品；极为危险的农药制剂。②不适用于：麻醉药品和精神药物；放射性材料；废物；化学武器；药品，包括人用和兽用药品；用做食物添加剂的化学品；食物；其数量不可能影响人类健康或环境的化学品，但以下列情况为限：为了研究或分析而进口，或者个人为自己使用而进口且就个人使用而言数量合理。

公约的内容 该公约正文有 30 个条款，规定了事先知情同意程序和信息交流程序。附件有 5 个。

事先知情同意程序 正式获取和传播输入缔约方关于将来是否希望收到公约附件Ⅲ中所列的那些化学品装运量的决定以及确保输出缔约方遵照这些决定的一种机制。

关于附件Ⅲ中所列的每种化学品，根据事先知情同意程序，编写了一个决定指导文件并发给所有缔约方。决定指导文件旨在帮助政府评估与处理和使用该种化学品有关的危险性，根据当地条件对于将来输入和使用该种化学品做出更为知情的决定。

要求所有缔约方就将来是否允许输入公约附件Ⅲ中的某种化学品做出决定。这些决定就是输入答复，由指定的国家主管部门发给秘书处。

对于需采用事先知情同意程序的每种化学品的输入答复清单，由秘书处通过事先知情同意通函每 6 个月发给所有指定的国家主管部门。各缔约方做出的输入决定必须是贸易中性的，即如果缔约方决定不接受某种化学品的输入，就必须停止在国内生产供国内使用的该种化学品并拒绝从任何来源，包括非缔约方输入该种化学品。

要求所有输出缔约方确保需采用事先知情同意程序的化学品的输出不违反每个输入缔约方的决定。应当确保在事先知情同意通函中公布的输入答复立即发给其输出者、业界和任何其他相关部门，如海关。

信息交流程序 《鹿特丹公约》促进在缔约方之间就范围非常广泛的潜在危险化学品交流信息。公约要求每个缔约方在采取国内管理行动禁止或严格限制某种化学品时通知秘书处。发展中国家缔约方或经济转型国家缔约方若遇到由一种严重危险农药制剂引起的问题，可向秘书处报告。所有缔约方收到通过事先知情同意通函定期提供的这些通知和建议概要。

当一个缔约方禁止或严格限制的某种化学品从其领土输出时，该缔约方必须在首次发货之前以及此后每年通知每个输入缔约方。

关于禁止或严格限制的化学品以及需采用事先知情同意程序的化学品的输出，需要有适当标签以及提供基本健康和安全信息的安全说明书。

公约附件 附件Ⅰ是根据第 5 条发出通知所需提供的资料，附件Ⅱ是将禁用或严格限用化学品列入附件Ⅲ的标准，附件Ⅲ是需要采用事先知情同意程序的工业化学品、农药和有严重危险的农药制剂的清单，附件Ⅳ是将极为危险的农药制剂列入附件Ⅲ的标准，附件Ⅴ是出口通知所需提供的资料。附件Ⅲ是其中最重要的一个附件，附件Ⅰ和附件Ⅳ都是为附件Ⅲ而设。

附件Ⅲ所列入的化学品包括杀虫剂和工业化学品，这些杀虫剂和工业化学品被两个或两个以上的缔约方禁止或严格限制且缔约方大会决定适用事先知情同意程序。在 1998 年《鹿特丹公约》文本通过时，有 27 种化学品列入附件Ⅲ。截至 2016 年 12 月 16 日，有 47 种化学品列入了附件Ⅲ。 （徐丰果）

《Guanyu Zhubu Tingzhi Gongye Feiqiwu De Haishang Chuzhi Wenti De Jueyi》

《关于逐步停止工业废弃物的海上处置问题的决议》 （Resolution concerning Phasing out Sea Disposal of Industrial Waste） 全称《就逐步停止工业废弃物的海上处置问题对〈防

止倾倒废物和其他物质污染海洋公约〉附件的修正案》，简称 LC.49（16）号决议。是为协调《防止倾倒废物和其他物质污染海洋公约》（又称《伦敦倾废公约》）缔约方的政策以防止倾倒废物造成海洋污染而通过的决议。该决议由《伦敦倾废公约》缔约方协商会议于 1993 年 11 月 12 日在伦敦通过，1994 年 2 月 20 日生效。中国代表在表决该决议时投了赞成票。

该决议包括前言和两个附件。该决议明确了“工业废弃物”的内涵和外延，认为“工业废弃物”是指制造及加工作业过程中产生的废弃材料，但不包括疏浚物，阴沟污泥，渔业废物及渔业加工作业过程中产生的有机材料，船舶、平台或其他人工海上构筑物（以其不产生漂浮的碎片或将对海洋环境的污染扩散到更大范围为条件），未被沾污的、其化学成分不会释放到海洋环境中的惰性地质材料，未被沾污的自然衍生的有机材料。（秦天宝）

《Guoji Bujing Guanzhi Gongyue》

《国际捕鲸管制公约》（International Convention for the Regulation of Whaling）为保护鲸类，防止过度捕捞，建立国际捕鲸管制制度而订立的国际公约。

产生背景 1931 年 9 月 24 日，第一个捕鲸条约《管制捕鲸协定》在日内瓦签署，但协定的规定流于表面，收效甚微。1937 年 6 月 8 日，包括美国在内的 9 个国家在伦敦签署了《国际捕鲸管理协定》，但由于未得到主要捕鲸国的认可，协定难以发挥作用。1946 年 12 月 3 日《国际捕鲸管制公约》在华盛顿签署，成为全球范围内鲸类的专门保护立法，于 1948 年 11 月 10 日生效；公约修正案于 1956 年 11 月 19 日在华盛顿通过，1959 年 5 月 4 日生效。截至 2016 年 7 月，已有 88 个缔约方，包括世界上主要的捕鲸国家。中国于 1980 年 9 月 24 日加入公约。

公约的内容 公约的宗旨是谋求适当地保护鲸类并能使捕鲸业有序地发展。公约共有 11 个条款、1 个附件，以及 22 项程序规则。公约设立了国际捕鲸委员会。委员会的职责包括：确定受保护和不受保护的鲸的种类，解禁期和禁捕期，解禁水域和禁捕水域，各种鲸的尺寸限制，捕鲸时间、方法和强度以及捕猎器具的规格和型号等。公约以一项作为附件的“计划”进一步规定了成员国的有关义务，其中包括确定禁捕期、限定捕获量和报告捕鲸数据等。公约规定了一些有关义务的例外情况，其中一项主要例外是科学研究。公约规定缔约方政府可以对其国民发放特别许可证，以使其可以为科学研究的目的而捕杀、获取和加工处理鲸。公约要求缔约方政府采取措施确保公约的履行，并对在其管辖范围内从事违反公约规定的活动的人或船舶进行制裁。

公约的意义 公约建立了一个带有国际监督性质的国内实施体系。但在签订之初，成员国大都为捕鲸大国，公约并未起到有效保护鲸类、监督捕鲸业有序发展的作用。自 20 世纪 70 年代以来，公约的作用发生了变化。1972 年斯德哥尔摩联合国人类环境会议建议停止捕鲸 10 年。1982 年国际捕鲸委员会决定禁止商业性捕鲸，对保护这种珍稀动物发挥了巨大作用。国际捕鲸委员会鼓励参与有关鲸鱼的研究，公约建立的实施体系对此也起到了保障作用。

（卢锟）

《Guoji Ganyu Gonghai Youwu Shigu Gongyue》

《国际干预公海油污事故公约》（International Convention relating to Intervention on the High Seas in Cases of Oil Pollution Casualties）又称《1969 年干预公约》。是为防止公海上发生的石油污染对沿岸国的环境造成损害的公约。

产生背景 1967 年的“托里坎荣”号海难造成了严重的、前所未有的石油污染，给与这次航运并无直接关系的沿岸国带来巨大损失。“托里坎荣”号事件的发生改变了公众认为海上事故只同发生事故的船舶本身有关的传统观念，引起了人们对于在公海发生事故时国家依据国际公法行使权力的一些疑虑。特别是当意外事故威胁沿岸国环境时，沿岸国在何种程度上可以采取措施防止其领土受到石油污染，尤其是当必要的措施可能会影响到外国船东、托运方甚至船旗国的利益时。基于这些疑虑，国际上达成了一个普遍的共识，即需要有一个新的制度，在承认严重紧急情况下沿岸国干预公海的必要性的前提下，明确限制沿岸国的该项权力，以保护其他合法利益。在这样的背景下，1969年11月29日政府间海事协商组织在布鲁塞尔召开了海上污染损害国际法会议，会议通过了《国际干预公海油污事故公约》。该公约的宗旨是保护沿岸国家利益，避免海上事故引起海上和沿岸油污危险的严重后果。该公约于1975年5月6日生效，截至2017年1月，公约经过了3次修正（均是修改污染物质名录），共有89个缔约方。

公约的内容 该公约由序言、17个条款和附则构成。其中，附则包括调解和仲裁两部分，共19条。主要内容包括：①在发生海上事故或与此事故有关的行为后，如有理由预计到会造成较大的有害结果，沿岸国可以在公海上采取必要措施，以防止、减轻或消除由于油类对海洋的污染或污染威胁而对其海岸或有关利益产生的严重而紧急的危险。②不应根据该公约对于军舰或其他属于国家所有或经营的且在当时仅用来从事政府的非商业性服务的船舶采取措施。③在采取措施前，沿岸国应与受海上事故影响的其他国家，尤其是与船旗国进行协商，也可与没有利害关系的专家们进行协商。④由于采取违反公约规定的措施而使他方遭受损失时，应对其超出为达到公约所述目的所必须采取的措施限度而引起的损失，负赔偿责任。⑤缔约国之间发生任何争议，各方不能通过协商解决，又不能用其他方法达成一致时，应按附则规定，在任何一方要求下，提请调解；若调解不成，则提请仲裁。

公约与中国 1990年2月23日，我国正式加入1969年的《国际干预公海油污事故公约》，同年5月24日该公约对我国生效。1973年政府间海事协商组织通过了修订该公约的《干预公海非油类物质污染议定书》，把该公约的适用范围扩大到非油类的其他污染物，修订议定书于1983年生效。我国于1990年2月23日交存加入书，同年5月24日该议定书对我国生效。

（秦天宝）

《Guoji Heliu Shuiziyuan Liyong He'erxinji Guize》

《国际河流水资源利用赫尔辛基规则》

（Helsinki Rules on the Uses of the Waters of International Rivers） 又称《国际河流利用规则》或《赫尔辛基规则》。是一部非官方的、有广泛影响的关于国际河流水资源利用的习惯法规则编纂成果。

该规则于1966年8月由国际法协会第52次大会通过，被称为国际淡水资源保护法律制度发展的第一个里程碑。1997年国际法协会增补了环境问题、综合管理和可持续发展三项原则，并提出了该规则的修订草案。

规则的内容 《赫尔辛基规则》共6章37条。主要内容包括：宣告适用于国际流域内水域利用的国际法一般规则，提出“国际流域”的概念并对其予以界定。确认了国际流域的公平合理利用原则，这也是该规则对有关国际淡水资源利用和保护的国际法的主要贡献。提出并界定“水污染”的概念，规定国家有责任防止和减轻对国际流域水体的污染，并规定国家有责任停止引起污染的行为并对同流域国所受的损失提供赔偿。还规定了防止和解决争端的程序，其中包括关于国家按照《联合国宪章》的规定以和平方式解决有关争端的义务的规定，关于流域国向其他流域国事先通告其所拟采取的工程措施及其对其他流域国的可能影响的规定，以及关于通过国际联合机构的调查和建议、第三国或国际组织或相关人士的斡旋或调停、调查或调解委员会的调解、仲裁庭的仲裁等途径和平解决争端的规定。

规则的意义 《赫尔辛基规则》虽属于国际法学团体制定的文件，对各国不具法律约束力。但它对国际法关于国际河流利用的规则做了系统的编纂，被认为是对管理、分享和保护国际水道的习惯规则和表述，在与国际淡水资源的利用和保护有关的国际法律文件和国家实践中，该规则被频繁引用，具有比较大的影响。如1972年斯德哥尔摩联合国人类环境会议呼吁为防止水污染和保护水资源进行国际合作的《关于一国以上管辖的共用水资源的第51号建议书》，1979年联合国环境规划署批准的《指导国家保护和谐利用两个或多个国家共享资源的环境行为规则》，1997年第51届联合国大会通过的《国际水道非航行利用法公约》都是以该规则为蓝本。（秦天宝）

推荐书目

何大明，冯彦.国际河流跨境水资源合理利用与协调管理.北京：科学出版社，2006.

何艳梅.国际水资源利用和保护领域的法律理论与实践.北京：法律出版社，2007.

国际大坝委员会.国际共享河流开发利用的原则与实践.贾金生，郑璀莹，袁玉兰，等译.北京：中国水利水电出版社，2009.

guoji huanjingfa

国际环境法（international environmental law）国际法主体（其中主要是国家）在因利用、保护和改善环境而发生的国际交往过程中形成的，体现它们之间由其社会经济结构决定的利用、保护和改善环境方面的协调意志，调整国际环境法律关系的法律规范的总称，是建立在人类共同利益基础之上的国际法的一个新领域。

沿革 尽管国际社会在19世纪已经对某些形式的环境污染或生态破坏采取了补救措施，如制定了一些关于捕鱼和保护渔业资源的条约和协定，但这些努力都是零星的，对自然也是作为经济资源加以保护。真正意义上的环境保护措施是在20世纪才出现的。国际环境法也是产生于第二次世界大战后的重建时期，更准确地说，是产生于20世纪60年代末。迄今为止，国际环境法的发展可以简略地划分为四个时期。

从20世纪初到1972年联合国人类环境会议的召开，是国际环境法的萌芽时期。最初是从保护生物资源开始的，其间也有部分条约涉及边界水域的保护。1945年联合国的成立，为国际环境法的发展注入了新的活力。在联合国及其相关机构的推动下，签订了一系列环境保护条约，如1971年的《关于特别是作为水禽栖息地的国际重要湿地公约》等。在此阶段还产生了一些区域条约，如1959年的《南极条约》等。这一时期的几个有影响的判例也为国际环境法的产生奠定了基础，如1938年和1941年的特雷尔冶炼厂（Trail Smelter）仲裁案。从总体上看，这一时期国际法在环境领域的发展是零星、分散的，因而作用是有限的。

从1972年联合国人类环境会议到1992年联合国环境与发展大会，是国际环境法的形成时期。1972年6月5日至16日在瑞典斯德哥尔摩召开的联合国人类环境会议是国际环境法发展史上的第一个里程碑。这次会议通过了《人类环境宣言》，为国际环境法的发展奠定了思想基础，并建议设立联合国环境规划署。此后，越来越多的国际环境法律文件被起草和通过，国际环境法成为国际法领域发展最为迅速的一个分支。就全球多边条约而言，这个时期缔结的主要有《防止倾倒废物和其他物质污染海洋公约》（1972）、《濒危野生动植物种国际贸易公约》（1973）、《保护臭氧层维也纳公约》（1985）和《控制危险废物越境转移及其处置巴塞尔公约》（1989）等。以《世界自然宪章》（1982）、《我们共同的未来》（1987）等为代表的一系列环境“软法”的出现也极大地促进了国际环境法的形成。这一时期发生的重要案件有：1982年美国和加拿大之间的金枪鱼案，1991年美国与墨西哥之间的金枪鱼案等。1991年，联合国安理会通过了第687/199号决议，认定伊拉克对其因侵略科威特所致的环境损害负有赔偿责任。这一时期国际环境法的显著特点有两个，一是从部门的环境保护向跨部门的环境保护发展，二是环境保护成为国际贸易领域争议的重要议题。

从1992年联合国环境与发展大会到2002年联合国可持续发展世界首脑会议，是国际环境法发展的第三个时期。1992年巴西里约热内卢联合国环境与发展大会的召是国际环境法发展史上的第二个里程碑。会议产生了五个文件：《联合国气候变化框架公约》《生物多样性公约》《里约环境与发展宣言》《关于森林问题的原则声明》和《21世纪议程》，并决定设立联合国可持续发展委员会（CSD）。这次会议明确了可持续发展思想，将环境与发展保护统一起来，在哲学和方法论上推进了国际环境法的发展。在这一时期，环境条约继续向深度和广度两个方向发展。主要条约包括《国际热带木材协定》(1994)、《联合国防治荒漠化公约》(1994)、《京都议定书》(1997)、《关于消耗臭氧层物质的蒙特利尔议定书》(1999)、《〈巴塞尔公约〉责任与赔偿议定书》(1999)和《关于持久性有机污染物的斯德哥尔摩公约》(2001)等。这一时期的重要司法判例有：国际法院1997年判决的匈牙利诉斯洛伐克加布奇科沃-大毛罗斯大坝案和世界贸易组织（WTO）的上诉机构1996年审理的美国精炼与常规汽油标准案。这一时期国际环境法发展的主要特点有：可持续发展的思想和战略得到各国的普遍赞同和贯彻实施，环境保护法律的重要性已经得到普遍承认，涉及人类共同利益的重大环境问题纳入了国际环境法的范围，非国家行动者（non-state actors）的作用在加强。

从2002年联合国可持续发展世界首脑会议至今是国际环境法发展的第四个时期。2002年8月26日至9月4日在南非约翰内斯堡召开了可持续发展世界首脑会议，全面审查和评价了《21世纪议程》的执行情况，就全球可持续发展需要优先解决的问题提出了解决方案、目标和时间表，号召各国加快行动。会议通过了《约翰内斯堡可持续发展宣言》和《可持续发展世界首脑会议执行计划》。2012年6月20日至22日在巴西里约热内卢又一次召开了联合国可持续发展大会（又称“里约+20”峰会），通过了《我们憧憬的未来》(The Future We Want)，再次强化了国际社会追求可持续发展的政治意愿；重申“共同但有区别的责任”原则；基本明确了绿色经济的定位，强化可持续发展体制框架。

总的来说，当今国际环境法的发展继续了1992年以后以可持续发展思想为主题的发展势头。但是，目前仍然处于发展的早期阶段。

渊源 作为国际法的一个分支，国际环境法的渊源与国际法是一样的。主要渊源是与环境问题有关的条约和国际习惯，其他渊源包括与环境问题有关的一般法律原则、司法判例、国际法学说以及有关环境保护的国际会议和国际组织的宣言和决议。

条约 国际法主体间签订的协议，是国际环境法的最主要渊源，包括国家间的双边条约、多边条约，区域性条约和全球性条约。这些条约的签订过程，就是国际环境法规范产生和发展的过程。国际社会迄今为止已经签订了大量保护和合理利用自然环境的条约，是国际条约立法最为活跃的领域之一。由于环境问题的特殊性，环境条约往往不能对所调整的国际关系中各方的环境权利与义务和有关的环境保护措施一次性规定得全面而具体，因此较多地应用“框架条约+议定书+附件”的形式。

国际习惯 国际环境法的另一个主要渊源。国际习惯的形成需要各国的反复实践以形成通例并由各国接受为法律，作为国际法的新兴领域，国际环境法专有的国际习惯法律规范并不多。比较认可的习惯规则有：国家有按照自己的环境政策开发自己资源的主权，并有责任保证在其辖区或控制之内的活动不致损害其他国家或国家管辖范围以外地区的环境；一国境内发生的可能迅速造成环境损害的一切情况或事件，该国有义务立即通知可能受到影响的其他国家；环境保护的国际合作义务等。

一般法律原则 在国际环境法的实践中被援引的有：善意行使权利和禁止权利滥用原则、人道主义基本考虑原则。

司法判例 国际法庭和国际仲裁机构做出的有关环境问题的判决和裁定。

国际法学说 作为证明国际法律原则的辅助资料而使用的各国的权威国际法学说，是国际环境法的一个潜在的渊源。在国际环境司法判例中，学说有时作为论据而非判决的法律依据使用。

有关环境保护的国际组织及国际会议的决议和宣言 国际组织或者国际会议制定、发布的有关环境保护的决议和宣言。按照这些决议和宣言的性质可以分为两类。一类是具有法律约束力的文件，如国际组织依据条约做出的决定。另一类是不具有法律约束力的文件，如国际组织的大会宣言、决议、行动计划等，属于“软法”。一般认为，这些“软法”虽不具有法律约束力，但可以促进国际习惯的形成或条约的产生，对各国的行为具有一定的影响力。

原则 国际环境法的基本原则是指被各国公认和接受的、在国际环境法领域具有普遍指导意义的、体现国际环境法的特点、构成国际环境法的基础的原理和一般规则。关于国际环境法有哪些基本原则并没有一个统一的看法。综合来看，以下一些原则得到了更多的认同。

可持续发展原则 按照《我们共同的未来》中给出的定义，可持续发展就是既满足当代人的需要，又不对后代人满足其需要的能力构成危害的发展。它包含两个重要的概念：“需要”的概念，尤其是世界贫困人民的基本需要，应将此放在特别优先的地位来考虑；“限制”的概念，技术状况和社会组织对环境满足眼前和将来的需要的能力施加的限制。可持续发展原则的具体内容包括代际公平、代内公平、自然资源的可持续利用和环境与发展的一体化。

人类共同利益原则 全人类的生存环境是一个整体，国际社会所有成员都负有为人类共同利益而保护和改善环境的责任和义务，在进行任何可能影响环境的活动时，都应当采取适当措施，防止对环境造成损害，以保障人类在生存环境方面的共同利益。

国家环境资源主权与不损害国外环境原则 按照《人类环境宣言》和《里约环境与发展宣言》的表述，根据《联合国宪章》和国际法原则，各国拥有按照其本国的环境与发展政策开发本国自然资源的主权权利，并负有确保在其管辖范围内或在其控制范围内的活动不致损害其他国家或在各国管辖范围以外地区的环境的责任。

共同但有区别的责任原则 由于地球生态系统的整体性和导致全球环境退化的各种不同因素，在保护和改善全球环境方面，各国负有共同的责任。但由于历史的和现实的经济、社会和科技等方面的原因，各国承担责任的大小、先后、方式等须有所区别。发达国家应当比发展中国家承担更大的责任并率先行动。

损害预防原则 国家应尽早地在环境损害发生之前采取措施以制止、限制或控制在其管辖范围内或控制下的可能引起环境损害的活动或行为。该原则的核心思想是避免或减少环境损害。

风险防范原则 各国在从事与环境有关的活动时，应当谨慎行事，周密计划和安排，遇有严重或不可逆转的损害的潜在性威胁时，不得以缺乏科学充分确实证据为理由，延迟采取在本国能力范围内的、符合成本效益的、合理的防止环境恶化的措施。

污染者负担原则 可能或已经造成环境污染或损害的污染者，应当承担治理环境污染并赔偿损失的责任。这一原则先是确定为国内环境法的基本原则，而后才成为国际环境法的基本原则。

国际合作原则 在解决环境问题上，国际社会的所有成员应当本着全球伙伴和协作精神采取共同行动。环境的整体性和环境问题的跨国性，决定了国际合作是保护国际环境所必需的，也是各国所应履行的国际义务。没有世界各国的广泛参与和合作，环境问题不可能得到有效解决。

国际环境法体系 各种国际环境保护法律规范所组成的有机联系的整体。从规范对象与保护内容上可以归纳为综合性的国际环境法、单项国际环境法和与环境保护相关的国际立法。

综合性的国际环境法 主要是指关于环境保护的指导思想、基本政策、原则和主要措施等综合性规范的国际环境保护纲领性法律文件，如《人类环境宣言》《世界自然宪章》《里约环境与发展宣言》《21 世纪议程》《内罗毕宣言》等。

单项国际环境法 针对特定的保护对象或者规范对象而产生的国际环境立法，是国际环境法律体系的主要组成部分。归纳起来大致包括以下领域：①保护大气的国际立法；②国际淡水资源利用和保护的立法；③保护海洋的国际立法；④保护生物资源的国际立法；⑤土地资源保护的国际立法；⑥保护世界文化和自然遗产的国际立法；⑦保护外层空间和两极地区的国际立法；⑧控制危险物质和活动、废物处置与转移的国际立法。

与环境保护相关的国际立法 其他国际事务领域的立法，但其中有涉及环境保护的内容。特点是牵涉面广，往往涉及多种国际关系。

（李广兵　王珍）

推荐书目

亚历山大·基斯.国际环境法.张若思译.北京：法律出版社，2000.

梁西.国际法.2 版.武汉：武汉大学出版社，2000.

王曦.国际环境法资料选编.北京：民主与建设出版社，1999.

guoji huanjing falü zeren

国际环境法律责任

（liability of international environmental law） 国际法主体因违反国际法规定、违背其应履行的环境保护国际义务，而构成国际不法行为，或者虽为国际法不加禁止的行为但致使他国或地区的环境或国民遭受污染与破坏的危害，所应承担的国际环境法和其他相关国际法规定的后果。

国际环境法律责任的一个重要特点是国际公法上的国家责任和国际私法上的国际民事赔偿责任的综合。普遍接受的观点是国家责任是一种例外情况，主要在外层空间活动方面被接受，大量存在的是国际民事赔偿责任。

国家责任 按照国际法委员会关于国家责任的分类，可以分为对国际不法行为的国家责任和对国际法不加禁止的行为所产生损害性后果的国家责任两类，即一般国家责任与国家损害责任。一般国家责任又称国家的国际责任，是指国家对其国际不法行为所承担的责任。引起一般国家责任要满足国家行为违反了该国的国际法义务和该行为具有法律可归责性两个条件。国家损害责任是国际法不加禁止的行为所造成的损害而引起的责任。国家损害责任理论强调无论一国行为是否违反国际法义务，或无论该国是否采取了必要的预防措施，只要该行为对他国造成或可能造成损害即应承担国际责任。相对于一般国家责任的过失责任原则，国际法上的国家损害责任要求对跨界水污染、开发外空、核能利用及海底资源开发等危险活动采取严格责任原则，无须证明行为人存在过错或行为非法。

在国际实践中，行为国承担的国家责任依其行为的性质、程度和其他具体情况，一般有以下一些方式，这些方式既可能被单独采用，也可能被同时采用。①终止不当行为。主要针对持续性的国际不法行为，责任国首先应停止该不当行为。②恢复原状。恢复被侵害事物到不当行为发生前存在的状态。③赔偿。责任国对受害国给予相应的货币或实物，以承担国家责任。一般赔偿可以分为赔偿额等于实际损害的补偿性赔偿、大于实际损害的惩罚性赔偿和小于实际损害的象征性赔偿三类。在国际实践中，使用比较多的是补偿性赔偿。赔偿的对象包括受害国和受害国的国民两类。④道歉。责任国对受害国造成的非物质性损害给予精神上补偿的法律责任形式，是国际法使用得非常普遍的国际责任形式，包括以书面或口头方式致歉、向受害国国旗或标志敬礼等。此外，当有关的损害是由责任国官员的失职或违法造成时，对有关责任人的惩处有时也被作为一种道歉的表示。⑤保证不再重犯。对有可能重演的不当行为，责任国作出担保或保证不再重犯。⑥限制主权。限制责任国主权或主权某些方面的行使，是最严厉的一种国家责任。

国际民事赔偿责任 与国家责任相比，国际法中与环境损害有关的国际民事赔偿责任更为发达。这种国际民事赔偿责任的法律规范存在于各种关于具有高度危险性活动的条约之中，如关于核设施的和平利用所致损害的民事责任条约、海洋石油污染所致损害的民事责任条约、与废物有关的国际民事责任条约等。环境领域的国际民事赔偿责任承担方式主要是赔偿损失，其范围包括人身损害、财产损害和为防止损失的扩大而采取措施支出的费用以及所造成的进一步损害。对于环境自身损害和国际公域的环境损害则少有规定。但是承担赔偿责任并未排除其他义务，如停止侵害、排除危险等。

发展趋势 由于现代国际法的法律责任制度仍然处于发展的早期阶段，有关环境保护的法律责任制度，国际社会也尚无共识。但有关原则，如“不损害他国环境原则”、“污染者付费原则”等日益得到国际环境法界的认可，成为国际社会制定国际环境法律责任制度的指导原则。（李广兵　王珍）

推荐书目

周忠海.国际法学述评.北京：法律出版社，2001.

guoji huanjing fanzui

国际环境犯罪 (international environmental crime) 国际环境法主体违背了国际法律义务，严重危害了人类生存环境，以至整个国际社会公认其违背的国际义务对于保护国际社会的根本利益至关重要，依照相关的国际法应当受到刑事处罚的行为。

沿革 最早提及国际环境犯罪的国际法文件是1979年联合国国际法委员会制定的《关于国家责任的条文草案》。1991年联合国国际法委员会通过的《危害人类和平与安全罪法典草案》明确将故意严重危害环境罪规定为国际犯罪，同时规定对危害环境罪的承担者适用或引渡或起诉的原则。1994年国际刑法学协会在巴西里约热内卢举行的第十五届代表大会上宣布：影响及于一个以上国家管辖区域的危害环境罪，或影响不属于任何国家管辖的全球环境的危害环境罪，应在多边条约中规定为国际环境犯罪。但目前尚无一部统一的全面规定国际环境犯罪的国际公约。

构成 国际环境犯罪的构成包括主体、客体、主观方面以及客观方面。

主体 指因其行为严重危害国际环境，违反了国际刑法保护环境的有关规定，应当承担责任的行为体，包括国家和个人。国家能否承担刑事责任有争议。《奥本海国际法》一书指出，如果国家以及代表国家实施行为的人实施了违反国际法的行为，而这种行为由于其严重性、残酷性和对人类生命的蔑视而被列入文明国家的法律公认的犯罪行为一类，国家及其代表国家实施行动的人就应负担国际刑事责任。个人因其行为触犯国际罪行也需承担国际刑事责任，成为国际刑事责任的主体。《国际刑事法院罗马规约》明确将个人列为承担国际犯罪的主体。

客体 指人类共同生存和发展的环境与资源，既包括国家管辖下的环境与资源，也包括由两个或多个国家共享的环境与资源和国家管辖之外的环境与资源。

主观方面 对个人而言，环境犯罪行为发生时的故意或过失均可使其承担刑事责任。对于国家的主观性，一般认为国家只有当故意时才承担国际刑事责任。一方面因为过失造成国际环境损害时，国家的主观危害性比较小；另一方面在国家过失造成损害时，可以使其承担一般国际不法行为引起的国家责任。这也是考虑国家主权因素及国际关系复杂性的结果。

客观方面 国际环境犯罪的客观方面一般表现为责任主体在开发、利用自然资源或其他活动中导致对他国或国际公域的环境产生严重损害的行为，包括污染行为和破坏行为。只有当该行为严重危害了人类生存环境、触犯国际刑法的规定时，才承担国际刑事责任。

（李广兵　王珍）

guoji huanjing zhengduan jiejue jizhi

国际环境争端解决机制 （international environmental dispute settlement mechanism） 国际关系主体为协调解决国际环境争端而共同制定或认可的明示或默示的原则、规范、程序等的总称。主要包括两类：一类是传统的国际环境争端解决机制，包括国际环境争端的政治解决方法和国际环境争端的法律解决方法；另一类是国际环境公约创设的“不遵守情事程序”（non-compliance procedure）。

政治解决方法 也称外交方法。一般通过外交途径进行，主要包括谈判、协商、斡旋、调停、调查和调解等。谈判和协商是指两个或两个以上国家为解决争端而进行的直接交涉，是最主要的解决方法，国家主权平等和利益平衡是其必须严格遵守的原则。斡旋与调停是指当国际环境纠纷当事国不愿意通过谈判、协商解决纠纷或者虽经谈判、协商但未能解决环境争端时，第三国或国际组织出面协助当事国解决争端的方法。斡旋与调停的建议只有劝告性质，对当事国没有拘束力。调查和调解是把争端交给一个委员会，其任务是阐明事实真相，提出包括争端解决建议在内的报告，设法使争端双方达成协议。实践中大部分国际环境争端是通过政治性方式解决的。

法律解决方法 有关国家通过法律程序来解决它们之间的环境争端的方法，主要有仲裁和司法解决两种。仲裁裁决和法院判决对当事国具有法律约束力，并且是终判，不得上诉。仲裁又称公断，指的是争端当事国根据协议，将争端交付给它们自己选定的仲裁者处理，并约定服从仲裁者裁决的争端解决方式。在国际环境法领域，有诸多案例是通过仲裁方式解决的，如白令海海豹仲裁案、北大西洋海岸捕鱼仲裁案、特雷尔冶炼厂仲裁案、拉努湖仲裁案等。司法解决指的是通过国际性的法院或法庭，根据国际法的规则，以判决来解决国际环境争端的方法。在国际环境保护领域，可受理国际环境诉讼的法院或法庭主要有联合国国际法院和国际海洋法法庭。

不遵守情事程序 又称不遵守程序、不执行程序或不履行程序，是很多国际环境条约规定的条约履行监督程序和争端解决程序。这些国际环境条约通常规定一套特定的程序，用于监督缔约方遵守条约义务的状况并解决有关缔约方之间的相关争端。不遵守情事程序通过事前的预防与事后的救济两个层面来解决国际环境法上的不履行问题，从而使得国际环境法的争端解决机制更加完善。 （李广兵　王珍）

推荐书目

朱鹏飞.国际环境争端解决机制研究.北京：法律出版社，2011.

《Guoji Nongyao Gongxiao Yu Shiyong Xingwei Shouze》

《国际农药供销与使用行为守则》 （International Code of Conduct on the Distribution and Use of Pesticides） 关于农药供销和使用的国际自愿行为标准。

产生背景 《国际农药供销与使用行为守则》1985 年由联合国粮食及农业组织（FAO）首次通过，于 1989 年做了修改，纳入了有关事先知情同意程序的条款。在 1998 年 9 月通过《关于在国际贸易中对某些危险化学品和农药采用事先知情同意程序的鹿特丹公约》以后，守则中有关事先知情同意程序的条款已显冗余，国际政策框架的变化和某些农药管理问题的持续存在也促使 FAO 开始修订和更新守则。2002 年通过的全面修订的版本针对国际政策框架的变化和持续存在的某些农药管理问题，提出了良好农药管理新办法和有效使用农药及采用有害生物综合管理的战略，注重危险性减少、保护人类和环境健康，支持可持续农业发展。它采用“生命周期”概念来处理与发展、生产、管理、包装、标签、分发、处理、应用、使用和控制有关的所有主要方面，包括登记后活动及对各种农药和使用过的农药容器的处理。经修订的文本还强调对守则的实施进行监督，并请政府、农药行业、非政府组织和其他有关方定期提供关于其实施的反馈。

国际劳工组织于 2003 年对与守则配套的《农药立法与管理准则》《农药登记后监督和其他活动准则》和《良好标签规范准则》等 25 个技术指导性规则进行了修订，还相继制定了《农药储藏和库存管理手册》《发展中国家农药零售储藏和操作准则》《发展中国家农药废弃物处理准则》等技术性规定。

FAO 表示，守则自颁布以来，在农药管理法规实施方面取得了非常显著的进展，但许多国家的农药管理框架需要更新，以应对当今的挑战。

守则的内容 守则由前言、12 条正文、2 个附件组成。

守则的宗旨是为所有从事或涉及农药供销及使用的公共和私营实体，尤其是无国家农药管制法律或此种法律不健全的地方的公共和私营实体确定自愿性行为标准。守则陈述的行为标准是：鼓励负责任的和为人们普遍接受的贸易惯例；对尚未设立促进国内农药产品审慎、有效使用并处理与其使用有关的潜在风险所需要的农药产品质量和适当性管制控制的国家给予协助；促进减少处理农药方面风险的做法，包括尽量减少对人体和环境的不利影响以及防止因处置不当而意外中毒；确保农药有效用于提高农业产量和增进人体及动植物健康；采用“生命周期”概念处理与各种农药的开发、管制、生产、管理、包装、标签、供销、搬运、施用、使用和检查（包括注册后活动和处置）有关的所有主要方面；促进有害生物综合治理（包括公共保健有害生物寄主的综合治理）；包括提及参与守则附件一中确定的信息交流和国际协定，尤其是《关于在国际贸易中对某些危险化学品和农药采用事先知情同意程序的鹿特丹公约》。

守则对“有效成分”、“施用设施”、“施用技术”、“供销”、“销售”、“环境”、“最高残留限量”、“毒物”、“毒性”等概念进行了界定。

守则对农药管理做了规定：①各国政府对管制本国农药的供应、分销和施用负有总的责任，并应确保为此配置充足的资源；②农药业界应遵守守则的条款，作为农药制造、供销与宣传广告的一项标准，在缺乏适当法律和咨询服务的国家尤应如此。

守则在农药检测、减少健康和环境风险、管制与技术要求方面对相关的责任和义务做了规定，指出应鼓励技术援助供资机构、开发银行和双边机构高度重视尚无农药管理及控制系统设施和专业力量的发展中国家对援助的需要。

守则还对农药的供应与使用，在供销与贸易要求方面的相关责任与义务，信息交流，农药的标签、包装、储存及处置做了规定。

守则规定各国政府应通过立法手段控制所有媒体上的农药广告，确保广告不违背标签说明和预防措施，尤其是在有关适当管理和施用设备、人员适当保护设备的使用、对儿童和孕妇的特殊预防措施或再次使用容器的危险等方面。

守则在中国的实施情况 目前，我国已制定的与守则有关的法律法规、规章和其他规范性文件主要有：《农药管理条例》《危险化学品安全管理条例》《〈农药管理条例〉实施办法》《农药限制使用管理规定》《农药登记资料规定》《农药生产管理办法》《农药广告审查发布标准》《危险化学品登记管理办法》《危险化学品经营许可证管理办法》《农业部公告（第 194 号）》（停止受理一批高毒、剧毒农药登记申请，撤销部分高毒农药在一些作物上的登记）、《农业部公告（第 322 号）》（分阶段撤销甲胺磷等五种高毒农药登记）、《农业部公告（第 671 号）》（对含甲磺隆、氯磺隆和胺苯磺隆等除草剂产品实行登记管理措施）、《农业部、工业和信息化部、环境保护部公告（第 1157 号）》（氟虫腈产品登记管理规定）、《农业部、环境保护部、海关总署公告（第 1123 号）》（加强 1,2-二氯乙烷进出口监管）、《农业部公告（第 1132 号）》（卫生用农药香型管理规定）、《农业部、工业和信息化部公告（第 1158 号）》（农药产品含量管理规定）等。

（徐丰果）

《Guoji Redai Mucai Xieding》

《国际热带木材协定》（International Tropical Timber Agreement，ITTA） 国际社会为了保护热带森林系统，实现可持续利用和养护热带森林及其遗传资源而订立的国际法律文件。

第一部《国际热带木材协定》于 1983 年 11 月 18 日在瑞士日内瓦通过，并于 1985 年 4 月 1 日生效。中国于 1986 年 7 月 2 日批准加入该协定。1994 年 1 月 26 日，新的《国际热带木材协定》取代了 1983 年的协定，中国于 1996 年 2 月 22 日在新协定上签字。2006 年 4 月 3 日，第三部《国际热带木材协定》（以下简称《2006 年协定》）在日内瓦签署，取代了 1994 年的协定，于 2011 年 12 月 7 日生效。

《2006 年协定》包括 10 章 46 条及两个附件，主要内容包括协定的目标，国际热带木材组织（ITTO）的组织和管理，国际热带木材理事会的组成和运行，ITTO 的特权与豁免，ITTO 的财务管理、统计、研究和资料分享以及 ITTO 组织成员的权利义务等。《2006 年协定》的附件 A 为派政府代表出席联合国谈判 1994 年 ITTA 后续协定会议的、第二条（定义）所界定的可能生产成员国名单和按照第十条（表决票数的分配）规定分配表决票的示意清单。附件 B 为派政府代表出席联合国谈判 1994 年 ITTA 后续协定会议的、第二条（定义）所界定的可能消费国成员名单。

《2006 年协定》的目标包括促进可持续发展，完善木材贸易的资源共享，推动热带木材种植国的可持续管理进程，改善热带木材的市场体制和销售体系，鼓励各国制定政策，规制森林资源及其他自然资源的保护和可持续利用，加强森林法案的执行力度，禁止非法伐木及进行有关的贸易等。

根据《2006 年协定》设立的“巴厘伙伴关系基金”旨在协助生产成员实现该协定所确立的力争使热带木材及其产品的出口取自可持续管理来源的承诺。 （秦天宝）

推荐书目

李周，等. 中国天然林保护的理论与政策探讨. 北京：中国社会科学出版社，2004.

《Guoji Yichuan Gongcheng He Shengwu Jishu Zhongxin Zhangcheng》

《国际遗传工程和生物技术中心章程》（Statute of the International Centre for Genetic Engineering and Biotechnology） 国际遗传工程和生物技术中心的组织规程和办事条例。国际遗传工程和生物技术中心（ICGEB）是一个政府间国际科技组织，其中包括中心总部及其成员国、分中心及其成员网，其宗旨和原则是促进发达国家和发展中国家在遗传工程和生物技术领域的合作与交流，使发展中国家有机会参加这些领域的国际研究和培训活动，以提高本国能力，推动国民经济发展。

产生背景 1981 年，联合国工业发展组织（UNIDO）认识到基因生物技术在缓解饥荒、治疗疾病、促进发展中国家经济增长方面的潜在作用，召集有关科学界人士，酝酿成立国际遗传工程和生物技术中心（以下简称中心）。该章程于 1982 年在贝尔格莱德举行的发达及发展中国家高层会议上获得通过。1983 年 9 月在马德里召开的 UNIDO 部长级会议上，包括中国在内的 26 个国家在章程上签字。1994 年 2 月 3 日，中心根据章程的有关规定正式成立并运行。截至 2001 年年底共有 45 个成员国（除意大利、俄罗斯和部分东欧国家外均为发展中国家），另有近 20 个国家的加入申请已获理事会批准（尚未履行完手续）。

章程的内容 章程包括序言及 23 条规定。主要内容有中心的建立和所在地，目标，职能，成员，机构，理事会，科学顾问委员会，秘书处，分中心及其成员网，财务事项，会费分摊和审计，总部协定，法律地位、特权和豁免，出版物和知识产权，与其他组织的关系，修正，退出，清理账目，解决争端，签字、批准、接受和加入，生效，保存人，有效文本等。为了实现中心促进发达国家和发展中国家在遗传工程和生物技术领域合作与交流的目标，章程规定中心应当采取必要和适当的行动，主要包括：在遗传工程和生物技术领域开展包括试验工厂在内的研究与发展活动；在中心培训和安排在其他地方培训科技人员，尤其是发展中国家的科技人员；应要求向成员国提供咨询服务，以发展它们的国家技术力量；通过安排科学家和技术专家访问中心的方案以及建立联系和其他方面活动的方案，促进各成员国科技界相互起推动作用；举行专家会议以加强中心的活动；适当发展国家和国际机构网以便于进行联合研究方案、培训、试验与分享研究成果、办试验工厂、交换资料和材料等活动；立即查明和促使已初步形成网络的高水平研究中心成为附属中心、促使现有的国家、分区域、区域和国际各级在遗传工程和生物技术领域积极开展活动的或与该领域有关的实验室网成为附属网，促进建立高水平的新研究中心；执行生物信息学方案以支持特别是有利于发展中国家的研究与发展和应用工作；收集和传播与中心和附属中心的活动领域有关的资料；与工业保持密切联系等。（罗吉　罗琼）

《Guoji Youwu Fangbei、Fanying He Hezuo Gongyue》

《国际油污防备、反应和合作公约》

（International Convention on Oil Pollution Preparedness，Response and Cooperation） 关于应对重大海洋污染事故或者重大威胁而进行国际合作的全球性框架公约。

产生背景 船舶、近海装置、海港和石油装卸设施的油污事故对海洋环境构成了严重威胁。而预防措施和防止工作对于避免污染事故的发生尤其重要。在发生油污事故时，采取迅速有效的行动也有利于减轻事故可能造成的损害。在此基础上，各国进一步认识到相互支援和国际合作的重要性。1989 年 7 月，一些发达国家在巴黎召开大会，呼吁国际海事组织进一步制定措施，防止船舶污染。同年 11 月举行的国际海事组织大会就此开始起草一项全球性的框架公约，应对海洋污染。1990 年 11 月 19 日至 30 日，国际海事组织在伦敦召开了国际油污防备和反应国际合作会议，通过了《国际油污防备、反应和合作公约》。该公约于 1995 年 5 月 13 日生效，截至 2016 年 12 月，已经有 111 个缔约国。我国于 1998 年 3 月 30 日加入公约，同年 6 月 30 日公约对我国生效。

公约的内容 该公约由序言、19 个条款和附则组成。公约要求缔约国在国内或者与其他国家合作采取应对油污事故的措施。每一缔约国应要求悬挂其国旗的船舶在船上备有由国际海事组织制订的油污应急计划。在缔约国管辖范围内的近海装置的经营人也须备有油污应急计划，海港和油的装卸设施的当局或经营人也须备有油污应急计划或类似安排，并应与国家的防备和反应系统相协调并按国家主管当局规定的程序核准。缔约国还应要求负责悬挂其国旗船舶的船长或其他人员将可能发生污染的任何事件以及将要采取的措施及时报告给沿海国当局。公约要求每一缔约国应建立对油污事故采取迅速和有效的反应行动的国家系统，并制订国家防备和反应应急计划。公约还规定各缔约国应当进行国际合作，包括为油污事故的反应工作进行合作并提供咨询服务、技术支持和设备以及研究与开发海洋环境中抗御油污的手段等。（秦天宝）

推荐书目

Wu Chao.Pollution from the Carriage of Oil by Sea Liability and Compensation. Hague：Kluwer Law International, 1996.

《Guoji Youwu Sunhai Minshi Zeren Gongyue》

《国际油污损害民事责任公约》

（International Convention on Civil Liability for Oil Pollution Damage，CLC） 旨在保证在船舶造成的海上污染事故中受到损害的人员能够获得充分赔偿的公约。

该公约最初于 1969 年 11 月 10—29 日在布鲁塞尔召开的海上污染国际法律会议上通过，1975 年 6 月 19 日生效。在该公约框架下，共有

3 个议定书，分别于 1972 年、1984 年和 1992 年通过。1992 年 11 月，国际海事组织（IMO）在伦敦召开的国际会议上通过了《〈国际油污损害民事责任公约〉的 1992 年议定书》。经 2000 年修正案修正，该议定书取代了原来的《1969 年国际油污损害民事责任公约》。因而，经议定书修正后也被称为《1992 年国际油污损害民事责任公约》，于 1996 年 5 月 30 日生效。截至 2009 年 12 月，共有 122 个缔约方。我国于 1999 年 1 月 5 日向 IMO 交存了加入书，于 2000 年 1 月 5 日该议定书对我国生效。

公约的内容 《1992 年国际油污损害民事责任公约》适用于在下列区域内造成的污染损害：①缔约国的领土，包括领海。②缔约国按照国际法设立的专属经济区；如果缔约国未设立此种区域，则为该国按照国际法确立的、在其领海之外并与其领海毗连的、从测量其领海宽度的基线向外延伸不超过 200 海里的区域。公约还适用于不论在何处采取的用以防止或减少污染损害的预防措施。

该公约规定，除了第三条规定的特定的免责条款，在事故发生时的船舶所有人应对船舶因该事故造成的污染损害负责。公约还对责任赔偿限额进行了规定，并规定缔约国装载 2 000 t 以上石油的船舶所有人需要有保险或其他财务担保。

公约第三条规定船舶所有人对以下损害不负责任：①由于战争行为、敌对行为、内战或武装暴动，或特殊的、不可避免的和不可抗拒的自然现象所引起的损害；②完全是由于第三者有意造成损害的行为或怠慢行为所引起的损害；③完全是由于负责灯塔或其他助航设备的政府或其他主管当局在履行其职责时的疏忽或其他过失行为所造成的损害。

公约规定如船舶所有人证明，污染损害完全或部分地由于遭受损害人有意造成损害的行为或怠慢行为而引起，或是由于该人的疏忽所造成，则该船舶所有人即可全部或部分地免除对该人所负的责任。如发生两艘或多艘船舶溢出或排放油类，因而造成油污损害时，则全部有关船舶的所有人，除非依第三条免责，否则都应对不能合理区分的损害承担连带责任。

（秦天宝）

推荐书目

韩立新. 船舶污染损害赔偿法律制度研究. 北京：法律出版社，2007.

《Guoji Zhiwu Baohu Gongyue》

《国际植物保护公约》（International Plant Protection Convention，IPPC） 旨在通过国际合作采取共同而有效的行动来防止植物及植物产品有害生物的扩散和传入，为各国制定和应用统一的植物检疫措施以及制定有关国际标准提供框架并促进各国采取适当措施防治植物病虫害的多边国际协定。

产生背景 有害生物的传入使各国政府、农民和消费者损失巨大，并且一旦有害生物定殖，通常很难根除。为防止由植物和植物产品导致的害虫的引进和传播，以及促进各签约国采取相应的控制措施，1951 年 12 月 6 日联合国粮食及农业组织（FAO）在罗马通过了《国际植物保护公约》，1952 年 4 月 3 日生效。在 1979 年进行一次修改后，1997 年 11 月 17 日召开的 FAO 第 29 届大会通过的第 12/97 号决议对该公约又进行了一系列的修改，并确定成立植物检疫措施委员会。新修订的《国际植物保护公约》于 2005 年 10 月 2 日生效。截至 2016 年 12 月，已有 183 个缔约方执行新修订的《国际植物保护公约》文本。

公约的内容 《国际植物保护公约》包括序言、正文和附件，其中正文共 23 条。公约强调不妨碍缔约方按照其他有关国际协定享有的权利和承担的义务。每一缔约方应尽力成立一个官方国家植物保护组织承担缔约方依据公约应承担的主要责任。缔约方应为签发植物检疫证书做好安排并可以对检疫性有害生物和非检疫性限定有害生物采取植物检疫措施。为防止有害生物传入缔约方的领土和/或在其领土扩散，各缔约方可以按照适用的国际协定来管理植物、植物产品和其他限定物的进入。各缔约方在实现公约的宗旨方面应通力合作并在适当地区建立区域植物保护组织进行合作，各缔约方应指定一个归口单位负责交换与实施公约有关的情况。公约呼吁在FAO范围内建立以促进全面落实公约的宗旨为职能的植物检疫措施委员会，负责审议世界植物保护状况以及对控制有害生物在国际上扩散及其传入受威胁地区而采取行动的必要性，建立并不断审查制定和采用植物检疫措施标准的必要体制安排及程序，并通过国际标准。

公约与中国 2005年10月20日，经国务院批准，我国驻FAO代表向FAO递交了加入书，成为该公约第141个缔约方。在加入公约后，我国作为缔约方积极参加公约框架下的国际合作与交流，参与国际植物检疫措施标准及相关规则的制定。在国内的履约工作方面，由农业部负责我国植物防疫和检疫的法律法规草案的起草以及国内植物的防疫、检疫工作，推进植物保护的国际交流与合作。

公约的意义 公约对保护世界的植物资源免受有害生物危害起到了重要作用。缔约60多年来，公约在制定国际植物检疫措施标准方面的工作卓有成效，并且获得了世界贸易组织（WTO）的《实施卫生与植物卫生措施协定》（SPS协定）的认可；公约制定的植物检疫措施的国际标准影响着国际贸易。公约对促进植物保护的国际和区域合作与交流做出了重要贡献。公约还通过搭建植物检疫能力建设战略框架，推动和促进了缔约方实施公约和国际植物检疫措施标准。（秦天宝）

推荐书目

马克平，陈国科，刘冰，等.亚洲植物保护进展（2010）——评估全球植物保护战略的实施进展.北京：高等教育出版社，2011.

《Guoji Zhiwu Xinpinzhong Baohu Gongyue》

《国际植物新品种保护公约》（The International Convention for the Protection of New Varieties of Plants） 专门保护植物新品种育种者权益的国际公约。

产生背景 无论是发展本国农业，还是保护育种者的权利，保护植物新品种都至关重要。鉴于此，一些发达国家率先制定了相关法律制度，并不断加以完善。1957年2月，法国邀请12个国家和保护知识产权联合国际局、联合国粮农组织、欧洲经济合作组织召开了第一次植物新品种保护外交大会，拟定《国际植物新品种保护公约》。1961年12月2日，公约在巴黎签订，1968年8月10日生效，并分别在日内瓦进行了三次修订，形成了1961/1972年补充修改文本、1978年文本和1991年文本。1991年文本于1991年3月19日在日内瓦开放签署，1998年4月24日正式生效。截至2016年11月，公约已有74个缔约方，主要适用1978年文本和1991年文本。

公约的内容 公约共42条，旨在确认和保护植物新品种育种者的权利，并由缔约方组成国际植物新品种保护联盟（UPOV），从而形成当代国际植物知识产权体系的基础。UPOV及其常设机构设在瑞士日内瓦。联盟各成员国可通过授予专门保护权或专利权，承认育种者的权利。育种者权利的核心内容是享有为商业目的生产、销售其品种的繁殖材料的专有权，包括：以商业目的繁殖、销售受保护的植物品种；在观赏植物或者插花中作为繁殖材料用于商业目的时，保护范围扩大到以正常销售为目的而非繁殖用的观赏植物或植株；为开发其品种而将受保护品种商业性地反复使用。公约1991年文本将育种者的权利扩大到禁止侵权品种进口。在强调保护育种者权利的同时，对育种者的权利也有所限制，例如，出于公共利益考虑或者为了推广新品种，可以不经过育种者同意而使用、繁殖其新品种。1991年文本对育种者权利的例外规定更为具体，育种者的权利不适用私人的非商业活动、试验性活动、培育其他新品种活动，但培育派生品种以及需要反复利用受保护品种进行繁育品种的除外。

公约与中国 1999年4月23日，中国加入公约1978年文本，成为UPOV的第39个成员国。中国政府积极参加履约会议，初步形成了植物新品种保护机构体系框架，并与联盟及其成员国在审查、测试等诸多领域开展了广泛的交流与合作，有力地提升了植物新品种保护水平和国际影响力。

公约的意义 公约将植物新品种纳入知识产权保护的范围，对育种者权益保护、国际品种贸易和研发合作产生了积极影响，标志着植物新品种保护制度的国际体系开始建立。植物新品种保护制度的实施还改变了农业育种业运行的主体模式，推动了其由公共投资主导向私人投资主导的转变，使市场机制在投资和成果转化上发挥了显著作用。（卢锟）

H

Hadexun He Fengjing Baohu Xiehui Su Meiguo Lianbang Dianli Weiyuanhui An，1965 nian

哈德逊河风景保护协会诉美国联邦电力委员会案，1965 年 （Scenic Hudson Preservation Conference v. Federal Power Commission，USA，1965） 由美国联邦第二巡回上诉法院审理的，在哈德逊河风景保护协会与美国联邦电力委员会之间关于哈德逊河斯多·金山（Storm King Mountain）泵蓄水电工程的争端。

案情简介 20 世纪 60 年代初，纽约市爱迪生联合公司拟在哈德逊河西岸的斯多·金山上建设一项泵蓄水电工程。部分当地居民对此表示反对，认为该工程的建设将会对哈德逊河的美学、文化和自然价值造成损害。为了阻止该工程，反对者在 1963 年成立了哈德逊河风景保护协会。

虽然哈德逊河风景保护协会作了很多努力，但美国联邦电力委员会（1977 年更名为“美国联邦能源监管委员会”）还是在 1965 年 3 月颁发了这一工程的许可证。随后，哈德逊河风景保护协会联合工程所涉科兰镇、普特南湾镇、约克镇，向美国联邦第二巡回上诉法院提起对美国联邦电力委员会的诉讼，要求法院撤销美国联邦电力委员会的该项许可。

案件裁决 1965 年 12 月 29 日，法院做出判决，认为哈德逊河风景保护协会具有起诉资格，而美国联邦电力委员会在做出该项许可时，没有充分考虑哈德逊河的自然环境因素、其他替代方案的可行性以及鱼类生存等问题，因此予以撤销，要求美国联邦电力委员会对该工程进行重新审查。

此后，该案历经反复，最后由爱迪生联合公司与哈德逊河风景保护协会、有关联邦和州机构以及其他组织进行协商，于 1980 年 12 月达成了协议。根据该协议，爱迪生联合公司放弃泵蓄水电工程的许可证并将该地段捐赠用于公共娱乐活动。哈德逊河风景保护协会取得了最后胜利。

案件影响 该案是为了保护哈德逊河的美学、文化和自然价值，由非政府组织提起的一起环境公益诉讼。它在美国最先确立了环保非政府组织的环境公益诉讼起诉资格和通过诉讼保护美学、文化和自然价值等非经济利益的司法审判标准，对美国环境公益诉讼的兴起发挥了巨大的推动作用。 （杨华国）

《He'anquan Gongyue》

《核安全公约》 （Convention on Nuclear Safety） 第一份直接涉及核动力厂安全问题的国际法律文件，被誉为核能国际法发展进程中的里程碑。

产生背景 1979 年美国三哩岛核泄漏事故、1980 年法国圣洛朗核电厂事故，特别是 1986 年苏联切尔诺贝利核电站特大事故，引发了国际社会对核设施安全的极大关注。1984 年和 1985 年，国际原子能机构先后编写出版了两个关于核安全和核事故的文件。1986 年切尔诺贝利核事故后，国际原子能机构于当年制定并通过了《及早通报核事故公约》和《核事故或辐射紧急情况援助公约》。1992 年，国际原子能机构和经济合作与发展组织的核能机构联合编写了《核事故分级制》及用户手册等文件，旨在使核能界、媒体和公众对事故的理解能有共同的基础，以便在核电站发生事故时迅速并一致地向公众进行通报。不过，以上措施未能消除部分国家对核电站和其他核设施安全性的疑虑。因此，国际原子能机构及部分国家计划制订一个具有强制性和约束性的国际性核安全公约。1991 年，国际原子能机构通过大会决议，开始《核安全公约》的起草工作。

1994 年 6 月 17 日，《核安全公约》在国际原子能机构的维也纳总部召开的外交会议上通过。1996 年 10 月 24 日，公约正式生效。中国于 1994 年 9 月 20 日签署公约，1996 年 4 月 9 日加入公约，1996 年 7 月 8 日公约对中国生效。

公约的内容 该公约由 5 部分组成，共 35 条，包括：序言；第 1 章，包括目的、定义和适用范围；第 2 章义务，包括一般规定、立法和监督管理、一般安全考虑以及设施的安全；第 3 章缔约方会议；第 4 章最后条款和其他规定。该公约无附件。

该公约的目的是：通过加强本国措施与国际合作，包括适当情况下，与安全有关的技术合作，在世界范围内实现和维持高水平的核安全；在核设施内建立和维持防止潜在辐射危害的有效防御措施，以保护个人、社会和环境免受来自此类设施的电离辐射的有害影响；防止带有放射后果的事故发生和一旦发生事故时减轻此种后果。

该公约适用于核设施的安全。核设施是指在缔约方管辖下的任何陆基民用核动力厂，包括设在同一场址并与该核动力厂的运行直接有关的设施，如贮存、装卸和处理放射性材料的设施。

该公约规定的义务，基本上以在核设施的监督管理、安全管理和运行的基本概念方面已取得国际共识的原则为基础。特别是缔约方有义务建立并维持一个管理核设施的立法和监管体制，有义务采取基于一般安全考虑的若干措施，例如，财政与人力资源的可获得性、质量保证、安全的评价与核实、辐射防护以及应急准备等方面的措施。其他义务涉及与核设施安全有关的技术方面，包括选址、设计、建造和运行等。公约还规定，缔约方负有提交关于《核安全公约》执行情况的报告的义务，供每隔一定时间举行的缔约方会议审议。 （朱达俊）

《Hecailiao Shiwu Baohu Gongyue》

《核材料实物保护公约》 （Convention on the Physical Protection of Nuclear Material） 一项关于国际运输中用于和平目的的核材料实物保护的公约。

《核材料实物保护公约》于 1980 年 3 月 3 日在维也纳国际原子能机构总部和纽约联合国总部开放签字，于 1987 年 2 月 8 日生效。2005 年 7 月，公约缔约方通过了公约修正案，扩大公约适用范围至缔约方国内核材料和核设施的利用、储存以及运输并将公约名称修改为《核材料和核设施实物保护公约》，该修正案于 2016 年 5 月 8 日正式生效。至此，公约共有 152 个缔约方。

中国于 1989 年 1 月 10 日交存加入书，同时声明不受该公约第十七条第二款所规定的两种争端解决程序的约束。2008 年 10 月 28 日，第十一届全国人民代表大会常务委员会第五次会议决定，批准《核材料实物保护公约》修正案。

公约的内容 该公约除序言部分以外，有 23 个条款和两个附件。

公约确认一切国家有权为和平目的发展和利用核能，并合法享有和平利用核能所产生的潜在利益，希望防止由非法取得和使用核材料所可能引起的危险，防止未经政府批准或者授权的集团或个人获取、使用或扩散核材料，并在追回和保护丢失或被窃的核材料、惩处或引渡被控罪犯方面加强国际合作。

公约附件二将受保护的核材料分为 3 个类别，其中钚、铀-235 和铀-233 按不同的质量组分别归入此三类，经辐射的燃料归入第二类。

公约附件一对上述核材料在国际核运输期间偶然需要时储存规定了不同严格程度的保护水平。对于其中第三类核材料，附件一要求储存于进出受控制的地区。对于其中第二类核材料，附件一要求将其存放地置于昼夜有警卫和电子设备监视之下，周围设立有实物屏障，屏障的出入口数目有一定限制，并受适当监督；或储存于任何具有相同实物保护水平的地区。对于其中第一类核材料，附件一除要求将其存放在与第二类核材料同等保护水平的地点之外，还要求只准已被确定可信的人出入，负责看守的警卫与适当的后援部队保持密切联系。公约的附件一还对核材料在国际运输期间的实物保护级别做了具体规定：第二类和第三类核材料的运输必须特别小心，包括发送方、收受方和承运方之间要做出事前安排，而且凡是受输出国和输入国法律规章管辖的自然人或法人也要事前达成协议，具体规定转移运输责任的时间、地点和程序。

公约对适用于国内使用、储存和运输中的用于和平目的的核材料的情形也进行了规定，要求缔约国应在其国内法律范围内采取符合国际法的适当步骤，以便尽可能切实保证在进行国际核运输时，其国境内的核材料或装载在往来该国从事运输活动并属其管辖的船舶或飞机上的核材料，依照该公约规定的级别予以保护。

公约规定任何缔约国不应输出或批准输出核材料，除非该缔约国已经取得保证：这种核材料在进行国际核运输时受到附件一所列级别的保护；任何缔约国不应从非缔约国输入或批准输入核材料，除非该缔约国已经取得保证：这种核材料将在国际核运输中受到附件一所列级别的保护。

公约规定缔约国应彼此直接或经由国际原子能机构指明并公布国家主管当局和联系单位，该主管当局和联系单位负责实物保护核材料并在核材料未经许可而被移动、使用或更换，或确实受到此种威胁时负责协调追回和采取对策行动。

此外，公约还对在核材料被偷窃、抢劫或任何非法盗取时的国际合作做了规定。

（罗吉　王彦）

《Huai He Liuyu Shuiwuran Fangzhi Zanxing Tiaoli》

《淮河流域水污染防治暂行条例》（Interim Regulations on the Prevention and Control of Water Pollution of the Huaihe River Basin）　中国为了加强淮河流域水污染防治，保护和改善淮河流域的水质，保障人体健康和人民生产、生活用水而制定的行政法规。

适用范围　淮河流域的河流、湖泊、水库、渠道等地表水体的污染防治。

产生背景和制定过程　淮河流域水污染开始于20世纪70年代后期，进入80年代，随着经济的快速发展和城市化进程加快，水污染逐渐加剧。1994年淮河上游的河南省境内突降暴雨，颍上水库开闸泄洪，释放了2亿m^3污水，淮河沿岸百万群众饮水受到影响，这起水污染事故引起了全社会的关注和国务院的高度重视，在全国第九次环境保护大会上，国家将淮河治理列为“三河”、“三湖”之首位。1995年8月8日国务院签发第183号国务院令，发布了《淮河流域水污染防治暂行条例》，关停了淮河流域一大批污染严重的小造纸厂、小制革厂、小化工厂等“十五小”企业，对没有完成治理的污染企业下达了最后期限，淮河治污的工作由此全面展开。2011年1月8日，根据《国务院关于废止和修改部分行政法规的决定》对其进行了修正。

主要内容　《淮河流域水污染防治暂行条例》（以下简称《条例》）共43条，主要内容包括淮河流域水污染防治的目标、组织、基本制度和具体措施。

《条例》确认淮河流域水污染防治的目标是1997年实现全流域工业污染源达标排放；2000年淮河流域各主要河段、湖泊、水库的水质达到淮河流域水污染防治规划的要求，实现淮河水体变清。

淮河流域水资源保护领导小组负责协调、

解决有关淮河流域水资源保护和水污染防治的重大问题，监督、检查淮河流域水污染防治工作，并行使国务院授予的其他职权。

《条例》确认的淮河流域水污染防治的基本制度和具体措施包括：①总量控制制度。国务院环境保护行政主管部门会同国务院计划部门、水行政主管部门商河南、安徽、江苏、山东四省（以下简称四省）人民政府，根据淮河流域水污染防治目标，拟订淮河流域水污染防治规划和排污总量控制计划，经由领导小组报国务院批准后执行。②排污许可证制度。在淮河流域排污总量控制计划确定的重点排污控制区域内的排污单位和重点排污控制区域外的重点排污单位，必须按照国家有关规定申请领取排污许可证，并在排污口安装污水排放计量器具。③排污收费制度。淮河流域县级以上地方人民政府环境保护行政主管部门征收的排污费，必须按照国家有关规定，全部用于污染治理，不得挪作他用。审计部门应当对排污费的使用情况依法进行审计，并由四省人民政府审计部门将审计结果报领导小组。④联防措施。在水污染联防方面，《条例》规定了开展水情、水质动态监测及预警预报，污染源限排以及水闸减污调度方面的联防工作。⑤禁限措施。禁止在淮河流域新建化学制浆造纸企业。禁止在淮河流域新建制革、化工、印染、电镀、酿造等污染严重的小型企业。严格限制在淮河流域新建前述所列大中型项目或者其他污染严重的项目；建设该类项目的，必须事先征得有关省人民政府环境保护行政主管部门的同意，并报国务院环境保护行政主管部门备案。禁止和严格限制的产业、产品名录，由国务院环境保护行政主管部门商国务院有关行业主管部门拟订，经领导小组审核同意，报国务院批准后公布施行。⑥目标责任与政绩挂钩。四省人民政府各对本省淮河流域水环境质量负责，必须采取措施确保本省淮河流域水污染防治目标的实现。四省人民政府应当将淮河流域水污染治理任务分解到有关市（地）、县，签订目标责任书，限期完成，并将该项工作作为考核有关干部政绩的重要内容。⑦污染事故报告制度。淮河流域发生水污染事故时，必须及时向环境保护行政主管部门报告。

作用 《淮河流域水污染防治暂行条例》是我国政府第一次为一个流域水体污染治理制定的行政法规，它不仅为淮河流域水污染治理的实施从法律层面给予了支持和保障，而且对全国其他重点流域水污染防治具有示范意义。《条例》以行政法规的形式确定了淮河流域水污染防治工作的目标、任务和具体要求，既是我国以流域为单元治理水污染和保护水资源的“淮河模式”得以形成的法律基础，也是我国采用命令-控制的规制模式进行流域水污染防治的立法典范，对于促进流域内各行政管辖区域的环境合作，以及涉水部门间的分工合作与协调有积极的意义，为我国治理“三河”、“三湖”积累了宝贵的经验和教训。（周卫）

推荐书目

宋国君，谭炳卿. 中国淮河流域水环境保护政策评估. 北京：中国人民大学出版社，2007.

夏军，程绪水，左其亭，等. 淮河流域水环境综合承载能力及调控对策. 北京：科学出版社，2009.

huanjing baohu mubiao zerenzhi

环境保护目标责任制

（target responsibility system of environmental protection） 又称环境保护政府责任制。在中国，以签订环境保护责任书的形式，运用目标化、定量化、制度化的管理方法，通过层层分解落实，具体规定地方各级人民政府行政首长任期和年度的环境保护目标与任务，并作为政绩考核内容之一，根据目标和任务完成情况进行奖惩的行政管理制度。

沿革 环境保护目标责任制在1989年召开的第三次全国环境保护会议上首次出台，并被确立为八项环境管理制度之一。随后，1989年12月正式颁布的《中华人民共和国环境保护法》第十六条规定：“地方各级人民政府，应当对本辖区的环境质量负责，采取措施改善环境质量”，这为环境保护目标责任制提供了法律依据。此后，1996 年 8 月发布的《国务院关于环境保护若干问题的决定》强调：“明确目标，实行环境质量行政领导负责制，……地方各级人民政府及其主要领导人要依法履行环境保护的职责，坚决执行环境保护法律、法规和政策，要将辖区环境质量作为考核政府主要领导人工作的重要内容。”2005 年 12 月发布的《国务院关于落实科学发展观　加强环境保护的决定》也明确规定：“要把环境保护纳入领导班子和领导干部考核的重要内容，并将考核情况作为干部选拔任用和奖惩的依据之一。坚持和完善地方各级人民政府环境目标责任制，对环境保护主要任务和指标实行年度目标管理，定期进行考核，并公布考核结果。评优创先活动要实行环保一票否决。”2006 年 3 月通过的《中华人民共和国国民经济和社会发展第十一个五年规划纲要》首次提出环境保护约束性指标，这是环境保护目标责任制的重大发展。2007 年，江苏省无锡市首创“河长制”，此后逐步在全国多地推行，环境保护目标责任制进一步在河流污染治理和水质改善等专项领域得到纵深发展。2008 年 2 月修订通过的《中华人民共和国水污染防治法》第五条规定：“国家实行水环境保护目标责任制和考核评价制度，将水环境保护目标完成情况作为对地方人民政府及其负责人考核评价的内容”，环境保护目标责任制度在环境保护单项立法中得到明确体现。2014 年 4 月修订通过的《环境保护法》第二十六条规定：“国家实行环境保护目标责任制和考核评价制度。县级以上人民政府应当将环境保护目标完成情况纳入对本级人民政府负有环境保护监督管理职责的部门及其负责人和下级人民政府及其负责人的考核内容，作为对其考核评价的重要依据。考核结果应当向社会公开。”这标志着我国环境保护基本法中正式确立了环境保护目标责任制作为环境保护基本制度的法律地位。

制度基础　环境保护目标责任制的实施前提和基础在于我国独特的行政管理体制，该体制包括四个基本要素：行政逐级发包、属地化管理、财税分成和晋升竞争。四个方面相互依存、相互支持，形成了一个内在一致的行政管理体制。行政事务从上级向下级发包，按属地化原则层层转包，上级政府通过掌握下级政府官员的人事任免权，以晋升竞争为手段引导、激励、监督和控制下级政府。

主要内容　环境保护目标责任制的主要实践内容包括地方政府环境保护目标责任制、环境保护约束性指标和河长制等。

地方政府环境保护目标责任制　基本内容包括：①签订《环境保护目标责任书》。②确定《环境保护目标责任书》的考核指标。③明确《环境保护目标责任书》的考核办法。

环境保护约束性指标　约束性指标就是国家规划在公共服务和涉及公共利益领域对中央和地方政府有关部门提出的约束性工作要求，政府要通过合理配置公共资源和有效运用行政力量，确保有关指标的实现。环境保护领域的约束性指标是环境保护目标责任制在国家规划中的具体体现。2006 年发布的《中华人民共和国国民经济和社会发展第十一个五年规划纲要》首次提出了两项环境保护领域的约束性指标，一是单位国内生产总值能耗降低 20%左右，二是主要污染物排放总量减少 10%。基于“十一五”期间环境保护约束性指标的良好成效，2011 年发布的《中华人民共和国国民经济和社会发展第十二个五年规划纲要》和 2016 年发布的《中华人民共和国国民经济和社会发展第十三个五年规划纲要》进一步加强和扩展了环境保护约束性指标，成为国家应对和解决突出性环境问题的有效途径和重要抓手。参见环境法条目中“中国环境法的外延”中的“其他规范性文件”。

河长制　由各级党政主要负责人担任“河长”，负责辖区内河流的污染治理的环境管理制度，是环境保护目标责任制在河流污染治理和水质改善方面的具体体现。河长制的基本内容包括两大要点，一是确定辖区内每一条河流或同一条河流不同区段的具体负责人，由各级党委、政府主要负责人担任，将河流污染治理任务一级级具体分解到地方政府每个层级；二是将河流污染治理和水质改善情况纳入党政领导的政绩考核，实行一票否决制和责任追究制。河长制由江苏省无锡市于2007年为应对太湖蓝藻事件所首创，并取得良好效果。此后，河长制逐步在全国多地推行。2016年12月，中共中央办公厅、国务院办公厅印发了《关于全面推行河长制的意见》，明确全国各地到2018年年底前全面建立河长制。

作用 环境保护目标制契合了中国当前行政管理体制的特性，在实践中对环境保护工作起到了较大的推进作用。第一，它明确了保护环境的主要责任者、责任目标和责任范围，解决了“谁对环境质量负责”这一首要问题。第二，环境保护的各项指标层层分解、落实，各级政府和有关部门都按责任书项目的分工承担了相应的任务，各部门各司其职，各负其责，齐抓共管。第三，将环境保护目标和任务的完成情况纳入干部政绩考核机制，为下级政府完成上级下达的环境保护目标和任务提供了强大的激励。（杨华国）

推荐书目

周黎安. 转型中的地方政府：官员激励与治理. 上海：格致出版社，上海人民出版社，2008.

huanjingfa

环境法 （environmental law） 又称环境保护法、环境与资源保护法、环境资源法、污染法、生态法等。是调整因开发、利用、保护和改善环境而产生的社会关系的法律规范的总称。

环境法具有法的一般本质属性。其一，法是国家意志的集中体现。环境法则是有关开发、利用、保护和改善环境的国家意志的体现。国家意志这个法的本质属性决定着环境法的特征。

其二，法所体现的国家意志的内容是由统治阶级的物质生活条件即经济基础决定的。环境法亦如此。环境、资源和生态状况的恶化危及人类社会的可持续发展，因而各国的统治阶级都基于本国国情，通过环境法来规范法律主体开发、利用、保护和改善环境的行为。

其三，法所体现的国家意志，除了受到经济基础的决定性影响以外，还受到政治、思想、道德、文化、历史传统、民族、宗教、习惯、外国法、国际法等因素的影响。环境法亦如此。中国环境法的内容和发展水平受到中国社会主义初级阶段经济基础的根本性制约。改革开放以来，中国环境法始终是伴随着中国经济建设、科学技术的进步和人民生活水平的提高而发展的。中国环境法在对法律主体有关开发、利用、保护和改善环境的行为的规范作用上有较大的提升余地。这种提升，除了需要经济基础的支持以外，还需要政治、思想、道德、文化，甚至国际条件等因素的支持。

外延 从法的适用范围来看，环境法可分为国际环境法和各国的国内环境法两大部分。

国际环境法的外延 见国际环境法。

中国环境法的外延 可以根据不同的分类标准来认识。根据法的渊源，环境法的外延有宪法有关条款，法律，行政法规，部门规章，地方性法规、自治条例和单行条例，地方政府规章，法律解释和司法解释，条约和其他国际法文件，以及其他规范性文件。根据基本法律关系，环境法的外延有宪法规范、行政法规范、民法规范、刑法规范、诉讼法规范和技术规范。根据法律主体行为模式，环境法的外延有授权性法律规范、命令性法律规范和禁止性法律规范。根据对法律主体的约束程度，环境法的外延有强行性规则和任意性规则。根据法律规范的内容，环境法的外延有确定性规则、委托性规则和准用性规则。根据法的功能，环境法的外延有事业基础型法律、污染防治型法律、自然保护型法律和专门事项型法律。根据法所适用的空间范围，环境法的外延有中国内地的环境法、香港特别行政区和澳门特别行政区的环境法和台湾地区的环境法。

宪法 《中华人民共和国宪法》对环境保护专门做了规定。《宪法》第一章第九条第2款规定：“国家保障自然资源的合理利用，保护珍贵的动物和植物。禁止任何组织或者个人用任何手段侵占或者破坏自然资源”；第二十六条规定：“国家保护和改善生活环境和生态环境，防治污染和其他污染。国家组织和鼓励植树造林，保护林木。”《宪法》的这些规定为中国环境保护事业和环境法的发展提供了最重要的法律依据。

法律 中国的法律包括由全国人民代表大会制定的基本法律和由全国人民代表大会常务委员会制定的一般法律两类。这两类法律都与环境法有密切的关系。

①基本法律。中国的基本法律是环境法的制定和适用所必须遵守的基础性法律。例如，环境法的制定必须遵守《中华人民共和国立法法》的规定。又如，当因环境争端而引起诉讼时，当事人必须遵守《中华人民共和国民事诉讼法》《中华人民共和国行政诉讼法》和《中华人民共和国刑事诉讼法》的规定。此外，中国有些基本法律含有关于环境保护的规定。例如，《中华人民共和国民法通则》第 98 条规定“公民享有生命健康权”；第 123 条规定“从事高空、高压、易燃、易爆、剧毒、放射性、高速运输工具等对周围环境有高度危险的作业造成他人损害的，应当承担民事责任；如果能够证明损害是由受害人故意造成的，不承担民事责任”；第 124 条规定“违反国家保护环境防止污染的规定，污染环境造成他人损害的，应当依法承担民事责任”。又如，现行《中华人民共和国刑法》（2011 年 2 月修改）在第二编分则中，以第六章（妨害社会管理秩序罪）的第六节专门规定了“破坏环境资源保护罪”，内含“污染环境罪”“非法处置进口的固体废物罪；擅自进口固体废物罪；走私固体废物罪”“非法捕捞水产品罪”“非法猎捕、杀害珍贵、濒危野生动物罪；非法收购、运输、出售珍贵濒危野生动物、珍贵、濒危野生动物制品罪”“非法采伐、毁坏国家重点保护植物罪；非法收购、运输、加工、出售国家重点保护植物、国家重点保护植物制品罪罪”“盗伐林木罪；滥伐林木罪；非法收购、运输盗伐、滥伐的林木罪”“单位犯破坏环境资源保护罪的处罚规定”等方面的罪名和规定。

②一般法律。中国的一般法律中有一系列关于环境保护的专门法律。其中《中华人民共和国环境保护法》是中国环保事业的基础法，为环保事业和政府履行环保职能提供法律依据和基本制度安排。这些法律中的其他法律，则从防治污染、保护自然资源和若干专门事项方面分别做出规定（见图 1）。此外，一般法律中还包括含有与环保事务相关的规定的法律，如《中华人民共和国侵权责任法》对环境污染责任做出专门规定。

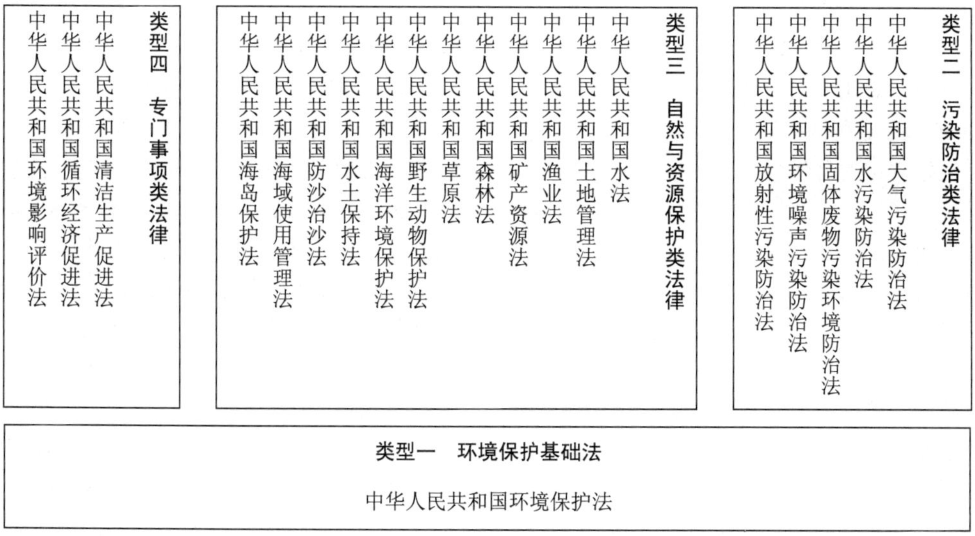

类型二 污染防治类法律

中华人民共和国大气污染防治法
中华人民共和国水污染防治法
中华人民共和国固体废物污染环境防治法
中华人民共和国环境噪声污染防治法
中华人民共和国放射性污染防治法

类型三 自然与资源保护类法律

中华人民共和国水法
中华人民共和国土地管理法
中华人民共和国渔业法
中华人民共和国矿产资源法
中华人民共和国森林法
中华人民共和国草原法
中华人民共和国野生动物保护法
中华人民共和国海洋环境保护法
中华人民共和国水土保持法
中华人民共和国防沙治沙法
中华人民共和国海域使用管理法
中华人民共和国海岛保护法

类型四 专门事项类法律

中华人民共和国清洁生产促进法
中华人民共和国循环经济促进法
中华人民共和国环境影响评价法

类型一 环境保护基础法

中华人民共和国环境保护法

图 1 中国环境资源保护法律的类型

此外，一般法律中还有一些法律与环境法密切相关，为环境法的适用提供了不可缺少的条件。如《中华人民共和国侵权责任法》。该法的第八章对环境污染责任做出专门规定。其中第 65 条规定“因污染环境造成损害的，污染者应当承担侵权责任”，第 66 条规定“因污染环境发生纠纷，污染者应当就法律规定的不承担责任或者减轻责任的情形及其行为与损害之间不存在因果关系承担举证责任”。

行政法规　行政法规是国务院制定的有法律约束力的规范性文件。包括为执行有关环境保护的法律制定的一些行政法规（如《规划环境影响评价条例》），以及为履行环境保护职能和行使环境管理职权制定的一些行政法规（如《中华人民共和国自然保护区条例》）。

部门规章　国务院各部、各委员会、中国人民银行、审计署和具有行政管理职能的直属机构，根据法律和国务院的行政法规、决定、命令，在本部门的权限范围内制定的规范性文件。国务院各部门为执行环境保护法律和环保行政法规、决定和命令，制定了大量有关环境保护的部门规章。例如，环境保护部于2010年制定了《环境行政处罚办法》。

地方性法规、自治条例和单行条例　根据《中华人民共和国立法法》，省、自治区、直辖市的人民代表大会及其常务委员会根据本行政区域的具体情况和实际需要，在不同宪法、法律、行政法规相抵触的前提下，可以制定地方性法规。较大的市的人民代表大会及其常务委员会根据本市的具体情况和实际需要，在不同宪法、法律、行政法规和本省、自治区的地方性法规相抵触的前提下，可以制定地方性法规，报省、自治区的人民代表大会常务委员会批准后施行。民族自治地方的人民代表大会有权依照当地民族的政治、经济和文化的特点，制定自治条例和单行条例。各地为执行有关环境保护的法律和行政法规或根据地方环境保护工作的需要，制定了大量有关环境保护的文件。例如，广东省人民代表大会常务委员会制定了《广东省环境保护条例》。

地方政府规章　根据《中华人民共和国立法法》，省、自治区、直辖市和较大的市的人民政府，可以根据法律、行政法规和本省、自治区、直辖市的地方性法规，制定规章。为了执行有关环境保护的法律、行政法规和地方性法规，保护本辖区的环境和自然资源，各省、自治区、直辖市和较大的市的人民政府制定了很多关于环境保护的地方政府规章。例如，上海市人民政府制定了《上海市扬尘污染防治管理办法》。

法律解释和司法解释　法律解释指的是由全国人民代表大会常务委员会对《宪法》的解释和为进一步明确法律、法令的界限或对其进行补充规定而做出的解释或规定；由国务院及主管部门对不属于审判和检察工作的其他法律、法令如何具体应用的问题做出的解释；由省、自治区、直辖市人民代表大会常务委员会为进一步明确地方性法规的界限或对其做补充规定而对其做出的解释或规定；由省、自治区、直辖市人民政府主管部门对地方性法规如何具体应用的问题所做的解释；以及由最高人民法院对审判工作中具体应用法律、法令的问题和最高人民检察院对检察工作中具体应用法律、法令的问题所做的解释。其中最高人民法院和最高人民检察院的解释又称为司法解释。

与环境法有关的法律解释和司法解释，作用在于消除环境法和相关法律在适用上的模糊和不足，使环境法和相关法律更好地得到适用，如《最高人民法院　最高人民检察院关于办理环境污染刑事案件适用法律若干问题的解释》。

条约和其他国际法文件　条约经中国批准或加入后适用于中国，成为中国法律体系的一部分。迄今为止，中国批准或加入了几乎所有主要的环境保护公约、协定和其国际法文件。参见附录中国加入的国际环境保护条约。

条约在中国的适用需要经过中国法律、行政法规或部门规章的转换。中国很多环境保护法律含有履行相关国际环境保护条约的内容。而且为了履行国际环境保护条约，中国还制定了相关的行政法规。

除条约以外，国际社会还制定了大批有关环境保护的其他国际法文件，如中国签署的《人类环境宣言》《世界自然宪章》《里约环境与发展宣言》等纲领性文件。这些具有指导意义的国际法文件，通常被称为国际环境法中的“软法”。它们所宣布的关于国际环境保护事业和国际环境法的原则，不仅对国际环保事业和国际环境法的发展有重要的指导意义，而且对各国的环保事业和环境法的发展也有重要的指导意义。

其他规范性文件　主要指全国人民代表大会通过的国民经济和社会发展计划或规划纲要及有关环境保护工作的国务院决定。

开发、利用、保护和改善环境一直是中国国民经济和社会发展计划和规划中的重要内容。在不同历史阶段，环境保护工作在国民经济和社会发展计划和规划中占有不同的地位和分量。《“九五”计划和2010年远景目标纲要》首次对“可持续发展”做了专门规定。《“十五”计划纲要》首次将主要污染物排放总量和二氧化硫的减排作为指导性指标加以规定，要求分别减少10%和20%，并规定森林覆盖率提高到18.2%，城市建成区绿化覆盖率提高到35%。《“十一五”规划纲要》首次规定国土主体功能分区，将国土空间划分为优化开发、重点开发、限制开发和禁止开发四类主体功能区。《“十一五”规划纲要》还首次将主要污染物排放总量的排放减少10%和单位国内生产总值（GDP）能耗减少20%作为约束性指标加以规定。《“十二五”规划纲要》更进一步，将主要污染物化学需氧量、二氧化硫、氨氮和氮氧化物作为约束性指标加以规定，要求分别减少8%、8%、10%和10%；并首次将单位GDP二氧化碳排放的减少作为一项约束性指标加以规定，要求减少17%。此外，《“十二五”规划纲要》还将非化石能源在一次能源消费中的比重、森林覆盖率等作为约束性指标加以规定。《“十三五”规划纲要》规定的环境保护工作主要目标是“生态环境质量总体改善。生产方式和生活方式绿色、低碳水平上升。能源资源开发利用效率大幅提高，能源和水资源消耗、建设用地、碳排放总量得到有效控制，主要污染物排放总量大幅减少。主体功能区布局和生态安全屏障基本形成”。为此，《“十三五”规划纲要》在耕地保有量、新增建设用地规模、万元GDP用水量下降、单位GDP能源消耗降低、非化石能源占一次能源消费比重、单位GDP二氧化碳排放降低、森林发展、空气质量、地表水质量、主要污染物排放总量减少等方面规定了具体的约束性指标。

改革开放以来，国务院多次做出关于环境工作的决定，如《国务院关于落实科学发展观加强环境保护的决定》（国发〔2005〕39号）。

特征　作为法的一部分，环境法具有法的基本特征。其中的非本质性特征有规范性和普适性，本质性特征有强制性、刚性和程序性。此外，环境法还具有自身的特征，主要是调整对象特殊性、客体广泛性、学科交叉性和预防性。

规范性　环境法的规范性表现为对法律主体有关开发、利用、保护和改善环境的行为规定了一定的模式、标准和方向。法律主体的行为不得超出环境法规定的行为边界。

普适性　环境法平等适用于所有从事有关开发、利用、保护和改善环境的行为的法律主体，并且在其有效期间可以反复适用。

强制性　法的强制性来源于国家强制力对法的实施的保障。环境法也具有强制性，具有比其他规范如道德、宗教、习惯和社会组织章程中有关环境保护的规范更高的权威性和强制性。

刚性　法是刚性的行为规则。法的刚性表现为它非经法定程序不得修改。法的这种刚性使得它具有相对的稳定性并能够保证法律后果的可预见性。作为法的一部分，环境法具有这种刚性。中国的环境法的制定、修改和废止，都要遵守《中华人民共和国立法法》的规定。

程序性　凡因开发、利用、保护和改善环境而引起法律问题时，有关的法律主体都要根据法律规定的程序来行使权利/权力和履行义务。违反法定程序做出的主张权利/权力或履行义务的行为是无效的。

调整对象特殊性 环境法的调整对象是法律主体因开发、利用、保护和改善环境而产生的社会关系。这种社会关系又称为环境法律关系。这是环境法与其他部门法的主要区别。

客体广泛性 环境法所调整的社会关系是法律主体因开发、利用、保护和改善环境而产生的社会关系。这种社会关系即开发、利用、保护和改善环境的权利-义务关系，所指向的客体分为四类，即环境（“物”）、有关环境的知识产权（“精神财富”）、法律主体有关环境的作为和不作为（“行为”）和法律主体有关环境的人格利益（人身利益中的人格利益，如生命、健康等）。由于这四个方面的客体都与“环境”有关，因此“环境”的广泛性决定了环境法律关系客体的广泛性。

学科交叉性 环境法具有显著的学科交叉性，表现为三个方面：①环境法与其他的部门法发生交叉。②环境法中的很多规范与法学以外的学科发生交叉。③环境法律问题对于相关部门法的积极影响。

预防性 相对于其他部门法，环境法的一个显著特征是预防性。一方面，环境法将风险预防原则（precautionary principle）和损害预防原则（principle of prevention）作为环境保护工作的基本准则。另一方面，环境法中有大量预防环境污染和生态破坏发生的规范甚至专门法律。

目的 环境法的目的是保障人的健康和生态平衡，实现经济和社会的可持续发展。

功能 法的功能又指法的作用，指的是法对法律主体和社会发生的影响。环境法的功能一般包括指引、评价、预测、强制和教育五个方面。

指引 法告诉法律主体应该怎样行为或不应该怎样行为，并告知相应的否定性法律后果。这是一种义务性规范，提供的是确定的指引。法还告诉法律主体可以怎样行为，并告知相应的肯定性法律后果。这是一种授权性规范，提供的是有选择的指引。环境法同样具有这些指引功能。例如，《中华人民共和国环境保护法》（2014 年）第六条中关于“一切单位和个人都有保护环境的义务”的规定就是一项义务性规范。它告诉法律主体应该保护环境，不应该污染和破坏环境。

评价 环境法是判断法律主体有关开发、利用、保护和改善环境的行为是否合法和有效的标准。在环境法领域中，这种判断的权威表现形式是法院对环境纠纷的判决书。

预测 依据环境法，法律主体对其他法律主体有关开发、利用、保护和改善环境的行为及其法律后果进行预测，从而选择合法的行为来与其互动。此外，法律主体在从事有关开发、利用、保护和改善环境的行为时，不仅可以根据法律关于风险预防原则的规定，对具有科学不确定性的重大环境风险如气候变化风险采取正确的应对措施，还可以根据法律关于防范环境损害的规定，对紧迫的环境损害采取防范措施。

强制 法的强制功能是法的本质特征——强制性的反映。环境法也具有强制的功能。

教育 法具有示范和威慑的作用。人们的合法行为及其有利后果对一般人起到示范的作用，使其保持守法状态。对于企图违法的人而言，法以违反招致的不利后果威慑他，使其不敢采取违法行为。环境法也具有这两方面的教育功能。

除此之外，从开辟和保障环境事业的角度看，环境法还具有以下三方面功能：为环保事业奠定法律和制度基础，为保护与改善环境和防治污染和其他公害建立基本管理制度，为其他环境保护专门事项（如海洋环境保护和环境影响评价）建立制度。

原则 环境法的原则指的是公认的、体现环境保护事业特点的、对于环境法有普遍指导作用的、作为环境法的思想基础的，贯穿于环境法的基本信念。这种信念既因人类环境问题的广泛性和国际性而在各国中有共同性，又因各国的政治、经济、文化等方面的差异而有差异性。环境法的原则体现了环境法的制定者和认可者对人类环境问题及其解决之道和环境法对于环保事业的保障作用的基本认识。中国环境法所遵循的原则主要是可持续发展原则，预防为主、防治结合、综合治理原则和公众参与原则。

可持续发展原则 “可持续发展”的概念于1987年由联合国大会授权成立的世界环境与发展委员会（又称布伦特兰委员会）在其题为《我们共同的未来》的研究报告中正式提出。根据该报告，可持续发展指的是“既满足当代人的需要，又不对后代人满足其需要的能力构成危害的发展”。它包括两个重要的概念：“需要”的概念，尤其是世界贫困人民的基本需要，应将此放在特别优先的地位来考虑；“限制”的概念，技术状况和社会组织对环境满足眼前和将来的需要的能力施加的限制。学术界认为可持续发展原则的内容包括代际公平、代内公平、可持续利用和环境与发展一体化四个方面。经济和社会可持续发展是环境法所追求的目标。在中国，可持续发展原则是贯穿于环境法中的一条红线。《中华人民共和国大气污染防治法》《中华人民共和国固体废物污染环境防治法》《中华人民共和国清洁生产促进法》等法律，大都在其立法目的条款中直接规定了“促进经济和社会可持续发展”的内容。《中华人民共和国环境影响评价法》更是在立法目的条款中规定了“为了实施可持续发展战略……促进经济、社会和环境的协调发展”的内容。

预防为主、防治结合、综合治理原则 预防为主，从经济角度看，预防环境污染和生态破坏所需的成本往往大大小于事后治理环境污染和生态破坏所需的成本；从环境和生态的角度看，环境污染和生态破坏的恶果往往难以从根本上消除，有些甚至无法消除；从社会角度看，预防环境污染和生态破坏往往不仅预防了环境和生态问题的发生，而且预防了因环境和生态问题引发的社会问题。防治结合，要求既要重视预防新的环境问题的发生，又要重视对现有环境污染和生态破坏的治理。综合治理，要求以系统的、整体的方法来治理环境污染和生态破坏，它包括主体的全参与、客体的全覆盖和方法的多样与协调三个方面。中国环境法中有很多体现这个原则的制度和措施。例如，《中华人民共和国环境影响评价法》是预防为主思想的一个集中体现；《中华人民共和国大气污染防治法》则体现了客体的全覆盖和方法的多样与协调。

公众参与原则 公民和非政府团体有权依据法律规定的程序，参与环保事业。这项原则确认了公众参与环保事业的权利并鼓励公众的参与。在一个国家的环保事业中，公众是相对于政府和企业的一个特殊的、不可或缺的主体。公众一方面应当享有主张有关环境权益的行政或司法救济的权利，另一方面应当享有有关环境事务的知情权、参与权、表达权和监督权。

作为环境法的一项原则，公众参与在国际社会得到广泛的承认。在中国，公众参与原则也得到法律的承认。参见*公众参与环境保护*。

适用范围 又称环境法的效力范围。指的是环境法在人、空间和时间上的适用范围。

对人的适用范围 中国环境法既适用于中国公民、法人和其他组织，也适用于在中国境内的外国公民（包括无国籍人）、法人和其他组织，不适用于享有外交特权和豁免权的外国人。这类人如果涉嫌严重污染或破坏环境触犯《中华人民共和国刑法》，可以通过外交途径解决。

空间适用范围 中国的环境保护法律、法规和部门规章适用于中国的领域和其他海域。但《中华人民共和国海洋环境保护法》和《中华人民共和国刑法》在一定条件下适用于在中国管辖范围以外实施的污染或破坏环境的行为。

时间适用范围 法律自生效至失效的时间段和法律的溯及力。中国环境保护法律采用公布之日起一定期限后生效的形式。中国环境保护法律的失效有三种形式。一是经修订的法律明文规定在该法施行之日起废止原法；二是新法规定与新法相抵触的原法律规范失效；三是随着新法的生效原法自行失效。中国的环境法对环境保护法律、法规生效前的行为和事件没有效力。

环境法律关系 是法律关系的一种，特指法律主体因开发、利用、保护和改善环境，根据环境法所结成的权利-义务关系。

类型 环境法律关系的基本类型是有关开发、利用、保护和改善环境的行政的、刑事的和民事的法律关系，其中主要是行政法律关系和刑事法律关系。

由于环境的公共品特性，它极易因人的滥用而遭到破坏。因此在环境法律关系中存在管制关系，即政府对于企业等可能引起环境污染或生态破坏的法律主体的管制。为了保障环境管制的有效性，必须对管制者即政府给予监督，使之始终保持勤勉实施环境管制的状态。因此在环境法律关系中还存在两种监督关系，即除政府和企业以外的所有第三方主体对于政府环境管制和有关环境的决策以及对于企业等污染者和生态破坏者的监督和制约。由于不论是在管制关系还是在监督关系中，政府都是一个不可缺少的主体，因此环境法律关系是以行政法律关系为主的法律关系。

在环境污染或生态破坏行为的后果严重到触犯刑法、涉嫌犯罪的时候，即产生了刑事法律关系。例如，对引起严重人身伤害或财产损失的环境污染或生态破坏，国家要追究肇事者（包括滥用职权、玩忽职守、徇私舞弊的国家工作人员）的刑事责任。

环境法律关系中的民事法律关系发生在平等的民事法律主体之间。

主体 又称环境法律主体。是环境法律关系的当事人或参与者，即环境法所确认的权利的享有者和相应的义务的承担者。在中国，环境法律关系的主体主要有公民（自然人）、法人（企业法人、机关法人、事业单位法人和社会团体法人）和其他组织（包括非法人组织和国家）。在不同的环境法律关系中，环境法律主体的地位不尽相同。

从环境法律主体在环境保护事业中的地位、作用和相互关系上看，可以将环境法律关系主体分为政府、企业和其他生产经营者、第三方主体三大类，它们之间的关系是环境管制关系和环境监督关系。

中国环保事业的主体及其相互关系和相关的法制保障见图 2。

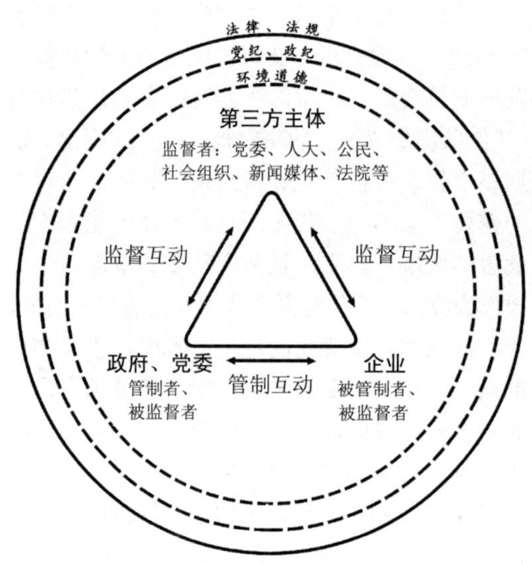

图 2　中国环境治理概念模型

客体 见“特征”部分中的“客体广泛性”。

内容 主要是有关开发、利用、保护和改善环境的行政的、刑事的和民事的权利、义务和违背这些权利、义务所应承担的法律后果。

产生、变更和消灭 又称环境法律关系的演变。指的是环境法律主体依法结成的有关开发、利用、保护和改善环境的权利-义务关系的产生、变更和消灭。环境法律关系的产生、变更和消灭可表现为主体的变更，也可表现为客体的变更，还可表现为权利-义务关系的变更。法律规范和法律事实是环境法律关系的产生、变更和消灭的基本原因。（王曦）

推荐书目

韩德培.环境保护法教程.6 版.北京：法律出版社，2012.

Wang Xi. Environmental Law in China. The Netherlands：Kluwer Law International BV，2012.

huanjingfa de shishi

环境法的实施 （implementation of environmental law） 环境法在社会生活中的具体适用和施行，包括环境执法、环境守法和环境司法等环节。法的生命在于实施，环境法的价值只有通过实施才能得以体现。

环境执法 依法享有环境管理权的行政主体，依照法定权限和程序行使环境保护职权、履行环境保护职责的活动。我国环境执法具有主体多元性、方式多样性的特点。环境执法主体不仅包括环境保护行政主管部门，还包括其他依法享有环境监督管理权的行政主管部门，这体现了我国实行的是统一监督管理与分级、分部门监督管理相结合的环境保护监督管理体制。环境执法方式包括环境行政许可、环境行政检查、环境行政征收、环境行政处理、环境行政处罚、环境行政强制和环境行政复议等措施和手段。此外，环境执法还具有科学技术性的特点。由于环境问题的产生和发展与科学技术的产生和发展紧密相连，且环境法律和环境标准技术性强，环境执法人员必须具备相应的环境科学技术知识才能确保有效履职。

环境守法 国家机关、社会组织、企事业单位和公民个人，依照环境保护法律的规定，行使权利和履行义务的活动。环境守法的前提条件是所需遵守的环境保护法律本身是良法，不仅真实、准确地反映了与社会经济发展相适应的环境利益与环境要求，也遵循了环境法制建设与发展的客观规律，从而能得到人们的信任、尊重和支持。同时，行政机关的环境执法和司法机关的环境司法活动也直接影响着环境守法。如果行政机关和司法机关对环境保护法律有法不依、执法不严、违法不究，则必然导致人们对环境保护法律的怀疑、轻视、规避甚至公然违反。

环境司法 国家司法机关依据法定职权和程序，具体应用环境保护法律处理环境保护有关案件的专门活动，包括环境民事诉讼、环境行政诉讼和环境刑事诉讼。为了保护环境公共利益，法律规定的机关和组织可以提起环境公益诉讼。参见环境法律责任。

环境法庭 是专门审理环境案件的法庭。2007 年以来，为了有效应对频繁发生的环境污染和破坏事件，贵州省贵阳市，江苏省无锡市，云南省昆明市、玉溪市等地相继成立了专门的环境法庭。2014 年 6 月，最高人民法院成立环境资源审判庭，进一步指导各级人民法院加强环境资源审判机构建设。截至 2016 年 6 月，全国法院设立环境资源审判庭、合议庭或巡回法庭共计 558 个，其中审判庭 191 个，有 15 个高级人民法院设立了专门的环境资源审判庭，贵州、福建、海南、江苏、重庆等省（市）建立了三级环境资源审判组织体系。

（杨华国）

推荐书目

张文显.法理学.4 版.北京：高等教育出版社，北京大学出版社，2011.

huanjingfa de zhiding

环境法的制定 （environmental legislation） 又称环境立法。特定的主体依据一定的职权和程序，制定、认可和修改环境法律的活动。制定符合国情的环境法律，是国家对环境与资源实行法治管理的首要环节，是保障国民人体健康和环境权益，实现社会、经济可持续发展的基础。

环境立法体制 从中国法律的制定权限来看，环境立法可分为国家和地方两级，主要包括国家法律（狭义）、国务院行政法规、国务院部门规章、地方性法规和地方政府规章五类法律文件的制定。①按全国人大的组织形式，国家环境法律又分为全国人大环境立法和全国人大常委会环境立法两类。目前，《中华人民共和国环境保护法》以及有关环境污染防治和自然资源保护管理的单项法律都是由全国人大常委会制定的。②根据宪法和法律的规定，国务院有权制定环境行政法规，其效力仅次于国家法律。在环境法律体系中，国务院制定的环境行政法规已经涉及环境与资源保护事务的各个领域。环境行政法规的内容不得同国家环境法律的内容相抵触。③国务院所属各部委可以在本部门的权限内，根据法律和行政法规，制定环境保护部门规章。这类规章比国家环境法律、环境行政法规的规定更加具体、更具有操作性，其数量也远远多于后两者。④省、自治区、直辖市和设区的市的地方人大及其常委会有权制定地方性环境法规；省、自治区、直辖市和设区的市、自治州的人民政府，可以在不与国家法律、行政法规、本省地方性法规相抵触的情况下，制定地方性环境规章。我国的地方性环境法规和地方性环境规章数量十分庞大，在地方政府环境保护工作中发挥着重要作用。

环境立法规划 立法者对一定时期内环境立法的项目及其进程等事项所做的系统安排和部署。通过环境立法规划，可以使环境立法工作在经过预测、调研、综合和整体部署的基础上更加科学化、系统化和有序化进行，使制定的环境法律切合时代发展的需要。环境法制建设是一项综合性的系统工程，在制定环境立法规划时，应进行整体安排，注重环境法律之间的协调和配合，避免环境立法的重叠、矛盾和冲突。

环境法案的起草 是进入环境立法程序的前置性基础，对环境立法的质量起着决定性作用。主要包括以下几个步骤：①确定环境法案的起草人员。一般由环境法专家、有关的自然科学家以及环境与资源管理人员共同组成。②明确立法目的和整体框架。③进行调查研究。主要内容包括：现行有关法律、法规、规章、政策对立法事项的规定；有关国家和地区的相关规定和做法；立法事项的理论研究情况；实践中的主要做法、成功经验和存在的问题；实际工作部门、专家学者对立法事项的意见和建议等。④起草环境法案。起草出来的法律草案，最初一般称试拟稿，经起草部门或单位初步讨论同意，报送有关主管机关批准同意后，形成征求意见稿或讨论稿，发各方面征求意见。⑤征求意见。主要有两种形式：一是将征求意见稿或讨论稿印发有关方面书面征求意见；二是召开座谈会、论证会和听证会征求意见。征求意见的范围主要包括与环境法案有关的决策部门、执行部门和监督部门，有关的专家和学者，以及社会公众。⑥修改环境法案。对征求的意见进行归纳整理，采纳合理意见对环境法案进行反复修改。⑦形成环境法案正式稿。通常也称“送审稿”。此后环境法案进入立法程序。

环境立法程序 立法程序是立法主体在制定、认可、修改法律的活动中，所应遵循的法定步骤和方法。环境立法是我国立法的有机组成部分，也必须按法定的步骤和方法进行。按《中华人民共和国立法法》及相关法律的规定，环境立法程序主要包括以下几个步骤：①提出环境法案。②审议环境法案。③表决和通过环境法案。④公布环境法案。（杨华国）

推荐书目

韩德培. 环境保护法教程. 7 版. 北京：法律出版社，2015.

huanjing falü zeren

环境法律责任

（environmental legal responsibility） 有关国家机关依法对违反环境保护法律的行为人，根据其违法行为的不同性质，分别给予的不同法律制裁，包括环境民事责任、环境行政责任和环境刑事责任三种。

环境民事责任 行为人因污染或破坏环境，造成受害人人身或财产损失而应承担的民事法律后果。

构成要件 一般的民事责任构成要件包括主观上有过错、行为的违法性、损害后果、违法行为与损害后果之间具有因果关系四个方面。环境民事责任是特殊的民事责任，其构成要件也具有特殊性。环境民事责任的追究实行无过错责任原则，主观上的过错和行为的违法性不是其构成要件组成部分，而只要具备了致害行为、损害后果、致害行为与损害后果之间的因果关系三者就应承担环境民事责任。①无过错责任原则。无过错责任是指行为人因污染或破坏环境，造成受害人人身或财产损失，即使主观上没有故意或过失，也要对损害后果承担赔偿责任。只有在不可抗力、受害人故意和第三者过错等情况下才能免责。②行为违法性问题。只要从事了破坏或污染环境的行为并发生了损害后果，即使行为是合法的，也要承担民事责任。③举证责任倒置。一般民事责任追究中，实行“谁主张、谁举证”，即谁提出索赔主张，谁负责举证。在环境污染民事责任追究中，实行特殊的举证规则，即主要由排污单位负责举证。《中华人民共和国侵权责任法》第六十六条规定：“因污染环境发生纠纷，污染者应当就法律规定的不承担责任或者减轻责任的情形及其行为与损害之间不存在因果关系承担举证责任。”④诉讼时效。由于环境污染危害具有原因复杂、潜伏期长等特点，环境民事责任追究中因环境污染引起的民事诉讼的诉讼时效应当与一般民事诉讼的诉讼时效不同。《中华人民共和国环境保护法》第六十六条规定：“提起环境损害赔偿诉讼的时效期间为三年，从当事人知道或者应当知道其受到损害时起计算。”

承担形式 《侵权责任法》规定了一般民事侵权的 8 种主要责任方式：停止侵害，排除妨碍，消除危险，返还财产，恢复原状，赔偿损失，赔礼道歉，消除影响、恢复名誉。以上方式可以单独适用，也可以合并适用。环境侵权是特殊的民事侵权，其责任承担形式主要是排除危害、恢复原状、赔偿损失三种。

环境行政责任 行为人违反法律规定的环境保护行政义务或法律禁止事项而应承担的法律后果，包括行政处分和行政处罚两种。

构成要件 根据环境保护法律的规定，环境行政责任的构成要件包括：①行为违法。即行为人实施了环境保护法律禁止的行为或违反了环境保护法律规定的义务。②行为有危害后果。指违法行为造成了破坏或者污染环境的后果。由于贯彻“预防为主”的原则，在有些情况下，只要行为者实施了破坏或污染环境的行为，即使未造成危害后果，也应追究其行政责任，给予相应的行政制裁。③违法行为与危害后果之间存在因果关系。指违法行为与该行为造成的破坏或污染环境后果之间存在内在的、必然的联系。在不以危害后果为环境行政责任构成要件的场合，不需要确认因果关系。④行为人有过错。指行为人实施破坏或污染环境行为时对其行为及结果的心理状态，包括故意和过失两种。

环境行政处分 对国家行政机关和企事业单位按照行政隶属关系，依法对实施环境保护违法违纪行为的下属人员给予的行政惩罚。《环境保护法》规定的行政处分有记过、记大过、降级、撤职、开除和主要负责人引咎辞职。

环境行政处罚程序，按《中华人民共和国公务员法》和《中华人民共和国行政监察法》的有关规定，包括立案、调查、申辩、报批、决定、执行、备案和申诉、复审复核等阶段。

环境行政处罚 环境保护监督管理部门对违反环境保护法律规定，但尚不构成犯罪的行为人依法实施的行政惩罚。环境保护监督管理部门是指《环境保护法》所规定的县级以上人民政府环境保护行政主管部门和其他依照法律规定行使环境保护监督管理权的部门。在某些情况下，县级以上人民政府也行使行政处罚权。

环境行政处罚的种类 《环境保护法》规定了罚款（包括按日连续处罚）、限制生产、停产整顿、责令停业或关闭、责令恢复原状、行政拘留等；污染防治类法律规定了责令缴纳排污费、责令停止违法行为、限期治理等；自然资源保护类法律规定了责令停止破坏行为，责令恢复被破坏的生态环境和自然资源，暂扣、吊销许可证或者其他具有许可性质的证件，没收违法所得，没收非法财物等。

环境行政处罚程序 按《中华人民共和国行政处罚法》和《中华人民共和国环境行政处罚办法》的规定，分为一般程序和简易程序两种。一般程序又称普通程序，是行政处罚的基本程序，除法律另有规定的以外，任何行政处罚决定都必须适用这一程序。环境行政处罚一般程序主要包括立案、调查取证、案件审查、告知和听证、处理决定和执行五个阶段。简易程序相对于一般程序而言具有简便快捷的特点，又称当场处罚程序，适用对象为事实清楚、情节简单、后果轻微的行政违法行为，实施过程主要包括表明执法身份、告知并说明理由、制作处罚决定书并当场送达三个步骤。

环境刑事责任 个人或单位因违反环境保护法律规定，严重污染或破坏环境，致使公私财产遭受重大损失或者造成人身伤亡的严重后果，触犯刑法构成犯罪所应承担的刑事法律后果。它是对环境违法行为最严厉、最具威慑性的制裁手段。

确定某种行为是否应负环境刑事责任，必须根据《中华人民共和国刑法》和环境保护法律的规定。《刑法》在分则第六章第六节专门设立了“破坏环境资源保护罪”类，对破坏环境与资源的各种犯罪行为规定了相应的刑事责任。在分则第三章第二节“走私罪”和第九章“渎职罪”中也有破坏环境与资源的相关规定。从这些规定的内容看，破坏环境与资源的犯罪可以分为污染环境、破坏自然资源和环境监管失职等三种。其中，污染环境和破坏自然资源的犯罪主体，既包括个人，也包括单位。

污染环境的犯罪 ①污染环境罪（第三百三十八条）；②非法处置进口的固体废物罪（第三百三十九条第1款）；③擅自进口固体废物罪（第三百三十九条第 2 款）；④走私废物罪（第一百五十二条第2款、第3款；第三百三十九条第3款）。

破坏自然资源的犯罪 ①非法捕捞水产品罪（第三百四十条）；②非法猎捕、杀害珍贵、濒危野生动物罪（第三百四十一条第1款）；③非法收购、运输、出售珍贵、濒危野生动物，珍贵、濒危野生动物制品罪（第三百四十一条第1款）；④非法狩猎罪（第三百四十一条第2款）；⑤非法占有农用地罪（第三百四十二条）；⑥非法采矿罪（第三百四十三条第 1 款）；⑦破坏性采矿罪（第三百四十三条第 2 款）；⑧非法采伐、毁坏国家重点保护植物罪（第三百四十四条）；⑨非法收购、运输、加工、出售国家重点保护植物、国家重点保护植物制品罪（第三百四十四条）；⑩盗伐林木罪（第三百四十五条第 1 款）；⑪滥伐林木罪（第三百四十五条第 2 款）；⑫非法收购、运输盗伐、滥伐的林木罪（第三百四十五条第 3 款）；⑬走私珍贵动物、珍贵动物制品罪（第一百五十一条第 2 款）；⑭走私国家禁止进出口的货物、物品罪（第一百五十一条第 3 款），该罪涵盖走私珍稀植物及其制品。

环境监管失职的犯罪 ①违法发放林木采伐许可证罪（第四百零七条）；②环境监管失职罪（第四百零八条）

环境民事责任、环境行政责任与环境刑事责任的关系 根据《中华人民共和国侵权责任法》的规定，污染者因同一行为应承担行政或刑事责任的，不影响其承担侵权责任；但是，如果因同一行为应同时承担民事赔偿责任和行政罚款、刑事罚金，污染者的财产不足以同时支付的，优先承担赔偿责任。 （杨华国）

推荐书目

金瑞林. 环境与资源保护法学. 2 版. 北京：高等教育出版社，2006.

张明楷. 刑法学. 4 版. 北京：法律出版社，2011.

huanjing faxue

环境法学 （environmental jurisprudence）

又称环境与资源保护法学、生态法学等。是关于环境保护法律问题的理论体系，即从对环境法律规范、环境法律事实、环境法律关系和与之相关的社会关系的研究中得出的规律性认识的知识体系。环境法学属于社会科学，是社会科学中法学的一个分支。

研究对象 包括环境法律规范、环境法律事实、环境法律关系和与之相关的社会关系和知识体系。环境法律规范是调整因开发、利用、保护和改善环境而产生的社会关系的法律规范的总称，是环境法律关系产生的前提或原因。环境法学要研究环境法律规范的产生和演变的原因与规律，以及它的形式、内容和实质。环境法律事实包括不以人的意志为转移的事件和人的行为，也是环境法律关系得以产生或变化的原因。环境法律关系是法律主体因开发、利用、保护和改善环境，根据环境法所结成的权利-义务关系。环境法学要研究环境法律关系，包括其主体的地位、作用和相互关系，涉及的客体和法律权利与义务。环境法学还要适度研究与环境法律关系相关的其他社会关系和知识体系。例如，部分经济关系、伦理关系、政治关系和相关的理论，如哲学、经济学、伦理学、政治学、社会学，都与环境法学有密切的联系。从法的制定和实施的角度看，环境法学研究的是环境法律规范的产生（环境立法）及其对环境法律关系的调整（环境执法、环境司法和环境守法）。

环境法学的外延 作为社会科学知识体系的一个分支，环境法学的外延包括环境法学基本理论、国别环境法学、比较环境法学和国际环境法学。相关学科的知识如哲学、经济学、伦理学、政治学、社会学等都融会在这些分支之中。

环境法学基本理论 关于环境法的基本概念、基本原理、一般规律和方法论的知识体系。环境法的概念、特征、目的、功能、原则、适用范围、环境法律关系、环境法的制定和实施、环境法的社会效果、环境法的发展和演变、环境法的研究方法、环境法与相关学科理论的联系等，都属于环境法学基本理论的范畴。它的主要任务是在国别环境法学、比较环境法学和国际环境法学的基础上，正确认识和阐述环境法的基本概念、基本原理、一般规律和方法论，为各国环境法和国际环境法的发展提供理论指导，并促进各国环境法学和国际环境法学的发展。

国别环境法学 关于各国环境保护法律问题的理论体系。侧重于研究各国的国内环境法律规范、环境法律事实、环境法律关系和与之相关的社会关系。国别环境法学具有鲜明的国别特色。它的主要任务是准确地理解和阐述各国的环境法，为各国环境法和各国环境法学、国际环境法和国际环境法学以及比较环境法学的发展提供理论支持。

国际环境法学 关于国际环境法的知识体系。国际环境法学研究的是国际环境法律规范、国际环境法律事实、国际环境法律关系和与之相关的国际关系和知识体系。国际环境法律规范的主要渊源是有关国际环境保护的条约和国际习惯法，次要渊源是有关国际环境保护的一般法律原则、司法判例、国际法学说、公允及善良原则和国际组织的决议等。国际环境法律事实包括不依人们意志为转移的有关国际环境保护的事件和公共当局、私方部门和个人的行为（含合法行为和违法行为）。国际环境法律关系指的是国家之间因开发、利用、保护和改善环境而发生的国际交往。国际环境法学的任务是为国际环境法的发展和国际环境保护事业提供理论支持。参见国际环境法。

特点 包括：①环境相关性。环境法学研究的问题都与环境相关。②学科交叉性。环境法学大量地采用民法、行政法和刑法等其他部门法学的基本概念和原理；法学以外的学科如经济学、政治学、伦理学等的相关概念和原理对于环境法学起到了支撑作用；环境法律问题对于相关部门法产生了积极影响，突出地表现在相关部门法学如民法学、行政法学和刑法学甚至宪法学对于环境法律问题日益增强的关注和适应性反应上。③新兴性。一方面，环境法学的基本概念、基本原理和理论体系尚未达到规范而发达的程度，不足以为环境保护事业和环境法制的发展提供充分的理论支撑。另一方面，环境法学产生了一些重大的、具有时代特征的新思想、新概念，如环境影响评价、可持续发展、风险预防等，一经提出即为各国所接受，产生了巨大、广泛而深远的社会影响。

研究方法 作为社会科学的一部分，环境法学研究一般使用社会科学研究所普遍使用的方法，如归纳法、演绎法、比较法、实证研究法、历史研究法、数理统计法、案例分析法等。

（王曦）

推荐书目

程正康.环境法.北京：高等教育出版社，1990.

huanjing gongmin susong

环境公民诉讼 （environmental citizen suits）又称公民诉讼（citizen suits）。是美国环境法律中一项重要的环境公益诉讼制度。指任何人（包括公民个人、公司、法人、合伙、社团、州政府及其政府机构、市政府当局、联邦政府机构等）有权以自己的名义对违反环境法律规定的任何人（包括美国政府及其机构）提起诉讼，通过法院来促使企业、公司等民事主体遵守环境法律或命令行政机关履行环保职责。

法律渊源 20世纪六七十年代，美国的环境问题突出，公众环境保护意识不断高涨，传统的民事和行政诉讼制度不能满足人们对环境公共利益损害救济的需要，公民诉讼制度应运而生。1970年，美国国会在《清洁空气法》中规定了“公民诉讼”条款，授权“任何人”可以在联邦法院提起公民诉讼来执行该法，这是法律上最早规定的公民诉讼条款。之后，美国国会制定的《清洁水法》《海洋倾废法》《濒危物种法》《深水港法》《露天采矿控制与复原法》《海洋保护、研究与禁渔区法》《深海床硬矿资源法》《资源保护与回收法》《能源政策与保护法》《发电厂与工业燃料使用法》《边缘大陆架法》《海洋热能保护法》《综合环境反应、补偿和责任法》《安全饮用水法》《有毒物质控制法》《突发事件计划与公众知情权法》等联邦环境法律中都规定了公民诉讼条款。这些规定同《联邦行政程序法》及有关公民诉讼资格的判例法一起，成为美国环境公民诉讼的法律依据，并与各州相关的环境法律规定一起，形成一项独特、完备而又严密的公益诉讼法律制度。

理论基础 公共信托理论和私人检察总长理论是美国环境公民诉讼制度的主要理论基础。

公共信托理论 源于罗马法，该理论主张空气、河流、海岸、荒地等均是人类的共同财产，应以公共利益和公众利用为目的，由国王或政府通过“信托”方式代为管理。公共信托理论在美国经过密歇根大学约瑟夫·萨克斯（Joseph Sax）教授的阐述和倡导，成为美国公民诉讼的理论基础之一。他提出，水、空气等与人类生活密不可分的环境要素并不是无主物，而是全体国民的共同财产。全体国民将此类共同财产委托政府管理，从而形成国民与政府之间的委托人与受托人关系。政府应当为全体国民包括当代人和后代人管理好这类共同财产，不得滥用管理权，不得自行处理这些财产。作为委托人的公民有权借助包括司法程序在内的手段来监督受托人的环境管理行为，防止这类共同财产受到私人或政府的侵害。公共信托理论从实体和程序角度阐释公民主体享有诉讼权利，为公民环境诉讼主体资格的确立提供了有力的理论支撑。

私人检察总长理论 该理论主张，当政府官员出现具体违法行为时，为了制止该违法行为，国会可以授权检察总长，代表公共利益向法院提起诉讼，产生一个实际存在的争议，从而满足法院受理案件的必要条件。同时，国会也可以不授权检察总长提起诉讼，而是通过制定法律授权私人团体提起诉讼来制止官员的具体违法行为，像检察总长提起的诉讼一样产生一个实际的争议，法院也可以受理。美国宪法不禁止国会授权任何人，不论是官员还是非官员，提起这类争议的诉讼，即使这个诉讼的唯一目的是公共利益也一样。其中，得到授权的人就是“私人检察总长”。在私人检察总长理论的支撑下，与争议没有直接利害关系的人获得了原告资格。根据该理论，当企业、公司等的环境污染、生态破坏等违法行为侵害环境公共利益时，国会可以授权任何人作为私人检察总长提起诉讼来制止不法行为。

主要内容 包括以下七方面。

原告 环境公民诉讼的原告在美国环保法律中一般界定为“任何人”或“任何公民”。美国联邦环保法律中的公民诉讼条款规定：“任何人（any person）或任何公民（any citizen）都可以以自己的名义，对违反环保法律规定的主体提起民事诉讼（civil action）。”其中，“任何人”或“任何公民”包括个人、公司、合伙、行业协会、信托基金机构、法人（包括公法人）、社团、州政府、州委员会、州政府机构、任何州际法律实体（包括所有的部门和机构）、市和镇等市政当局，以及联邦政府的任何一个机构、部门或者分支及其任何官员、代理人或雇员。

被告 包括两类：一类是违反公民诉讼条款可诉范围事项的“任何人”。“任何人”与原告中的“任何人或公民”的范围等同。同时，公民诉讼条款一般对被告的规定还特别强调了“任何人”包括联邦政府和美国宪法所允许范围内的其他联邦政府机构和部门。另一类是疏于履行环保法律规定职责的行政负责人。例如，《清洁空气法》《清洁水法》《资源保护与回收法》中规定的美国环保局长，《濒危物种法》中规定的美国内政部长、商务部长等。

可诉范围 大致有三种类型：第一，涉嫌违反特定法律条款的行为。在规定了公民诉讼条款的大多数联邦环保法律中都有类似的规定。如《清洁空气法》和《清洁水法》的规定“违反联邦或州环保法律规定的排放标准、限度，或联邦环保局长发布的命令，以及未依法取得许可证，或违反许可证条款”都属于公民诉讼的可诉范围。第二，涉嫌违反特定环保法律中的任何条款及其行政规章的行为。如《濒危物种法》规定的“对涉嫌违反本法任何条款和依据本法授权颁布的任何行政规章的行为”属于公民诉讼的可诉范围。第三，环保行政执法机关负责人在自由裁量范围之外的不作为行为。在所有规定了公民诉讼条款的联邦环保法律中都明确规定：负有该法规定的环保职责的行政机关负责人，如果有不作为的行为，且这种不作为不属于自由裁量行为的范围，在这种情形下，“任何人”都可以依据该法对此类负责人的不作为行为提起公民诉讼。如《清洁空气法》《清洁水法》《资源保护与回收法》等法规定的美国环保局长，《综合环境反应、补偿和责任法》规定的美国有毒物质与疾病登记局长，《濒危物种法》规定的美国内政部长和商务部长等怠于履行相关法律规定的不属于自由裁量范围的行为都属于公民诉讼范围。

立案限制条件 包括两类：一是诉前通知。美国所有环保法律的公民诉讼条款都规定有60日或90日的诉前通知程序。如《清洁水法》规定，原告必须在起诉之日前60日将涉嫌违法行为通知给美国环保局长，违法行为所在地的州和违反标准、限制或命令的违法者，否则法院将不予立案。二是行政机关正在勤勉地执法。例如，《清洁空气法》规定，如果美国环保局长或州已经或正在法院对违法者提起民事或刑事诉讼，要求违法者遵守相关环保标准、限制或命令，在这种情形下，原告不得提起公民诉讼。此时，原告可以作为利害关系人参加（intervention）有关诉讼。

管辖法院 有权受理公民诉讼的法院分为两类：一是对私方主体如公司提起的公民诉讼，一般由被控违法行为发生地的联邦地区法院管辖。例如，《清洁空气法》《清洁水法》规定由污染源所在地的联邦地区法院管辖。二是针对联邦政府机构的行政负责人（如美国环保局长）提起的公民诉讼，由美国首都华盛顿所在行政区——哥伦比亚特区的联邦地区法院管辖或原告居住地的美国联邦地区法院管辖。

判决类型 法院判决主要包括禁令（injunction）与民事罚款（civil penalties）。禁令是一种强制性命令，法院要求被告立即停止违法行为，履行法律义务。民事罚款不适用于针对政府机关和美国环保局的公民诉讼。

诉讼费用的负担 大多数美国环保法律的公民诉讼条款都规定，法院在做出终局判决时，可以将诉讼费用（包括合理的律师费和专家鉴定费）判决给任何一方当事人。有些则明确规定可以判决给胜诉当事人或实质上胜诉的当事人。此外，若当事人主张判决一项临时限制命令或初步禁令时，法院可以要求其依据《联邦民事诉讼规则》提交保证金或同等的担保。

实施效果 在美国，环境公民诉讼制度在促进、监督企业和政府遵守环保法律方面发挥了重要作用。一方面，它起到了促进、监督私方主体遵守环保法律的作用。当公司、企业、私营业主等不遵守环保标准、限制或命令时，公民尤其是环保组织通过提起公民诉讼来促使这些主体遵守法律规定。另一方面，这一制度大力推动了政府机关勤勉履责。当政府机关没有履行环保法律职责时，公民或环保组织等可以提起公民诉讼来督促他们积极履行职责。

对其他国家或地区的影响 美国的环境公民诉讼制度对世界许多国家和地区都产生了影响，纷纷在其环保法律中予以借鉴。澳大利亚在《环境保护法》《世界遗产保护法》《工业化学物质通知和评价法》《有毒废物进出口管理法》《濒危物种保护法》等中规定了公民诉讼制度。澳大利亚新南威尔士州在《环境计划与评价法》《环境有毒化学物质法》《荒地法》等中规定了公民诉讼制度。此外，马来西亚、菲律宾、印度、哥伦比亚、阿根廷等国也在其环保立法中引进了公民诉讼制度。 （*罗文君*）

推荐书目

王曦.美国环境法概论.武汉：武汉大学出版社，1992.

邓一峰.环境诉讼制度研究.北京：中国法制出版社，2008.

huanjing gongyi susong

环境公益诉讼 （environmental public interest litigation） 公民、法人、社会团体、特定机关等主体依据法律的规定，在环境受到或可能受到污染、破坏的情形下，为维护环境公共利益不受损害，针对有关民事主体或行政机关而向法院提起诉讼的制度。

特征 与传统的民事诉讼和行政诉讼相比，环境公益诉讼的特殊性体现在：①法律救济的权利范围放宽。传统的民事诉讼、行政诉讼主要是为原告的人身权与财产权遭受的损害提供法律救济，保护的主要是私人利益。而环境公益诉讼制度使传统诉讼制度下不能得到救济的有关环境的公共利益可以得到保护和救济。②诉权的放宽。传统的民事诉讼、行政诉讼要求“原告一定是与本案有直接利害关系的人”。与之相比，环境公益诉讼的原告既可以是直接的受害人，也可以是无直接利害关系的人。对于无直接利害关系的公民、法人、社会团体、特定机关等主体，当环境公共利益受到或可能受到损害时，他们可以依据法律的授权，为维护公共利益，以自己的名义提起诉讼。③诉讼目的的公益性。环境公益诉讼的目的是维护环境公共利益。具体来说，是为了保护国家、社会以及不特定多数人的环境公共利益，维护社会公正、公平，促进社会可持续发展。④诉讼功能的预防性。由于环境污染与破坏往往具有潜伏期长、影响面广、损害后果严重等特征，一旦损害结果实际发生，事后救济付出的代价巨大，有的损害甚至不可逆转和补救。为此，环境公益诉讼并不以损害结果的实际发生为必要条件。当环境公共利益有损害的可能时，有诉权资格的原告便可以启动诉讼，及时阻止、预防重大环境损害后果发生。

类型 根据被诉的对象和适用的诉讼程序不同，环境公益诉讼可分为环境民事公益诉讼和环境行政公益诉讼。

环境民事公益诉讼 此类诉讼的被告是公司、企业、其他组织或公民个人等民事主体，适用的是民事诉讼程序。从发达国家民事诉讼演化的历史来看，当代立法的趋势是诉权的放宽，即降低对原告起诉资格的要求，使更多的人能对公司、企业、其他组织或公民个人的污染环境、破坏生态的行为提起诉讼。在英美法系国家的侵权法（Law of Torts）中，环境污染和生态破坏行为称为“妨害”（nuisance），主要包括公益妨害（public nuisance）和私益妨害（private nuisance）两类。在公益妨害中，私人不享有对公益妨害提起诉讼的资格，只有公共官员才享有代表公众就公益妨害提起诉讼的资格。因此，如果公共官员怠于行使起诉权，就会造成公益妨害得不到消除，受害者得不到法律救济。为了改变这种不合理的现象，英国通过修改法律认可受害者可以本人或通过检察官提起针对环境污染、生态破坏行为的公益妨害诉讼。美国在大部分联邦环境法律中规定了“公民诉讼”条款，确认了任何公民可以以自己的名义对构成公益妨害的环境污染、生态破坏行为提起诉讼的资格。大陆法系国家也逐步放宽了公众提起环境民事公益诉讼的资格。

环境行政公益诉讼 此类诉讼的原告与环境民事公益诉讼的原告相同，被告是负有环境保护职责的行政主体，适用行政诉讼程序。当负有环境保护职责的行政主体怠于履行职责而造成环境公共利益受到或可能受到损害时，法律授权的公民、法人、社会团体、特定机关等主体可以以自己的名义提起环境行政公益诉讼。

主要模式 目前，世界上存在的环境公益诉讼模式主要包括以下几种：①特定机关诉讼。由国家设立的代表公共利益的特定机关对违反法律、损害环境公共利益的行为人提起诉讼。从国外的立法来看，能够提起环境公益诉讼的特定机关包括负有环境保护职责的机关，如俄罗斯自然资源与生态部。除此之外，大多数国家如法国、德国、英国和美国都允许检察机关代表环境公共利益提起诉讼。②集团诉讼（class action），又称代表人诉讼。是指在当事人一方人数众多、诉讼标的同一种类的情形下，由其中一人或数人代表全体相同权益人进行的诉讼。法院判决效力及于全体相同权益人。此类诉讼的作用在于避免在同类问题上重复诉讼，矫正单个受害人与加害人之间的力量失衡，保障处于相同情况的众多受害人享有相同的诉讼权益和承受相同的裁判结果。法国、日本、意大利等国的立法中都规定了大同小异的集团诉讼制度。③环境公民诉讼。

中国的环境公益诉讼立法情况 ①环境民事公益诉讼。2012 年修订后的《中华人民共和国民事诉讼法》第五十五条规定：“对污染环境、侵害众多消费者合法权益等损害社会公共利益的行为，法律规定的机关和有关组织可以向人民法院提起诉讼”，这标志着中国的环境民事公益诉讼正式有了法律依据。2014 年修订的《中华人民共和国环境保护法》规定了社会组织提起环境公益诉讼的主体资格条件。2014 年通过的《最高人民法院关于适用〈中华人民共和国民事诉讼法〉的解释》，对公益诉讼的实施进行了细化规定。同年，最高人民法院联合民政部和环境保护部发布了《关于贯彻实施环境民事公益诉讼制度的通知》，就环境民事公益诉讼制度在实施过程中出现的问题进行了解释和规定。至此，环境民事公益诉讼制度在中国的实施有了较为系统的法律基础。②环境行政公益诉讼。2015 年 7 月 1 日，第十二届全国人民代表大会常务委员会第十五次会议决定授权最高人民检察院在生态环境和资源保护、国有资产保护、国有土地使用权出让等领域在全国 13 个地区开展提起公益诉讼试点。

中国环境民事公益诉讼制度 法律规定的机关和有关社会组织，依据法律的规定，对污染环境、破坏生态，损害社会公共利益的行为，向法院提起诉讼的制度。①原告。包括两类，即法律规定的机关和有关社会组织。其中，有资格提起环境民事公益诉讼的社会组织需要满足两个条件：一是依法在设区的市级以上人民政府民政部门登记；二是专门从事环境保护公益活动连续五年以上且无违法记录。②被告。一切实施了因污染环境、破坏生态而损害社会公共利益的行为的污染者或破坏者都可以成为环境民事公益诉讼的被告，具体包括自然人、法人或其他组织。③起诉与受理。起诉和受理条件包括：有明确的被告；有具体的诉讼请求；有社会公共利益受到损害的初步证据；属于人民法院受理民事诉讼的范围和受诉人民法院管辖。满足上述四个条件，法院应该受理。④管辖。一般情形下，环境民事公益诉讼案件由侵权行为地或者被告住所地的中级人民法院管辖，但法律、司法解释另有规定的除外。在有关海洋污染的环境公益诉讼方面，适用专属管辖，由污染发生地、损害结果地或者采取预防污染措施地的海事法院管辖。当发生管辖权冲突时，由最先立案的法院管辖，必要时由有管辖权法院之间的共同上级法院指定管辖。⑤证据获取方面的特殊规定。法院因审理案件需要，向负有监督管理职责的环境保护主管部门调取涉及被告的环境影响评价文件及其批复、环境许可和监管、污染物排放情况、行政处罚及处罚依据等证据材料的，相关部门应及时向法院提交，法律、法规规定不得对外提供的材料除外。⑥法院的裁判。第一，主要责任形式及相关费用的承担。法院对被告污染环境、破坏生态的行为主要采用三种责任形式：一是修复生态环境。具体可以判决被告自行组织修复，可以委托第三方修复，必要时也可以商请负有监督管理职责的环境保护主管部门共同组织修复。对生态环境损害的修复结果，法院可以委托具有环境损害评估等相关资质的鉴定机构进行鉴定，必要时可以商请负有监督管理职责的环境保护主管部门协助审查。二是承担生态环境修复费用。三是承担生态环境受到损害至恢复原状期间服务功能损失等款项。在相关费用的承担上，法院可以酌情判决被告承担原告在诉讼中所需的调查取证、专家咨询、检验、鉴定等必要费用。第二，和解或调解。对环境民事公益诉讼案件，当事人可以和解，法院也可以调解。当事人达成和解或者调解协议后，法院应当将和解或者调解协议进行公告。公告期满后，法院经审查认为和解或者调解协议不违反社会公共利益的，应当出具调解书；如果认为和解或者调解协议违反社会公共利益的，则不予出具调解书，同时继续对案件进行审理和裁判。第三，与环境保护主管部门的关系的处理。法院受理环境民事公益诉讼后，应当在十日内向负有监督管理职责的环境保护主管部门通报被告的相关情况。环境保护主管部门收到法院受理环境民事公益诉讼的案件线索后，可以根据案件线索开展核查；发现被告行为构成环境行政违法的，应当依法予以处理，并将处理结果通报法院。（罗文君）

推荐书目

徐祥民，胡中华，梅宏，等.环境公益诉讼研究——以制度建设为中心.北京：中国法制出版社，2009.

huanjing jiufen

环境纠纷（environmental dispute） 涉及环境权利和义务的纠纷，包括环境民事纠纷、环境行政纠纷和环境刑事纠纷三种（参见环境法律责任）。常通过双方协商、调解、仲裁、诉讼等方式予以解决。（杨华国）

huanjingquan

环境权（environmental right） 法律关系主体享有的各种与环境相关的法律权益的统称。狭义的环境权仅指公民个人享有的环境权益，广义的环境权还包括法人、国家的环境权益。环境权不是一个单一的法律权利，而是一种综合的概括性权利，包括与环境相关的各种权利和利益。它既有基本人权的性质，又可细化为各种具体权利；既为个人所拥有，又以整体环境为指向；既是一种个体权利，又是一种集体权利；既有私权性又有公权性；既相对独立，又与人身权、财产权、自然资源权、生存权、发展权、参与权、知情权等权利相互交叉和融合。作为公权，环境权指的是政府保护和管理环境的权力，是政府履行环保公共职能的依据，是行政权在环境保护领域中的体现。从私权的角度看，环境权可以理解为人权在环境保护领域里的表达。

沿革 环境权是20世纪后半期出现的、以世界环境危机为背景发展起来的一个概念。1960年，因联邦德国一位医生向欧洲人权委员会提出“向北海倾倒核废料是侵犯人权”的控告被驳回，引发了人们关于是否存在环境权的大讨论，受到各国学者关注。随着环境危机的日益严重和讨论的深入，人们越来越倾向于把环境视为一种公共财产，把生活环境的健康、安全视为每个人都应该拥有的基本权利。1972年《人类环境宣言》开篇指出：“人类有权在一种能够过尊严和福利的生活的环境中，享有自由、平等和充足的生活条件的基本权利。”在该宣言及相关理论的影响下，一些国家开始在本国宪法或具体法律中对法律主体的环境权益进行规定。

主体 环境权的主体主要有公民、法人和国家三类。其中，公民环境权（又称个人环境权）是公民个人所享有的在健康环境中生存并合理利用环境的权利。它是最基本、最核心、最重要的环境权，具有自然权利的性质。法人环境权（又称单位环境权）是指法人组织依法享有的拥有适宜环境和合理开发环境资源的权利。法人环境权不是自然权利，其内容应以法定为限。对法人而言，保护环境的义务是首要的。国家环境权是一个国际法概念，指国家作为国际法主体所拥有的与环境有关的各种主权，包括管理、保护、开发、利用本国环境的权利，保护本国环境不受他国干扰和破坏的权利，以及积极参与国际环境事务、分享全人类环境共同财产的权利等。另外，有些学者提出应把“后代人”、“自然物”甚至生态系统整体都纳入环境权的主体范畴，但尚未被主流理论和社会实践所接受。

客体 环境权的客体是环境，即环境要素及其构成的生态系统整体，包括自然环境和人工环境。在重要的环境要素之上可以成立具体的单项环境权，已得到法律实践确认的有阳光权、清洁空气权、清洁水权、通风权、眺望权、风景权、安宁权、达滨权等。

主要内容 环境权分实体性权利和程序性权利两部分。实体性环境权包括两个层次，一是主体的健康环境不受侵害的权利，包括阳光权、通风权、安宁权、嫌烟权等。二是主体享受和利用良好环境的权利，包括清洁空气权、清洁水权、风景权、环境审美权、环境文化权和户外休闲权等。程序性环境权是主体为了实现实体性环境权而参与环境公共事务的程序上的权利，主要包括有关环境的知情权、决策参与权和监督权。

环境权与司法实践 当前，环境权在法律中的存在形式主要有三种，一是在宪法中明确创设；二是在具体环境法中加以规定；三是通过宪法或相关法律的解释“间接”存在。但无论如何立法，各国司法实践都普遍表现出对直接适用环境权的拒绝，很少有法律直接使用“环境权”这个概念。除个别孤立案件外，环境权一般被认为是一种纲领性规定或原则性宣示，只能成为法官裁量的考虑因素，而不能直接作为判案依据。对于常规性环境争议而言，起到实际规制作用的只能是具体的环境法律制度，而不是抽象的环境权条款。

中国的环境权立法 中国法律中目前并没有明确使用“环境权”概念，但这并不等于中国没有环境权立法。在《中华人民共和国宪法》《中华人民共和国环境保护法》及诸多环境单行法中都包含着大量认可环境权利、保护环境利益的内容。《宪法》第九条第 2 款规定：“国家保障自然资源的合理利用，保护珍贵的动物和植物。禁止任何组织或者个人用任何手段侵占或者破坏自然资源。”第二十六条第一款规定：“国家保护和改善生活环境和生态环境，防治污染和其他公害。”这些条款直观来看规定的是国家的环境保护权力和义务，但在宪法语境下可推导出对公民环境权利的确认。而在《环境保护法》《中华人民共和国环境影响评价法》以及各有关污染防治、资源和生态保护的环境单行法中包含着大量认可公众的求偿、知情、参与、监督等方面权利的规定。这些都体现了对公民环境权益的确认和保障。但这些规定相对来说还较为粗略，在一定程度上影响了其实践效率，未来需要进一步细化、制度化、体系化。

（巩固）

推荐书目

周训芳.环境权论.北京：法律出版社，2003.

huanjing weifa

环境违法 （environmental illegal action） 违反环境法律规定的行为，包括环境侵权、环境行政违法、环境犯罪（参见环境法律责任）。

（杨华国）

huanjing yu fazhan zonghe juece jizhi

环境与发展综合决策机制 （integration of environment and development decision-making mechanism） 以一定的法律和政策保障在重大

立法、政策和规划等宏观决策过程中综合考虑环境、经济和社会发展问题的社会机制，它是《里约环境与发展宣言》中环境和发展一体化原则在决策层面的具体化和制度化，其核心在于通过对各级政府和有关部门的决策内容、程序和方式予以法律约束，促进政府部门间的决策合作，确保在决策的源头（拟定阶段）将环境保护的各项要求纳入有关的发展政策、规划或计划中，实现环境保护和经济发展的融合。《中华人民共和国环境保护法》中所规定的经济社会发展与环境保护相协调的要求，以及《中华人民共和国环境影响评价法》中所规定的环境影响评价制度，均为环境与发展综合决策机制的具体体现。

沿革 环境与发展综合决策机制的形成可追溯到1972年联合国人类环境会议通过的《人类环境宣言》的原则13："为了实现更合理的资源管理从而改善环境，各国应该对他们的发展计划采取统一协调的做法，以保证为了人民的利益，使发展同保护和改善人类环境的需要相一致。"1987年世界环境与发展委员会向联合国提交的报告《我们共同的未来》正式提出了"可持续发展"的概念，并指出："我们面临的许多环境与发展问题都源于部门间职责的分割。"1992年联合国环境与发展大会通过的《里约环境与发展宣言》原则4明确提出："为了实现可持续的发展，环境保护应当成为发展过程中不可或缺的一个组成部分，不能脱离发展而孤立地考虑它。"这一"环境和发展一体化"原则要求一国的经济法律或政策应当在以下方面与环境保护的要求进行整合：首先，决策程序应能确保负责环境事务的政府官员能够参与经济决策；其次，应当建立一定的机构以便促进国际和国家层面上环境和发展政策的融合；最后，这些程序和机构应当促使环境和发展方面的考虑实现有益的实质性整合。

在中国的发展阶段 截至目前，环境与发展综合决策机制的有关制度一直在不断发展和完善。在中国，环境与发展综合决策机制的形成经历了理念宣传和法律原则确认阶段、政策积极推动阶段和制度稳定发展阶段。

第一阶段：环境与发展综合决策理念的宣传和法律原则确认。这一时期中国政府发布了《中国环境与发展十大对策》，明确提出实施可持续发展战略，推行经济建设与环境保护的协调发展，开展城市环境综合整治，运用经济手段保护环境等十大对策。同时，1979年《中华人民共和国环境保护法（试行）》第五条规定，"国务院和所属各部门、地方各级人民政府必须切实做好环境保护工作；在制定发展国民经济计划的时候，必须对环境的保护和改善统筹安排，并认真组织实施。"1989年修改后的《中华人民共和国环境保护法》将之作为法律原则在第四条明确规定："国家制定的环境保护规划必须纳入国民经济和社会发展计划。国家采取有利环境保护的经济政策和措施，使环境保护工作同经济建设和社会发展相协调。"

第二阶段：环境与发展综合决策机制建设的政策积极推动阶段。1996年国务院批准的《国家环境保护"九五"计划和2010年远景目标》提出"完善环境影响评价制度，从单个建设项目的环境影响评价，向各项资源开发活动、经济开发区建设和重大经济决策的环境影响拓展。"同年《国务院关于环境保护若干问题的决定》规定："各级政府在进行经济、社会发展的重大决策中，必须对环境保护与经济、社会发展加以全面考虑、统筹兼顾、综合平衡、科学决策。"

第三阶段：环境与发展综合决策制度稳定发展阶段。这一阶段环境与发展综合决策机制通过多方面法律制度的具体规定得到稳定实施，如2002年《中华人民共和国清洁生产促进法》通过确认清洁生产制度，鼓励和引导工业建设项目采用能耗物耗少、污染物排放量少的清洁生产工艺，合理利用自然资源，防止环境污染和生态破坏；2002年《中华人民共和国环境影响评价法》不仅要求对建设项目进行环境影响评价，而且要求对规划进行环境影响评价，规划制定和审批部门因此负有考虑决策可能对环境造成的不利影响的法定义务；2008年《中华人民共和国循环经济促进法》则旨在通过确认循环经济制度，促进循环经济模式的形成以替代传统的线性增长模式；2014 年《环境保护法》修正案在总则部分第四条第 2 款再次确认了环境与发展综合决策机制在环境法领域的具体要求："国家采取有利于节约和循环利用资源、保护和改善环境、促进人与自然和谐的经济、技术政策和措施，使经济社会发展与环境保护相协调。"

意义 环境与发展综合决策机制体现了政府决策模式的转变。环境与发展综合决策要求改变由决策部门单一决策的思维方式，让经济、社会、环境各部门甚至社会团体、公众在决策过程中广泛地参与，由个人决策向群体决策转变，由部门单独决策向各部门参与决策转变，促使决策更趋民主和科学。环境与发展综合决策机制实施过程中将人口、资源和环境诸要素进行统一规划、合理布局、综合利用，有利于资源的优化配置和降低发展成本。不过，在综合决策机制中究竟应当赋予环境保护以多大的权重，法律原则或制度本身无法明确加以规定，而取决于决策者的裁量，因此环境保护在环境与发展综合决策机制中的权重问题实则是一个政治选择问题而非法律问题。 （周卫）

推荐书目

夏光，汪凤春，舒庆，等.环境与发展综合决策：理论与机制研究.北京：中国环境科学出版社，2000.

huanjing zhengyi

环境正义 （environmental justice） 正义在环境保护社会关系中的体现。它要求对人们有关开发、利用和保护环境的权利和义务进行公平的分配，尤其关注环境保护社会关系中弱势主体的权利保障。环境正义的概念伴随着 20 世纪 80 年代的"环境正义运动"在美国首先出现，推动着美国现代环境保护运动向纵深发展。目前尚未形成公认的环境正义的标准定义。美国环境保护局将"环境正义"定义为"在环境法律、法规和政策的制定、适用和执行等方面，全体国民，不论种族、肤色和财产状况的差异，都应得到公平对待和有效参与"。这一定义重在解决现实存在的具体的代内公平问题。环境正义理论对环境法治的进步起到了推动作用。

（朱达俊）

推荐书目

彼得•S.温茨.环境正义论.朱丹琼，宋玉波译.上海：上海人民出版社，2007.

J

《Jizao Tongbao Heshigu Gongyue》

《及早通报核事故公约》 （Convention on Early Notification of a Nuclear Accident） 国际原子能机构早期主持制定的有关核安全的国际公约之一，是唯一一份专门关于核事故情报通报、交换方面的国际公约。

产生背景 1979 年美国三哩岛核电站事故，1980 年法国圣洛朗核电厂事故和 1986 年苏联切尔诺贝利核电站事故等，均对人类健康和环境造成了严重影响，给人类敲响了核安全的警钟。国际社会意识到有必要采取全面措施确保核活动的高度安全，防止发生核事故或尽量减轻其后果。特别是 1986 年切尔诺贝利事故后，为了加强安全发展和利用核能方面的国际合作，尽早提供有关核事故的情报，以便能够使超越国界的辐射后果减轻到最低限度，当年即制定并通过了《及早通报核事故公约》。

1986 年 9 月 24 日，该公约在维也纳国际原子能机构大会特别会议上通过，1986 年 9 月 26 日和 10 月 6 日分别在维也纳国际原子能机构总部和纽约联合国总部开放签字。公约于 1986 年 10 月 27 日生效。

公约的内容 该公约包括序言和 17 条正文。公约适用于"缔约国的或其管辖或控制下的人或法律实体的设施或活动、由此而引起或可能引起放射性物质释放并已经造成或可能造成对另一国具有辐射安全重要影响的超越国界的国际性释放的任何事故"。公约规定，缔约国有义务对引起或可能引起放射性物质释放并已造成或可能造成对另一国具有辐射安全重要影响的超越国界的国际性释放的任何事故，向有关国家和国际原子能机构通报；核事故的通报内容，应包括核事故及其性质，发生的时间、地点和有助于减轻辐射后果的情报；事故发生国既可以直接，也可以通过国际原子能机构间接地向实际受影响或可能受影响的国家或机构（包括缔约国和非缔约国）通报；各缔约国应将其负责收发核事故通报和情报的主管当局和联络点通知国际原子能机构，并直接或通过该机构通知其他缔约国，这类联络点和国际原子能机构内的联络中心应不间断地可供使用；国际原子能机构在公约范围内，有义务立即将所收到的核事故通报和情报通知所有缔约国、成员国和有关国际组织。

公约与中国 1986 年 9 月 26 日，中国政府代表做了有待核准的签署。1987 年 9 月 10 日，中国向国际原子能机构交存批准书并同时声明：①不受公约第十一条第 2 款所规定的两种争端解决程序的约束；②在公约对其生效前，中国接受公约第十三条暂时适用条款。公约于 1988 年 12 月 29 日对中国生效。 （朱达俊）

《Jinzhi Wei Junshi Huo Renhe Qita Didui Mudi Shiyong Gaibian Huanjing De Jishu De Gongyue》

《禁止为军事或任何其他敌对目的使用改变环境的技术的公约》 （Convention on the Prohibition of Military or Any Other Hostile Use of Environmental Modification Techniques） 为了禁止在军事或任何其他敌对行动中使用

改变环境的技术，以便消除使用这种技术对人类造成的危险，巩固世界和平而制定的国际公约。

该公约于1976年12月10日订立于纽约，1977年5月18日在日内瓦开放供签署，1978年10月5日生效。2005年6月8日，中国在纽约联合国总部交存加入书，公约当日起对中国生效。

公约的内容 该公约共有10条和1个附件，主要条款是前5条。第一条规定，各缔约国保证不为军事或任何其他敌对目的使用具有广泛、持久或严重影响的改变环境的技术作为摧毁、破坏或伤害任何其他缔约国的手段；并不协助、鼓励或引导任何国家、国家集团或国际组织从事违反上一款的活动。第二条对“改变环境的技术”一词予以定义，指通过蓄意操纵自然过程改变地球（包括其生物圈、岩石圈、水气层和大气层）或外层空间的动态、组成或结构的技术。第三条指出，该公约不限制为和平目的使用这类技术，并促进此类技术的科技资料的最大可能的交换。第四条要求各缔约国按照其宪法程序保证采取必要措施，禁止并防止在其管辖或控制下的任何地区从事违反该公约的任何活动。第五条要求缔约国保证彼此协商和合作以解决相关问题。

（罗吉　朱达俊　庄超）

《Jinzhi Zai Daqiceng、Waiceng Kongjian He Shuixia Jinxing Hewuqi Shiyan Tiaoyue》

《禁止在大气层、外层空间和水下进行核武器试验条约》（Treaty Banning Nuclear Weapon Tests in the Atmosphere，in Outer Space and under Water） 又称《部分禁止核试验条约》(Partial Test Ban Treaty)、《有限禁止核试验条约》(Limited Test Ban Treaty）或《禁止核试验条约》(Nuclear Test Ban Treaty)，是早期的一个限制核武器试验的国际条约。

1963年8月5日，苏联、英国和美国在莫斯科签署该条约。1963年8月8日该条约在伦敦、莫斯科和华盛顿开放供签署，同年10月10日生效。条约至今仍有效。截至2016年12月中国没有在该条约上签字。

条约的内容 该条约共有5条，第一条是核心内容。条约规定，各缔约国保证在其管辖或控制下的下列任何地方禁止、防止并且不进行任何核武器试验爆炸或任何其他核爆炸：在大气层；在大气层范围以外，包括外层空间；或在水下，包括领海或公海；或者在任何其他环境中，如果这种爆炸所产生的放射性尘埃出现于在其管辖或控制下进行这类爆炸的国家领土范围以外。各缔约国还应保证，不在上述的任何环境内，或可能产生上述条款所提到的影响的任何地方引起、鼓励或以任何方式参与任何核武器试验爆炸或任何其他核爆炸。

（朱达俊）

《Jinzhi Zai Haichuang、Yangdi Ji Qi Ditu Anzhi Hewuqi He Qita Daguimo Huimiexing Wuqi Tiaoyue》

《禁止在海床、洋底及其底土安置核武器和其他大规模毁灭性武器条约》（Treaty on the Prohibition of the Emplacement of Nuclear Weapons and Other Weapons of Mass Destruction on the Seabed and the Ocean Floor and in the Subsoil Thereof） 又称《海底武器控制条约》(Seabed Arms Control Treaty，SACT)。是由联合国发起的，禁止在海床、洋底及其底土埋设或安置任何核武器或任何其他类型的大规模毁灭性武器以及专为储存、试验和使用这类武器而设计的建筑物、发射装置或任何其他设备的条约。

该条约于1970年12月7日在第25届联合国大会上通过。1971年2月11日，在伦敦、莫斯科和华盛顿开放供签署，1972年5月18日正式生效。中国于1991年2月28日加入该条约，条约同日对中国生效。

条约的内容 该条约包括序言、11条正文。条约规定，缔约国承诺为和平目的开发与使用海床、洋底，防止在海床、洋底进行核军备竞赛，以符合国际法原则和不侵犯公海自由的方式践行《联合国宪章》的宗旨和原则；禁止在海床区外部界限以外的海床、洋底及其底土埋设或安置任何核武器或任何其他类型的大规模毁灭性武器以及专为储存、试验和使用这类武器而设计的建筑物、发射装置或任何其他设备；禁止协助、鼓励或引导任何国家进行上述活动及以任何其他方式参与这类行动；海床区外部界限，应与1958年4月29日在日内瓦签订的《领海及毗连区公约》有关规定相符；任一缔约国有权自行或在其他缔约国协助下，或在联合国范围内，进行条约规定的核查，但核查以不妨碍其他缔约国的活动为限。

（朱达俊）

《Jingdu Yidingshu》

《京都议定书》 （Kyoto Protocol to United Nations Framework Convention on Climate Change） 全称《〈联合国气候变化框架公约〉的京都议定书》。是《联合国气候变化框架公约》的补充协议。该议定书是设定强制性减排目标的第一份国际协议，确认了发达国家从2005年开始承担减少碳排放量的义务，发展中国家从2012年开始承担减排义务。

产生背景 《联合国气候变化框架公约》于1994年3月21日生效。1995年4月公约缔约方第一次大会达成“柏林授权”（the Berlin Mandate），认为“现有《气候变化框架公约》所规定的义务是不充分的，应立即开始谈判，就2000年后应该采取何种适当的行动来保护气候进行磋商，以期最迟于1997年签订一项议定书，议定书应明确规定在一定期限内发达国家所应限制和减少的温室气体排放量”。经过多年的艰苦谈判，1997年12月，在日本京都召开的公约缔约方第三次大会通过了《〈联合国气候变化框架公约〉的京都议定书》，为附件一国家（发达国家与经济转型国家）的温室气体减排规定了具有法律约束力的限制，于2005年2月16日开始生效。2012年12月在卡塔尔多哈召开的公约第18次缔约方大会通过了《京都议定书》修正案，规定《京都议定书》第二承诺期从2013年开始实施，为期8年。

议定书的内容 《京都议定书》共28条正文和两个附件，其目标是“将大气中的温室气体含量稳定在一个适当的水平，进而防止剧烈的气候改变对人类造成伤害”。附件A列举了需要削减的6种人为排放的温室气体[二氧化碳（CO_2）、甲烷（CH_4）、氧化亚氮（N_2O）、氢氟碳化物（HFCs）、全氟化碳（PFCs）、六氟化硫（SF_6）]和排放温室气体的产业部门或来源的类别（能源、工业、农业、废物）。附件B列举了为《联合国气候变化框架公约》附件一所列举的缔约方规定的以基准年或基准期百分比表示的量化的限制或减少排放的承诺。

议定书为发达国家和经济转型国家具体规定了温室气体量化减排目标并要求它们“个别地或共同地”为实现量化减排目标采取行动。其中，第三条规定：“附件一所列缔约方应个别地或共同地确保其在附件A中所列温室气体的人为二氧化碳当量排放总量不超过按照附件B中所载其量化的限制和减少排放的承诺和根据本条的规定所计算的其分配数量，以使其在2008年至2012年承诺期内这些气体的全部排放量从1990年水平至少减少5%。”根据这个规定，缔约方从2008年到2012年必须完成的削减目标是：与1990年相比，欧盟削减8%、美国削减7%、日本削减6%、加拿大削减6%、东欧各国削减5%～8%。新西兰、俄罗斯和乌克兰可将排放量稳定在1990年水平上。议定书同时允许爱尔兰、澳大利亚和挪威的排放量比1990年分别增加10%、8%和1%。

议定书为附件一国家履行其温室气体减排义务设计了三种灵活机制，分别为联合履行机制（JI）、清洁发展机制（CDM）和排放贸易机制（ET）。除了为实现国家减排目标而采取的国内减排行动和三个灵活机制之外，议定书还规定附件一缔约方可以通过土地利用变化和林业活动来履行其温室气体减排承诺。议定书第三条规定：“自1990年以来直接由人引起的土地利用变化和林业活动——限于造林、重新造林和砍伐森林——产生的温室气体源的排放和汇的清除方面的净变化，作为每个承诺期碳贮存方面可核查的变化来衡量，以实现附件一所列每一缔约方依本条规定的承诺。与这些活动相关的温室气体源的排放和汇的清除，应以透明且可核查的方式做出报告，并依第七条和第八条予以审评。”这种“净变化”以“清除单位”（RMUs）计算。

联合履行机制 议定书第六条规定：“为履行第三条的承诺的目的，附件一所列任一缔约方可以向任何其他此类缔约方转让或从他们获得由任何经济部门旨在减少温室气体的各种源的人为排放或增强各种汇的人为清除的项目所产生的减少排放单位（ERUs)。”为防止滥用这个机制，议定书规定了四项限制条件。一是“任何此类项目须经有关缔约方批准”；二是“任何此类项目须能减少源的排放，或增强汇的清除，这一减少或增强对任何以其他方式发生的减少或增强是额外的”；三是缔约方如果不遵守其依议定书第五条（关于建立估算温室气体减排和汇的清除的国家体系）和第七条（关于提交补充信息）规定的义务，则不可以获得任何减少排放单位；四是减少排放单位的获得应是对为履行依该议定书第三条规定的承诺而采取的本国行动的补充。附件一国家必须以国内减排行动为主实现议定书为其规定的减排目标，它们不能以联合履行机制作为其实现国内减排目标的主要手段。联合履行项目必须经过《联合国气候变化框架公约》承认的独立第三方机构的审查并核证其产生的温室气体减排量，以确保减排效益的实现。《联合国气候变化框架公约》于2005年成立了联合履行监督委员会，对联合履行项目活动进行监控。

清洁发展机制 议定书第十二条第3款规定：“依清洁发展机制：未列入附件一的缔约方将获益于产生经证明的减少排放的项目活动；附件一所列缔约方可以利用通过此种项目活动获得的经证明的减少排放，促进遵守由作为本议定书缔约方会议的公约缔约方会议确定的依第三条规定的其量化的限制和减少排放的承诺之一部分。”清洁发展机制是附件一国家和非附件一国家之间的合作机制，它的目的是“协助未列入附件一的缔约方实现可持续发展和有益于公约的最终目标，并协助附件一所列缔约方实现遵守第三条规定的其量化的限制和减少排放的承诺”。在这个机制之下，附件一缔约方可以因投资于非附件一国家的清洁发展机制项目而获得“核证减排量”（CERs），并将其作为对本国依据议定书第三条所承担的温室气体减排义务的履行。同时，非附件一缔约方也可通过“核证减排量”的交易而获利。为防止这个机制被滥用，议定书第十二条第4款规定：“清洁发展机制应置于由作为本议定书缔约方会议的公约缔约方会议的权力和指导之下，并由清洁发展机制的执行理事会监督”；第5款规定：“每一项目活动所产生的减少排放，须经作为本议定书缔约方会议指定的经营实体根据以下各项做出证明：获得项目涉及的所有成员国的正式批准；在缓解气候变化方面产生实在的、可测量的、长期的效益；清洁发展机制项目产生的减排量还必须是任何无此清洁发展机制项目条件下产生的减排量的额外部分。”《京都议定书》签署以来，尤其是2001年在摩洛哥马拉喀什举行的公约第七次缔约方大会就清洁发展机制的体制、运行规则和监测核实公证程序达成了高级别的政治协议之后，清洁发展机制进入了实质性的操作阶段，清洁发展机制项目也开始活跃起来。

排放贸易机制 《京都议定书》第十七条规定：“为履行其依第三条规定的承诺的目的，附件B所列缔约方可以参与排放贸易。任何此种贸易应是对为实现该条规定的量化的限制和减少排放的承诺之目的而采取的本国行动的补充。”“附件B所列缔约方”就是公约的“附件一缔约方”，即发达国家和市场转型国家。议定书规定公约缔约方会议应就排放贸易，特别是对与排放贸易有关的核查、报告和责任确定相关的原则、方式、规则和指南。排放贸易机制是基于附件B缔约方的温室气体排放配额的交易机制，附件B缔约方可以在第一承诺期（2008—2012年）内，就分配的温室气体“分配数量单位”（AAUs）进行交易。基于排放贸易机制的确立，出现了一种以排放减少或消除量为形式的新的商品。附件 B 缔约方如果需要超过其被许可的排放量，可以从拥有富裕排放量的附件一缔约方以现货交易的方式购买 AAUs。由于这种交易以“每吨二氧化碳当量（tCO_2e）”为计算单位，因此此类交易被统称为“排放贸易”或“碳交易”。

议定书与中国 中国于 1998 年 5 月 29 日签署了该议定书。2002 年 8 月 30 日，中国交存了《〈联合国气候变化框架公约〉京都议定书》的核准书。2005 年 2 月 16 日议定书对中国生效。作为《气候变化框架公约》非附件一国家，基于“共同但有区别的责任”原则，中国无义务参与《京都议定书》的强制性减排。尽管中国没有承担温室气体强制性减排的国际义务，但中国积极参与了议定书规定的清洁发展机制合作。为促进清洁发展机制项目在中国的有序开展，2005 年中国制定和颁布实施了《清洁发展机制项目运行管理办法》。2011 年，为提高清洁发展机制项目开发和审定核查效率，又对该管理办法进行了修订。此外，中国还大力开展相关能力建设，提高推动清洁发展机制项目开发的能力，并且每年组织专家计算电网基准线排放因子，及时公布和共享信息。截至 2016 年 8 月，中国已经批准了 5 074 个清洁发展机制项目，主要集中在新能源和可再生能源、节能和提高能效、甲烷回收利用等方面。其中，已有 1 560 个项目在联合国清洁发展机制执行理事会成功注册，占全世界注册项目总数的 45.67%，已注册项目预计核证减排量（CERs）年签发量约 3.28 亿 t CO_2e，占全世界总量的 63.84%，为《京都议定书》的实施提供了支持。

议定书的意义 《京都议定书》堪称第一个要求承担保护地球气候系统义务的执行性文件。与其他多边环境条约相比，《京都议定书》更具有强制性。同时，议定书还体现了原则性和灵活性相结合的特点。一方面，缔约国必须通过国内措施来实现减排任务，这对附件一国家来说是一种法定义务；另一方面，议定书也考虑到在国际背景下，提供国际排放交易、联合履约和清洁生产机制等灵活方式来实现附件一国家的目标。 （李广兵　李威　王珍）

推荐书目

陈钢.京都议定书与国际气候合作. 北京：新华出版社，2008.

《Jing 1978 Nian Yidingshu Xiuzheng De〈Guoji Fangzhi Chuanbo Zaocheng Wuran Gongyue〉》

《经 1978 年议定书修正的〈国际防止船舶造成污染公约〉》 （International Convention for the Prevention of Pollution from Ships，as modified by the Protocol of 1978 relating thereto，MARPOL） 为防止船舶因技术操作或意外原因对海洋环境造成污染而签订的国际公约及相关议定书，由《国际防止船舶造成污染公约》（International Convention for the Prevention of Pollution from Ships）和《关于〈国际防止船舶造成污染公约〉的 1978 年议定书》（Protocol of 1978 Relating to International Convention for the Prevention of Pollution from Ships）两个基本文件组成。

产生背景 船舶故意地、随便地或意外地排放油类和其他有害物质，是一种严重的污染源。由于认识到保护整个人类环境特别是海洋环境十分重要，各国在 1973 年 11 月 2 日于伦敦订立了《国际防止船舶造成污染公约》。该公约的目的是彻底消除有意排放污染海洋环境的油类和其他有害物质并将这些物质的意外排放减至最低。1976—1977 年，国际上接连发生了油轮事故，因此在 1978 年 2 月召开了一次关于油轮安全和防止污染的国际大会。大会通过了《关于〈1973 年国际防止船舶造成污染公约〉的 1978 年议定书》（以下简称《1978 年议定书》），主要对公约的附则一“防止油污规则”进行了实质性的修改和补充。由于《国际防止船舶造成污染公约》未生效，《1978 年议定书》吸收了母公约。根据该议定书的规定，凡加入《1978 年议定书》的国家，自然地应当遵守《国际防止船舶造成污染公约》，而不必对公约另行签字或履行专门的批准程序。合并后的公约称为《经1978年议定书修正的〈国际防止船舶造成污染公约〉》（简称《73/78防污公约》）。《1978年议定书》于1983年10月2日生效。《73/78防污公约》共有6个附则。附则一“防止油污规则”和附则二“控制散装有毒液体物质污染规则”于1983年10月2日生效，共有154个缔约国。附则三“防止海运包装形式有害物质污染规则”于1992年7月1日生效，共有146个缔约国。附则四“防止船舶污水污染规则”于2003年9月27日生效，共有138个缔约国。附则五“防止船舶垃圾污染规则”于1988年12月31日生效，共有151个缔约国。国际海事组织于1997年9月26日通过了《〈经1978年议定书修正的1973年国际防止船舶造成污染公约〉1997年议定书》（以下简称为《1997年议定书》），已于2005年5月19日生效。该议定书增加了附则六“防止船舶造成空气污染规则”。附则六则于2005年5月19日生效，共有87个缔约国（以上附件缔约国数量均截至2016年8月2日）。一直以来该公约也在通过修正案不断地更新。截至2016年8月，已经对该公约进行了多次修正。最近一次修正案将于2017年9月1日生效。

公约及其议定书的内容 《国际防止船舶造成污染公约》通过时的文本，由正文（20个条文）和“关于涉及有毒物质事故报告的规定”等2个议定书及“防止油污规则”等5个附则组成。正文主要包括公约的一般义务、相关概念的界定、公约的适用范围、证书与检查、事故报告、签字和加入、生效和修正等内容。《1978年议定书》由正文9个条文和1个附则组成。该议定书要求船舶使用前或颁发国际防油污证书前应对船舶进行初检；定期检查的间隔时间不得超过5年；在国际防油污证书有效期内至少进行一次期间检查；进行不定期检查或强制性年度检验等。《1997年议定书》也由9个条文和1个附则组成。附则“防止船舶造成空气污染规则”对检验和检查、《国际防止空气污染证书》的颁发以及控制船舶释放臭氧消耗物质、氮氧化物、硫氧化物等物质进行了规定。

公约及其议定书与中国 1983年7月1日，我国向国际海事组织秘书长交存加入书。公约及其附则一从1983年10月2日起对我国生效；公约附则二从1987年4月6日起对我国生效。1988年11月21日，我国加入了公约附则五，附则五从1989年2月21日起对我国生效。1994年9月13日，我国加入了公约附则三，附则三于1994年12月13日对我国生效。2006年3月15日，我国向国际海事组织秘书长交存了加入《1997年议定书》的文件，该议定书和附则六于2006年8月23日正式对我国生效。2006年11月2日，我国加入了公约附则四，附则四于2007年2月2日对我国生效。

（秦天宝）

推荐书目

周在青.船舶防污染法规与实务.大连：大连海事大学出版社，2006.

K

《Katahena Shengwu Anquan Yidingshu》

《卡塔赫纳生物安全议定书》 （Cartagena Protocol on Biosafety） 在《生物多样性公约》框架下，为保护生物多样性和人体健康而控制和管理改性活生物体或转基因生物越境转移的国际法律文件。

议定书于2000年1月29日达成谈判文本，已于2003年9月11日生效，共有168个国家签署了该议定书。中国于2000年8月8日签署了议定书，2005年4月27日国务院批准了该议定书。2005年9月6日，该议定书对我国正式生效。

议定书由序言、40个条款和3个附件组成，主要内容包括：议定书目标、相关用语定义、适用范围、提前知情同意程序、风险评估、风险管理、标识、国家主管部门和国家联络点、生物安全信息交换机制、能力建设、赔偿责任和补救、公众参与、财务机制等。

改性活生物体（LMOs）是指任何具有凭借现代生物技术获得的遗传材料新异组合的活生物体，而现代生物技术指试管核酸技术，包括重新组合的脱氧核糖核酸和把核酸直接注入细胞或细胞器，或超出生物分类学科的细胞融合技术的应用。

议定书的基础是预防原则，目标是协助确保在安全转移、处理和使用凭借现代生物技术获得的、可能对生物多样性的保护和可持续使用产生不利影响的改性活生物体领域内采取充分的保护措施，同时顾及对人类健康所构成的风险并特别侧重越境转移问题。议定书规定在顾及对人类健康构成的风险的情况下，即使在改性活生物体对进口缔约方生物多样性的保护和可持续使用产生的潜在不利影响的程度方面未掌握充分的相关科学资料和知识，因而缺乏科学定论，也不应妨碍进口缔约方酌情就改性活生物体的进口做出决定，以避免或最大限度减少潜在的不利影响。议定书规定缔约方在其就进口问题做出决定之前有权对改性活生物体进行风险评估，并规定缔约方应制定并保持适宜的机制、措施和战略，用以制约、管理和控制因改性活生物体的使用、处理和越境转移而构成的各种风险。

该议定书的核心是“提前知情同意”（advance informed agreement，AIA）程序，适用于直接引入进口国环境的改性活生物体首次越境转移的情况。议定书规定，对于拟有意向进口缔约方的环境中引入转基因生物的，在其首次有意越境转移之前，适用提前知情同意程序。出口缔约方应要求出口者在首次有意转移转基因生物之前，确保以书面形式通知进口缔约方的国家主管部门。 （秦天宝）

推荐书目

于文轩.生物安全立法研究.北京：清华大学出版社，2009.

《Kongjian Wuti Zaocheng Sunhai De Guoji Zeren Gongyue》

《空间物体造成损害的国际责任公约》

(Convention on International Liability for Damage Caused by Space Object) 对外层活动造成污染损害的赔偿做明确规定的国际法律文件，是《外空条约》(Outer Space Treaty) 关于国际责任和赔偿责任原则的进一步发展。

产生背景 外空活动所造成的污染损害问题一直受到国际社会的重视，从1962年就开始对其进行讨论，但是由于美国、苏联两国观点的分歧，很长时间都未能就此达成一致的国际协议，直至1972年3月29日在伦敦、莫斯科、华盛顿签订《空间物体造成损害的国际责任公约》。1972年9月1日公约生效。1988年12月20日，公约对我国生效。

公约的内容 《空间物体造成损害的国际责任公约》第二条明确规定，发射国对其空间物体在地球表面或给飞行中的飞机造成的损害，应负有赔偿的绝对责任。该公约第一条规定，"损害"是指"生命丧失，身体负伤或健康遭受损害；国家、自然人、法人的财产或国际政府间组织的财产受损失或损害"，对不属于国家管辖的公共国际区域（如公海、南极、大气层）的损害以及国家探索和利用外层空间（包括月球和其他天体）所引起的对外层空间环境（包括月球和其他天体）的损害则不包括在赔偿范围内。此外，对于空间物体在地球表面以外的其他地方（包括外层空间）所造成的损害，根据该公约第四条规定，发射国只负有过失赔偿责任。 （罗吉 王彦）

《Kongzhi Weixian Feiwu Yuejing Zhuanyi Ji Qi Chuzhi Basai'er Gongyue》

《控制危险废物越境转移及其处置巴塞尔公约》

(Basel Convention on the Control of Transboundary Movements of Hazardous Wastes) 又称《巴塞尔公约》。是目前控制危险废物越境转移唯一的全球性国际法律文件，为危险废物的越境转移提供了法律框架。该公约旨在将危险废物的安全处置和越境转移所造成的不利影响减少至与环境无害管理相符合的最低限度，采取严格的控制措施来保护人类健康和环境，使其免受危险废物和其他废物的产生和管理可能造成的不利影响。

《巴塞尔公约》于1989年3月22日在瑞士巴塞尔大会上通过，当时有117个国家和34个国际组织参加了这场由联合国环境规划署主持召开的关于控制危险废物越境转移全球公约全权代表会议。该公约于1992年5月5日生效。1995年9月在日内瓦召开的《巴塞尔公约》缔约方会议第三次会议，通过了《巴塞尔公约》修正案；1999年公约第五次缔约方大会通过了《巴塞尔公约责任与赔偿议定书》。1990年3月22日，中国签署该公约；1991年9月4日，全国人大常委会决定批准公约；1992年8月20日，公约对中国生效；1999年10月31日，第九届全国人大常委会第十二次会议决定，批准1995年的《巴塞尔公约》修正案。

公约的内容 《巴塞尔公约》由序言、29条正文和6个附件组成。公约对管理对象和适用范围、定义、缔约国的一般义务、缔约国之间废物越境转移、废物从缔约国通过非缔约国的越境转移、废物再进口的责任、废物非法运输、国际合作、责任问题的协商、递送资料、机构安排、核查和争端解决办法等方面进行了规定。

主要内容有：①公约的适用范围。公约第一条规定了适用范围，包括危险废物和其他废物的越境转移。在其附件中列举了危险废物和其他废物的种类，同时允许缔约国以国内立法的形式将其他物质定义为危险废物。"危险废物"指的是公约附件1列举的45类废物（除非它们不具备公约附件3所列举的危险特性）和缔约国的国内法视为危险废物但不包括在公约附件1中的危险废物。"其他废物"指的是公约附件2列举的从住家收集的废物和从焚化住家废物产生的残余物。公约不适用于放射性废物和船舶正常作业产生的已由其他国际文书做出规定的废物。②危险废物转移的限制。缔约国有权禁止危险废物的进口。禁止缔约国与非缔约国间的危险废物越境转移。缔约国应采取适当措施，确保危险废物的越境转移仅在下列情况下才予以许可：出口国由于技术能力和设备方面的原因不能恰当地处理危险废物时；进口国需要该危险废物作为循环利用的原料时；以及根据缔约国制定的标准进行越境转移时。③越境转移的程序。公约采纳了“事先知情同意”制度。公约规定，当有危险废物越境转移时，危险废物的出口国必须将有关危险废物的详细资料通过出口国主管部门预先通知进口国和过境国的主管部门，只有在得到进口国和过境国的书面答复同意后，才能允许开始危险废物的越境转移。《巴塞尔公约》倡导各缔约国应通过技术转让、交流情报和培训技术人员等多种途径进行相互合作，以改善和实现危险废物和其他废物的环境无害管理。

公约体现了以下原则：①应尽量减少危险废物的产生量；②对于不可避免产生的危险废物，应尽可能以对环境无害的方式处置，并尽量在产生地处置；③只是在特殊情况下，当危险废物产生国没有合适的处置设施时，才允许将危险废物出口到其他国家以对人类健康和环境更为安全的方式处置。

公约的意义 《巴塞尔公约》自签署以来，国际社会逐步建立了控制危险废物和其他废物越境转移的体系，包括制定危险废物名录、建立危险废物和其他废物越境转移的控制系统、确立危险废物和其他废物越境转移及其处置所造成损害的责任与赔偿机制、建立培训和技术转让区域和次区域中心、制定危险废物和其他废物环境无害化管理技术导则、监控和防止危险废物的非法越境转移、建立《巴塞尔公约》信息管理系统等，为国际社会控制危险废物越境转移及其处置提供了一个法律框架并不断趋于全面、深入。（罗吉）

L

《Liyue Huanjing Yu Fazhan Xuanyan》

《里约环境与发展宣言》 （Rio de Janeiro Declaration on Environment and Development）又称《里约宣言》。是于 1992 年 6 月 14 日在巴西里约热内卢举行的联合国环境与发展大会上通过的有关环境与发展方面的国家和国际行动的指导性文件。它确定了可持续发展的新议程。

宣言的内容 《里约宣言》由序言和 27 项原则组成。序言介绍了联合国环境与发展大会举行的时间、地点和通过该宣言的目的等。27 项原则归纳起来可分为 4 个主要方面：①科学、全面地阐明了环境与发展之间的关系。宣言指出："为了实现可持续发展，环境保护工作应是发展进程的一个整体组成部分，不能脱离这一进程来考虑。"②维护和尊重人权和各国的一些基本权利。在同一个地球上生活的人类是相互依存的，在对待环境与发展的问题上是公平的伙伴关系，因此必须尊重各国，尤其是发展中国家的一些基本权利，包括生存权利、主权、发展权以及根据本国国情制定的环境法、环境标准与管理目标的权利等。③强调了国际合作的重要性。鉴于环境的整体性与环境问题的关联性，需要世界各国、各社会阶层与广大人民进行密切合作，包括在根除贫穷、经济技术以及防止突发性自然灾害、环境污染事故和环境争端等方面开展合作。其中，"共同但有区别的责任"原则具有重要意义。根据该原则，各国都有保护环境的义务，应本着伙伴精神，合作开展环境保护活动。同时，鉴于不同的国家历史上对人类环境施加的影响及其经济和技术实力的差异，发达国家应当承担更大的、更积极的责任，包括率先采取行动、为发展中国家提供资金及技术援助等。④为各国的环境保护政策提出了具体的指导原则。包括公众参与原则、预防原则、污染者负担原则、和平发展原则。

宣言的意义 《里约宣言》是继《人类环境宣言》以后又一个有关环境保护的世界性宣言。它不仅重申了前一个宣言所规定的国际环境保护的一系列原则、制度和措施，而且又有了新的发展。一是在环境与发展的关系上，承认环境问题与发展问题之间具有密不可分的联系；二是提出建立新的公平的全球伙伴关系，共同应对环境与发展问题；三是在社会经济发展模式问题上，提出了可持续发展模式，摒弃了传统的发展思维；四是在环境退化的历史责任问题上提出了"共同但有区别的责任"原则。

《里约宣言》是发展中国家与发达国家之间斗争与妥协的结果，有一致的方面，也有分歧。这些分歧的存在，表明《里约宣言》宣布的各项原则的实施将是一个充满矛盾与斗争的艰难过程。尽管如此，《里约宣言》仍体现了冷战结束后新的国际关系下各国对于环境与发展问题的新认识，反映了世界各国携手保护人类环境的共同愿望，是国际环境保护史上的一个新的里程碑。 （李广兵　王珍）

《Lianheguo Fangzhi Huangmohua Gongyue》

《联合国防治荒漠化公约》 （United Nations Convention to Combat Desertification） 全称《联合国关于在发生严重干旱和/或荒漠化的国家特别是在非洲防治荒漠化的公约》。是国际社会为防治荒漠化和缓解干旱影响、建立全球性伙伴关系而订立的国际公约。

产生背景 1992 年联合国环境与发展大会首次把荒漠化问题列为全球环境治理的优先领域，并正式列入了《21 世纪议程》。同年 12 月联合国大会第 47/188 号决议决定接受《21 世纪议程》的建议，成立政府间谈判委员会进行《联合国防治荒漠化公约》的谈判。政府间谈判委员会于 1993 年 6 月开始实质性谈判，并于 1994 年 6 月在第 5 次会议上通过公约案文。公约于 1994 年 10 月 14 日在法国巴黎开放签署，1996 年 12 月 26 日生效。截至 2016 年 12 月，公约共有 196 个缔约方。

公约的内容 公约除序言外包括 6 个部分，共 40 条以及 5 个附件。

第一部分为“导言”，给出了一些术语的定义，宣布了公约的目标和原则。公约所指“荒漠化”包括气候变异和人类活动在内的种种因素造成的干旱、半干旱和亚湿润干旱地区的土地退化。公约确认了四项指导原则，即确保公众和地方社区参与关于防治荒漠化和缓解干旱影响的项目设计和实施决策；在分区域、区域以及国际层次上改善合作和协调，并将资金、人力、组织和技术资源集中用于需要的地方；以伙伴精神在所有层次的政府、社区、非政府组织和土地所有者之间发展合作，更好地认识受影响地区土地资源和稀缺的水资源的性质和价值；充分考虑受影响发展中国家缔约方，尤其是最不发达国家的特殊需要和情况。

第二部分为“总则”，规定了所有缔约方的一般义务、受影响国家缔约方的义务和发达国家缔约方的义务。①缔约方的一般义务，包括采取综合办法处理荒漠化和干旱过程中的自然、生物和社会经济因素；适当注意受影响发展中国家缔约方的国际贸易、市场安排和债务情况，为促进可持续发展创立扶持性国际经济环境；把消灭贫困战略纳入防治工作；促进受影响国家缔约方在环境保护领域的合作；加强分区域、区域和国际合作；与有关政府间组织合作等。②受影响国家缔约方的义务，包括适当优先注意防治荒漠化和缓解干旱影响；在可持续发展的计划或政策框架内建立防治荒漠化和缓解干旱的战略和优先事项；处理造成荒漠化的根本原因；在防治荒漠化的努力中促进地方人群的理解和参与；制定长期政策和行动方案等。③发达国家缔约方的义务，包括积极支持受影响的发展中国家缔约方等所做的努力；提供实质性资金资源和额外资金以及其他形式的支持；鼓励从私营部门和其他非政府来源筹集资金；促进和便利受影响国获得适用技术、知识和诀窍。

第三部分为“行动方案、科学和技术合作以及支持措施”，包括：①行动方案。受影响国家缔约方应制订、公布和实施国家行动方案以及分区域和区域行动方案；发达国家缔约方的援助应直接或通过有关多边组织优先支持受影响发展中国家缔约方特别是非洲国家缔约方、分区域和区域行动方案；国家行动方案的目的是查明造成荒漠化的因素，并提出防治荒漠化、缓解干旱影响所必需的实际措施。公约对国家行动方案的内容做了比较具体的规定。②科学和技术合作。综合和协调有关信息的收集、分析和交流工作；支持研究与发展；促进、资助有关技术的转让、获取、改造和开发。③支持措施。加强能力建设、教育和提高公众意识；确保方案得到充足的资金；建立一项全球机制以促进资金的动员和技术的提供。

第四部分为“机构”，规定：设立缔约方大会，作为公约的最高机构；设立常设秘书处，作为缔约方大会的执行机构，负责安排会议、准备会议文件、汇编和转送向其提交的报告、协调其他国际机构和秘书处的活动；设立科学和技术委员会，向缔约方大会提供有关科技事项的信息和意见。

第五部分为“程序”，包括：缔约方通过常

设秘书处向缔约方大会报告为执行公约所采取的措施；受影响国家缔约方报告其所制定的战略和行动方案；发达国家缔约方报告其援助措施及执行情况；解决执行问题的措施；争端的解决；附件的地位；公约和附件的修订；表决权等。

第六部分为“最后条款”，规定了公约的签署、生效、退约等事项。

公约的 5 个附件分别对非洲、亚洲、拉丁美洲和加勒比海地区、北地中海地区、中欧和东欧地区的实施做出具体规定。公约通过时，只有 4 个区域执行附件，为使中欧和东欧观察员国家成为缔约方，2000 年 12 月的第 4 次缔约方大会通过《中欧和东欧执行附件》，并将其作为附件 5。

公约与中国 中国于 1994 年 10 月 14 日签署公约，并于 1997 年 2 月 18 日交存批准书，1997 年 5 月 9 日公约对中国生效。自加入公约以来，中国一直在积极履约。①在不同层面上建立公约履行机构。1994 年，中国政府设立“中国防治荒漠化协调小组”，对外称为“《联合国防治荒漠化公约》中国执行委员会”(CCICCD)，作为一个部级协调机构，组织、协调、管理和监督全国防治荒漠化工作。在国家林业局组建“中国防治荒漠化管理中心”，统一管理防治荒漠化工作，承担履约工作，承办 CCICCD 秘书处和办公室的日常工作。在地方层面，荒漠化防治任务较大的 14 个省（区、市）也成立了防治荒漠化协调小组或领导小组。此外，还成立了高级专家顾问组，并建立了荒漠化独立专家队伍。②制定和实施国家战略和行动方案。中国制定和完善了《中国履行〈联合国防治荒漠化公约〉国家行动方案》，确定了防治荒漠化的战略目标和优先行动方案，并将其纳入国民经济和社会发展计划；中央和地方政府为行动方案提供资金保障，并与消除贫困相结合。③建立和完善相关法律体系。中国已经制定了多部与生态建设和环境保护相关的法律以及一系列生态、环境保护法规和标准。2001 年 8 月 31 日，第九届全国人大常委会第二十三次会议通过了《中华人民共和国防沙治沙法》，自 2002 年 1 月 1 日起施行。这是世界上第一部关于防治荒漠化的法律，标志着中国防治荒漠化工作纳入了法制化轨道。④积极参与国际合作。中国积极参加和举办国际合作与交流会议，主动为履约争取国际资金援助。

公约的意义 公约是 1992 年联合国环境与发展大会之后出现的第一部全球性环境公约。在公约通过后不到十年的时间里，几乎世界上所有的主权国家都成为缔约方，这在国际环境法发展史上是很少见的。公约在传播知识和提高对于荒漠化问题的跨领域的认知方面发挥着关键作用，凸显了荒漠化与减少贫困、可持续发展、应对气候变化、保护生物多样性等方面的紧密关联性。公约致力于保障公众参与防治荒漠化计划的制订和实施，要求各国把权力和资源下放到地方的土地使用者团体中，包括当地的非政府组织。公约鼓励并创造了把国际机构、各个国家、非政府组织和当地社团联系起来的全球性伙伴关系，促进了发达国家和发展中国家之间的合作，特别是有关知识和技术的转让。（卢锟）

《Lianheguo Gonghai Buyu He Shengwu Ziyuan Yanghu Gongyue》

《联合国公海捕鱼和生物资源养护公约》

（United Nations Convention on Fishing and Conservation of the Living Resources of the High Seas） 在第一次联合国海洋法会议上制定并通过的 4 个公约之一，是规范各国在公海捕鱼和保护公海生物资源的国际公约。

产生背景 第一次世界大战后，各国因发展经济的需要，大力开发国际海底油气、矿产资源和渔业资源，1945 年美国提出的《杜鲁门公告》促使世界形成了一股“海洋圈地运动”的潮流，海洋渔业区域性条约得到迅速发展。由于海洋生物大多不专属于一国主权范围之内，它们通常会在不同的海洋区域内活动，随着各国对海洋渔业生物资源开发深度和范围的拓展，制定全球性的保护海洋渔业资源的公约被提上国际议事日程。1958 年 2 月 24 日至 4

月27日在瑞士日内瓦召开了第一次联合国海洋法会议，出席会议的国家和代表团有86个，其中参加国以发达国家为主，亚洲、非洲、拉丁美洲等发展中国家只占半数。会议通过了《联合国公海捕鱼和生物资源养护公约》，该公约于1966年3月20日生效。

公约的内容 该公约共有22个条文。公约强调各国应当合理开发公海生物渔业资源，对于养护公海生物资源涉及的争端，各国应当合作协商解决。公约规定各国国民均有在公海捕鱼的自由，但各国均有遵守条约、采取必要措施养护公海生物资源的义务。公约对“利用埋置海底设备经营渔业”、“国民”以及“养护公海生物资源”做出规范定义。公约在养护公海生物渔业资源方面，规定了两国以上国家协商捕捞养护同种或多种生物渔业资源、不歧视外国渔民、沿海国有权平等参与科学制定公海生物渔业资源养护制度等内容。公约还规定了通过设立特设委员会解决争端的方式，规定了争端适用范围、裁决方式、议事程序以及裁决期限。

公约的意义 公约将调整范围扩展到全球公海，是国际法发展史上第一个全面保护公海生物资源的全球性公约。该公约对传统的“公海捕鱼自由”做了适当的限制，对“公海捕鱼自由”原则由“绝对”转向“相对”具有标志性的意义。它强调通过合作协商共同养护公海生物资源、各国负有养护管理公海生物资源的权利义务以及和平解决争端的精神被后续的《联合国海洋法公约》所承袭，是国际海洋生物管理制度初步形成的标志，对国际海洋法的发展具有深远的影响。 （朱晓勤）

《Lianheguo Haiyangfa Gongyue》

《联合国海洋法公约》 （United Nations Convention on the Law of Sea） 规范国际海洋法律秩序的公约。该公约对内水、领海、邻接海域、大陆架、专属经济区、公海等重要概念做了界定，是20世纪最重要的国际法律文件之一。

产生背景 由于世界海洋占地球表面的72%，蕴藏无比丰富的资源，而科学技术的发展使人类进一步开发利用海洋成为可能，加之第二次世界大战后大批包括新独立国家在内的发展中国家有建立新的海洋法律秩序的要求，联合国启动了海洋法立法进程。1958年联合国在日内瓦召开第一次海洋法会议，两年后达成如下公约：《领海及毗连区公约》《大陆架公约》《公海公约》《捕鱼及养护公海生物资源公约》，由美国、苏联等国家批准生效。1960年联合国召开第二次海洋法会议，却未能达成新的决议。1973年12月3日联合国在纽约召开第三次国际海洋法会议，预备提出一个全新条约涵盖早前的几项公约，先后参加会议的国家有167个，还有近50个观察员与会，其中包括国家、解放运动组织和非政府组织等。第三次联合国海洋法会议共11期，经过与会各国长时期的讨论协商，历经近10年的艰苦谈判，1982年4月30日在纽约通过了《联合国海洋法公约》的最后文本。该公约于1994年11月16日生效。

公约的内容 该公约共17部分320个条款，另有9个附件。其内容涉及海洋法的各个主要方面，包括领海和毗连区、用于国际航行的海峡、群岛国、专属经济区、大陆架、公海、岛屿制度、闭海或半闭海、内陆国出入海洋的权利和过境自由、“区域”、海洋环境的保护和保全、海洋科学研究、海洋技术的发展和转让、争端的解决等各项法律制度。主要内容包括：①每一国家都有权确定其领海的宽度，直至从按照该公约确定的基线量起不超过12海里的界限为止。所有国家的船舶均享有无害通过领海的权利。沿海国有权管制其24海里以内毗连领海区发生的违反海关、财政、移民或卫生法规的行为。②国际航行海峡的沿岸国对海峡行使主权和管辖权。在不威胁海峡沿岸国对海峡水域及其上空行使主权或管辖权的前提下，所有外国船舶和飞机均享有过境通行的权利。③沿海国的专属经济区不应超过200海里，在此范围内有以勘探和开发、养护和管理海床上覆水域和海床及其底土的自然资源（不论生物或非生物资源）为目的的主权权利，以及关于在该区内从事经济性开发和勘探，如利用海水、海流和风力生产能等其他活动的主权权利。其他国家在此区域享有航行、飞越、铺设海底电缆和管道的自由，以及与这些自由相关的海洋其他国际合法用途。④沿海国的大陆架包括其领海以外依其陆地领土的全部自然延伸，扩展到大陆边外缘的海底区域的海床和底土，如果从测算领海宽度的基线量起到大陆边外缘的距离不到 200 海里，则扩展到 200 海里的距离。沿海国为勘探大陆架和开发其自然资源的目的，对大陆架行使主权权利。⑤国际海底区域和自然资源是人类的共同继承财产。任何国家不应对国际海底区域的任何部分或其资源主张或行使主权或主权权利，任何国家或自然人或法人也不应将国际海底区域或其资源的任何部分据为己有。利用这一属于全人类所有的资源的权利，只能由国际海底管理局代表全人类行使。开发者要向国际海底管理局交付 35%～70%的投资收益，并向国际海底管理局和发展中国家转让有关开发技术和科学知识。⑥公约规定在涉及“历史性所有权”（historic title）或其他特殊情形而有必要时，不适用领海划界的中间线方法。在涉及历史性海湾或所有权的争端时，主权国家可以声明不适用争端强制解决程序和方法。也就是说，如果存在国际法上的依据认定某海域属于历史性海湾或者某一国家对该海域享有历史性所有权，那么在该海域内的领海划定及争端解决机制就适用特殊规则。

公约与中国　中国于 1996 年 5 月 15 日批准公约，同年 7 月 11 日公约对中国生效。第三次联合国海洋法会议是中国重返联合国后首次参加的重要国际条约的多边谈判，中国对公约的制定和生效做出了应有的贡献，公约对中国也具有重大的意义和影响。公约的制度框架为中国提供了主张领海、毗连区、专属经济区、大陆架以及国际海底区域开发的法律依据，有利于维护中国的海洋权益。为了与公约衔接，也促进了中国海洋法制的建设，如《中华人民共和国海洋环境保护法》《中华人民共和国海上交通安全法》《中华人民共和国领海及毗连区法》《中华人民共和国专属经济区和大陆架法》《中华人民共和国海域使用管理法》等。与此同时，公约不具操作性的海洋权利划分、庞杂而实际效果不佳的争端解决机制等，也给中国周边海域的权利划分和争端解决埋下了隐患。

公约的意义　《联合国海洋法公约》是国际多种势力相妥协的产物，难免存在一些不足之处，但就总体而言，仍不失为迄今为止最全面、最综合的管理海洋的国际公约，对全球各处的领海主权争端、海洋自然资源管理、海洋污染防治等具有重要的指导和规范作用。此外，公约的通过是第三世界国家反对海洋霸权主义斗争的胜利成果，它从许多方面确定了公平合理的原则，为维护发展中国家的独立主权和海域自然资源提供了国际法律保障。

（李广兵　王珍）

《Lianheguo Qihou Bianhua Kuangjia Gongyue》

《联合国气候变化框架公约》　（United Nations Framework Convention on Climate Change，UNFCCC）　又称《气候公约》。是世界上第一个为全面控制二氧化碳等温室气体排放，以应对全球气候变暖给人类经济和社会带来不利影响的国际公约，也是国际社会在应对全球气候变化问题上进行国际合作的一个基本法律框架。

产生背景　气候变化问题首次引起国际社会的关注是在 1979 年世界气象组织召开的第一届世界气候大会上，各国的科学家和政府代表对以地球大气层迅速变暖为特征的气候变化予以高度重视，号召各国政府预见和防止可能对人类福利不利的潜在的人为气候变化。其后，各国科学家和政府代表在一系列国际会议上讨论气候变化问题。1985 年，联合国环境规划署、世界气象组织和国际科学联盟理事会呼吁进一步研究气候变化的原因和影响。1988 年，联合国环境规划署和世界气象组织共同成立了政府间气候变化专门委员会（IPCC），专门评价关于气候变化的知识，审查气候变化的环境、经济和社会影响，拟定关于气候变化的对策和战略。

同年 12 月，联合国大会通过第 43/53 号决议，承认气候变化是“人类共同关切的事项”，并敦促国际社会将气候变化问题作为一项紧急重点事项对待。1989 年，在荷兰诺德维克举行的关于气候变化的部长级会议首次提出设立关于二氧化碳排放目标的建议，并承认“共同但有区别的责任”原则。1990 年 8 月 IPCC 通过了其第一次气候变化评估报告，该报告为《联合国气候变化框架公约》提供了重要的科学依据。该报告认为，人类活动排放的空气污染物使大气层中温室气体（如二氧化碳、氟氯烃、甲烷等）的浓度大为增加，这将增强自然的温室效应，导致地球表面平均温度的额外上升。如果对人类活动的温室气体排放不加控制，在 21 世纪地球温度将升高 2～5℃，这是地球在过去 1 万年内所没有过的变化，它将导致地球海平面在 21 世纪末升高 65cm（±35cm）。1990 年 10 月，在日内瓦举行的第二次世界气候大会上审查并接受了 IPCC 的第一次气候变化评估报告，会议呼吁立即开始关于《联合国气候变化框架公约》的谈判。1990 年 12 月，联合国大会第 45 届会议以第 45/212 号决议决定成立关于《联合国气候变化框架公约》的政府间谈判委员会（INC），并要求各国尽快开始关于缔结该公约的谈判。1991 年 2 月，INC 在美国华盛顿举行第一次谈判，其后又举行了 4 次谈判，终于在 1992 年 5 月 9 日就公约文本达成最后妥协。《联合国气候变化框架公约》于 1992 年 6 月 4 日在巴西里约热内卢举行的联合国环境与发展大会上通过，包括中国在内的 154 个国家和欧共体在会上签署了该公约。1994 年 3 月 21 日公约正式生效。中国于 1992 年 6 月 11 日签署该公约，1994 年 3 月 21 日公约对中国生效。

自 1995 年 3 月 28 日首次缔约方大会在柏林举行以来，缔约方每年都召开会议，其中比较重要的缔约方会议有：1997 年 12 月 11 日在日本京都召开的第 3 次缔约方大会，通过了《京都议定书》。2007 年 12 月在印度尼西亚巴厘岛举行的第 13 次缔约方大会，着重讨论了“后京都”问题，即《京都议定书》第一承诺期在 2012 年到期后如何进一步降低温室气体的排放，大会通过了“巴厘岛路线图”，启动了加强公约和《京都议定书》全面实施的谈判进程。2012 年 12 月在卡塔尔多哈举行的第 18 次缔约方会议通过了《京都议定书》修正案。此外，在资金问题上，大会决议重申发达国家须为发展中国家应对气候变化提供资金支持，并在 2020 年前实现“绿色气候基金”每年入款 1 000 亿美元的目标。2015 年 12 月 12 日公约第 21 次缔约方大会通过了《巴黎协定》。

公约的内容 该公约由序言及 26 条正文组成。公约的目标是将大气中温室气体的浓度稳定在防止气候系统受到危险的人为干扰的水平上，以使生态系统能够自然地适应气候变化，确保粮食生产免受威胁，并使经济能够可持续地发展。

公约将缔约方分为三类，实行共同但有区别的责任，风险预防原则、可持续发展原则和国际合作原则。第一类国家是附件一所列的工业化国家，包括所有发达国家及经济转型国家。它们有义务制定国家政策和采取相应措施，在公约生效后 6 个月内并在其后定期提供有关信息，以个别地或共同地使二氧化碳和《蒙特利尔议定书》未予管制的其他温室气体的人为排放回到 1990 年的水平。第二类国家是附件二所列的发达国家，包括经济合作与发展组织的成员国、欧共体和土耳其，它们在承担附件一国家所应承担的义务以外，有义务提供新的额外的资金，以支付经议定的发展中国家缔约方为履行其义务而承担的费用，有义务帮助特别易受气候变化不利影响的发展中国家缔约方支付适应这些不利影响的费用，并采取一切时机可行的步骤，酌情促进、便利和资助向其他缔约方特别是发展中国家缔约方转让或使它们有机会得到无害环境的技术和专有技术，以使它们能够履行公约的各项规定。第三类国家即除附件一和附件二之外的国家，基本都是发展中国家。它们不承担具体的削减义务，但需要履行一般性的承诺。

公约规定的一般性承诺是所有缔约方都要

履行的承诺，包括：①编制、更新和公布关于《蒙特利尔议定书》未予管制的所有温室气体的各种源的人为排放和各种汇的清除的国家清单；②制定、执行、公布和更新关于《蒙特利尔议定书》未予管制的所有温室气体的排放和汇的清除的国家方案以及适当情况下的区域方案；③在所有有关部门促进、开发、应用和传播控制、减少或防止温室气体排放的技术；④促进可持续地管理，维护和加强《蒙特利尔议定书》未予管制的所有温室气体的汇和库；⑤促进各方合作为适应气候变化的影响做好准备，制订关于沿海地区的管理计划以及可能受旱灾、荒漠化和洪水影响地区的水资源、农业的保护和恢复计划；⑥在经济、社会和环境政策与行动中考虑气候变化问题，并制定措施防止为减缓或适应气候变化而采取的措施对经济、公共健康和环境质量产生的不利影响；⑦促进和合作进行关于气候变化的起因、影响、规模、发生时间和应对战略的研究；⑧在有关气候变化问题的科学、技术、工艺、社会经济和法律信息方面进行交流，包括宣传教育和向缔约方大会提供信息。

公约的意义 《联合国气候变化框架公约》奠定了多边应对气候变化集体行动的国际法基础，其生效和谈判23年来，通过可持续发展和共同但有区别责任原则的贯彻以及多边谈判的不断发展，开创了全球共同减排温室气体，共同适应和减缓气候变化并提升能力建设的丰功伟业。 （李广兵　李威　王珍）

Lian Mou Deng Liu Ren Su Beijing Shi Haidian Qu Huanjing Baohu Ju Xingzheng Susong An，2002 nian

连某等六人诉北京市海淀区环境保护局行政诉讼案，2002年 （Mr. Lian，etc. v. Environmental Protection Bureau of Haidian District，Beijing，2002） 一起因环境影响审批文件而引发的行政诉讼案例。

案情简介 北京市康庄大东北酒楼改建工程于2000年12月进行了建设项目环境影响评价，随后北京市海淀区环境保护局批准了环境影响评价文件。康庄大东北酒楼产生的噪声、油烟、垃圾等污染影响了志新小区31号楼和33号楼居民的日常生活，其酒楼经营者对居民虽然承诺做好环境保护工作，但环境污染问题始终没有得到彻底解决。2001年12月30日，31号楼和33号楼居民连某等6人向海淀区人民政府申请行政复议，要求撤销北京市海淀区环境保护局对康庄大东北酒楼的环境影响评价的审批文件，责令康庄大东北酒楼停止经营，赔偿经济损失。2002年3月13日，北京市海淀区人民政府做出了维持北京市海淀区环境保护局环境影响评价报告表批复的复议决定。2002年5月，居民连某等6人以海淀区环境保护局为被告向北京市海淀区人民法院提起行政诉讼，要求撤销海淀区环境保护局对康庄大东北酒楼的环境影响评价的审批文件。

案件裁决 该案中，环境影响评价文件的制作单位是清华大学，其在编制北京康庄大东北酒楼环境影响评价报告表的过程中存在严重违法行为。国家环境保护总局对评价单位清华大学因本案所涉行为做出了严厉的行政处罚，暂停其使用环境影响评价资格证书。此外，海淀区环境保护局是在康庄大东北酒楼营业执照颁发之后才审批的环境影响评价文件。庭审中，围绕这些问题原被告展开了激烈的辩论：国家环境保护总局对评价单位的处罚是否导致海淀区环境保护局对评价单位制作的环境影响评价文件审批的撤销，海淀区环境保护局在康庄大东北酒楼营业执照颁发之后审批其环境影响评价文件是否违法。2002年10月8日，海淀区人民法院作出判决，驳回原告的诉讼请求。连某等6人不服，提起上诉，二审法院终审判决维持原判。

案件争议 该案终审判决连某等6人败诉引起学界争议，主要基于两点：环境影响评价报告表本身存在严重问题，基于有严重问题的环境影响评价报告表做出的审批行为，具体行政行为是否应予撤销？海淀区环境保护局没有核实北京康庄大东北酒楼是否已经取得营业执照即予以审批，是否属于违法行为？

（邵琛霞）

M

Meiguo He Alasijia Zhou Su Aikesen Shiyou Gongsi Aikesen · Wadezi Hao Youlun An，2009 nian
美国和阿拉斯加州诉埃克森石油公司埃克森·瓦德兹号油轮案，2009 年 （United States and Alaska v. Exxon Oil Company（on Exxon Valdez oil spill），2009） 由美国联邦最高法院审理并做出判决的由埃克森·瓦德兹号油轮海难而引发的诉讼案件。

该事故是世界上因船舶原油泄漏导致海洋环境污染的重大事故之一，同时也被普遍认为是人为原因所造成的最具破坏性的环境灾难之一，在已公布的石油泄漏量的规模上仅次于2010年墨西哥湾漏油事件。

案情简介 埃克森·瓦德兹号油轮海难于1984年3月24日发生在美国阿拉斯加州的威廉王子湾。埃克森石油公司所属的埃克森·瓦德兹号油轮途经威廉王子湾时触礁，导致高达约4万 m^3 的原油泄漏，最终覆盖了约2 100 km的海岸线和约2.8万 km^2 的洋面。原油泄漏事件造成大量的野生动物死亡，对威廉王子湾当地居民和企业造成的损失是广泛而深远的。

案件裁决 由埃克森·瓦德兹号油轮海难引发的诉讼一直持续到2009年美国联邦最高法院的最终判决，其主要包括：①海洋生态损害赔偿诉讼。包括两个阶段：一是政府与埃克森石油公司达成和解协议。埃克森石油公司同意以10年内分期付款的方式支付9亿美元给政府用于环境损害赔偿。该协议包含一个“重新协商窗口”条款，规定允许联邦和州政府可以再索赔1亿美元用于赔偿协议达成时未知的将来可能发生的海洋生态损害。二是为保证与监督和解协议的执行而成立了埃克森·瓦德兹号油轮溢油受托人委员会。其职责是负责监督民事协议下、用于恢复遭受破坏的自然生态系统的9亿美元资金的使用情况。②海洋环境污染人身财产损害赔偿诉讼。该诉讼主要包括诉讼程序上的案件合并审理及惩罚性损害赔偿。一是民事案件合并审理及部分案件判决。约有3.8万名当事人对埃克森石油公司提起了赔偿诉讼，地方法院大都将这些案件合并审理。这其中既有一些当地公司的民事索赔案件合并审理，也有多个地方市政当局索赔案件的合并审理和多个社区索赔案件的合并审理，既有胜诉的，也有败诉的。二是海洋环境污染人身财产损害赔偿中的惩罚性赔偿。美国联邦最高法院最终判决埃克森航运公司赔偿受害者 5.075 亿美元惩罚性赔偿金。③污染海洋环境资源犯罪的刑事责任追究，主要包括对个人刑事责任和公司刑事责任的追究。1998 年，船长黑泽尔·伍德犯过失泄漏石油罪罪名成立，被处以 5 万美元罚金和1 000小时的社区服务。埃克森石油公司被判处 2 500 万美元罚金并支付 1 亿美元刑事赔偿金。

案件影响 该案发生后，美国国会制定了《石油污染法》(1990 年)，该法对进入美国海域的油轮规定了远比国际公约严格的几乎是无限制的油污赔偿责任，从而形成对石油工业界、国际海运界和船舶保险界的一个有力的冲击。

1993 年 7 月的国际海事组织海洋环境保护委员会全体会议上，美国鉴于该案提出修改 1973 年《国际防止船舶造成污染公约》及其 1978 年议定书的附件一，主张对其增加关于油轮双层船壳的规定。该建议为委员会和该公约缔约国所采纳。（谢海波）

Meiguo huanjingfa

美国环境法 （environmental law of United States） 美国联邦和各州为保护环境而制定或认可的环境保护法律规范的总称。

其主要的法律渊源是有关环境保护的制定法、普通法、衡平法和美国批准的环境保护条约。

有关环境保护的制定法 包括环境保护专门法和环境保护相关法。

环境保护专门法 以下选取《国家环境政策法》等六部环境保护专门法进行介绍。

《国家环境政策法》（National Environmental Policy Act，NEPA） 由美国国会于 1969 年 12 月 31 日通过，1970 年 1 月 1 日生效并施行。该法载于《美国法典》第 42 卷第 55 章，共有 3 个分章 36 条。该法的立法目的是“宣布一项鼓励人同他的环境之间建设性和愉快和谐关系的国家环境政策；推动为预防或消除对环境和生物圈的损害所做的努力并促进人类健康和福利；深化对国家至关重要的生态系统和自然资源的认识并设立国家环境质量委员会。”

该法的主要内容有以下五个方面。

①国家环境政策。联邦政府与各州、地方政府以及有关的公共和私人团体合作，采取包括财政和技术援助在内的一切切实可行的手段和措施，以旨在发展和增进普遍福利的方式，创造或保持人类与自然得以在建设性的和谐关系中生存的各种条件，满足当代美国人及其子孙后代对于社会、经济和其他方面的要求。

②国家环境保护目标。包括六个方面：第一，国家能够履行作为子孙后代的环境受托保管人的责任；第二，国家能够保证为全体国民创造安全、健康、多产的并富于美学和文化价值的优美环境；第三，国家能够最大限度地合理利用环境，不得使其恶化或者对健康和安全造成危害，或者引起其他不良的和不应有的后果；第四，国家能够保护国家历史、文化和自然等方面的重要遗产，并尽可能保持一种能为每个人提供丰富与多样选择的环境；第五，国家能够促进人口与资源的利用达到平衡，以实现国民享受较高的生活水平和舒适的生活环境；第六，国家能够提高可再生资源的质量，并使易枯竭资源达到最高限度的再循环。

③确定国家环境政策的法律地位。首先，规定国家的其他政策、法律和法律解释及其执行都应当同这项国家环境政策保持一致。其次，为保证其现行职权的行使同该法相一致，要求联邦行政机关清理现行的法定职权和相关法规、政策，并向总统报告清理的结果和整改的建议。最后，规定国家环境政策和国家环境保护目标是对行政机关现行职权的补充。

④环境影响评价制度。联邦政府所有的部门对人类环境质量具有重大影响的各项提案或法律草案、建议报告以及其他重大联邦行为，均应当由负责经办的官员提供环境影响报告书。

1970 年到 1987 年，国家环境质量委员会（Council on Environmental Quality，CEQ）制定了《国家环境政策法条例》(NEPA Regulations，又称《CEQ 条例》)，对环境影响评价的目的、对象、主体、时机、程序、内容、审查等事项做了详细的规定。环境影响评价制度的目的是确保行政机关在决策时充分考虑其行动的环境影响，从而避免决策失误。环境影响评价的对象是联邦政府的行为。主体即评价者，是对环境影响报告书负主要责任的联邦行政机关。环境影响评价时机指的是开始环境影响评价的时间。《CEQ 条例》要求行政机关应该在“尽可能接近形成提议或收到提议”时开始编制环境影响报告书，以便报告书能够及时地包括在行动建议或报告中。环境影响评价程序指的是环境影响报告书的编制步骤。根据《CEQ 条例》，这个程序主要分为四个阶段：第一阶段——决定是否编制报告书，第二阶段——确定评价范围，第三阶段——编制报告书初稿，第四阶段——报告书的评论和定稿。

环境影响评价的三项主要内容是：包括建议行动在内的所有可供选择方案的环境影响；受影响的环境；环境后果。“可供选择方案”中包括对于拟议行动的所有合理替代方案。对合理替代方案的环境影响的评价是环境影响评价制度的核心。

美国的环境影响评价报告书由对其负责的行政机关提出后，接受社会的审查。任何公民、社会组织和其他行政机关都可在环境影响评价过程中对向社会公开的环境影响评价报告提出意见。

⑤国家环境质量委员会。该委员会直属总统办公厅，由三人组成。委员人选须由总统任命并经参议院批准。总统从三人之中任命一人为委员会主席。《国家环境政策法》对委员人选的资历有很高要求。作为行政机关间的协调机构，委员会一方面根据《国家环境政策法》的规定，收集并保存联邦、州和地方行政机关的环境影响报告书和有关的评论和观点；另一方面，根据《清洁空气法》第 309 条（b）款规定，受理美国环保局长提交的对立法、行动或规章有不同意见的事项。根据 1970 年第 11514 号总统行政命令和 1977 年第 11991 号总统行政命令的授权，国家环境质量委员会制定了《CEQ 条例》。

《清洁空气法》(Clean Air Act，CAA)　1970 年美国国会通过了《〈清洁空气法〉1970 年修正案》，对原有的《清洁空气法》做了大幅度修改，后经 1977 年、1990 年两次重大修改，沿用至今。该法载于《美国法典》第 42 卷第 85 章中，共有 6 个分章 618 条。

第一分章（计划与活动）分为四个部分。

第一部分（空气质量与排放限度）的主要规定有：①立法目的：促进公众健康、福利和人口的生产力，保护和发展国家空气资源的质量；实现预防和控制空气污染而发起和加速的国家研究和开发计划；对州政府和地方政府的空气污染预防和控制计划的发展和实施提供技术、财政上的援助；鼓励并帮助区域空气污染控制计划的发展和运转。②空气质量控制区（air quality control region)。《清洁空气法》要求美国环保局长划定空气质量控制区。美国全国被划分为 247 个空气质量控制区，并有 263 个州际空气质量控制区。③空气质量基准（air quality criteria)。《清洁空气法》要求空气质量基准“准确地反映关于环境空气中污染物的不同数量水平对公众健康或福利的可验证影响的范围和类型的最新科学知识”。空气质量基准在可行的条件下应包括下列信息：本身或同其他因素结合可能改变空气污染对公众健康或福利的影响的各种因素（包括大气条件）；可能与大气中的空气污染物相互作用，产生对公众健康或福利的不利影响的空气污染物；任何已知的或预料之中的对福利的不利影响。“对福利的影响”包括（但不限于）对土壤、水体、农作物、植被、人造物质、家畜、野生动物、大气、能见度、气候的影响；对财产的损害和破坏；对交通的妨碍；以及对经济价值的影响和对人的舒适和幸福的影响。④国家环境空气质量标准（national ambient air quality standards)。现行国家环境空气质量标准是关于颗粒物（PM_{10}、$PM_{2.5}$）、二氧化硫、一氧化碳、二氧化氮、臭氧、铅的标准。国家环境空气质量标准分为一级和二级两类。一级环境空气质量标准的目的是保护公众健康，二级环境空气质量标准以保护社会物质财富为目标。⑤州实施计划（state implementation plan)。《清洁空气法》要求各州为位于其州内的空气质量控制区制订实施《清洁空气法》的计划，即州实施计划。对于通过美国环保局审查的实施计划，联邦政府将为该州执行该计划提供不同比例的经济资助，这种比例最高可达 75%。关于州实施计划，《清洁空气法》中最为重要的规定是空气污染物排放限制、达标计划和达标时间表。⑥新固定源排放标准（standards of performance for new stationary sources)。“新固定源”指的是在对其适用的排放标准公布施行之后建设或者改建的，排放空气污染物的建筑物、结构、设施或者装置。“新固定源排放标准”指的是美国环保局在考虑到排放削减代价、与空气质量无关的健康和环境影响以及能源要求等因素后认定的，反映了业经充分证实的最佳排放削减系统所能达到的排放限制程度的空气污染物排放标准。《清洁空气法》要求美国环保局以行政规章开列适用新固定源排放标准的产业部门，并每 8 年审查和修订一次。新固定源排放标准主要由各州执行。⑦危险空气污染物（hazardous air pollutants）。《清洁空气法》列举了乙醛等 187 种危险空气污染物，并要求美国环保局制定并公布排放这些危险空气污染物的主要固定排放源名录和其他固定排放源名录。美国环保局必须为固定排放源制定危险空气污染物排放标准。对于新排放源，即美国环保局首个危险空气污染物排放标准公布之后建设或改建的排放源，其排放减少程度不得少于美国环保局认定的此类排放源中的最佳排放控制者所达到的排放减少程度。对于现有排放源，其排放标准可以比新排放源适用的标准宽松，但不得比美国环保局认定的现有排放源中排放控制做得最好的前 12 名排放源所能够达到的排放限度更为宽松。⑧联邦执行（federal enforcement）。《清洁空气法》规定，美国环保局有权对任何违反州实施计划或该法规定的许可证制度的人发布守法令并课以行政罚款，或者提起关于强制执行行政罚款和法院强制令的诉讼。该法具体规定了罚款额度、“联邦代执行”制度、刑事处罚适用对象和罚则。

第二部分（臭氧层保护）于 1990 年被废止。国会在 1990 年为《清洁空气法》增补了第六分章（平流层臭氧保护）。

第三部分（预防空气质量严重恶化）分为两个子部分。第一个子部分为“清洁空气”。其主要规定如下：①立法目的。《清洁空气法》规定了预防空气质量严重恶化计划（又称“PSD 计划”），目的是保护公众健康和福利，保存、保护和提高国家公园、国家荒野地区、国家名胜保护区、国家海岸等空气质量达标区域的空气质量，确保经济增长与保护现有的清洁空气资源相协调，确保任何州的空气污染物的排放不干扰其他州的实施计划的执行，确保任何一个加重空气污染的许可决定的做出都必须建立在对该决定的所有后果的仔细评估的基础上，并对公众知情参与该决策提供了充分的程序性机会。②PSD 计划。该法规定各州的实施计划都必须含有 PSD 计划。PSD 计划的主要内容有：清洁空气地区分等：清洁空气地区即达标地区分为三等，对应不同的空气质量容许下降程度；规定污染物浓度最大允许增长量：PSD 计划限制各等清洁空气地区空气中的二氧化硫和颗粒物的增加量，要求各州的《清洁空气法》实施计划确保这两类污染物在空气中浓度的增长不得超过在基线浓度基础上的最大允许增长量；重大排放设施建设许可证程序：PSD 计划规定在 1977 年 8 月 1 日以后所有在清洁空气地区的重大排放设施的建设必须向州政府申请建设许可证；未达标地区新机动车排放标准。第二个子部分为“能见度保护”，主要规定了能见度保护计划。能见度保护计划要求美国环保局长制定能见度保护条例，主要内容包括：为州政府提供实施能见度保护计划的适当技术和方法；要求各州在州实施计划中规定必要的排放限制、达标时间表和其他措施。

第四部分（对未达标地区的计划的要求）主要对空气未达到国家环境空气质量标准的地区的空气污染治理做出规定。①关于“未达标计划”（nonattainment plan）的规定。其中包括未达标地区的分类、达标日期的规定和对“未达标计划”主要内容的要求。为在限期内达到标准，要求未达标地区的空气污染源合理地进一步削减空气污染物排放量，并要求州实施计划包括一份全面、准确的各未达标地区当前污染源排放的各种空气污染物的目录，以便确定排放量的削减幅度。②主要固定排放源新建、改建和营运许可证。在未达标地区，业者只有获得许可证才能从事主要固定空气污染物排放源的新建、改建和营运。③保持计划。当某州认为该州管辖的未达标地区的空气质量达到了国家初级环境空气质量标准时，可以向美国环保局提出重新认定未达标地区的申请，并提出相关的州实施计划的修正案。④关于未达标地区新机动车排放标准的规定。未达标地区的新机动车和机动车发动机的排放标准必须与加利福尼亚州的排放标准相同。⑤制裁和未达标的后果。如果认定某州违反了《清洁空气法》关于州实施计划和“未达标计划”的规定，美国环保局可以对该州实施：禁止除道路安全工程以外的公路建设项目的审批和相关的联邦财政资助；更为严格的排放抵消；在《联邦公报》上公布到期仍未达标的地区；在被公告之后一年内，被公告为未达标地区的州政府必须向美国环保局提交有关州实施计划的修正案。

第二分章（移动排放源排放标准）包括三部分。第一部分（机动车排放标准与燃料标准）要求美国环保局为任何级别的新机动车或新机动车发动机制定并修改空气污染物排放标准。第二、三部分分别对飞机排放标准和清洁燃料汽车做了规定。

第三分章（全部适用性规定）第 304 条（环境公民诉讼）是一个具有重大意义的法律制度创新（参见环境公民诉讼）。第三分章关于政策审查的第 309 条要求美国环保局以书面方式审查和评论联邦机构建议的立法中的环境影响，或者审查和评论新批准的联邦建设项目和重大的联邦行动、联邦机构公布的项目、拟议规章中的与其义务和责任有关的事务等方面的环境影响，并向社会公开。如果美国环保局认定任何这种立法建议、行动或规章从公众健康、福利和环境的角度看令人不满意，则必须公开这一认定并将该事项提交国家环境质量委员会。关于经济影响分析的第 311 条要求美国环保局会同商务部和劳工部对《清洁空气法》对美国的公众健康、经济和环境的影响做一个全面分析；第 317 条（经济影响评估）要求美国环保局在发出关于制定新源排放标准等标准的通告之前，对拟制定的标准的经济影响做出评估。第 321 条和第 322 条要求美国环保局对《清洁空气法》对就业的影响做出分析。

第四分章和第四分章-A 分别对噪声污染和酸雨沉降控制做了规定。关于噪声污染控制，该法规定在美国环保局内设立噪声消除和控制办公室，并要求从事或赞助的活动在美国环保局看来等同于公共妨害（public nuisance）或其他可反对的活动的联邦机构，必须与美国环保局一起商议消除该噪声的办法。酸雨控制是《清洁空气法》1990 年修正案增补的内容。为控制酸沉降，该法为现有的二氧化硫和氮氧化物的排放源和新排放源分两阶段详细规定了排放限额，超限额排放为违法排放。该法规定了排放配额转让制度，即排放交易制度。该制度是美国环境法的又一项制度创新。该法要求美国环保局为排放配额转让制定规章。该法还规定了氮氧化物排放削减制度，“清洁煤技术管理激励计划”和二氧化硫排放配额的特别储备、直接销售和拍卖制度。

第五分章（许可证）要求美国环保局为二氧化硫排放许可证制定规章，主要内容包括许可证计划、许可证的申请与审批、许可证的要求与条件等。

第六分章（平流层臭氧保护）主要内容有受控物质名单、监测和报告、分期淘汰受控物质、受控物质的使用处置标准和汽车空调机维修标准、对含受控物质的非基本产品的管制、容器和产品的警告标志、安全替代品政策、受控物质生产的国际转让和对发展中国家的援助。

《清洁水法》(Clean Water Act，CWA) 又称《联邦水污染控制法》(Federal Water Pollution Control Act)，是美国关于控制水污染的主要法律。该法于 1965 年经过一次修改，1972 年美国国会以一项名为“《清洁水法》”的修正案对它做了大幅度修订，后经 1977 年再次修订后沿用至今。该法载于《美国法典》第 33 卷第 26 章中，共有 6 个分章 607 条。

①第一分章（研究和有关计划）宣布了两项国家目标和五项国家政策。要求美国环保局通过认真的调查并与有关部门和州政府合作，制订关于控制水污染的综合性计划。对有关水污染的研究、调查、培训和信息等事项做了规

定。对一些特定水域或地区的水污染控制做了专门规定。

②第二分章（污水处理厂建设资助）要求为实现《清洁水法》规定的目标而制订并实施污水处理管理计划。要求污水处理管理计划必须规定适用的最佳可行污水处理技术。授权美国环保局对各州、城市、城市间或州际机构建设公共污水处理设施提供资助。要求美国环保局为查证存在大量水质控制问题的区域制定指南，并要求各州根据该指南查证并指定存在大量水质控制问题的区域。要求各州向美国环保局报批本州内各个存在大量水质控制问题区域的污水处理管理机构，这些管理机构必须根据《清洁水法》的规定制订管理区域的污水处理管理计划。《清洁水法》还规定了污水处理管理计划的基本要件。

③第三分章（标准与执法）规定除非遵守该法，否则任何污染物的排放皆为非法。该分章对普通点源、污水处理厂和有毒污染物的排放分别规定了达标时间。

针对点源的达标排放可能破坏特定水体水质的情况，该分章授权美国环保局为保护特定水体的水质而制定“有关水质的排放限度”，要求各州认定其行政范围内适用普通点源排放限度不足以保障水质达标的水体并为该水体规定污染物日最大负荷，并要求美国环保局制定关于水质标准的水质基准。

该分章要求美国环保局在规定的期限内制定关于排放限度的条例并对各州发布关于消除污染物排放的工艺、程序和操作方法的信息。包括：为认定和评估非点源污染和相关的工艺、程序和控制办法制定指南和程序；为污水处理厂污水的预处理标准制定指南；为水污染的监测、报告、执法、资金、人力资源提供指南；与农业部、陆军部和内政部等部门签署协议，以便为改善和保持水质而最大限度地利用其他部门实施的有关法律和计划；在1987年之后在《联邦公报》上公布审查各种排放限度指南的计划，查证以前颁布的指南所没有覆盖的排放有毒或非常规污染物的点源类型并为之制订一个排放限度计划，这些公布的计划在正式颁布之前都要接受公众审查和评论。

针对新排放源，即其建设开始于适用于它的排放标准颁布之后的排放源，该分章专门规定了“联邦新源排放标准”。这种排放标准指的是美国环保局认定的、通过应用经证实的最佳可得控制技术，从而达到反映了最高限度削减排放的污染物的排放控制技术的标准，包括污染物零排放限度。联邦新源排放标准及其修改自颁布之日起生效。违反生效的联邦新源排放标准即为违法。

该分章对管理有毒污染物的排放和制定预处理排放限度做了详细的规定。

该分章对排放记录、排放报告和检查排放做了详细规定。

关于执法，该分章规定美国环保局如发现《清洁水法》关于许可证中规定的排放限度、有关水质的排放限度、新源排放标准、有毒物质排放、预处理排放限度、排放记录、报告和检查、水产养殖和下水污泥的处置和利用的规定遭到违反，则必须对涉嫌违法者发布要求其守法的命令或者对其依法提起民事诉讼，也可对涉嫌违法者和其所在的州政府发布有关违法事项的通告。如果在通告发出90天以后，该州没有采取适当的执法行动，则必须对涉嫌违法者发布守法令或者对其提起民事诉讼。该分章根据违法的不同性质和程度，分别规定了刑事处罚（包括罚金和监禁）、民事罚款和行政罚款，对守法令和各类法律处罚的适用规定了比较详细的程序，包括它们与该分章规定的公民诉讼的关系和与司法审查的关系。

该分章对国际污染控制、石油和危险物质造成污染的责任、海洋卫生设施、联邦设施污染控制、清洁湖泊、水产养殖、非点源污染管理、国家河口计划等做了规定。

④第四分章（许可证与执照）规定了“国家消除污染物排放制度”（national pollutant discharge elimination system，NPDES）。它是一个控制水污染的排放许可证制度，适用于所有对水体排放污染物的点源。任何为建设或营运

可能对可航水体排放污染物的设施而申请联邦执照或许可证者，皆需提供一份由所在州出具的证明，证明其排放或可能的排放将达到《清洁水法》有关条款的要求。各州可以向美国环保局提交该州的此类许可证计划。经美国环保局审查同意之后，各州可以实施该许可证计划。

为保护海洋环境，该分章要求美国环保局制定关于评估污染物排放对领海、毗连区和海洋的环境质量的不利影响的指南，并规定对不符合该指南要求的排放申请人，不得发放排放许可证。

该分章规定，凡对可航水体（包括湿地）排放疏浚或填充材料均须向陆军部提出申请。陆军部有权在经过公开告示和公开听证会程序后，对在指定的处置场排放疏浚或填充材料发放许可证。美国环保局在经过公开告示和公开听证会程序之后，禁止将某些场地指定为疏浚或填充材料的处置场。陆军部在经过公开告示和公开听证会程序后，对环境影响甚微的疏浚或填埋材料的排放发布一般许可证，有效期为5年。该分章不禁止普通的农业活动等排放疏浚或填充材料。州可以向美国环保局提出本州的疏浚或填充材料管理计划，经批准后，该州获得管理本州的疏浚或填充材料的权力。疏浚或填充材料的排放许可证由陆军部负责监督管理。

⑤第五分章（一般性规定）对一些一般性事项做了规定。其中，“定义”条款对“城市”、“人”等基本概念给出了定义。“水污染控制咨询委员会”条款规定在美国环保局下设立一个水污染控制咨询委员会，职能是对美国环保局提出关于实施该法的意见和建议。关于“公民诉讼”的条款参见环境公民诉讼。关于“向国会报告”的条款规定美国环保局在每届国会开始后的 90 天内向国会提交关于实施该法的报告，并规定了报告必须包括的7个方面的内容。该条款还要求美国环保局同各州合作，对实施该法的经济成本做出评估，并于各个单数年份向国会提交评估报告。

⑥第六分章（州水污染控制滚动基金）对设立州水污染控制滚动基金做了规定。该基金用于公共污水处理设施的建设、实施非点源管理计划和制订与实施国家河口计划，要求美国环保局对各州的水污染控制滚动基金给予资金支持，还规定各州对该基金的投入不得少于基金总额的20%。

《固体废物处置法》（Solid Wastes Disposal Act，SWDA） 于1965年制定。1976年，美国国会以一项名为“《资源保护与回收法》”的法案对《固体废物处置法》做了全面的修改。1984年，国会再次修改《固体废物处置法》，一直沿用至今。该法载于《美国法典》第 42 卷第 82 章，共有10个分章114条。

第一分章（一般性规定）表述了美国国会对固体废物问题的认识、立法目的和有关的国家政策。国会既认识到固体废物污染问题的严重性，又认识到变害为利、化废为宝、对固体废物进行综合利用的必要性和可行性。因此，美国国会把固体废物污染控制同固体废物的回收利用紧密联系在一起。立法目的是促进对公众健康和环境的保护和节约有价值的物资和能源资源。关于固体废物污染问题的两项基本政策是：在可行的情况下尽可能快地减少或消除危险废物的产生；尽量减少固体废物的处理、储存和处置对公众健康和环境的危害。第一分章还对该法的一些基本概念如“固体废物”等做了界定。该分章要求美国环保局与有关部门和州合作，在一年内制定固体废物管理指南。

第二分章（固体废物办公室、局长的权力）规定在美国环保局中设立一个固体废物办公室，并设立关于固体废物管理和回收利用的部际协调委员会，由美国环保局长担任主席。该分章详细规定了美国环保局依据该法享有的各项权力。该分章还规定在美国环保局设立一个监察专员办公室，专门负责受理有关该法规定事项的投诉和请愿。

第三分章（危险废物管理）要求在限期内美国环保局认定并开列危险废物名录。所有列入名录的物质皆为危险废物。凡未被列入危险废物名录的，具有易燃性、腐蚀性、易反应性或未通过吸收毒性检测程序的物质，皆为危险废物。危险废物与其他固体废物的混合物、使用过的或回收利用的危险废物和含危险废物的燃料皆为危险废物。该分章对危险废物的产生者、运输者、处理储存处置者规定了行为准则，实行全过程管理，要求任何经营危险废物的人以书面形式向美国环保局报告其经营的危险废物的情况。该分章把管理危险废物的权力授予美国环保局，如果州政府想管理本州的危险废物，则必须制订一项危险废物管理计划并报美国环保局审批。该分章规定了严格的监测、检查和制裁措施，要求各州向美国环保局呈报《危险废物场地名录》，并要求各联邦机构向美国环保局呈报《联邦机构危险废物设施名录》。

第四分章（州或区域固体废物管理计划）要求美国环保局在限期内以条例规定固体废物管理区域认定指南，以便鼓励和推动固体废物管理区域规划的制定实施。该分章要求美国环保局制订州的固体废物管理计划指南，并规定了指南必须包含的地理条件等 11 个方面的内容。该分章规定了州的固体废物管理计划必须达到的要求。该分章要求美国环保局制定卫生填埋基准并规定州的固体废物管理计划必须禁止建立固体废物露天倾倒场，关闭或升级现有的露天倾倒场，并要求美国环保局同有关部门合作，建立一个全美露天倾倒场名录。

该分章规定联邦政府对经美国环保局审查合格的州的固体废物管理计划予以财政资助，并对拨款计划做了规定。

第五分章（商务部在资源与回收方面的义务）规定商务部的相关职能是鼓励经证实有效的资源回收技术的更大商业化。

第六分章（联邦的责任）明确规定联邦政府的所有部门（立法、行政和司法部门），不论是享有对固体废物管理设施或处置场的管辖权或从事固体废物或危险废物处置或管理活动，都必须像任何一个自然人一样遵守联邦、州、州际、地方政府的有关固体废物和危险废物处置和管理的各项规定。该分章明确宣布放弃政府在固体废物和危险废物处置和管理方面实体法和程序法的豁免权。美国环保局可依据《固体废物处置法》的规定对联邦政府的任何部门采取行政执法行动。该分章要求联邦政府的所有机构都按照美国环保局制定的采购政策指南来进行采购，并协助美国环保局实施《固体废物处置法》。该分章规定所有联邦资助的建设项目都应加大对含有回收矿物成分的水泥或水泥制品的利用。

第七分章（杂项）对就业保护、公民诉讼（参见环境公民诉讼）、紧急避险、公众参与、公民申诉、司法审查等事项做了规定。

第八分章（研究、开发、示范和信息）要求美国环保局采取一系列措施来推动有关固体废物和危险废物管理的研究、开发、示范和信息传播。

第九分章（地下储罐管理）是《固体废物处置法》的 1984 年修正案所增补，规定地下储罐的所有者必须在限期内向州和地方政府报告其拥有的地下储罐的年龄、规模、类型、地点和用途。各州必须编制两份地下储罐名录，包括地下石油储罐名录和其他物质的地下储罐名录。美国环保局须制定关于地下储罐的泄漏、检测、事故预防和补救的条例。各州可制订地下储罐管理计划。经美国环保局批准后，州有权在本州实施该管理计划。此外，还对有关地下储罐的现场检查、检测和矫正措施做了规定，对违法行为规定了罚款。

第十分章（医疗废物跟踪示范计划）对医疗废物的跟踪和管理做了系统的规定。

《综合环境反应、补偿和责任法》（Comprehensive Environmental Response, Compensation, and Liability Act, CERCLA） 1980 年颁布的《综合环境反应、补偿和责任法》是对《固体废物处置法》的重要补充。该法对危险物质泄漏的治理主体、治理方式和治理经费等重要问题做了详细的规定。为了对危险废物倾倒场地的治理提供资金，该法规定设立“危险物质超级基金”，所以被称为《超级基金法》。该法载于《美国法典》第 42 卷第 103 章，共有 4 个分章 47 条。

①第一分章（危险物质泄漏、责任与赔偿）首先对危险物质的“泄漏”、“治理者”、“清除”、“救助”等概念做了界定。

该分章要求美国环保局为各类危险物质的泄漏确定应报告的数量，并规定了两项报告义务。

该分章授权总统在发生或可能发生威胁公众健康、福利和环境的严重和紧急的危险物质泄漏时，依据国家应急计划采取消除该危险的清除和救助行动。该分章规定除非泄漏发生地的州政府与总统签署合同或协议，对总统的救助行动提供充分的保证，否则总统不得对该州发生的泄漏采取救助行动。

该分章要求总统（通过美国环保局）制订一份关于消除油类和其他危险物质污染的国家应急计划。所有的治理行动都必须按照美国环保局发布的国家应急计划进行。

该分章授权总统在发生或可能发生威胁公众健康、福利或环境的严重而紧急的危险物质泄漏的情况下，在各种清除和救助行动之外，通过司法部长在危险物质泄漏威胁所在地的联邦地方法院提起谋求减缓这种危险的法律行动。此外，该分章授权总统发布任何为保护公众健康、福利和环境所必要的命令。

该分章规定，治理费用由发生危险物质泄漏的设施（包括船舶）的所有者或营运人或该设施所在地的所有者或营运人承担，除非符合以下免责条件，即危险物质泄漏是由下列四种原因引起：不可抗力，战争行动，第三方的作为或不作为，综合了上述三种原因。在无法使治理费用责任主体支付费用的情况下（如无从查找上述主体），治理费用由危险物质超级基金承担。此外，泄漏设施所在地的州和地方政府承担 10%的治理费用或支付州和地方政府直接营运或通过合同间接营运的设施泄漏的 50%的治理费用。联邦政府各部门（立法、行政、司法部门），为其设施的危险物质泄漏承担治理费用。所有无法从上述各费用承担者处得到补偿的治理费用由危险物质超级基金负担。治理费用的承担者对治理费用负连带责任，这意味着联邦政府可向任何一个能够找到的治理费用责任人追索全部治理费用，不论其对该泄漏的责任大小。各类治理费用责任人必须承担的治理费用有：美国政府、州政府或印第安部落的符合国家应急计划规定的清除或救助行动的全部费用；任何其他人的符合国家应急计划规定的必要的治理费用；对自然资源损失的赔偿金（包括损失评估费用）；有关的健康评价或健康效应研究费用；上述各项费用的利息。该分章还规定了治理费用责任人对前述四项治理费用的责任限度和例外，并规定美国政府有对治理费用责任人的不动产的留置权，以费用责任人的不动产作为对其应承担费用的担保。为保证治理费用责任人有支付治理费用的能力，该分章规定所有经营危险物质的船舶或设施的所有者或营运人必须建立并保持财政担保。财政担保的形式有保险、担保、担保债券、信用证或合格的自我保险。

该分章规定，总统可对揭发、检举非法泄漏危险物质的人授予最高可达 1 万美元的奖金，条件是该检举可使违法者受到逮捕和刑事制裁，奖金从危险物质超级基金支付。该分章对违反关于报告、保存资料、合作治理等条款的违法者还规定了行政罚款。

该分章对公众参与做了专门规定，要求总统、州或者任何其他人在采纳危险物质泄漏救助行动计划之前，公开发布一个通告，对该计划做出简要解释，并为公众的书面或口头意见的表达和在靠近所议危险物质设施的地方举行公开会议提供一个合理的机会。该通告应包含对拟议计划的解释及其替代方案所必要的科学信息。关于救助行动的正式计划必须在救助行动开始之前对公众公开。

该分章规定危险物质泄漏的救助行动必须达到相关的联邦环境保护法律中规定的各种标准和比联邦标准更为严格的州标准。

该分章规定总统的危险物质治理行动决策必须有州政府的实质性参与。为此，该分章要求总统制定关于州政府参与的条例。

该分章规定如果总统认为由污染者采取治

理行动更合适、更及时，可允许他们采取治理行动、进行救助调查或有关的可行性研究。

该分章规定，州、地方政府或印第安部落可向总统申请实施治理行动。如果总统认为州、地方政府或印第安部落有能力实施治理行动，可同其订立治理合同或合作协议，且合同或协议的条款由总统规定。订有这种合同或协议的州、地方政府或印第安部落的治理费用可从危险物质超级基金中得到补偿。总统有权对他们的治理行动和分包合同进行技术上和法律上的监督。

②第二分章（危险物质反应税收）对危险物质超级基金做了详细规定。该基金包括“危险物质信托基金”和“关闭后责任信托基金”。前者适用于危险物质泄漏的治理，后者适用于危险物质处置设施关闭后的维护。

③第三分章（杂项）要求总统在该法生效之日后 4 年内向国会报告该法的实施情况；要求美国环保局在同样限期内向国会提交关于认定额外的危险物质和相关税收的报告；要求总统在该法生效后 2 年内向国会报告关于私人保险对涉及危险物质的船舶和设施所能提供的保护的情况；要求总统在该法生效后 2 年内制定关于评估危险物质泄漏对自然资源的危害的条例；要求美国环保局在该法生效后 2 年内研究并向国会报告关于选择危险废物处理、储存、处置设施，替代方案，政策考虑的报告；要求美国律师协会等机构在该法生效后 2 年内研究现行普通法和制定法的法律救济的充分性并向国会报告；要求总统在该法生效后 2 年内修订国家应急计划；要求联邦总审计长研究并报告涉及危险物质的当事人的保险可保性；要求美国环保局每年向国会报告该法的实施情况。

该分章规定联邦行政部门各机构须将依据第一分章的规定制定的各种规则和条例报送国会两院，国会两院有权在规则或条例颁布实施后的 90 个日历日内共同否决规则和条例。

该分章对公民诉讼等事项做了规定。该分章还对罗浮水道（Love Canal）危险废物污染地区的财产收购规定对纽约州给予最高 250 万美元的资助。

该分章规定该法自 1980 年 12 月 1 日起生效。

④第四分章（污染保险）对利用保险来转移和分散危险物质泄漏引起的污染的赔偿责任做了规定。

《濒危物种保护法》（Endangered Species Act，ESA） 为了保护濒危物种赖以生存的生态系统，保存濒危物种和履行美国签署的有关保护濒危物种的国际条约规定的义务，美国国会于 1973 年通过了《濒危物种保护法》。该法载于《美国法典》第 16 卷第 35 章，共 15 条。

该法宣布了两项国家政策：所有联邦政府和机关都必须努力保护濒危物种并运用其权力促进《濒危物种保护法》立法宗旨的实现；所有联邦行政机关必须同州和地方政府合作，以与保存濒危物种相一致的方式解决水资源问题。

该法对“保存”、“关键栖息地”、“濒危物种”、“受威胁的物种”、“取得”等重要概念做了界定。

该法要求内政部和商业部认定濒危物种和可能成为濒危物种的物种（法律称为“受威胁的物种”）及其生长或栖息地，并列举了威胁物种生存的原因。

该法要求内政部为拯救和恢复濒危物种和受威胁物种制订并实施“恢复计划”。内政部每两年要向国会报告一次恢复计划的实施情况。

该法授权内政部和商业部等主管机关对列入濒危物种名单的物种制定保护条例。

该法要求联邦政府与州政府合作保护濒危物种。合作的方式是内政部与州政府签署合作协议。

该法规定了濒危物种保护方面联邦政府机构间合作与咨商机制和国际合作机制。由内政部的鱼类与野生动物署负责该法的实施。该法规定设立“濒危物种委员会”，主要职能是审查关于豁免的申请。

该法规定了一系列被禁止的行为和被禁止行为的例外情况，并对违法者规定了行政罚款和刑事制裁，还对违法行为的检举者规定了奖励。该法规定了“公民诉讼”（参见环境公民诉讼）制度。

环境保护相关法 除了国会制定的环境保护专门法以外，还有一批制定法与环境保护密切相关。环境保护专门法的实施和适用，离不开这些环境保护相关法。主要有《联邦宪法》《联邦行政程序法》《信息自由法》和《阳光下的政府法》等，其中《信息自由法》和《阳光下的政府法》的内容如下。

《信息自由法》(Freedom of Information Act，FIA） 一部保障公民知情权，要求政府公开信息的法律，制定于1966年。该法载于《美国法典》第5卷，共有2条，30款。该法第1条对公共信息和联邦机构的规则、意见、命令、档案和会议文件的公开做了详细规定，包括公开的方式、公开的范围、对个人隐私的保护、司法干预、例外情况（如保密）、向司法部的年度报告等。第2条对私人档案的利用和保密做了详细的规定。

《阳光下的联邦政府法》(The Federal Government in the Sunshine Act，FGSA） 规定联邦行政机关的会议一般必须公开举行的法律，制定于1976年。该法载于《美国法典》第5卷，共有1条，13款。该法要求，除了该法规定的9条例外情况以外，所有联邦行政机关的会议都应当对公众开放旁听。该法对行政机关会议的公告、司法干预和向国会的年度报告等做了规定。

有关环境保护的普通法和衡平法 主要指侵权法中有关环境侵权的规则。美国的侵权法（law of torts）和公共信托理论（public trust doctrine）是与环境保护关系最为密切的普通法。在环境诉讼中经常应用的侵权法诉因有“妨害”（nuisance，又称“滋扰”）、“侵犯”（trespass，又称“非法侵入”）、“过失”（negligence，又称“疏忽”）、“高度危险活动的严格责任”（strict liability for abnormal dangerous activities）、“河岸权”（riparian right）、“先占原则”（prior appropriation）和公共托管理论。

衡平法中的一些以格言形式表达的古老规则，也常常在环境诉讼中得到引用。例如，“不以损害他人财产之方式使用你自己的财产”(Sic utere tuo ut alienum non laedas)、“衡平法不允许没有补偿的有害行为”（equity permits no wrong to be without a remedy）等。

美国批准的环境保护条约 美国批准了大量的环境保护条约（包括条约、协定、议定书等）。这些条约一经批准就成为美国环境法的组成部分。有些重要的环境保护条约，如《京都议定书》，美国没有批准。 （王曦 唐瑭）

推荐书目

Richard L. Revesz. Environmental Law and Policy： Statutory and Regulatory Supplement. 2009-2010 Edition. Goleta，CA：Foundation Press，2009.

Environmental Law Institute. Environmental Law Deskbook. 7th Edition. Washington，DC：Environmental Law Institute，2003.

Frederick R. Anderson，Daniel R. Mandelker，A. Dan Tarlock. Environmental Protection：Law and Policy. Boston，Toronto：Little，Brown and Company，1984.

Meiguo——Jinzhi Cong Jianada Jinkou Jinqiangyu He Jinqiangyu Chanpin An（GATT，1981 nian）

美国——禁止从加拿大进口金枪鱼和金枪鱼产品案（GATT，1981年） （United States-Prohibition of Imports of Tuna and Tuna Products from Canada，GATT，1981） 由《关税与贸易总协定》（GATT）争端解决专家组审理并于1981年做出裁定的加拿大和美国之间因美国禁止从加拿大进口金枪鱼和金枪鱼产品而引起的争端。

该案因美国依据其《渔业养护与管理法》(1976年)禁止从加拿大进口金枪鱼和金枪鱼产品而引起。所涉金枪鱼是加拿大和美国都加入的美洲间热带金枪鱼委员会（IATTC）和《养护大西洋金枪鱼国际公约》（ICCAT）等国际机制所保护的海洋物种。1980年1月21日，加拿大要求 GATT 设立专家组审查美国根据其《渔业养护与管理法》(1976 年)第 205 条(禁止进口)于 1979 年 8 月 31 日采取的禁止从加拿大进口金枪鱼和金枪鱼产品的措施的正当性。美国这项措施的实施紧随加拿大此前扣押 19 艘美国渔船的行动之后。这些渔船未经加拿大许可在加拿大专属经济区水域里捕捞长鳍金枪鱼(*Albacore tuna*),而当时美国并不承认此为加拿大的专属经济区。1980 年 3 月 26 日，GATT 理事会决定设立一个专家组审查该案。专家组于 1981 年 12 月 22 日提交审查报告，裁定美国的进口禁止违反了 GATT 第 11 条（普遍取消数量限制）和第 20 条序言及第 20 条（g）款。

报告涉及的环境保护问题　该案主要争端在于国家为保护国家管辖范围以外的自然资源而采取贸易限制措施的正当性问题。专家组就有关争议对 GATT 第 20 条序言和第 20 条（g）款的适用做了解释。专家组指出第 20 条（g）款规定的保护自然资源的措施必须与限制国内生产或消费一同实施。根据该案的情况，专家组还补充了一点，即报复措施不属于第 20 条所列举的例外措施。（王曦）

Meiguo——Jinzhi Jinkou Mouxie Xia He Xiachanpin An（WTO，2001 nian）

美国——禁止进口某些虾和虾产品案（WTO，2001 年）　(United States-Import Prohibition of Certain Shrimp and Shrimp Products，WTO，2001)　由世界贸易组织（WTO）争端解决机构审理并于 2001 年做出裁定的，以美国为一方，以马来西亚为另一方，因美国禁止进口某些虾和虾产品案的执行措施而引起的争端。

案情简介　2000 年 10 月 12 日，马来西亚根据《关于争端解决规则与程序的谅解》第 21 条（对执行建议和裁决的监督），要求 WTO 争端解决机构设立专家组审查美国是否遵守争端解决机构在美国——禁止进口某些虾和虾产品案(WTO，1998 年)中提出的有关建议和裁定。马来西亚认为，自 1998 年 11 月 6 日以来，美国没有解除对某些虾和虾产品的进口的禁止，没有采取必要措施允许某些虾和虾产品不受限制地进入美国市场，因而构成对上述建议和裁定的违反。2000 年 10 月 23 日，WTO 争端解决机构决定将此案交由原专家组审理。澳大利亚、欧共体、中国香港、印度、日本、墨西哥和泰国作为第三方提出了意见。

专家组经过审理，裁定：①美国为执行争端解决机构的建议和裁定而采取的措施违反了《关税与贸易总协定》(GATT，1994）第 11 条第 1 款（关于取消数量限制）；②根据争端解决机构的建议和裁定，美国相关部门 1999 年修改了用于实施《濒危物种保护法》第 609 条的指南，得到 GATT(1994)第 20 条的支持。专家组呼吁马来西亚和美国尽快缔结关于养护海龟的综合战略的合作协定，按照原专家组报告的意见，该协定包括海龟驱逐装置的设计、安装和使用，并需考虑不同地理区域的特定条件。

马来西亚不服专家组的裁定，于 2001 年 8 月 2 日上诉于争端解决机构的上诉机构。澳大利亚、欧共体、中国香港、印度、日本、墨西哥和泰国作为第三方参加了争端解决程序。上诉机构确认了专家组的上述裁定。

涉及的国际环境法问题　该案是针对为保护国家管辖范围以外自然资源而采取单边贸易限制措施的正当性问题的案例。该案专家组和上诉机构的报告中值得注意的主要有两项。

①坚持主张在以贸易限制措施保护国家管辖范围以外的自然资源时采取多边合作的方法。WTO 争端解决机构要求国家在为保护国家管辖范围以外的自然资源而采取单边贸易限制措施之前，必须为缔结一项旨在解决争端的国际协定而同有关国家进行认真、善意、持续的谈判，这实际上将单边贸易限制措施转化为国际合作措施。在该案中，马来西亚认为国家在采取符合第 20 条（b）款和（g）款规定的例外措施之前，应当同有关国家缔结保护有关自然资源的协定。但专家组和上诉机构没有认可马来西亚的这种绝对的观点，认为只要国家在采

取这种例外措施之前为缔结这种协定而认真、善意和持续地做出了谈判的努力就够了，至于是否缔结协定，并不是判断单边贸易措施的合法性的决定性因素。同样地，WTO 争端解决机构要求国家在实施为保护国家管辖范围以外的自然资源而采取的单边贸易限制措施时，应当承认其他国家在本国采用的具有同样保护效果的措施，这实际上将这种单边贸易限制措施转化为多边合作措施。在该案中，上诉机构认为美国修改后的《濒危物种保护法》第 609 条实施指南和美国对澳大利亚等国的做法表明，美国在实施第 609 条时具有这种灵活性。②在分析有关为保护国家管辖范围以外自然资源而采取的单边贸易限制措施的正当性时，坚持运用“两步分析法”[参见美国——精炼与常规汽油标准案（WTO，1996 年）]分析问题，“两步分析法”已经成为 WTO 争端解决机构在解释和适用 GATT 第 20 条时所惯用的方法。　（王曦）

Meiguo——Jinzhi Jinkou Mouxie Xia He Xiachanpin An（WTO，1998 nian）

美国——禁止进口某些虾和虾产品案（WTO，1998 年）　（United States-Import Prohibition of Certain Shrimp and Shrimp Products，WTO，1998）　由世界贸易组织（WTO）争端解决机构审理并于 1998 年做出裁定的，以美国为一方，以马来西亚、泰国等国为另一方，因美国禁止进口某些虾和虾产品而引起的争端。

案情简介　该案因防止捕虾误伤保护海龟而起。美国于 1987 年根据《濒危物种保护法》（1973 年）制定条例，要求所有的美国捕虾船使用经批准的海龟排除装置，或者在捕虾季节海龟死亡率高的区域实行捕虾时间限制。该条例后来被修订，进一步要求除有限的例外情况外，在所有的捕虾活动可能影响海龟的地区任何时间都要使用经批准的海龟排除装置。1989 年 11 月，美国颁布了《濒危物种保护法》第 609 条，该条要求美国尽快与其他国家就保护海龟进行谈判，以便制定保护海龟的双边或多边协定。该条（b）款规定，最迟从 1991 年 5 月 1 日起，禁止进口用可能有害于海龟的商业捕捞技术捕捞的虾。但此禁运不适用于经美国国务院检定的国家。美国于 1991 年、1993 年和 1996 年三次颁布有关此检定的指南。其中，1996 年指南规定从该年 5 月 1 日起，将《濒危物种保护法》第 609 条的适用范围扩大到所有美国以外国家和区域。

马来西亚、巴基斯坦、泰国和印度反对美国《濒危物种保护法》第 609 条、相关条例和指南规定的虾进口禁令。对此，世界贸易组织争端解决机构专家组于 1998 年 5 月 15 日向 WTO 成员提交了专家组报告，做出了两个裁定：①接受来自非政府组织的未经要求而提供的信息的做法不符合 WTO《关于争端解决规则与程序的谅解》；②依据美国《濒危物种保护法》第 609 条而实施的对虾和虾产品的禁运同《关税与贸易总协定》（GATT，1994）第 11 条第 1 款相冲突，并且得不到 GATT 第 20 条的支持。

美国不服专家组的裁定，提起上诉。WTO 上诉机构于 1998 年 10 月 12 日提出报告，最后裁定：①撤销专家组关于接受来自非政府组织的未经要求而提供的信息不符合 WTO《关于争端解决规则与程序的谅解》的裁定；②撤销专家组关于美国的有关措施不属于 GATT 第 20 条所许可的范围的裁定；③美国的措施尽管得到第 20 条（g）款的暂时性支持，却没有满足第 20 条序言的要求，因而得不到 GATT 的支持。上诉机构建议争端解决机构要求美国采取行动，将不符合 GATT 第 11 条和第 20 条的有关措施根据它在 GATT 下的义务予以改正。该报告于 1998 年 11 月 6 日被 WTO 争端解决机构所通过。

GATT 第 20 条的解释和适用问题　关于这个问题，该案中值得注意的主要有七点。①上诉机构不仅坚持了“两步分析法”　[参见美国——精炼与常规汽油标准案（WTO，1996 年）]，而且还进一步指出，“两步分析法”中两个步骤的顺序“反映了第 20 条的基本结构和逻辑”。②关于判断系争措施是否属于第 20 条

(g) 款所指的与保护“可用尽的自然资源”相关的措施，上诉机构采用了 “三层分析法”来审查。第一层是判断系争措施所保护的标的(在该案中是海龟)是否属于可用尽的自然资源。在审查中，上诉机构以发展的和开放的态度来对待“自然资源”概念，认为第20条(g)款中的“自然资源”一词的含义是动态的、发展的，而不是静止不变的，既包括有生命的资源，也包括无生命的资源。第二层是判断系争措施(在该案中是《濒危物种保护法》第609条)是否与保护可用尽的自然资源有关。根据上诉机构的观点，只要系争措施是“主要为了”保护可用尽的自然资源或者与保护自然资源政策之间具有实质性的联系，就可认定它为与保护可用尽的自然资源有关的措施。第三层是判断系争措施是否与限制国内生产或消费一同实施。③上诉机构进一步论述了第20条序言同第20条(a)款至(j)款的关系。上诉机构认为，系争措施的政策目标的正当性，以及该目标同该措施本身及其一般设计和结构的关系，应由第20条(g)款来检验。上诉机构认为，国家为保护国家管辖范围以外的自然资源而采取的贸易限制措施可能“暂时地”被认定为符合GATT第20条(g)款的规定。但任何一种措施，如要最终成为第20条(a)款至(j)款所列的例外，必须满足第20条序言的要求。在成员援用第20条所列例外的权利与该成员尊重其他成员的条约权利的义务之间，必须达到一个平衡。第20条的序言被置于该条所列各项例外的核心，就是为了防止出现成员滥用或者误用上述权利的后果，国家在主张一项同条约义务相抵触的权利时，必须一秉善意即合理。④上诉机构指出WTO的谈判者们认识到世界资源的最佳利用应当符合可持续发展的目标，为此决定将《WTO协定》的目标进行相应修改。⑤上诉机构承认该案所涉海龟属于第20条(g)款所指“可用尽的自然资源”。⑥上诉机构认为，在国际贸易关系中，以下做法是不可取的，即一个WTO成员在不考虑其他成员可能具有的不同条件的情况下，为实现某种政策目标，对其他成员实行经济禁运以要求其他成员制定同其国内实行的管制计划基本上相同的计划。⑦国家在采取第20条(b)款或(g)款规定的例外性措施之前，应当认真地同有关国家进行磋商或谈判，通过国际合作机制解决争端。上诉机构指出，美国在执行虾禁运之前，并没有认真地邀请被上诉方进行全面的谈判以缔结旨在保护海龟的双边或多边的协定。

涉及的国际环境法问题 该案涉及三个问题。①为保护国家管辖范围以外的自然资源而采取的贸易限制措施的正当性问题。上诉机构一方面承认保护国家管辖范围以外的可用尽的自然资源的必要性，另一方面强调这种保护措施不能违背GATT第20条序言，即不能构成任意或不合理歧视的手段或构成对国际贸易的变相限制。上诉机构认为最好的做法是通过双边的、区域的或多边的磋商和谈判来解决问题。②“同类产品”和与之相关的“工艺和生产方法”问题。美国1996年依据其《濒危物种保护法》第609条制定的指南规定所有出口美国的虾必须附有一份《虾出口商声明》，表明出口的虾产自持有有效检定证书的国家的水域或没有构成对海龟的危害，不符合此规定的国家生产的虾不得进入美国。这种规定实际上是将使用和没有使用海龟排除装置的虾生产方法进行区别。这是一个涉及“工艺和生产方法”的问题。在该案中，上诉机构通过“三层分析法”暂时确认《濒危物种保护法》第609条是一项属于GATT第20条规定的例外情况范围之内的措施，实际上承认了《濒危物种保护法》第609条对两种虾生产方法加以区别的做法。但它在做第二步分析时，发现有证据表明美国这项措施的实施违反了GATT第20条序言，因而最后裁定美国的《濒危物种保护法》第609条违反了GATT第11条(普遍取消数量限制)和第20条(一般例外)的序言。③非政府组织参与WTO争端解决程序的资格问题。在该案中，美国政府在自身的意见书以外，还附带提交了三组美国的非政府环保组织以“法庭之友”的身份提交的关于该案的意见书。尽管遭到马来西亚等国反对，上诉机构还是决定将这些非政府组织的意见书作为对美国官方意见书的证据而采纳。这项决定确定了非政府组织参与 WTO 争端解决程序的资格。（王曦）

推荐书目

赵维田.美国——对某些虾及虾制品的进口限制案.上海：上海人民出版社，2003.

Meiguo——Jinglian Yu Changgui Qiyou Biaozhun An（WTO，1996 nian）

美国——精炼与常规汽油标准案（WTO，1996 年）（United States-Standards for Reformulated and Conventional Gasoline，WTO，1996） 由世界贸易组织（WTO）争端解决机构审理并于 1996 年做出裁定的，以美国为一方、委内瑞拉和巴西为另一方，因美国限制外国汽油进口而引起的争端。

案情简介 为了进一步防止和控制空气污染，美国环保局按照《〈清洁空气法〉1990 年修正案》的要求就汽油成分和汽车尾气排放制定了《汽油条例》，适用于美国的石油提炼厂、合成厂及进口商。为保证燃烧汽油造成的污染不超过 1990 年的水平和减轻主要污染地区的污染，《〈清洁空气法〉1990 年修正案》规定了两个汽油方案。一个是《精炼汽油方案》，适用于空气质量未达标地区，包括夏季空气污染严重的 9 个大都市地区和所在州州长要求将该州列为未达标地区的地区。根据该方案，自 1995 年 1 月 1 日起，这些地区销售的汽油必须是精炼汽油。另一个是《常规汽油方案》，适用于其余地区。这些地区只能销售不低于基准年 1990 年所售汽油清洁度的常规汽油。根据《汽油条例》，任何在 1990 年营业 6 个月以上的美国炼油厂，必须确立代表其 1990 年所产汽油的质量的单独基准。美国环境保护局则确立了代表 1990 年美国汽油平均质量的法定基准，适用于任何在 1990 年营业不足 6 个月的美国石油提炼厂以及所有合成厂和进口商。

委内瑞拉和巴西指控美国《汽油条例》关于汽油质量基准的确定方法和适用范围的规定对国产汽油和进口汽油有不同的待遇，构成了对进口汽油的歧视，因而违反了《关税与贸易总协定》（GATT）第 1 条的最惠国待遇规定以及第 3 条第 1 款和第 4 款的国民待遇规定，也违反了《技术性贸易壁垒协定》（TBT）第 2 条的规定。美国反对这些指控，并以 GATT 第 20 条（b）款、（d）款、（g）款所规定的各种例外为根据，辩称《汽油条例》完全合法，并称《汽油条例》不属于 TBT 第 2 条的范围。

在专家组审理阶段，关于《汽油条例》是否违背了 GATT 第 20 条（b）款，专家组的结论是：《汽油条例》所包含的基准建立方法违反了 GATT 第 3 条的规定，并且不能以 GATT 第 20 条（b）款、（d）款、（g）款的规定来证明其合法性。关于《汽油条例》是否违背第 20 条（g）款，专家组裁定该案中争议的不利的基准建立方法的主要目的并非是为了保护自然资源，因而不符合 GATT 第 20 条（g）款的要求。

在上诉机构审理阶段，上诉机构采用了不同的思路和方法，推翻了专家组报告的一部分裁定，但仍然裁定美国的《汽油条例》违反了美国的 WTO 义务。上诉机构推翻了专家组关于 GATT 第 20 条（g）款的结论，确认该基准建立方法属于第 20 条（g）款规定的例外情形，但不符合 GATT 第 20 条序言的要求。上诉机构建议美国采取行动，使其《汽油条例》同美国在 GATT 下的义务相一致。美国接受了上诉机构的报告并按照 WTO《关于争端解决规则与程序的谅解》的规定，在规定的执行期内执行了上诉机构的建议，修改了《汽油条例》。

GATT 第 20 条的解释和适用问题 上诉机构首次从整体上对第 20 条序言与作为例外情况的第 20 条（a）款至（j）款之间的关系做了清楚的说明。上诉机构指出，第 20 条序言所规定的是（a）款至（j）款所列措施的适用方式，它的目的是防止（a）款至（j）款所列措施的滥用，即防止它们的适用构成在情形相同的国家之间的任意或不合理的歧视或对国际贸易的变相歧视；而（a）款至（j）款所列措施，则可以在不违反序言所规定的条件下得到适用，从而构成对 GATT 所规定的基本规则和原则的例外情况，使这些措施所要保护的社会公益和公共秩序得到保护。第 20 条序言是适用第 20 条（a）款至（j）款所列措施的前提条件。

上诉机构首次提出并应用了一个判断第 20 条的适用情况的完整方法，即“两步分析法”。第一步，看争议的“措施”是否构成第 20 条（a）款至（j）款所规定的例外情况；第二步，如果对前一问题的答案是肯定的，则依据第 20 条序言对争议的“措施”的正当性做进一步评估。

此外，上诉机构还提出：①国家有权为保护国内的空气质量而制定并实施相应的政策和措施。②第 20 条（a）款至（j）款所列各种例外情况同它们所追求的本国欲促进和实现的国家利益和政策之间的联系在类型和程度上是各不相同的。判断第 20 条（b）款和（g）款同其所追求的国家利益和政策的关系，不能以这种关系必须同其他各款所追求的国家利益和政策的关系是否相同来判断。③不必证明系争措施的主要目的是为了有效限制国内生产或消费，而应证明它们是同限制国内生产和消费一同实施。④不必以系争措施产生的保护可用尽自然资源的效果来证明其正当性。⑤第 20 条（g）款所规定的措施与它所追求的环境保护目标之间应当有“实质性的联系”，基于这种实质性联系，不能认为《汽油条例》基准建立规则仅仅是偶然地或疏忽地为了保护美国洁净空气这一符合第 20 条（g）款的宗旨。⑥判断第 20 条（b）款所提“必需的”这一要件的标准，即对于该措施不存在同 GATT 相一致的或者较少抵触的，且被合理地认为国家可以加以采纳以实现其环境政策目标的替代措施。

案件影响 该案是 WTO 成立后，根据其争端解决规则和程序，由其争端解决机构审理的第一起案件。该案完整地经历了 WTO 争端解决程序的全过程，即磋商、专家组审议、上诉机构审议和执行 4 个阶段。该案对于人们正确认识为保护国内环境而采取的贸易限制措施的正当性问题具有重要的指导意义。在该案中，WTO 上诉机构首次阐述了其适用和解释 GATT 第 20 条的基本思路和方法，其意义远远超出了为保护国内环境而采取的贸易限制措施的正当性问题的范围，适用于解决所有类型的涉及 GATT 第 20 条的争端。（王曦）

推荐书目

张乃根.美国——精炼与常规汽油标准案.上海：上海人民出版社，2004.

Meiguo Tiannaxi Liuyu Guanli Ju Su Xi'er An, 1978 nian

美国田纳西流域管理局诉希尔案，1978年（Tennessee Valley Authority，USA v. Hill，1978） 由美国联邦最高法院审理并做出判决的，在希尔与田纳西流域管理局之间关于保护濒危物种的争端。该案是关于保护濒危物种的一个环境公益诉讼经典案例，有学者称其为“鱼儿与大坝的故事”。

案情简介 美国 1973 年通过的《濒危物种保护法》第 4 条授权内政部长宣布某个物种为“濒危物种”。该法第 7 条规定，联邦政府各部门及机构应当在内政部长的协助下，利用其职权实施濒危物种保护项目以促进该法宗旨的实现，并且通过采取必要的措施来确保其所授权、资助、执行的行动不会危及这些濒于灭绝的物种和处于灭绝中的物种（threatened species）的持续生存（the continued existence），或者破坏、改变被内政部长认定为濒危物种的栖息地，这些栖息地具有关键意义。在该法通过后不久，有人就要求内政部长根据该法把一种叫作蜗牛镖（snail darter）的小鱼列入濒危物种名单。考虑到蜗牛镖仅生活在小田纳西河的某一部分，而在泰利库大坝建成之后，这部分将会被大坝形成的水库完全淹没，于是内政部长根据《濒危物种保护法》第 4 条宣布那个区域是蜗牛镖的“关键性栖息地”。虽然泰利库大坝建设耗资数千万美元，且即将建成，内政部长还是颁布了一个规章，该规章宣布：“为了遵守《濒危物种保护法》第 7 条的规定，所有的联邦机构必须采取必要的措施，确保那些他们授权、资助或者执行的行动不会破坏或者改变这些关键性栖息地。”但是，田纳西流域管理局并没有宣布停止建设。

诉讼程序 上诉人希尔在联邦地区法院对田纳西流域管理局提起诉讼，要求地区法院禁止田纳西流域管理局泰利库大坝的建成以及水库的蓄水，声称这些行动将会导致蜗牛镖的灭绝，从而违反《濒危物种保护法》。联邦地区法院经过审理之后，拒绝了希尔的请求，驳回起诉。联邦地区法院虽然发现水库蓄水可能会危及蜗牛镖的生存，但它举出了国会虽然充分意识到蜗牛镖的问题，但还是继续为泰利库大坝拨款这一事实。上诉法院撤销了联邦地区法院的判决并且命令联邦地区法院永久地禁止该大坝工程的完工，直到国会通过适当的立法免除泰利库大坝遵守该法的义务，或者蜗牛镖被从濒危物种名单中删除，或者内政部长实质性地重新指定它的关键性栖息地为止。上诉法院认为，由于在部门行动中没能采取必要措施来避免危害蜗牛镖的关键性栖息地，因此田纳西流域管理局初步构成对《濒危物种保护法》第7条的违反。

案件裁决及理由 联邦最高法院认为：①《濒危物种保护法》第7条的措辞并没有像被上诉人强烈要求的那样对这些行为给予豁免。《濒危物种保护法》可以适用于像泰利库大坝这样的在国会通过该法时正在建设的大坝。②从该法的立法史中可以看出，国会意图停止和逆转濒危物种灭绝的趋势——无论要付出多大的代价。③国会预见到该法第7条可能有时会要求部门为了履行该法的目标而改变正在进行的工程。没有任何该法规定的受到严格限制的“困境豁免”（hardship exemptions）可以适用于泰利库大坝工程。④国会通过的田纳西流域管理局拨款措施并没有说泰利库大坝工程可以不考虑《濒危物种保护法》的要求继续建下去直至完工。由于泰利库大坝的完工可能会违反该法，因此被禁止继续建设。上诉法院的裁决并没有错，最高法院认为国会已经用最清楚的语言表明了濒危物种享有至高无上的优先权（the highest priorities）。基于这些理由，最高法院维持了上诉法院的判决。 （唐瑭）

推荐书目

汪劲，严厚福，孙晓璞.环境正义：丧钟为谁而鸣——美国联邦法院环境诉讼经典判例选.北京：北京大学出版社，2006，

J.G.阿巴克尔，G.W.弗利克.美国环境法手册.北京：中国环境科学出版社，1988.

史蒂文·J.卡恩.行政法原理与案例.张梦中，曾二秀，蔡立辉，等译.广州：中山大学出版社，2004.

Meiguo——Xianzhi Jinqiangyu Jinkou An（GATT，1994 nian）

美国——限制金枪鱼进口案（GATT，1994年） （United States-Restrictions on Imports of Tuna，GATT，1994） 由《关税与贸易总协定》（GATT）争端解决专家组审理并于1994年做出裁定的，以美国为一方，以欧共体（EC）和荷兰为另一方，因美国限制进口欧共体和荷兰等国生产的金枪鱼和金枪鱼产品而引起的争端。

案情简介 1992年，欧共体和荷兰向GATT状告美国《海洋哺乳动物保护法》（1972年）中关于禁止进口金枪鱼和金枪鱼产品的规定。欧共体和荷兰认为，美国根据《海洋哺乳动物保护法》实施的关于金枪鱼的中介国贸易禁运和原产国贸易禁运违反了GATT第11条（普遍取消数量限制）、第3条（国民待遇），且并不属于第20条（一般例外）所规定的例外情况。1994年6月16日，GATT专家组发表关于此案的报告。专家组最后的结论是：美国依据《海洋哺乳动物保护法》第101条（a）款（2）项、第305条（a）款（1）项及（2）项（“原产国禁运”）和第101条（a）款（2）项（C）目（“中介国禁运”）实行的对金枪鱼和金枪鱼产品的贸易禁运，违反了GATT第11条（1）款，并且不在GATT第20条（b）款、（g）款或（d）款所规定的例外范围之内。专家组建议缔约方要求美国采取措施以使其上述措施同它

在 GATT 下的义务相一致。但 GATT 理事会没有接受这个专家组报告。

GATT 第 20 条的解释和适用问题 在该案中，针对为保护国家管辖范围以外的自然资源而采取的贸易限制措施的正当性问题，专家组对 GATT 第 20 条（g）款和（b）款的适用做了阐释。

关于 GATT 第 20 条（g）款的适用 ①第 20 条（g）款对受保护的可用尽的自然资源的地点的限制没有任何说明。在原则上，可以采取对不同来源的产品采取不同对待的措施。专家组承认第 20 条（g）款的适用范围不限于采取措施保护可用尽自然资源的国家的领土之内。不过，专家组认为这种适用于领土范围之外的情况是以国籍为依据的，即只适用于本国的国民和船舶。③为迫使其他国家改变政策和只有这种改变发生才有效的措施，不可能是第 20 条（g）款含义下的、主要是为了保护可用尽的自然资源或者使对国内生产或消费的限制发生效果的措施。

关于 GATT 第 20 条（b）款的适用 专家组报告中有四个值得注意的观点。①第 20 条（b）款中“必需的”一词指的是“不存在替代方案”。②如果第 20 条被解释为许可缔约方采取贸易禁运以便迫使其他缔约方在其管辖范围内改变包括保护生物的政策在内的政策，并且这种政策的有效性要求这种改变，那么 GATT 的目的将受到严重损害。那些一旦采用则会迫使其他国家改变其政策，并且只有出现这种改变才有效的措施，不能被看作为保护第 20 条（b）款所指动物的生命或健康所“必需的”措施。③包括保护和保存环境在内的可持续发展的目标已经得到了 GATT 缔约方的广泛承认，这表明环境保护已经引起了 GATT 争端解决专家组的承认和重视。④在追求环境目标时，国家不能以贸易禁运来引起其他缔约方在其管辖范围内实施的政策的改变，GATT 第 20 条没有反映对这种贸易禁运措施的认可。 （王曦）

Meiguo——Xianzhi Jinqiangyu Jinkou An（GATT，1991 nian）

美国——限制金枪鱼进口案（GATT，1991 年） （United States-Restrictions on Imports of Tuna，GATT，1991） 由《关税与贸易总协定》（GATT）争端解决专家组审理并于 1991 年做出裁定的美国和墨西哥之间因美国禁止进口墨西哥生产的金枪鱼和金枪鱼产品而引起的争端。

案情简介 该案由美国为防止在捕捞金枪鱼的过程中，海豚被连带误捕、误杀，禁止从墨西哥进口金枪鱼及其产品而引起。

美国 1972 年《海洋哺乳动物保护法》（Marine Mammal Protection Act，MMPA）规定，除非获得明确授权，不得进口或捕杀海洋哺乳动物，其中包含在东太平洋热带海域（位于北纬 40°，南纬 40°，西经 160°，北美和中南美洲西海岸之间的太平洋海域）捕捞黄鳍金枪鱼时偶尔捕杀的海洋哺乳动物。根据《海洋哺乳动物保护法》，采用商业捕鱼技术捕获商业鱼及鱼产品如果在捕捞过程中容易杀害或严重伤害海洋哺乳动物，并超过美国国内法规允许的死伤标准的，不得进口。特别禁止进口用拖网在上述特定海域捕获的黄鳍金枪鱼（原产国贸易禁运，primary nation embargo），除非美国基于以下理由予以授权：①捕捞国的政府采取与美国类似的措施管理海洋哺乳动物的捕获行为；②捕捞国船只捕获海洋哺乳动物的平均概率与美国可比，平均捕杀概率（拖网每次杀害的海豚数）不得超过美国同时期平均概率的 1.25 倍。该法还规定，如果一国的金枪鱼是从禁止进口的原产国进口的，则禁止进口该国的金枪鱼（中介国贸易禁运，intermediary nation embargo）。

专家组最后的结论是：美国实施的禁止进口墨西哥和“第三国”的某些黄鳍金枪鱼和某些黄鳍金枪鱼制品的禁令以及其所依据的《海洋哺乳动物保护法》的条款是违背 GATT 第 11 条第 1 款的，且不能依据第 20 条（b）款或第 20 条（g）款证明为合法；专家组建议缔约方全体要求美国调整其上述措施以便与其在 GATT 项下的义务无抵触。但 GATT 理事会没有接受这个专家组报告。

其后，美国于1992年通过了《国际海豚保护法》（International Dolphin Conservation Act），并同墨西哥和委内瑞拉就国际暂停用拖网捕捞金枪鱼展开了谈判。1992年，在美洲间热带金枪鱼委员会（IATTC）的主持下，12个国家签署了《关于降低海豚死亡率的国际协定》，其中包括美国和墨西哥。在这个协定签署后两年内，东太平洋热带海域的海豚死亡数量下降到4 000头以下。美国随之取消了金枪鱼禁运。

涉及的国际环境法问题 该案涉及两个问题：①为保护国家管辖范围以外的自然资源而采取的贸易限制措施的正当性问题。专家组的观点主要有两点。首先，专家组倾向于对GATT第20条做严格解释。专家组认为如果接受美国提出的对第20条（b）款和（g）款的扩大解释，则缔约方均可单方面制定其他缔约方如不损害它们依GATT所享有的权利就不可能遵守的有关生命或健康的保护政策，那么GATT将不再是缔约方的多边贸易框架体系，而只是为少数有相同国内条件的缔约方之间的贸易提供的法律保障。其次，专家组倾向于用多边的方法来解决保护国家管辖范围以外的自然资源的问题，认为可以通过由GATT全体成员对GATT做出修改来实现。该案后来的发展表明，多边谈判是解决国际环境与贸易争端的最好方法。②“同类产品”和与之相关的“工艺和生产方法”问题。在该案中，美国的《海洋哺乳动物保护法》禁止进口以可能误伤海豚的方法捕捞的金枪鱼及其产品。这种贸易禁运措施根据捕捞是否可能误伤海豚对金枪鱼及其产品进行区别。专家组不同意这种区别。专家组认为，GATT第3条（国内税和国内法规的国民待遇）仅适用于那些适用于产品本身的措施。专家组注意到《海洋哺乳动物保护法》规定国内捕捞金枪鱼时应减少海豚的偶然捕杀量，但这些规定不能视作适用于金枪鱼产品本身，因为它们并未直接调整金枪鱼的销售且未对作为产品的金枪鱼产生实际的影响。因此，专家组认为对墨西哥的某些黄鳍金枪鱼和某些黄鳍金枪鱼制品的进口禁止以及其所依据的《海洋哺乳动物保护法》条款并不构成GATT第3条的注释和补充所指的国内条例。那些“不直接调整”产品的销售并且不对产品本身产生实际影响的因素，不影响产品的相同性。因此，墨西哥出产的金枪鱼同美国出产的金枪鱼尽管在生产方法上有较大区别，但仍属于同类产品，都同样适用GATT第3条的有关规定，据此责成美国给予墨西哥金枪鱼的待遇不得低于美国金枪鱼，而不论墨西哥船只偶然捕杀海豚量是否与美国船只保持协调。

裁决争议 环境保护主义者对专家组的观点持批评态度，认为其“在环境上是不友好的”（environmentally unsound）。他们认为很多环境政策要求根据产品如何生产来区分产品，并以此作为将生产的环境成本内在化的努力的一部分。以环境保护主义者的观点看，两听物质上相同的金枪鱼罐头，如果捕捞时一种伤害海豚，另一种没有的话将是不“相同”的。

（王曦）

Meiguo Yu Jianada Telei'er Yelianchang Zhongcai An（1938 nian，1941 nian）

美国与加拿大特雷尔冶炼厂仲裁案（1938年，1941年）

（Trail Smelter Arbitration of United States and Canada，1938，1941） 由国际仲裁小组审理并做出仲裁的加拿大英属哥伦比亚省特雷尔铅锌冶炼厂废气污染引起的美国与加拿大之间的跨国空气污染国家责任案件。

案情简介 加拿大英属哥伦比亚省特雷尔铅锌冶炼厂距美国边界仅十余公里，该冶炼厂排放的污染物质随着气流的南下而飘散到美国华盛顿州，使该州的环境受到了污染，农作物损害严重。初期，污染受害者多次向该冶炼厂提出私人赔偿要求，但是由于污染的跨境性质以及国内法关于管辖权的限制，赔偿要求并没有得到回应。1925年，案件被重新提起，并成立了保护受害人协会，目的是取代单独申诉并签订集体协定。1928年，该事件被提交到根据1909年加美《界河条约》所建立的国际联合委员会，但美国拒绝接受该委员会的报告。经过进一步的协商，美国和加拿大决定将争端提交仲裁。

案件仲裁 仲裁庭于 1938 年 4 月 16 日做出初步裁决，一是确认该案件的性质是两国政府间的争端；二是裁定加拿大政府应支付 78 000 美元，这是对 1932 年 1 月 1 日至 1937 年 10 月 1 日之间特雷尔冶炼厂对美国土地造成直接损害的“完全的和最后的”赔偿；三是裁决宣布采取保全措施，要求特雷尔冶炼厂采取预防措施消除损害，并实施临时制度，包括安装控制污染的测量仪。1941 年 3 月 11 日仲裁庭做出最后裁决，详细陈述了事实和污染涉及地区的地形、气象和经济条件，确认案件属于美国与加拿大两国政府关于国内领土受到损害的争端，认为加拿大政府不论是现在还是未来都应当对特雷尔冶炼厂的行为负责并有制止损害的义务，并做出了一项声明：“根据国际法和美国法律原则，如果已发生后果严重的情况，而损害又是证据确凿的话，任何国家也没有权利这样地利用或允许利用它的领土，以致其烟雾在他国领土或对他国领土上的财产和生命造成损害。”

案件影响 该案是国际法历史上第一起跨国环境污染责任案例。该案确立了国家对本国境内私人活动引起的跨界环境损害进行赔偿的先例，由该案引申的“不损害国外环境”原则在 1972 年《人类环境宣言》和 1992 年《里约环境与发展宣言》中得到重申和确认，并在国际实践中发挥积极作用，已成为国际法中的基本原则。 （李广兵　王珍）

推荐书目

万霞.国际环境法案例评析.北京：中国政法大学出版社，2011.

Minjian Zuzhi Ka'erfute · Kelifu Xietiao Weiyuanhui Su Meiguo Yuanzineng Weiyuanhui An，1971 nian

民间组织卡尔弗特·克利夫协调委员会诉美国原子能委员会案，1971 年 （Calvert Cliffs' Coordinating Committee v. United States Atomic Energy Commission，1971） 由美国哥伦比亚特区联邦地区法院和哥伦比亚特区联邦上诉法院审理并做出判决的，在民间环保组织卡尔弗特·克利夫协调委员会与美国原子能委员会之间因美国《国家环境政策法》规定的环境影响评价制度而引起的争端。

案情简介 1969 年，美国国会通过了《国家环境政策法》（NEPA）。在该法施行后，卡尔弗特·克利夫协调委员会向哥伦比亚特区联邦地区法院起诉美国原子能委员会，声称美国原子能委员会采取的程序规则未能在决策时考虑环境因素，因而违反了《国家环境政策法》。但地区法院拒绝了该组织的诉讼要求，卡尔弗特·克利夫协调委员会随即向哥伦比亚特区巡回上诉法院提起上诉。上诉法院判决撤销原判。

案件裁决及理由 上诉法院认为：美国原子能委员会必须修改它在决策时考虑环境问题的规则，因为 NEPA 要求政府部门在进行决策时必须行使实质性的自由裁量权，尽可能地保护环境，但美国原子能委员会的决策规则没能做到这一点。上诉法院认为：①美国原子能委员会的规则规定除非有人明确提出要求，否则听证会委员不需要考虑环境因素，这是不符合NEPA规定的，美国原子能委员会必须考虑环境因素；②NEPA没有规定遵守NEPA的时间表并不能证明美国原子能委员会延迟实施 NEPA 规则的推断是正当的；③如果政府部门制定的环境标准低于 NEPA 的标准或没能遵守 NEPA 要求考虑的环境因素，那么美国原子能委员会的听证会委员就不能仅仅依赖于这样的标准；④在审批运行许可证时，不管建设许可证是在NEPA实施之前还是之后发布的，美国原子能委员会的听证会委员都必须考虑环境方面的因素。上诉法院强调，NEPA 并不是将环境价值作为排他性因素来考虑，而是要求联邦机构在将环境价值与其他的价值一并考虑时，优先考虑环境价值。

关于 NEPA 第 101 条中的“一切切实可行的手段和措施”（all practicable means and measures）一语，上诉法院认为是要求联邦机构在行动中一定要将对环境价值的考虑作为其决策的一部分。关于NEPA第102条（c）款中的"与……一道（accompany）"一词，上诉法院认为，应理解为环境影响评价报告书等文件必须与联邦机构的行动建议一道通过联邦机构的审查程序，即联邦机构在审查行动建议的过程中必须同时审查该建议的环境影响。关于NEPA第102条中的"尽一切可能"(to the fullest extent possible）一语，上诉法院认为，它指的是联邦机构的行动决策过程中的每一个重要阶段都应当考虑环境问题。

案件影响 该案是NEPA颁布以后，对联邦机构如何遵守环境影响评价程序做出司法解释的早期经典案例。该案的判决涉及的问题是多方面的，但最为重要的是对一些NEPA中规定相对笼统的用词，按照严格标准进行了解释及适用。 （唐瑭）

Mou Piaoranchang Su Guangdong Sheng Foshan Shi Nanhai Qu Zhengfu Xingzheng Chufa An，2007 nian

某漂染厂诉广东省佛山市南海区政府行政处罚案，2007年 （a dyeing company v. Government of Nanhai District，Guangdong Province，2007） 一起关于环境保护法律中规定的污染源限期治理的行政诉讼案例。

案情简介 广东省佛山市南海区某漂染厂等8家企业取得了《广东省排放污染物许可证》，生产污水排入南海区解放涌。2006年第一到第四季度，南海区政府先后向某漂染厂送达了多份《排污核定通知书》，告知其当年的第三、第四季度排放的污染物化学需氧量浓度均超过许可的最高浓度，其2006年全年排放污染物化学需氧量总量超过许可排放总量。2007年2月，南海区政府作出行政决定，对包括某漂染厂在内的造成解放涌水体严重污染的漂染企业进行限期治理，并对排放污染物化学需氧量实行目标总量控制。2007年6月，南海区政府召集某漂染厂等企业开会，要求某漂染厂等企业于2007年7月5日前申请对限期治理和污染物排放总量控制验收。2007年10月18日，南海区环境保护局经调查发现，某漂染厂在限期治理期间增加了废水处理池，但调试设施未落实，未在限期内申请验收。2007年12月，南海区政府向某漂染厂发出《行政处罚决定书》，做出责令停业的处罚决定。某漂染厂不服，以南海区政府为被告向广东省佛山市禅城区人民法院提起行政诉讼。

案件裁决 庭审中，围绕监测数据来源单位南海区环境保护监测站的监测资质、限期治理的合理期限等问题，原、被告展开了激烈的辩论。禅城区人民法院经审理后认为，南海区环境保护监测站具备出具环境监测数据和结果的资质，南海区政府采用该监测站所出具的环境监测数据认定某漂染厂存在污染行为于法有据。南海区政府在环境保护监督管理过程中可以根据被限期治理项目的具体情况，确定相应的限期治理期限。禅城区人民法院做出一审判决，判决南海区政府做出的行政处罚程序合法，应予维持。某漂染厂不服判决，上诉到佛山市中级人民法院。佛山市中级人民法院终审判决驳回上诉，维持原判。

案件影响 本案中，法院判决支持了政府限期治理的行政处罚决定，引起了较大的社会反响。该案中的治理对象某漂染厂等8家企业属于严重污染环境的污染源，根据《中华人民共和国环境保护法》（1989年）的有关规定，可以对其适用限期治理。市、县或者市、县以下人民政府管辖的企事业单位限期治理，由市、县人民政府决定，南海区政府做出对包括该厂在内的解放涌沿岸8家漂染企业进行限期治理的决定是合法的。 （邵琛霞）

N

《Nongye Zhuanjiyin Shengwu Anquan Guanli Tiaoli》

《农业转基因生物安全管理条例》

(Regulations on the Safety of Agricultural GMOs)

中国为了加强农业转基因生物安全管理，保障人体健康和动植物、微生物安全，保护生态环境，促进农业转基因生物技术研究而制定的行政法规。

适用范围 中华人民共和国境内从事农业转基因生物的研究、试验、生产、加工、经营和进口、出口活动。

产生背景和制定过程 中国政府很早就对转基因作物的安全问题给予了高度关注。1993 年 12 月，国家科学技术委员会颁布了《基因工程安全管理办法》。1996 年 7 月，农业部颁布了《农业生物基因工程安全管理实施办法》，规定转基因农作物最终上市需要经过实验室、中间试验、环境释放、商品化生产四个阶段。1999 年，国家环境保护总局发布《中国国家生物安全框架》，提出我国在生物安全方面的政策体系、法规框架、风险评估和风险管理技术准则。在此基础上，2001 年 5 月 9 日国务院第 38 次常务会议通过了《农业转基因生物安全管理条例》。该条例于 2001 年 5 月 23 日颁布并施行，并于 2011 年进行了修订。

主要内容 《农业转基因生物安全管理条例》（以下简称《条例》）共 8 章 56 条。《条例》规定由国务院建立农业转基因生物安全管理部际联席会议制度，主要负责研究、协调农业转基因生物安全管理工作中的重大问题。国家建立农业转基因生物安全评价制度。国务院农业行政主管部门制定农业转基因生物安全评价的标准和技术规范。国家对农业转基因生物安全实行分级管理评价制度，对农业转基因生物实行标识制度。《条例》还对农业转基因生物安全监督管理机构以及农业转基因生物的研究与试验、生产与加工、经营、进口与出口活动做出了规定。（秦天宝）

推荐书目

张树珍.农业转基因生物安全.北京：中国农业大学出版社，2006.

O

Ougongti——Roulei He Roulei Chanpin De Cuoshi (He'Ermeng) An (WTO，1997 nian)

欧共体——肉类和肉类产品的措施(荷尔蒙)案(WTO，1997 年) (European Community-Measures concerning Meat and Meat Products (Hormones), WTO, 1997) 由世界贸易组织(WTO)争端解决机构审理并于1997 年做出裁定的美国与欧共体之间因欧共体禁止进口在饲养过程中使用激素(荷尔蒙)的牲畜生产的肉类和肉类产品而引起的争端。

案情简介 由于欧洲消费者担心肉类食品中含有的激素对人类健康有危害，欧共体于1985 年 12 月 31 日通过了 85/649/EEC 指令，禁止在饲养过程中使用所有类型的激素并禁止进口此类肉类。美国于 1987 年 3 月根据东京回合的《技术贸易壁垒协定》(TBT) 对欧共体这一禁令提出异议。双方协商未果。1989 年 1 月 1 日，美国做出贸易报复措施，对从欧共体进口的所有商品课加 100%的从价税。1996 年 6 月 19 日，欧共体要求世界贸易组织设立专家组审理此纠纷。在专家组设立之后，美国于 1996 年 7 月 15 日停止报复措施。专家组于 1997 年 8 月 18 日最后裁定，欧共体实行没有风险评估依据的卫生措施，违反了《实施卫生与植物卫生措施协定》(简称《SPS 协定》) 第 5.1 条；欧共体在其针对不同情况的、其认为适当的卫生保护水平之间实行的任意的和不合理的差别对待，构成了歧视和对国际贸易的变相限制，违反了《SPS 协定》第 5.5 条；欧共体由于实施的卫生措施缺乏现行国际标准依据并得不到《SPS 协定》第 3.3 条的支持，违反了《SPS 协定》第 3.3 条的规定。欧共体于 1997 年 9 月 24 日提出上诉。上诉机构就专家组报告做出了 14 项裁定，其中确认了专家组关于风险预防原则问题的裁定。

涉及的国际环境法问题 风险预防原则的法律地位问题是该案中一个与环境保护和环境法密切相关的争议问题。欧共体认为它的禁运措施符合《SPS 协定》和《关税与贸易总协定》(GATT)，并认为它的禁运措施是以风险预防原则为依据的。美国认为欧共体的禁运措施违反了《SPS 协定》和 GATT，并认为对现在不存在、但在将来可能被证实的某种风险的推测，不可成为禁止某种物品的依据，且援用风险预防原则时必须提供某种指示风险的科学信息，而不能仅仅是推测，但欧共体没有提供这种科学信息。

专家组认为，风险预防原则作为解释国际公法的一条习惯法规则，可以被看作是习惯国际法的一部分并用来解释《SPS 协定》中关于风险评估的第 5.1 条和第 5.2 条，但不能推翻第 5.1 条和第 5.2 条的明确条文。考虑到风险预防原则在第 5.7 条中有明确规定，且欧共体明确声明在本案中不援引第 5.7 条，专家组裁定，欧共体对为刺激生长而用任何一类系争五类生长激素处理过的肉类和肉类制品，包括按照最佳惯例以其中一种荷尔蒙处理过的肉类和肉类制品的禁运，实质上并非以风险评估为依据。

上诉机构对风险预防原则与《SPS 协定》的关系进行了考察。首先，该原则没有被作为支持《SPS 协定》的一项理由写进《SPS 协定》。对它的违反没有被视为对《SPS 协定》有关义务的违反。其次，该原则的确在《SPS 协定》第 5.7 条和第 3.3 条的第 6 款中得到了反映，这些条款明确承认了成员国设立自己的，高于现行国际标准、指南和建议的卫生保护水平的权利。再次，存在一个评判小组，负责判定是否有充分的科学证据来证明某成员国实行某一 SPS 措施时可能和应当记住在事关不可逆转的危险如生命的终结和对人类健康的危害时，负责的代议政府通常都本着谨慎和预防的思想行事。最后，该原则本身没有以清楚的文字指示来解除专家组运用《维也纳条约法公约》(1969) 规定的条约解释的一般原则解释《SPS 协定》的义务。基于以上认识，上诉机构赞同专家组关于风险预防原则没有推翻《SPS 协定》第 5.1 条和第 5.2 条的规定的裁定。（王曦）

Ougongti——Yingxiang Shimian He Han Shimian Chanpin Cuoshi An（WTO，2001 nian）

欧共体——影响石棉和含石棉产品措施案（WTO，2001 年）（European Community-Measures Affecting Asbestos and Asbestos-containing Products，WTO，2001） 由世界贸易组织（WTO）争端解决机构审理并于 2001 年做出裁定的，加拿大和欧共体及法国之间因法国禁止进口石棉和含石棉产品而引起的争端。

案情简介 加拿大于 1998 年 5 月 28 日要求同欧共体就法国对石棉和含石棉产品的禁止进口进行磋商，没有达成一致。随后于 1998 年 10 月 8 日要求世界贸易组织争端解决机构审理此案。加拿大指控法国关于禁止石棉和含石棉产品的第 96—1133 号法令（1997 年 1 月 1 日生效）违反了欧共体根据《技术性贸易壁垒协定》（TBT）第 2 条（中央政府制定、采用和实施的技术法规）、《关税与贸易总协定》（GATT，1994）第 3 条（国民待遇）和第 11 条（普遍取消数量限制）等条款所承担的义务，要求 WTO 争端解决机构予以纠正。WTO 争端解决机构专家组于 2000 年 7 月 25 日向当事方提交最后报告，裁定：①法国关于禁止石棉和含石棉产品的第 96－1133 号法令的“禁止”部分不属于 TBT 的范围，该法令的“例外”部分虽属于 TBT 的范围，但因加拿大没有对其提出要求，故专家组不予裁定；②温石棉纤维和可以替代它的纤维是同类产品，石棉水泥产品和纤维水泥产品是 GATT 第 3 条第 4 款规定的同类产品；③鉴于这些产品被裁定为同类产品，第 96－1133 号法令违反了 GATT 第 3 条第 4 款；④尽管该法令对这些产品给予了歧视性待遇，但可以得到 GATT 第 20 条序言和（b）款的支持；⑤加拿大没有证明它在 GATT 项下直接或间接获得的利益正在丧失或减损。

加拿大不服专家组的裁定，于 2000 年 10 月 23 日对 WTO 上诉机构提起上诉。欧共体也于 2000 年 11 月 21 日提起上诉。上诉机构于 2001 年 2 月 16 日提出报告。该报告撤销了专家组关于法国第 96－1133 号法令的“禁止”部分不属于 TBT 的范围的裁定；撤销了专家组关于此案所涉“同类产品”的裁定；撤销了专家组关于法国违反 GATT 第 3 条的裁定。同时，上诉机构确认了专家组关于法国第 96－1133 号法令系 GATT 第 20 条（b）款所称“为保护人类、动物或植物的生命或健康所必需的措施”的裁定；确认了专家组关于该法令可能引起 GATT 第 23 条（b）款项下的诉由的裁定。上诉机构裁定加拿大没有证明系争措施有违欧共体在 WTO 有关协定下的义务，因此不对争端解决机构提出任何建议。

涉及的国际环境法问题 一是为保护国内环境而采取的贸易限制措施的正当性问题。WTO 上诉机构的观点主要是：①GATT 第 20 条（b）款并没有要求对人类生命或健康风险给予量化。对于这种风险或者威胁，可以做定性的评估，也可以做定量的评估。②为制止一种高度危险的产品的扩散而允许使用一种危险较小的产品，是完全正当的。③合理的替代措施应当是能够实现拟议措施所追求的目标的措施。二是“同类产品”和与之相关的“工艺和生产方法”问题。上诉机构认为，在审查产品的相同性时要全面考虑包括产品的属性、性质和质量以及产品的终端用途、消费者的爱好和习惯、产品的关税分类在内的所有相关因素，不能只依据某一个或部分标准或因素断定产品的相同性。其中，消费者的爱好和习惯是一个不容忽视的标准或因素。同产品相联系的人类健康风险影响消费者的爱好和习惯，从而影响产品的相同性。按照上诉机构的逻辑，假如某一进口产品的人类健康风险大到了足以改变进口国消费者对于该产品的消费行为的程度，即进口国消费者在消费时将该产品同具有同样终端用途但没有人类健康风险或者人类健康风险明显较小的本国产品加以区别，则该产品应当被视为同本国产品不同的产品，而不是同类产品。在这种情况下，对该产品将不能适用 GATT 第 1 条和第 3 条中关于进口产品与国内同类产品一样实行最惠国待遇和国民待遇的规定。这对于生产技术相对落后的发展中国家而言，无疑是一个严峻的挑战。三是非政府组织参与 WTO 争端解决程序的资格问题。在该案中，上诉机构不仅确认非政府组织参与 WTO 争端解决程序的资格，而且为其参与制定了一个“附加程序”，表明所有的案件当事方（包括第三方）都可以利用非政府组织提交的证据或意见书来为本方服务。（王曦）

P

paifang maoyi

排放贸易 （emission trading） 又称碳交易。是《京都议定书》中引入的灵活履约机制之一。《京都议定书》第十七条允许有排放余额的国家将这部分余额出售给超过排放目标的其他国家，从而通过市场机制，利用交易的方式来实现最低成本的温室气体的减排。当一个国家或者企业温室气体减排成本过高，而另外一个国家或企业已经减少了温室气体的排放并且有多余的排放指标可以转让时，排放贸易就很可能发生在这两个国家或者企业之间，即他们通过相应的贸易规则和交易平台，并通过协商和谈判达成一致，在一定的价格条件下来自愿交换他们手中的排放指标。排放贸易可以惠及各个方面：购买方（买家）可以用比较低的成本或价格来实现降低排放水平的目标；出让方（卖家）可以在财务方面获得收益用以支持其在减排温室气体方面的投入和支出。

目前，碳排放贸易市场的运行机制有如下两种形式。一是基于配额的交易。在有关机构控制和约束下，有减排指标的国家、企业或组织即包括在该市场中。管理者在总量管制与配额交易制度下，向参与者制定、分配排放配额，通过市场化的交易手段将环境绩效和灵活性结合起来，使得参与者以尽可能低的成本达到遵约要求。二是基于项目的交易。通过项目的合作，买方向卖方提供资金支持，获得温室气体减排额度。由于发达国家的企业在本国减排方面花费的成本很高，而发展中国家平均减排成本低。因此发达国家提供资金、技术及设备帮助发展中国家或经济转型国家的企业减排，产生的减排额度必须卖给帮助者，这些额度还可以在市场上进一步交易。

欧盟排放权交易体系（EUETS）于 2005 年 4 月推出碳排放权期货、期权交易，碳交易被演绎为金融衍生品。2008 年 2 月，首个碳排放权全球交易平台 BlueNext 开始运行，该交易平台随后还推出了期货市场。其他主要碳交易市场包括英国的英国排放交易体系（UKETS）、澳大利亚的澳大利亚国家信托（NSW）和美国的芝加哥气候交易所（CCX）也都实现了比较快速的扩张。加拿大、新加坡、日本以及韩国也先后建立了二氧化碳排放权的交易机制。

2011 年 10 月，国家发展和改革委员会印发了《关于开展碳排放权交易试点工作的通知》，批准北京、天津、上海、重庆、广东、湖北和深圳七省市开展碳交易试点工作。2016 年 1 月，国家发展和改革委员会发布《关于切实做好全国碳排放权交易市场启动重点工作的通知》，要求确保 2017 年启动全国碳排放权交易，实施碳排放权交易制度。全国碳排放权交易市场第一阶段将涵盖石化、化工、建材、钢铁、有色、造纸、电力、航空等重点排放行业，参与主体初步考虑为业务涉及上述重点行业、其 2013—2015 年中任意一年综合能源消费总量达到 1 万 t 标准煤（含）以上的企业法人单位或独立核算企业单位。 （李威）

Q

qiye huanjing shehui zeren

企业环境社会责任 (corporate environmental social responsibility) 企业对股东之外的一般社会主体所承担的，有关防治污染、集约利用资源、增进环境公益的义务及违反这种义务所带来的不利后果。环境社会责任是一个内涵丰富、外延宽广的概念，既包括道德责任，又包括法律责任；既有强制性内容，又有大量不具有强制性，需要企业自觉履行、主动承担的内容。即便是已为法律所确定的企业环境责任，也有相当一部分倡导性、鼓励性内容，不具有强制性。

沿革 企业环境社会责任是20世纪以来在生产社会化和普遍环境危机的大背景下发展起来的一个概念。长期以来，企业被视为替股东赚钱的工具，只考虑股东利益，只对股东负责。但到了20世纪，公司力量的急剧扩张和不当运用对社会产生了一系列负面影响，企业对社会的责任受到人们的关注，美国学者多德（E.Merrick.Dodd）与伯利（Adolf. A. Berle）曾以《哈佛法律评论》为阵地就公司社会责任问题展开了激烈论战。企业不仅是股东的也是全社会的，企业不仅要为股东赚钱，而且要对受其影响的公众承担责任的观点被广为接受。尤其是20世纪中叶以来，随着环境问题的日益严重和环境意识的普遍觉醒，企业应当承担社会责任、保护环境的观点深入人心，各国纷纷立法对企业环境责任的承担做出规定，成为现代环境法的核心内容。一些企业也做出积极回应，探索科学的环境管理方式，最终促成国际环境管理技术委员会ISO 14000环境管理标准体系的建立。

主要内容 企业环境社会责任涵盖企业活动的各个方面，从对环境的影响的角度来看，可分为四个层次：①环境信息披露。企业应当将其所掌握的、与公众利益密切相关的环境信息以适当的方式公之于众。对于一般企业的一般环境信息，国家实行鼓励企业自愿公开的原则，不做强制性要求，对模范企业予以奖励。对于超标排放或污染严重的企业，实行强制公开，并接受环保部门的核查。企业在发生污染事故或可能影响环境的突发性事件时，也必须及时、准确地向相关部门汇报，并告知公众。②降污减害、节能减排、清洁生产、循环经济。企业在生产经营过程中必须尽其所能地减少环境危害，这是最基本、最重要的企业环境社会责任。为此，企业首先必须遵守环境法律法规和各类环境标准。其次要积极响应法律法规及国家政策中的倡导性规定，自觉进行清洁生产，实现循环经济，把生产经营的环境危害降到最低。③环境损害补偿。对已经造成的环境损害，企业应当及时发现、积极赔付、充分补偿，并主动采取措施消除不利影响，恢复生态健康。不仅要对受害人的损失进行赔付，还要注意对受害生态环境的恢复。④直接从事环境实践，推进环境公益。企业应利用其技术、财力、组织等方面的优势直接从事有益于环境保护的社会实践，如环境慈善、开发绿色产品和技术、环保宣传等。

责任形式 分为四种形式：①财产罚，财产上的不利后果。最普遍的是罚款，还包括罚金、没收财产等。②行为罚，限制、禁止某种经济活动或强制从事环境友好活动。如责令停产停业、限期治理、生态恢复等。③资格罚，被限制或剥夺享受某种优惠或从事某种活动的身份或资格。如环境影响评价不通过者丧失项目建设资格，环境保护核查不通过者丧失上市或再融资资格，严重环境违法者丧失申请国家专项资金或税收优惠的资格。④名誉罚，对违法企业的曝光或负面评价。如公布发生重大环境污染事故或拒不执行环境行政处罚决定的企业名单、上市公司环境绩效评估等。此外，不积极履行环境责任的企业还会受到道德舆论的谴责，产生负面社会形象，降低品牌信誉度进而影响到其竞争力及市场份额。

中国相关立法 《中华人民共和国清洁生产促进法》《中华人民共和国循环经济促进法》为推动企业积极从事清洁生产、循环经济规定了一系列鼓励措施和责任保障。2007 年通过的《环境信息公开办法（试行）》对企业的环境信息披露做出了专章规定。此外，一些经济、商事立法中也越来越强调公司的环境社会责任。《中华人民共和国公司法》规定公司从事经营活动，必须“承担社会责任”。《上市公司证券发行管理办法》把公司的环保守法情况作为上市审批的考虑因素。2008 年 2 月国家环境保护总局发布的《关于加强上市公司环境保护监督管理工作的指导意见》从环保核查、环境信息披露、环境绩效评估、环保守法检查四个方面对上市公司形成了系统的监督、约束机制。《中华人民共和国环境保护法》及各污染防治法和自然资源法中都有大量关于管控企业有关环境的活动、追究企业环境社会责任的内容。

（巩固）

《Quanmian Jinzhi Heshiyan Tiaoyue》

《全面禁止核试验条约》 （Comprehensive Nuclear Test Ban Treaty） 旨在促进全面防止核武器扩散、促进核裁军进程，从而增进国际和平与安全的条约。

产生背景 《全面禁止核试验条约》是在 1963 年 8 月由苏联、美国和英国等国签署的《部分禁止核试验条约》的基础上形成的。《部分禁止核试验条约》（全称《禁止在大气层、外层空间和水下进行核武器试验条约》）禁止在大气层、外层空间和水下进行核武器试验，但不包括禁止在地下进行的核试验，其目标是减缓冷战期间的军备竞赛和防止核武器试验造成地球大气中过量的放射性尘埃。1994 年 3 月，瑞士日内瓦裁军谈判会议正式启动《全面禁止核试验条约》的谈判；1996 年 9 月 10 日第 50 届联合国大会以 158 票赞成、3 票反对、5 票弃权的投票结果通过该条约。1996 年 9 月 24 日，该条约开放供所有国家签署，中国等 16 个国家的领导人或外长当天在纽约联合国总部首批签署了《全面禁止核试验条约》。根据《全面禁止核试验条约》规定：该条约在其附件二所列的 44 个有核能力国家全部交存批准书后第 180 天起生效。由于这 44 国中有多个国家尚未批准，因此，该条约尚未生效。

条约的内容 《全面禁止核试验条约》包括序言、17 项条款、两个附件及议定书。

该条约规定，缔约方将做出有步骤、渐进的努力，在全球范围内裁减核武器，以求实现消除核武器、在严格和有效的国际监督下全面彻底核裁军的最终目标。所有缔约方承诺不进行任何核武器试验爆炸或任何其他核爆炸，并承诺不导致、鼓励或以任何方式参与任何核武器试验爆炸。

该条约规定建立一个核查机制。该机制包括四方面内容：①国际监测系统，由地震、水声、放射性核素等全球监测网络组成；②协商和澄清，指缔约国澄清并解决就遵约问题产生的怀疑；③现场检查，指对发生可疑事件的现场进行核查来澄清是否发生了违约核爆炸；④信任建设措施，主要是指缔约国对大规模化学爆炸进行自愿申报。

（罗吉）

R

《Renlei Huanjing Xuanyan》

《人类环境宣言》 （Declaration on the Human Environment） 全称《联合国人类环境宣言》，又称《斯德哥尔摩人类环境宣言》。1972 年 6 月 5 日至 16 日在瑞典斯德哥尔摩举行的联合国人类环境会议第 21 次全体会议上通过，是有史以来第一个关于保护和改善人类环境的国际宣言。它反映了世界各国人民改善和保护人类环境的强烈愿望和主张，是国际上公认的保护世界环境的纲领性文件。

宣言的内容 《人类环境宣言》由 7 项共同认识和 26 项指导原则组成。

7 项共同认识表明了国际社会对环境问题的看法和态度，可以概括为：①对人与环境关系的认识。人类既是其环境的创造物，又是其环境的塑造者。环境给人以维持生存的条件，提供在智力、道德、社会和精神等方面获得发展的机会。自然环境和人为环境对人的幸福和基本人权都是不可少的。②对保护和改善环境的重要性和责任的认识。保护和改善人类环境是关系到各国人民幸福和经济发展的重要问题，也是各国政府应承担的责任。③对人类改造环境的能力的认识。对人类的能力明智地使用，可以给人民带来福利；否则，就会给人类和环境造成严重损害。④对不同国家环境问题的认识。在发展中国家中，环境问题大半是发展不足造成的。在工业化国家里，环境问题一般是工业和技术发展产生的。⑤对人口与环境关系的认识。人口的自然增长不断带来一些环境问题。⑥对保护和改善环境这一人类共同的任务和目标的认识。必须谨慎地考虑行动的环境后果，为这一代和子孙后代保护和改善人类环境，已经成为紧迫的目标。⑦对公众参与和国际合作的认识。每个公民和团体、企业和各级机关都要承担责任；国与国之间应当广泛合作。

26 项指导原则可以归纳为 14 个方面：人类的环境基本权利和责任、保护和合理利用地球自然资源、经济发展与环境保护、人口政策、国家的管理职能、科技作用、环境教育、环境科学研究和信息交流、国家资源开发主权与不损害外国环境责任、发展国际环境法、国际环境标准、国际合作、国际组织的作用、消除核军备。

宣言的意义 《人类环境宣言》为世界人民在保护和改善环境方面规定了许多具体的要求及行为准则，对后来国际环境保护、国际环境法的发展起到了理论上的奠基和指导作用，对其他国际事务如裁军、经济与贸易、公海与南极开发等也产生了一定的影响。虽然由于种种原因，《人类环境宣言》有些观点比较模糊，但在敲响全球性环境问题的警钟方面有着重要意义。 （李广兵　王珍）

Riben huanjingfa

日本环境法 （environmental law of Japan） 日本国为保护环境而制定和认可的法律规范的总称（注：本词条只介绍日本关于防治污染和废弃物循环利用的法律。关于保护生态环境和自然资源的法律没有涉及)。

环境基本法 日本第二次世界大战后开始制定的关于环境的基本法是《污染对策基本法》(1967)。该法通过结合环境标准及污染防治计划等，在抑制经济高度发展时期所显现的污染问题上取得了一定程度的效果。然而，随着汽车和废弃物的增加，城市生活型污染开始加重，尤其在20世纪80年代以来全球环境问题显著化等背景下，该法已变得不符合时代要求。因此，1993年10月召开的第128次国会制定了《环境基本法》。该法旨在揭示环境保护领域中的基本理念及制定环境对策的基本原则，大部分内容是对环境保护基本原则的宣示和对基本理念及思考方式进行的规定。

该法共有3章46条，外加附则1条。

第一章是总则。主要内容包括：①明确该法的目的是综合而有规划地促进环境保护，以确保当代及未来公民健康而有文化地生活，同时对全人类的福利有所贡献。此处的“综合”指的是，权衡各种对策的利弊，促进国家、地方公共团体以及公民的合作。②宣示了当代人及其后代共享环境恩泽、可持续发展、风险预防的理念。③宣示了中央政府、地方政府、企业和事业组织、国民的环境保护责任和义务。④要求政府采取法律的和财政的措施保护环境。⑤要求政府每年向国会提交关于环境状况及对策的报告。

第二章规定了环境保护的基本措施。主要包括：①要求各项环保措施的制定和实施都要保持协调。②要求内阁在听取中央环境审议会意见的基础上，提出环境保护基本规划，由内阁会议批准。③要求政府制定关于大气污染，水质污染(河流、湖泊、海域、地下水污染)，土壤污染(农作物、生态系统污染等)，噪声(工厂、道路、新干线、飞机发出的噪声)4种类型的环境标准。④授权内阁总理大臣(首相)要求地方政府就特定区域的污染防治制订“污染防治计划”。“特定区域”指的是污染严重的地区和由于人口、产业的迅速集中，污染可能越来越严重的地区。⑤环境影响评价制度。⑥环境污染控制措施，包括在控制各种污染、土地利用、自然环境保护等方面的措施。⑦政府环境保护经济措施，如低利融资、税制优惠等经济支持措施和征纳税、环境税、储蓄税等加重经济负担的经济措施。⑧加强环境保护公共设施建设。⑨要求政府采取措施促进环境保护民间组织的活动。⑩政府环境信息披露。⑪要求政府健全有关环境保护的监视、巡视、观测、检测、实验和检查制度。⑫要求政府采取措施，以解决环境纠纷。⑬国际环保合作。⑭费用分担和财政措施。其中包括关于污染者和受益者负担污染治理等费用的原则规定。

第三章对环境审议会和公害对策会议等环境保全相关机构进行了规定。要求在中央政府和地方政府分别设立环境审议会。环境审议会是一个咨询机构，由学者、媒体界人士、行业代表、非营利组织代表等组成。公害对策会议是环境省下属的一个机构，由环境大臣担任会长，委员由总理大臣从内阁官房长官及相关行政机关部长中任命。公害对策会议的职责包括认定污染防治特定区域，审议污染防治计划的制订和实施等。

污染防治法 日本的污染防治法律都以环境标准及污染物排放标准作为控制手段。

大气污染防治法律 针对固定发生源(工厂、作业车间等)导致的大气污染，地方自治团体率先采取了行动。东京都早在1949年就制定了《工厂污染防治条例》，神奈川县于1951年制定了《神奈川县事业机构污染防治条例》。国家层面上，最初是在1962年制定了控制煤烟排放的《煤烟控制法》，并根据硫氧化物和煤尘的浓度标准制定了排放标准。但是，由于存在“与经济发展相协调”的条款(该条款本义是保护生活环境必须同经济的健康发展相协调，但容易被误解为经济发展优先的理念)及执行排放标准的乏力，该法并没有控制住污染。1968年，取代《煤烟控制法》的《大气污染防治法》出台。此法虽然扩大了特定污染区域的范围，并将浓度控制转变为数量控制，但是也没有控制住大气污染。与此同时，氮氧化物等导致的光化学烟雾问题凸显。为此，1970 年国会修改了《大气污染防治法》，取消了“与经济发展相协调”的条款，废止特定污染区域，改为都道府县根据具体情况制定比国家标准更为严格、适用范围更加广泛的条例，引入对违反排放标准的直接惩罚制度。随后，于 1972 年追加了无过失损害赔偿责任的规定。

关于汽车尾气，1973 年日本制定了有关二氧化氮的环境标准，到 1978 年此标准并没有达到预定的控制目标。1992 年制定了《有关在特定区域削减汽车排放的氮氧化物排污总量的特别措施法》（《汽车 NO_x 法》），2001 年将颗粒物（PM）作为控制对象纳入修改后的特别措施法，更名为《关于汽车排放的氮氧化物及颗粒物的特定区域中的总量削减特别措施法》，也称《汽车 NO_x 及 PM 法》。关于带金属钉的防滑轮胎引起的粉尘，1990 年日本也制定了相关防治法律。为控制光化学氧化剂，1996 年日本在对《大气污染防治法》的修改中加入了对摩托车的规定。

即使采取了以上对策，达到环境标准的也仅是硫氧化物。光化学氧化剂的达标程度比较低。关于氮氧化物及悬浮颗粒物，局部的高浓度污染仍在持续。

总体上看，日本采取的针对固定发生源的污染防治对策主要包括以下方面：①煤烟排放控制。控制对象是依照政令指定的排放设施中排放的煤烟。“煤烟”指的是硫氧化物、粉尘以及有害物质（镉、铅、氮氧化物、氯等）。同时，对粉尘以及有害物质的煤烟控制标准认可比国家标准更严格的地方排放标准。对于仅根据排放标准难以达到环境标准的区域，1974 年日本引入了总量控制制度。②粉尘控制。粉尘分为两种，即对人的健康产生危害的特定粉尘（例如石棉）和一般粉尘。一般粉尘的控制基准是其设施构造及管理标准，而不是浓度标准；而石棉则根据其设施及浓度进行规定。以阪神淡路大地震为契机，1996 年日本专门对《大气污染防治法》进行了修订，规定使用喷涂式石棉的建筑物的拆除工程，有义务遵守《特定粉尘排放等作业》所指定的作业标准。另外，为了救济因石棉而导致健康受损的受害者，2006 年日本制定了救济石棉受害者的相关法律。③挥发性有机化合物（VOC）的排放控制。挥发性有机化合物指的是油漆的溶剂、接合剂、油墨等物质中所含有的，以甲苯、二甲苯等为代表的物质，作为生成光化学氧化剂的物质进行控制。对于 VOC 排放量较多的设施，会将相关信息传达给所在都道府县的知事，并控制排放口的排放浓度。相关责任将委托给各个污染排放源所在工厂的经营者进行自主管理。④有害大气污染物控制。《大气污染防治法》最初仅对 7 种物质进行了规定，1996 年对该法的修订又追加列举了 234 种持续吸入将导致人的健康受损的“有害大气污染物质”，并指定了 22 种“优先处理物质”。该法规定了工厂在排放控制上必须履行的义务，要求国家或都道府县应掌握所在范围内的污染状况并提供信息，并呼吁根据苯、三氯乙烯、四氯乙烯等指定物质来确定排放标准，同时要求各个企业和工厂对排放量进行严格控制。

针对移动发生源（汽车等）所采取的污染防治措施主要包括以下方面：①环境大臣首先制定汽车尾气排放量上限值。在此基础上，国土交通大臣制定相应的道路运输车辆法的安全排放标准。最后环境大臣根据汽车燃料的性质对燃料中的物质限额进行规定。控制对象包括一氧化碳、碳氢化合物、氮氧化物、颗粒物、颗粒物中的柴油黑烟。此外，十字路口等可能存在显著污染的地区，一旦其污染浓度超过了允许的程度，都道府县的知事可以要求所在地区的公安委员会基于道路交通法对交通流量等进行控制。②为防止带金属钉防滑轮胎引起粉尘污染，环境大臣需要指定特定的区域，此区域内的道路中不得存在积雪或者冰冻并规定禁止使用带金属钉防滑轮胎的范围。

1992 年制定的《汽车 NO_x 法》指定了到 2000 年仍难以达到《大气污染防治法》标准的区域，要求所在都道府县知事制订总量削减计划，并根据此计划对车种进行限定，普及低污染车辆的使用，采取物流管理、交通流管理等对策。

但即使采取了以上措施，特定区域中的氮氧化物的大气环境标准仍然没有达标，颗粒物与健康受害者之间存在显著相关关系的事实也得到了证实。为此，2001 年 6 月对该法进行了修改，加入了对颗粒物等的规定，并公布实施，名古屋市及周边地区被追加入上述管理对象的区域范围，乘用车（非货运车辆）被追加进规制对象的车辆范围（城市中央部绕行），并根据总量削减计划由都道府县知事进行指导和相关劝告。另外，2007 年进一步设立了氮氧化物重点对策地区，规定从新设或周边地区进入指定地区的汽车经营商必须遵守排放控制计划。

水质污染防治法律 水污染问题自明治时期的矿毒事件以来逐渐演变为重大的环境问题。1958 年，以本州制纸江户川工厂的排水所导致的浦安事件为契机，《水质保护法》以及《工厂排水控制法》两项法律得以制定。然而，“与经济相协调”的条款对指定水域的条件进行了严格规定，但对违反排水标准的行为没有进行制裁。此外，仅对浓度进行规定，没有对污染物排放量进行规定。因此，这两部法律没有产生效力，水质继续恶化。为此，日本于 1970 年制定了《水质污染防治法》。该法扩大了指定水域，规定了直接惩罚制度，采用由都道府县知事额外制定的更严格的排放标准。1972 年该法修改时追加了对无过失损害赔偿责任的规定。1990 年该法修正追加了关于生活排水方面的对策的规定，随后在 1996 年和 2011 年又强化修正了地下水污染净化对策。该法的适用对象包括设置“特定设施”（包括 100 种以上的设施）的工厂以及工作场所。

《水质污染防治法》中的环境标准包括保护人的健康及保护生活环境两项标准。健康标准包括镉、铅、砷、汞等 26 种物质。20 世纪 90 年代又追加了有机氯类。生活环境标准包括根据海域、河流、湖泊等不同水域类型设定的 pH 值、COD 等指标。2003 年根据保护水生生物的特点追加了总锌指标。该法中的污水排放标准以浓度限制为主。所有的公共用水区域都是规定的对象，都必须遵守国家规定的统一标准以及都道府县对水域制定的更为严格的标准。统一标准指的是健康标准中与保护人的健康相关的 36 项指标所对应的物质及其化合物、氨及其化合物、有机物的最大值和生活环境标准中的 pH 值以及生化需氧量（BOD）等 15 项指标的最大值。河流的排放标准值大约是生活环境标准值的 10 倍。与健康标准相关的污水排放标准适用于全部特定工作场所，而与生活环境标准相关的污水排放标准不适用于日均污水排放量未达到 $50m^3$ 的工作场所。1978 年该法的修订案，增加了执行污染负荷量总量削减的总量控制制度。控制的对象是“由于人口以及产业集中伴随生活及生产活动导致大量污水流入的公共水区域”，大部分是环绕陆地的海域。控制指标包括 COD 及氮或者磷的含量。都道府县的知事根据环境大臣确定的总量削减基本方针，对削减目标进行规划。

20 世纪 60 年代以来由于水质污染而导致的赤潮，渔业遭受了巨大损失。因此，1978 年日本制定了《濑户内海环境保护特别措施法》。该法的主要内容包括制订计划，设置特定保护区，防止富营养化造成的危害，以及进一步保护自然海滨地带的措施等。

为防止湖泊富营养化所产生的赤潮及蓝藻的暴发，以及其引起的水利工程受阻、养殖渔业受害、景观破坏等问题，1984 年日本制定了《湖泊水质保护特别措施法》。该法以生活环境项目为管理对象，要求政府制定基本方针，环境大臣向各个都道府县的知事传达此方针，并指定为保护湖泊水质安全必须实施综合策略的湖泊以及相关地区。都道府县知事根据基本方针制订湖泊水质保护计划。此计划应包括各个实施单位执行的完善下水道和粪尿处理设施等的措施以及疏浚工程。此外，该法还有关于水体污染负荷量的规定。该法 2005 年的修改版引入湖岸环境保护地区指定制度，规定采集有利于水质保护的植物的样本，除了必须向都道府县的知事申报，也必须召开与水质保护计划相关的听证会，促进居民参与。

近年来，科学证实了导水管中未经净化的

水中存在的有机物质（腐殖质等）与净化水处理过程中加入的氯发生化学反应将产生致癌物质三卤甲烷。因此，为确保导水管的水质，1994年日本制定了《为防止特定水管输水危害的导水管水源地水域的水质保护相关特别措施法》以及《促进保护导水管未经净化水水质安全事业实施的相关法律》。

噪声、振动、恶臭防治法　与噪声相关的规定最初由地方自治团体制定。1968年日本制定了《噪声防治法》，该法对工厂和工作场所的活动、建设工地、汽车所产生的噪声进行了规定。此外，针对飞机及新干线的噪声也有相关的法律。餐饮店等营业噪声以及扬声器噪声的相关规定则委托地方自治团体制定。

《噪声防治法》规定，为了保护住宅集中地区、医院、学校周边等区域居民的生活环境，都道府县知事应指定工厂和车间需进行噪声控制的区域。对于特定工厂等的噪声，都道府县知事必须根据环境大臣制定的噪声标准，对所属地区的噪声标准进行调整。如根据都道府县知事制定的标准无法达到保护生活环境的目标，市町村可以根据现有地方法规在环境大臣制定的噪声标准基础上制定新标准。计划在指定地区内设置特定设施（根据政令规定的工厂或工作场所设置的产生显著噪声的设施）的单位，必须向市町村长提出申请。市町村长通过审查确认此申请是否会对周边的生活环境造成损害。如果审查结论为超过周边生活环境的规定标准从而造成损害，市町村长可以劝告申请者改进计划。如果对此劝告申请者没有遵守，则市町村长可以发布改进命令。如果对此改进命令申请者仍然没有遵守，则市町村长可以对其进行惩罚。关于汽车噪声，如果产生的噪声超过环境省制定的限度从而对道路周边的生活环境造成显著的损害，则所在市町村可以向都道府县公安委员会提出要求采取《道路交通法》中规定的具体措施。根据噪声测定的结果，所在市町村可以向道路管理者等提出改善部分道路构造的建议。

《振动防治法》制定于1976年，比《噪声防治法》晚。在发生源与噪声相同的情况下，也适用《噪声防治法》的规定。

1971年日本根据《污染对策基本法》制定了《恶臭防治法》。此法规定的“特定恶臭物质”包括氨、甲硫醇等22种物质。为了保护居民生活环境，都道府县知事应当指定需要防治恶臭的居民区等为控制恶臭产生物的地区。被指定地区根据特定恶臭物质的种类分别设定控制标准。当因不符合控制标准以致臭味对居民的生活造成损害时，市町村长可以劝告相关单位采取改进措施。如果相关单位不听劝阻，市町村长可以发布改进命令。如果仍然没有改进，市町村长可以对相关单位进行惩罚。

地面沉降防止法　自20世纪50年代以来，由于日本工厂泵式抽水量的剧增等原因，地面沉降加剧。1956年制定的《工业用水法》没有发挥大的控制效果，1962年日本对其进行了修订，加入了防止地面沉降的规定，强化了控制力度；同年新制定了《建筑物用水法》。《工业用水法》对制造业、电力供给业、燃气供给业使用的地下水开采量进行了规定。《建筑用水法》则对建筑物的冷暖气、冲水马桶、汽车的洗车设备、公众浴室设施等使用的地下水开采量进行了规定。两项法律都要求政府指定地下水开采量大、已发生地表沉降的地区。在指定区域内进行地下水开采必须要有都道府县知事的许可，否则都道府县知事可以对其适用惩罚条款。

截至2016年仍然没有制定地下水以及地面沉降的综合法令制度，因此，目前通过实施地方公共团体的地方法规来防止地面沉降。

土壤污染防治法　第二次世界大战后，神通河流域的镉所导致的痛痛病、宫崎县土吕久矿山的砷污染等事件暴露了土壤污染的严重危害。1970年，土壤污染被追加进《污染对策基本法》的典型污染条目里，同年制定了《农用地土壤污染防治法》。

与土壤污染相关的环境标准于1991年开始制定，截至2016年共有26项浸出标准以及3项农用地标准。美国设立超级基金（superfund）

后，受其影响，日本推进了对土壤污染的讨论，并于 1996 年和 2011 年两次修订了以地下水污染防治为目的的《水质污染防治法》。近年来，由于位于大阪的日本环球影城计划施工地的土壤污染，及二噁英导致的土壤污染进一步加剧，以市中心为管理对象的《土壤污染对策法》以及旨在净化二噁英污染的《二噁英类对策特别措施法》于 2002 年制定完成。

《土壤污染对策法》的目的是防治地方制定的土壤污染相关条例中列出的铅、砒霜、三氯乙烯等特定有害物质对人身健康的损害。该法规定的土壤污染调查对象包括两类：一类是制造、使用以及处理已经被禁止使用的特定有害物质，《水质污染防治法》指定的特定设施（由政府指定的 100 多个业种的相关用水设施）所在的工厂和工作场所的土地。另一类是根据都道府县知事的政令标准确认因土壤污染可能对人的健康造成损害的土地。必须履行土壤调查义务的是土地所有者、管理者以及占有者。对于土壤污染状态没有达到政令标准的土地，都道府县知事将其指定为“指定区域”，并公示。指定区域内的污染导致或可能导致人的健康损害时，都道府县知事将命令相应的土地所有者等采取清除污染等相关措施。计划改变土地自然形态的相关者必须向都道府县知事提交申请。为了协助相应的土地所有者采取清除污染措施，支持其进行土壤污染状态调查，政府指定进行普查等业务的支持机构法人并设置相关基金。2010 年 4 月，日本对该法进行了修订，追加了“对改变面积在 3 000 m^2 以上且存在土壤污染危险的土地的知事调查命令”以及“根据自主调查判明为土壤污染的控制对象区域的指定管理”等条款。

1999 年 2 月琦玉县所泽市的二噁英类蔬菜污染事件激起了日本社会对二噁英类污染的重视，同年设立的二噁英对策部长级会议确立了二噁英对策推进基本方针，规定耐受摄入量（TDI）为每千克体重 4 pg 二噁英，并制定了《二噁英类对策特别措施法》。

二噁英类指的是多氯二苯并呋喃、多氯二苯并对二噁英以及共平面多氯联苯三种物质。行政法规规定这三种物质的耐受摄入量均为每千克体重 4 pg 以下。根据此规定，大气、水质以及土壤的环境标准得以设定。同时，“特定设施”的废弃物排放也受制于此规定。“特定设施”指的是“在工厂或者工作场所中设置的设施中，为了生产钢铁而提供的电器炉、废弃物焚烧炉以及其他的设施”。在地方条例中，这些“特定设施”指的是排气方面的焚烧炉，钢铁烧结、铝熔炼、再生锌回收的工业设施；排水方面的废弃物焚烧厂的尾气洗净设施、下水道终端处理设施、制浆造纸和铝熔炼设施。计划建设“特定设施”的有关单位有义务就相关事项向都道府县知事提出申请。都道府县知事判断其未能达到废气以及废水的排放标准时，可以在受理申请开始的 60 天以内命令申请者修改或者废止相应计划。对于集合数个特定设施并未能达到总量规定标准的工作场所，都道府县知事可以命令该场所实施必要的改善措施。对于违反排放标准并仍然可能继续排放二噁英的单位，都道府县知事可以发布改善命令，也可以针对其违反排放标准的行为实施处罚。违反修改计划或者改善命令时，也适用惩罚规则。对于未完全达到土壤环境标准或者有必要清除污染的情况，都道府县知事可以通过政令的方式指定满足条件的地区为二噁英类土壤污染对策区域，进而制订土壤污染防治对策计划。执行对策的费用根据《污染防治事业费事业者负担法》，由企业全部或者部分负担。

污染健康受害补偿法 因污染引起的健康受害，虽然可以根据法院的判决得到救济，但是此种方式存在种种问题，例如耗时耗力，在取证困难、肇事企业无力补偿的情况下受害者不能得到补偿等。20 世纪 60 年代四大污染诉讼事件发生后，由国家设立救济制度的意识得到普及。日本根据《污染对策基本法》，于 1969 年制定了《与污染相关的健康受害救济特别措施法》。该法虽然规定了污染病多发地区的救济费用由国家承担以及行业内企业自愿负担，但救济只限于医疗救济，且经营商提供的救济仅为自愿捐助。

以 1972 年的四日市污染诉讼判决为契机，1973 年日本制定了《污染健康受害补偿法》。该法的目的是对污染健康受害者实施健康受害补偿，包括疗养费用、残障补偿费等；发展污染保健福利事业（康复等）和健康受害预防事业（健康诊疗等）。补偿费来源于对全国的经营商征收的税金。该法具有以下几个特色：补偿金不仅包括医疗费，也包括对收入损失的补偿以及慰问金；根据污染物质的排放量进行的强制收费，在扣除行政手续费后将全部补偿给受害者；不需要确认因果关系。接受补偿的受害者的区域包括第一种区域以及第二种区域。第一种区域指的是在较大的范围内慢性气管炎、气管哮喘等非特定疾病多发的地区。第二种区域指的是在较大的范围内水俣病、痛痛病、慢性砷中毒等特定疾病多发的 5 个地区。两种区域都采用了污染者付费的原则。

循环型社会法律　日本最早制定的与废弃物相关的法律是 1900 年制定的《污物扫除法》。1954 年制定了《废弃物清扫法》。随着社会经济的发展，垃圾的数量大幅度增加，垃圾的性质也发生了变化，出现了更多的塑料垃圾。废弃物处理场的不足也日益明显，居民的抗议活动非常强烈。在此背景下，1970 年日本制定了与废弃物处理以及清扫相关的法律，目的是保护生活环境，除了规定增加废弃物处理设施外，也明确规定了排污经营商以及处理者的责任，同时强化了处理标准和处罚力度。但情况并未好转。因此，控制垃圾的产生，促进资源的循环，并向循环型社会转型势在必行。

2000 年 6 月 2 日国会通过并公布了《促进形成循环型社会基本法》。该法的目的是制定关于形成循环型社会的基本方针，建立综合统一的废弃物回收制度，并整合相关法律，建立循环型社会所需的有效法律框架。该法依次规定了废弃物的减量化、再使用和循环利用，并将废弃物的减量化放到优先的位置。该法还规定了经营商作为排污者的责任以及制造商的责任。“排污者责任”指的是控制废弃物的产生、回收和处置废弃物的责任。制造商的责任是“生产者责任的延伸”，指的是生产者不仅负有生产以及利用产品的责任，而且在产品变成废弃物之后也负有一定的责任。该法要求生产者必须在设计产品以及使用材料的过程中注重提高产品的耐久性和废弃物循环的简单化，必须对回收利用产品的途径进行整合并实施循环利用，还须提供产品回收利用的相关信息。

《资源有效利用促进法》于 1991 年实施，2000 年修订。该法的目的是确保资源的有效利用，抑制废弃物的产生，从而保护环境。

该法要求有关行政部门制定关于资源回收的基本方针，并向公众公布，告知相关者的责任。其中，经营商的责任是努力促进可再生资源的利用、回收使用过的产品以及副产品等；消费者的责任包括积极利用回收产品等。

该法规定，对于不遵守法令的经营商，可以采用指导、劝告、命令、公告等方式，以促进经营商的自主努力。如果经营商不服从这些促进方式，行政主管部门的部长可以听取相关审议会的建议，发布禁令，并对违法行为进行处罚。

在日本，易拉罐、纸质、塑料等容器包装大概占一般废弃物体积的 60%、质量的 20%。因此，对这类废弃物的管理成为市町村的重大责任，对经营商征收费用的呼声也越来越高。《容器包装回收法》于 1995 年通过，1997 年开始部分实施，后根据《促进形成循环型社会基本法》进行了修改。该法规定，容器包装的回收由原来的市町村分散回收焚烧或者填埋的方式转变为消费者先行分类、市町村分类回收、经营商进行二次商品化的方式。该法适用的容器包装指的是商品被消耗之后从商品中分离出来的不被使用的物品，主要有铁罐、铝罐、玻璃瓶、塑料瓶、饮料用纸包装盒、塑料容器包装、纸容器包装（除饮料用纸包装盒及纸板以外）、纸板 8 个种类。经营商包括以下 3 类：特定容器利用经营商，即容器内容填充物的制造经营商，如饮料制造商、食品制造商等；特定容器制造经营商，即容器本身的制造经营商，如塑料容器制造商、金属罐制造商等，特指雇员在 6 个人以上、年销售额在 700 万日元以上的小销售业或者服务业；特定包装利用经营商，即销售产品的发行经营商，如商场、便利商店等。履行容器和包装循环义务的方式主要有两种。一是特定经营商委托指定法人即日本容器包装循环协会财团循环利用容器和包装。经营商根据指定法人完成的义务循环量相应偿付委托金。二是特定经营商自己进行二次商品化，或者委托给指定法人以外的其他经营商进行二次商品化。未完全履行二次商品化义务的经营商会受到劝告、命令、告示；其后仍然未履行者，会被罚款。2006 年日本对该法进行了修订。修订后建立了控制容器包装废弃物产生量促进员制度，规定了控制经营商容器包装废弃物数量的措施，为经营商向市町村捐献资金设立管理机构，强化了对未完全履行义务的经营商的惩罚，规定了应对旧塑料瓶涌向国外的措施和塑料容器包装的热回收制度。

为了减少废弃物的产生量和实现可再生资源的充分利用，从而逐渐形成循环型社会，日本于 1998 年制定了《家电循环法》，2001 年 4 月开始实施。该法以形成循环型社会为目标，对制造商和小零售商收购废弃家电产品的活动规定了二次商品化的义务，相关的政令指定了空调、电视机、冷柜（冰箱）以及洗衣机 4 种管理对象。该法规定，消费者有义务将产品交给小零售商，并缴纳二次商品化的费用。小零售商有义务回收和自己已售出的商品同种类型的器械，违反者会受到劝告、命令或者罚款。另外，小零售商也有义务将回收的器械送交给制造商或进口商。小零售商将回收的器械搬运到搬运商指定的场所。制造商有义务在指定场所回收器械，违反者将会被劝告、命令或者罚款。根据二次商品化的标准，回收的器械在相应的工厂进行循环。同时，该法允许边远地区的地方自治团体自行收集废家电，因为经营商到当地收集存在困难。为了确保小零售商将废家电运送至制造商处，该法规定政府向小零售商发放名为“循环利用券”的货单，从而可以追踪搬运的路径。该法实施中暴露的问题主要有家电废弃时的消费者负担和违法丢弃家电的问题。

《汽车循环法》于 2002 年 7 月制定。该法规定，汽车所有者必须将报废汽车转交给回收经营商。回收经营商（汽车销售、修理商）必须向都道府县知事报告和登记回收报废汽车的情况，并将汽车送至氟利昂回收经营商以及零件拆卸经营商。氟利昂回收经营商必须向都道府县知事报告和登记，适当回收氟利昂，并向汽车制造商收取回收费用。零件拆卸经营商和粉碎经营商必须获取都道府县知事的许可，适当循环报废汽车，同时将安全气囊以及粉碎机碎片送至汽车制造商，并向汽车制造商征收回收费用。对于没有进行适当循环的经营商，都道府县知事可以进行指导、劝告、命令。对于恶意经营商，都道府县知事可以取消相应的登记以及许可或者采取处罚措施。该法规定，已报废汽车的氟利昂回收、安全气囊以及粉碎机碎片的循环发生费用（二次资源化保证金）由汽车所有者负担。该法还规定了电子票管理制度和关于报废汽车在各经营商经手过程的信息管理系统。

在日本，建筑废弃物大约占工业废弃物全部产生量的 20%，而最终处理量大概占 40%，而且违法丢弃的废弃物大部分为建筑废弃物。鉴于这种情况，日本于 2000 年制定了《建筑材料循环法》。该法规定，一定建筑面积以上的建筑物以及其他相关工作场所的建筑工程的主承包商负有分解所承包建筑物中特定建设材料的义务。特定建设材料指的是水泥、水泥及铁等制成的建筑材料、沥青和木材。关于木材，如果一定距离内不存在二次资源化的设备，则在二次资源化困难的情况下，可以进行焚烧。在工程动工 7 天前，发包方必须向都道府县知事汇报建筑物的结构、工程动工时期、建筑物拆除等计划。主承包商必须在二次资源化完成之际书面通知发包方。同时，记录二次资源化的实施状况并存档。拆除工程经营商必须在拆除工程的现场，在公众容易看到的场所设置相应标志。该法规定建立拆除工程经营商注册制度，并要求配备拆除工程现场的技术管理者。

为了控制和减少食品废弃物的产生量从而减少处理量，实现二次资源化利用，日本于 2000 年 6 月制定了《食品循环法》。该法规定对利用食品废弃物制作肥料或饲料的经营商实行注册制度。与食品相关的经营商可以更进一步，与肥料、饲料经营商和农林渔业经营商共同计划可再生利用事业，根据可以接受的适当目标设立管理结构，促进三者一体的可再生利用方式。

《绿色采购法》于 2001 年实施，其目的是支持国家和其他主体公共部门减少政府采购的环境负荷。该法规定必须每年公告根据采购方针进行采购的环境推进效果，并向环境大臣汇报。绿色采购的目的有三个，一是由消费者通过市场促进企业开发绿色产品以及服务，促进企业经营对环境问题的重视；二是减少使用时的能源消耗，抑制废物的产生；三是通过政府、企业、消费者的合作降低环境负荷，从而构建可持续发展的社会。（北川秀树　王曦）

推荐书目

环境省综合环境政策局总务课.环境基本法的解说（改订版）. 东京：GYOSEI 出版社，2002.

大塚直.环境法. 2 版. 东京：有斐阁，2006.

北村喜宣.环境法. 东京：弘文堂，2011.

北川秀树，增田启子.环境学入门.日本：法律文化社，2009.

S

Saila Julebu Deng Su Meiguo Huanbaoju Juzhang Luokexiusi An，1972 nian

塞拉俱乐部等诉美国环保局局长洛克修斯案，1972年 （Sierra Club v. Ruckelshaus，Administrator of EPA，1972） 1972年由美国哥伦比亚特区联邦地区法院判决的塞拉俱乐部与美国环保局局长洛克修斯之间关于美国环保局是否应当批准可能导致清洁空气地区的空气质量有一定程度下降的州实施计划而引起的争端。

美国有些地区，如坐落于山区的国家公园和自然保护区，有着质量极佳的空气资源，这些地区的空气质量优于美国国家环境空气质量标准，被称为“清洁空气地区”。在该案中，塞拉俱乐部依据《清洁空气法》的公民诉讼条款起诉美国环保局局长洛克修斯，指控被告在批准可能导致清洁空气地区的空气质量有一定程度下降的州实施计划时，违反了《清洁空气法》第101条规定的立法宗旨。原告认为，《清洁空气法》的立法宗旨表明美国环保局有义务保护和提高国家空气资源的质量，这项义务是一项美国环保局局长应当履行的、不属于他的行政自由裁量权范围的法定义务。被告美国环保局局长申辩他无权在审批《清洁空气法》州实施计划的决定中要求州实施计划对防止清洁空气地区的空气质量下降做出规定。法院认为《清洁空气法》第101条中的“保护和提高”的用语和该法的立法史等资料表明：1970年《清洁空气法》禁止恶化现有的清洁空气；当美国环保局局长同意州提交允许该地区清洁空气地区污染水平达到二级标准的实施计划时，他的决定违反了该法的立法目的，因此是无效的。法院同意原告的主张，并命令美国环保局局长制定防止清洁空气地区空气质量下降的专门条例。美国环保局于1974年12月颁布了这一条例。美国国会在1977年修订《清洁空气法》时吸收了这一判决，对该法增补了“防止空气质量严重恶化”的专门规定。 （王曦 唐瑭）

推荐书目

Frank P.Grand and Joel A.Mintz. Environmental Law. 4th. New York：LEXIS Publishing，2000.

Saila Julebu Su Meiguo Neizheng Buzhang Modun An，1972 nian

塞拉俱乐部诉美国内政部长莫顿案，1972年 （Sierra Club v. Morton，Secretary of the Interior，USA，1972） 美国联邦最高法院审理并做出判决的民间环保组织塞拉俱乐部因一个大规模山地滑雪场建设项目而控告美国内政部的案件。该案是美国关于环境公益诉讼“原告诉讼资格”的经典判例。

塞拉俱乐部是美国历史最悠久、规模最大、最有影响力的环保组织，自1892年成立以来，在保护美国的荒野、野生生物以及自然美景方面作出了巨大的贡献。

案情简介 在该案中，塞拉俱乐部依据《行政程序法》（Administrative Procedure Act）第10条的规定，要求加利福尼亚州北部地区的美国联邦地区法院制止被告内政部长莫顿批准在美洲杉国家森林的矿金（Mineral King）峡谷进行的大规模滑雪场开发计划。塞拉俱乐部认为，该案是一个涉及利用自然资源的“公益”诉讼。它没有主张被诉的开发行为会影响到俱乐部本身或其成员的活动或者他们对该地区的使用，而是主张被诉行为有可能对该地区的美景和生态造成不利影响。地方法院同意原告的主张，下达了初步禁令。被告不服，上诉至上诉法院。上诉法院以“俱乐部缺乏原告资格，没有证明自己遭受了无法挽回的损害”为由，撤销了地方法院的判决。该案遂上诉至联邦最高法院，联邦最高法院维持了上诉法院的判决。

案件裁决　联邦最高法院认为：要具备“诉讼资格”，当事人必须证明自己受到“实际损害”。“实际损害”这一要求并不只是指一个可辨认的损害，它还要求申请进行司法审查的当事人本身就属于受到损害的人中的一员。塞拉俱乐部没有证明它或它的成员受到“实际损害”，因此塞拉俱乐部没有诉讼资格。

案件影响　联邦最高法院的这个判决虽然否定了该案中塞拉俱乐部的环境公益诉讼原告主体资格，却在一定程度上促进了环境公益诉讼原告资格的放宽。最高法院事实上承认了环境和美学利益也可以作为授予原告资格的依据，从而将环境公益诉讼原告资格规则的适用范围扩展到非经济的损害。（唐瑭）

《Sheli Youwu Sunhai Peichang Jijin Guoji Gongyue》

《设立油污损害赔偿基金国际公约》

（International Convention on the Establishment of an International Fund for Compensation for Oil Pollution Damage）　旨在建立一项国际基金，以保证在船舶造成的海上污染事故中受到损害的人员能够获得充分赔偿，同时又能减轻船舶所有人因《国际油污损害民事责任公约》所加予的额外负担的国际公约。

产生背景　《国际油污损害民事责任公约》为保证石油污染损害的赔偿提供了一个行之有效的机制，但其并没有在应对所有法律、财务等问题方面有着令人满意的表现。因此，1971年，政府间海事协商组织在布鲁塞尔召开的外交会议上制定了《设立油污损害赔偿基金国际公约》，于1978年10月16日生效。1992年11月在伦敦通过了《〈设立油污损害赔偿基金国际公约〉的1992年议定书》，于1996年5月30日生效，取代了《设立油污损害赔偿基金国际公约》。截至2016年8月，该议定书已有114个缔约方。经议定书修正后的公约也被称为《1992年设立油污损害赔偿基金国际公约》。我国尚未加入该公约。《2003年议定书》可以由《1992年设立油污损害赔偿基金国际公约》的缔约方选择加入，于2005年3月3日生效。

公约的内容　《设立油污损害赔偿基金国际公约》共48条，对公约适用范围等一般规定、赔偿、摊款、组织和管理、过渡性规定、最后条款等进行了规定，并设立了用作赔偿油污损害的国际油污赔偿基金，规定了赔偿的范围和索赔的条件与程序以及基金摊款的计算与交付，对大会与秘书处的财务与表决等组织和管理事项也进行了规定。《〈设立油污损害赔偿基金国际公约〉的1992年议定书》主要修改了公约的生效条件以及赔偿的数额，并建立了1992年国际油污赔偿基金，旨在为在《1992年国际油污损害民事责任公约》不能提供适当保护的范围内提供油污损害赔偿以及实施公约规定的有关宗旨。《〈1992年设立油污损害赔偿基金国际公约〉的2003年议定书》规定设立国际油污赔偿补充基金，作为《1992年国际油污损害民事责任公约》和《1992年设立油污损害赔偿基金国际公约》相关规定的补充。

（秦天宝）

推荐书目

徐国平.船舶油污损害赔偿法律制度研究.北京：北京大学出版社，2006.

王玫黎.中国船舶油污损害赔偿法律制度研究.北京：中国法制出版社，2008.

Shenzhen Shi Shekou Qu Huanjing Jiancezhan Su Xianggang Kaida Qiye Youxian Gongsi Huanjing Wuran An，1983 nian

深圳市蛇口区环境监测站诉香港凯达企业有限公司环境污染案，1983 年（Environmental Monitoring Station of Shekou District，Shenzhen City v. Hong Kong Kaida Enterprises Co.，Ltd.，1983） 20 世纪 80 年代初中国改革开放初期发生的关于噪声和废气污染环境问题的典型案件。

案情简介 1983 年 12 月 27 日，原告深圳市蛇口区环境监测站（以下称“监测站”）向深圳市中级人民法院提起诉讼，要求被告香港凯达企业有限公司（以下称“凯达公司”）对其生产过程中产生的噪声和废气进行彻底治理，达到国家规定标准，并支付聘请环保科技人员前来勘测的有关费用。

凯达公司于 1981 年 9 月与深圳特区招商局签订协议，在蛇口工业区独资建厂生产各种塑料玩具。1982 年 2 月，该公司开始正式生产后，浇模车间产生恶臭和有毒气体，未经处理即向大气排放；同时，机器发出的噪声严重影响到周围居民的工作和生活。监测站根据群众的强烈要求，从 1983 年 5 月初开始，多次督促凯达公司对污染进行治理，并先后多次聘请专业人员到凯达公司进行检测，提供治理方案，协助治理污染，但凯达公司均未采纳。1983 年 10 月 22 日，监测站向凯达公司发出限期治理的通知。对此，凯达公司仍未采取有效措施进行治理。凯达公司辩称：1983 年 10 月 22 日前，监测站从未向凯达公司提供过有关环境污染方面具有法律效力的科学鉴定资料和国家有关标准，却控告该公司在生产中有噪声和排放恶臭；监测站要求其耗费 4 万美元安装“过滤装置”令其难以接受；监测站限其于 1983 年 12 月 25 日前将污染治理好的要求无法办到，并且浇模车间已按限期停止生产。

深圳市中级人民法院受理此案后，查明：①噪声问题：依据《工业企业噪声卫生标准》（试行草案）第十条规定，新建、改建、扩建企业的工人每个工作日接触噪声 8h，允许噪声为 85dB（A）；根据《城市区域环境噪声标准》（GB 3096—82）第 1.2 条规定，工业集中区噪声白天为 65 dB。但是，凯达公司浇模车间工人每天工作均在 8h 以上，其噪声最大值为 106 dB，最小值为 91 dB；空气机房白天发出的噪声为 87 dB，都大大超过国家标准。②排放废气问题：凯达公司浇模车间生产所用原材料的物理、化学性能，一直不向监测站提供。经监测站聘请科技人员到生产现场取样，做光谱定性分析，才检验出原材料主要成分是聚氯乙烯加入大量的磷苯二甲酸二辛酯增塑剂，加热成型时放出恶臭气体。36 台浇模机产生的废气未加处理向大气排放，造成空气污染。1984 年 1 月，诉讼开始后，凯达公司才将增塑剂成分的外文资料交予监测站，经翻译后证明该增塑剂属脂肪酸类的发臭团。

案件裁决 经审理，深圳市中级人民法院认为，根据《中华人民共和国环境保护法（试行）》第六条规定：“一切企业、事业单位的选址、设计、建设和生产，都必须充分注意防止对环境的污染和破坏。在进行新建、改建和扩建工程时，必须提出对环境影响的报告书，经环境保护部门和其他有关部门审查批准后才能进行设计；其中防止污染和其他公害的设施，必须与主体工程同时设计、同时施工、同时投产；各项有害物质的排放必须遵守国家规定的标准。已经对环境造成污染和其他公害的单位，应当按照谁污染谁治理的原则，制定规划，积极治理，或者报请主管部门批准转产、搬迁。”但是，被告在建厂、生产过程中，不仅没有向环保部门提出环境影响报告书，申报生产原材料的化学成分，而且要求环保部门提出恶臭根源和科学数据是完全没有道理的。当原告依法向被告提出限期治理污染后，被告虽于 1983 年 12 月 24 日停机生产，但从 1984 年 1 月 3 日到 13 日又开机生产，继续排污。被告的以上行为都是违法的。据此，1984 年 7 月 14 日，深圳市中级人民法院依照《中华人民共和国环境保护法（试行）》第六条、第十六条和第三十二条的规定，判决：①被告对浇模车间的噪声、恶臭，限于1984年10月31日前，按照国家标准全面治理。②被告对原告依法提出的限期治理污染的通知，不仅不采取有效措施，积极进行治理，而且继续生产、排污。对这种违法行为，处以2万港元的罚款，上缴国库。③原告聘请有关科技人员，多次到被告工厂测试、勘验所支出的费用为810元，由被告负担。④本案诉讼费1 740港元，由被告负担。宣判后，被告服判，未提出上诉。

案件影响 最高人民法院审判委员会于1985年8月17日第232次会议，依照《中华人民共和国人民法院组织法》第十一条第一款的规定，在总结审判经验时，认为广东省深圳市中级人民法院在审理该案中，严格执行了《中华人民共和国环境保护法（试行）》，判决正确，制止了污染环境的行为，保护了人民的健康。最高人民法院已将该案公布于1985年第3期的《最高人民法院公报》。（谢海波）

《Shengwu Duoyangxing Gongyue》

《生物多样性公约》（Convention on Biological Diversity） 旨在保护地球生物多样性的全球性框架公约。它是国际环境保护领域里的一项重要条约，为生物多样性的全面保护和持续利用建立了一个法律框架。

产生背景 地球的生物资源对于人类的经济和社会发展至关重要，生物多样性是当代人和后代人的一个巨大的全球性资产。但人类活动对生态系统的威胁也越来越大，物种在以惊人的速度消失。《生物多样性公约》就是在这样的背景下诞生的。

1984年世界自然保护联盟（IUCN）大会提出并探讨了制定一项保护地球生物多样性的公约的可能性，引起了国际社会的广泛重视。1987年，联合国大会通过决议，授权联合国环境规划署主持制定一项旨在保护地球生物多样性的法律文件。1988年联合国环境规划署建立公约起草特别工作组并邀请各国参加公约的起草工作。1990年6月，公约的谈判正式开始，并于1992年6月5日在里约热内卢联合国环境与发展大会上通过，1993年12月29日生效。截至2017年1月，公约共有196个缔约方，已经召开了13次缔约方大会。中国于1992年6月11日在里约热内卢签署该公约。1993年12月29日，公约对中国生效。中国是最早签署和批准该公约的国家之一。

公约的内容 公约由序言、42个条款和两个附件组成。公约的目标是按照公约有关条款从事保护生物多样性、持续利用其组成部分以及公平合理分享由利用遗传资源而产生的惠益，并确认了国家资源开发主权权利和不损害国外环境的责任原则。公约规定了关于保护和持续利用生物资源及生物多样性的基本措施，包括制定相关国家战略、计划或方案，就地保护，移地保护等。公约确认各国对其自然资源拥有的主权权利，因而可否取得遗传资源的决定权属于国家政府，并依照国家法律行使；并规定每一缔约方应致力创造条件，便利其他缔约方取得遗传资源用于无害环境的用途，不对这种取得施加违背公约目标的限制。公约规定每一缔约方承诺向其他缔约方提供或便利其取得并向其转让有关生物多样性保护和持久利用的技术或利用遗传资源而不对环境造成重大损害的技术。公约要求每一缔约方应酌情采取立法、行政和政策措施，让提供遗传资源用于生物技术研究的缔约方，尤其是发展中国家，切实参与此种研究活动。提供遗传资源的缔约方，尤其是其中的发展中国家，应有权在公平的基础上依共同商定的条件优先取得基于其提供的遗传资源的生产技术所产生的成果和惠益。公约财务机制的职责暂由全球环境基金承担。

（秦天宝）

《Shijie Ziran Xianzhang》

《世界自然宪章》（World Charter for Nature） 国际社会为加强国际合作，统一规范人类对待自然和自然资源的行为而制定的规范性文件。

产生背景 在1975年9月世界自然保护联盟（IUCN）第12次会议上，扎伊尔共和国

（现为刚果民主共和国）总统在发言中提出应制定一个关于自然资源的世界宪章。当时，IUCN的一个专家组已经拟定了初步草案交给组织成员讨论。在非洲统一组织的支持下，经审议的文本由扎伊尔共和国提交给联合国，经联合国成员传阅并经一个独立的专家组审议后，1982年10月28日由联合国第37届大会以第37/7号决议通过《世界自然宪章》。

宪章的内容 《世界自然宪章》全面系统地规定了世界各国和人类在利用和保护自然方面应遵循的原则和应采取的措施。宪章除序言外，分为一般原则、功能和实施3部分，共24条。序言强调：人类是自然的一部分，文明起源于自然；每种生命形式都是独特的，无论对于人类的价值如何，都应得到尊重；人类能够改变自然、耗尽自然资源，因此必须维持大自然的平衡和质量，并养护自然资源；文明的经济、社会和政治结构的存在以及和平的维护都有赖于对大自然和自然资源的保护，人类必须学会提高利用自然资源的能力，同时保证能够保存各种物种和生态系统，以造福今世和后代，在国家与国际、个人和集体之间采取适当措施，以保护自然和促进国际合作。

第1部分“一般原则”规定：应尊重自然，不损害自然的基本过程；不得损害地球上的遗传活力，各种生命形式都必须至少维持其足以生存繁衍的数量，保障必要的生境；各项养护原则适用于地球上一切地区；对人类所利用的生态系统和有机体，以及陆地、海洋和大气资源，应使其达到并维持最适宜的持续生产率；保护自然，使其免于因战争或其他敌对活动而退化。

第2部分“功能”倡导：在决策过程中应认识到，只有确保自然系统适当发挥功能，并遵守宪章的规定，才能满足人类的需要；在规划和进行社会经济发展活动时，应考虑到养护自然是其组成部分；在制订计划时应考虑自然系统维持有关人口生存的长期能力；不得浪费自然资源，应有节制地使用；应控制那些可能影响自然的活动，并采用能尽量减轻对大自然构成重大威胁或其他不利影响的现有最优良技术；避免向自然系统排放污染物；在实施预防、控制或限制自然灾害和病虫害的措施时，应避免对自然产生有害的副作用。

第3部分“实施”要求：各项原则应列入各个国家和国际一级的法律中，并予以实行；要用一切可能手段广泛传播关于自然的知识，进行生态教育；所有规划工作都应将拟订养护自然的战略、建立生态系统的清单、评估拟议的政策和活动对大自然的影响等列为基本要素；提供必要的资金、计划和行政结构实现养护自然的目的；人人都应当有机会按照本国法律个别地或集体地参与拟订与其环境直接有关的决定；各国和有此能力的其他公共机构、国际组织、个人、团体和公司，都应采取措施，进行合作，执行宪章的规定。

宪章的意义 宪章完全是一个从生态方面出发的文件，强调保护自然本身就是目的。宪章提出了一系列关于人与自然关系的基本原则，为国际习惯法、条约和各国立法在环境保护领域里的发展提供了基础；体现出公众参与的要求，确认公众广泛参与决策对于可持续发展必不可少。宪章受到了广大发展中国家的极大支持，标志着发展中国家在国家环境政策方面的犹豫态度开始转变。宪章虽然没有约束力，但是它反映了一种观点：应该在人类和其他生物之间，在人类和地球之间，发展一种更加和谐和持续的关系。宪章的内容被以后的许多国际条约和国内法所采纳。 （卢锟）

T

Taiguo——Xianzhi Xiangyan Jinkou He Dui Xiangyan Zhengshou Guoneishui An（GATT，1990 nian）

泰国——限制香烟进口和对香烟征收国内税案（GATT，1990 年） （Thailand-Restrictions on Importation of and Internal Taxes on Cigarettes，GATT，1990） 由《关税与贸易总协定》（GATT）争端解决机构专家组审理并于1990年做出裁定的泰国和美国之间因泰国禁止进口外国香烟而引起的争端。

案情简介 泰国《烟草法》（1966 年）第 27 条规定，除非得到政府货物税主管部门颁发的执照，禁止烟草及其产品（包括香烟和雪茄）的进口和出口。该执照只颁发给了泰国烟草专卖局。该局在 1966 年之后仅在 1968—1970 年、1976年和1980年3次进口外国香烟。根据该法，进口香烟要缴纳 3 种国内税，即货物税、营业税和地方税。美国要求专家组裁定泰国对香烟进口的限制违反了 GATT 第 11 条第 2 款（c）项（关于农产品或鱼制品的进口限制）和第 20 条（b）款（关于保护人类、动物或植物的生命或健康）。美国还要求专家组裁定泰国对进口香烟课加国内税违反了 GATT 第 3 条（关于国内税和国民待遇）的规定，以及泰国加入 GATT 的议定书的有关条款。泰国反对美国的这些指控，要求专家组拒绝美国的这些指控。

专家组最后裁定：①泰国《烟草法》（1996 年）第 27 条规定的对香烟进口的数量限制违反了 GATT 第 11 条第 1 款和第 2 款（c）项、第 20 条（b）款和泰国加入 GATT 的议定书的第 1 段（b）项；②泰国关于进口香烟的货物税、营业税和地方税的条例符合其在 GATT 第 3 条下的义务；③建议泰国采取措施使其《烟草法》第 27 条符合它在 GATT A 项下的义务。

GATT 第 20 条的解释和适用问题 该案中就为保护国内环境而采取的贸易限制措施的正当性问题，专家组主要对 GATT 第 20 条（b）款的适用进行了阐释。一是专家组承认吸烟有害人体健康，因而为减少香烟的消费而设计的措施属于第 20 条（b）款的范围。专家组指出，一方面，第 20 条（b）款明白无误地允许缔约方将人类健康置于贸易自由化之上；另一方面，它又规定一项措施只有是“必需的”，才能属于第 20 条（b）款的范围。二是专家组对第 20 条（b）款所要求的“必需的”这一要件的阐释和裁定。专家组认为只要不存在同 GATT 相一致的或者较少抵触的，且被合理地认为国家可以加以采纳以实现其健康政策目标的措施，该国的相应的进口限制措施就可以被看作符合第 20 条（b）款的“必需的”措施。专家组从香烟的质量和数量两个方面分析泰国是否不存在这种措施。在质量方面，专家组发现泰国可以采用披露香烟成分和管制香烟中的有害成分的这一替代措施来达到保护人体健康的目的。在数量方面，专家组考察了香烟的需求和供应，发现泰国可以采取禁止香烟广告等措施来减少香烟的需求量，并以政府专营和提高香烟价格等方法来减少香烟供应的数量。基于这个考察，专家组认为泰国可以用这些同 GATT 相一致的或者较少抵触的措施来达到防止香烟对人类健康的危害的目的。因此，专家组裁定泰国对外国香烟进口的一律禁止不是一项符合 GATT 第 20 条（b）款所规定的“必需的”措施。

（王曦）

《Tai Hu Liuyu Guanli Tiaoli》

《太湖流域管理条例》　（Regulation on the Administration of the Taihu Lake Basin）　国务院制定的有关太湖流域水资源保护和水污染防治，改善太湖流域生态环境的行政法规。

适用范围　太湖流域，包括江苏省、浙江省、上海市（以下称“两省一市”）长江以南，钱塘江以北，天目山、茅山流域分水岭以东的区域。

产生背景和制定过程　太湖古称震泽，又名五湖，为我国第三大淡水湖。太湖流域人口密集、经济发达。随着经济社会的快速发展，太湖流域水资源管理与保护、水污染防治、防汛抗旱等方面压力增大，问题显著，为此国务院先后召开过四次治淮治太会议，对太湖流域管理立法也多次提出要求。2001 年，国务院办公厅批转水利部的《关于加强太湖流域 2001—2010 年防洪建设的若干意见》中明确提出：“制订《太湖管理条例》，理顺太湖湖面和岸线的管理体制，明确太湖水资源配置、保护和治理原则，规范开发利用的行为。”自 2002 年起，水利部组织开展了立法前期的研究和起草工作，提出了《太湖管理条例（草案）》。2007 年无锡供水危机后，时任总理温家宝就加快太湖管理立法进程做出了明确指示。在水利部的积极努力下，《太湖管理条例》草案及起草说明作为《太湖流域水环境综合治理总体方案》（以下简称《总体方案》）编制调研报告附件，由水利部行文转报国家发展和改革委员会。2008 年，国务院批复《总体方案》，正式启动了太湖流域水环境综合治理工作，结合《总体方案》和太湖流域水环境综合治理联席会议要求，进一步加快了《太湖管理条例》立法进程。《太湖管理条例》先后列入国务院 2008—2011 年立法工作计划，2008 年 6 月起，水利部会同环境保护部开展了联合起草工作，成立了联合起草小组，并提出《太湖管理条例》（征求意见稿）。同年 11 月，修改形成了《太湖管理条例（送审稿）》，于 2009 年 5 月报请国务院审议。后经论证、协调、修改，将《太湖管理条例》更名为《太湖流域管理条例》，于 2011 年 5 月报送国务院办公厅。2011 年 8 月 24 日，经国务院第 169 次常务会议审议，原则通过了《太湖流域管理条例》（以下简称《条例》）。2011 年 9 月 7 日国务院令第 604 号公布。自 2011 年 11 月 1 日起施行。

主要内容　《条例》共 9 章 70 条，主要对饮用水安全，水资源保护，水污染防治，防汛抗旱与水域、岸线保护，保障机制等做了规定。

第一章“总则”对立法目的、适用范围、管理原则与管理体制、职责分工、目标责任制与考核评价制度作了规定。立法目的是加强太湖流域水资源保护和水污染防治，保障防汛抗旱以及生活、生产和生态用水安全，改善太湖流域生态环境。管理原则是全面规划、统筹兼顾、保护优先、兴利除害、综合治理、科学发展。管理体制实行流域管理与行政区域管理相结合。国务院水行政、环境保护等部门依照法律、行政法规规定和国务院确定的职责分工，负责太湖流域管理的有关工作。

第二章“饮用水安全”规定了饮用水安全保障制度。内容包括：强化饮用水水源保护，要求地方人民政府合理确定饮用水水源地并划定保护区，建立保护区日常巡查、监测制度，拆除、关闭保护区内的排污口和垃圾场。建立供水安全应急保障制度，要求地方人民政府组织改造不合格的供水设施，建设能保证 7 天正常供水的应急备用水源，推进跨行政区域的联合供水项目建设。规范供水安全事故应对工作，要求地方人民政府对饮用水水源、供水设施以及居民用水点的水质组织实时监测，在蓝藻暴发等特殊时段要增加监测次数和监测点，发现水质异常时要立即采取预防控制措施，并依法启动应急预案，优先保障居民生活饮用水。

第三章“水资源保护”，针对太湖的情况做

出了具体规定：①强调太湖流域水资源调度应当遵循统一实施、分级负责的原则，首先满足居民生活用水的需要，维持太湖合理水位。在此基础上，《条例》对太湖、太浦河、新孟河、望虞河等重点水域的取水总量控制、水工程调度作了规范。②加强水功能区监测和治理，明确在太湖流域从事开发利用活动要符合水功能区保护要求，主要入太湖河道控制断面未达到水功能区水质目标的，在不影响防洪安全的前提下，要关闭其入湖口门并组织治理。③健全节水、清淤、地下水保护制度，鼓励回用再生水，提高用水效率，并要求地方人民政府定期组织环保型清淤和疏浚，禁止擅自开采承压地下水。

第四章“水污染防治”强化了水污染防治的要求。①实行流域排污总量控制制度。此外，明确禁止在太湖流域设置不符合国家产业政策和水环境综合治理要求的造纸、制革、酒精、淀粉、冶金、酿造、印染、电镀等排放水污染物的生产项目；现有的生产项目不能实现达标排放的，应当依法关闭。②对重点区域实行特殊保护。在太湖、淀山湖、太浦河、新孟河、望虞河和其他主要入太湖河道岸线内以及岸线周边、两侧划定保护区域，禁止新建、扩建化工、医药生产项目和高尔夫球场，禁止设置剧毒物质、危险化学品贮存、输送设施以及废物回收场、垃圾场、水上餐饮经营设施，禁止新建、扩建污水集中处理设施排污口以外的排污口。③加强城乡生活污水的收集处理。《条例》明确提出，自《条例》施行之日起 5 年内，太湖流域县级以上地方人民政府所在城镇和重点建制镇的生活污水应当全部纳入公共污水管网并经污水集中处理设施处理；县级人民政府应当为行政区域内农村居民点配备污水、垃圾收集设施，并对收集的污水、垃圾进行集中处理。④强化船舶水污染防治措施，禁止运输剧毒物质、危险化学品的船舶进入太湖，并对种植业、养殖业等规定了相应的水污染防治措施。

第五章“防汛抗旱与水域、岸线保护”，明确太湖流域水域岸线要统一规划，禁止擅自占用水域岸线兴建建设项目；兴建建设项目导致水域面积缩小或者行洪、调蓄能力降低的，要采取补救措施；临时占用水域、滩地的，要及时恢复原状；禁止在太湖圈圩或者围湖造地，有关部门要组织治理圩区、清理围湖造地，严格控制联圩并圩。

第六章“保障措施”可概括为“产业政策引导，经济杠杆调节”。具体包括：①充分发挥产业政策的引导作用。要求地方人民政府调整经济结构，优化产业布局，严格限制高耗水、高污染建设项目，合理建设生态防护林，加强对湿地和水生生物资源的保护，促进流域生态恢复。②合理体现经济杠杆的调节功能。建立区域间的生态效益补偿机制，明确上游地区未完成重点水污染物排放总量削减和控制计划、行政区域边界断面水质未达到阶段水质目标的，应当补偿下游地区；反之，则由下游地区补偿上游地区。对减排的企业和转产转业的农民，由政府通过财政、信贷、发放补贴、培训、纳入社会保障体系等方式予以扶持。

第七章“监测与监督”建立了全面的目标责任考核制度。对水资源保护和水污染防治目标责任执行情况进行逐级年度考核；对未完成排放总量削减和控制计划，未及时拆除、关闭违法设施以及违法批准新建、扩建污染项目的，依法暂停办理建设项目的审核以及环评、取水许可和排污口设置审查等手续。同时，《条例》界定了监督责任主体，对于信息发布和共享，要求环保部门负责水质和污染源监测及信息发布，水利部门负责水资源监测及信息发布，年度监测报告则共同发布，对于部门之间的责任也进行了清楚的界定。

第八章“法律责任”对各类行为规定了法律责任。包括以下几类责任主体：太湖流域县级以上地方人民政府及其工作人员；县级以上人民政府水行政、环境保护、住房和城乡建设等部门及其工作人员；太湖流域管理机构及其工作人员；太湖流域水工程管理单位。同时，对各类违反《条例》的行为规定了相应的法律责任。

第九章“附则”对太湖河道控制断面进行了释义，规定“两省一市”可以根据水环境综合治理需要，制定严于国家规定的产业准入条件和水污染防治标准。

作用 《太湖流域管理条例》是我国首部流域水资源管理和保护的综合性行政法规。它从流域综合管理的角度出发，针对太湖流域洪涝灾害、水资源短缺、水污染和水环境恶化等水问题，将国家水资源管理与保护的法律制度在太湖流域具体化，是太湖流域防洪抗旱，饮用水安全，水资源配置、调度、保护和水污染防治，水域、岸线保护，以及监测监督管理等各方面工作的法律依据。

《条例》以综合治理为核心，将饮用水水源保护置于突出保护的地位，强化了地方政府在饮用水水源保护方面的责任，其内容综合全面，明确具体，可操作性强，对于依法行政和依法治水，提升流域防汛抗旱能力和水平，推动建立水资源开发利用控制、用水效率控制、水功能区限制纳污三条红线，强化供水安全保障，加大水资源保护和水污染防治力度，促进经济发展方式转变，实现水资源的可持续利用、水生态有效保护和水环境改善，有着积极意义。

（周卫）

推荐书目

孔祥智，郑风田，崔海兴.太湖流域水环境污染治理对策研究. 武汉：华中科技大学出版社，2010.

赵来军.我国湖泊流域跨行政区水环境协同管理研究：以太湖流域为例.上海：复旦大学出版社，2009.

Tianjin Shi Haiyangju Deng Su Yingfeinite Hangyun Youxian Gongsi Haiyang Huanjing Wuran An，2002 nian

天津市海洋局等诉英费尼特航运有限公司海洋环境污染案，2002 年 （Tianjin Ocean Administration v.Infinity Shipping Co.，Ltd.，2002） 一起因外国油轮事故引起海洋污染的民事损害赔偿案例。

该案是一起发生在渤海湾的重大溢油污染案件，所涉及的金额高达 1.7 亿元，共有 10 个起诉主体，经过 6 次开庭审判，自天津海事法院 2002 年 12 月 26 日立案受理到 2004 年 12 月 30 日公开宣判，一审历时两年，是我国当时最大的一起涉外民事索赔案件。

案情简介 2002 年 11 月 23 日凌晨 4 时 08 分，一艘满载原油的马耳他籍油轮“塔斯曼海”（TASMAN SEA）号与中国船舶“顺凯一号”轮在天津大沽口东部海域 23 海里处发生碰撞，造成该油轮所载的 205.924 t 文莱轻质原油泄漏，在事故发生的海域形成了长 2.5 海里、宽 1.4 海里的溢油漂流带。经国家海洋局北海环境监测中心对事故发生的海域和附近海域进行的勘察和海洋生态污染技术检测，确认溢油污染海域面积为 359.6 km^2，海底沉积物中油类含量达到正常数值的 8.1 倍，渤海西海岸海洋渔业资源中的重要索饵场、生殖洄游区域和肥育场的海洋生态环境遭到严重破坏，给渤海沿岸 1 500 余户渔民养殖户造成巨大经济损失。事发后，天津海事局立即启动了应急措施，对海上溢油进行了紧急清污治理，花费了相当大的人力和物力，但也只回收了 17.85 t 溢油，仍有 45.3 t 溢油在渤海上随着水流在扩散。专家预测，如果不采取果断的治理恢复措施，渤海将在 10 年后变成“死海”。事故发生后，天津市海洋局于 2002 年 11 月 28 日向天津海事法院申请诉前财产保全，要求法院扣押“塔斯曼海”号油轮，并要求该船所有人提供 1 500 万美元的担保；随后，天津市渔政渔港监督管理处、河北和天津所涉区域的渔民协会等也分别向法院提出扣押该轮的申请。法院根据原告的共同申请，依法扣押了该油轮。2002 年 12 月 20 日，中国再保险公司代表伦敦汽船船东互保协会为被申请人英费尼特航运有限公司向法院提供了 300 万美元的信用担保后，法院依法解除了对“塔斯曼海”油轮的扣押。

2003 年 1 月 10 日，河北省滦南县渔民协会代表 879 户渔民和 15 户养殖户、天津市塘沽区北塘渔民协会代表 433 户渔民、大沽渔民协会代表当地 129 户渔民，分别向天津海事法院提起诉讼，索赔数额共 2 100 万元人民币。2003 年 1 月 17 日，天津市汉沽区营城镇蔡家堡村、大神堂村、高家堡村、双桥村、洒金坨村、河治村、火神庙村、土桥子村等 8 个村 271 户渔民和养殖户选出原告代表，分别向该法院提起代表诉讼，索赔数额共 1 603.5 万元人民币。

天津市海洋局受国家海洋局委托，天津市渔政渔港监督管理处受农业部委托以及代表众多受害渔民的天津市塘沽区北塘渔民协会、大沽渔民协会、汉沽渔民协会与河北省滦南县渔民协会分别向天津海事法院提起诉讼，被告是“塔斯曼海”号船主英费尼特航运有限公司及其财务保证人英国伦敦汽船船东互保协会（The London Steam-Ship Owners' Mutual Insurance Association，Ltd.）。其中，天津市海洋局代表国家提起海洋生态损失索赔，请求赔偿金额为 9 830 余万元；天津市渔政渔港监督管理处代表国家提起渔业资源损失索赔，请求赔偿金额为 1 830 余万元；天津市塘沽区北塘渔民协会、大沽渔民协会、汉沽渔民协会和河北省滦南县渔民协会代表渔民和养殖户就渔业资源遭受的损失提起海洋捕捞损失索赔，请求赔偿金额为 6 228 万元。该案索赔金额总数为 1.7 亿元。

案件裁决 天津海事法院受理后，鉴于该案案情复杂，涉及人员众多，审判时间较长，为了节省司法资源，提高效率，采用合并审理的方式进行了审理。

海洋生态损害索赔 以天津市海洋局为原告起诉的海洋生态损害索赔案中，综合原告的陈述和被告的答辩，双方主要争议焦点包括：法律适用问题；原告是否具有索赔权；溢油量、溢油回收量、溢油品质特性及挥发量、污染面积、消油剂使用量及后果；溢油是否对海洋环境造成损害以及是否需要对海洋环境损害进行赔偿。在法院审理期间，被告提出抗辩，称天津市海洋局没有诉讼主体资格。法院根据《中华人民共和国海洋环境保护法》的相关规定，认为国家海洋局具有诉讼主体地位，天津市海洋局受国家海洋局的委托，其经授权拥有诉讼权利，具备诉讼主体资格。

经法院审理查明，判决如下：①被告英费尼特航运有限公司赔偿原告天津市海洋局海洋环境容量损失 750.58 万元；②被告英费尼特航运有限公司赔偿原告天津市海洋局调查、监测评估费用及其生物修复研究经费等 245.23 万元；③被告英费尼特航运有限公司赔偿原告天津市海洋局上述款项的利息（利息从 2002 年 12 月 1 日起计算至被告实际给付之日止，利率按中国人民银行同期贷款利率计算）；④被告伦敦汽船船东互保协会承担连带赔偿责任。

渔业资源损失索赔 天津市渔政渔港监督管理处受农业部委托代表国家提起渔业资源损失索赔。根据原告陈述和被告答辩，双方主要争议焦点包括：关于“塔斯曼”号海油轮的资料；关于污染溢油量的确定；溢油品质的鉴定；溢油回收量和挥发量的问题；污染面积的确定；消油剂的使用量及使用后的后果；油轮泄漏溢油污染前的环境质量问题以及海域污染后整体环境评估问题。

经法院审理查明，做出如下判决：①被告英费尼特航运有限公司赔偿原告天津市渔政渔港监督管理处渔业资源损失 1 465.42 万元；②被告英费尼特航运有限公司赔偿原告天津市渔政渔港监督管理处调查评估费 48 万元；③被告英费尼特航运有限公司赔偿原告天津市渔政渔港监督管理处上述款项的利息（利息从 2002 年 12 月 1 日起计算至被告实际给付之日止，利率按中国人民银行同期贷款利率计算）；④被告伦敦汽船船东互保协会承担连带赔偿责任。

海洋捕捞损失索赔 经天津海事法院审理，分别对渔民和养殖户起诉的 8 个案件做出判决，判决被告英费尼特航运有限公司赔偿养殖户和渔民捕捞损失、滩涂养殖损失和渔具损失等总计 1 700 多万元。

一审结果 该案一审的赔偿金额共计

4 209 万余元。但由于涉及海洋生态损害赔偿的两个案件，即以天津市海洋局和天津市渔政渔港监督管理处作为原告的两个案件，原、被告双方均不服一审判决，上诉至天津市高级人民法院。直至 2009 年年底，在天津市高级人民法院的主持调解下，双方达成了和解。被告英费尼特航运有限公司支付约 700 万元用于海洋环境容量损失的赔偿。

案件影响 该案是自我国 1999 年加入《1992 年国际油污损害民事责任公约》以来的第一起根据该公约向外国船舶公司及保险责任人进行索赔的国际海洋污染案件，也是海洋行政管理部门首次代表国家向污染者提出生态索赔，开创了我国海洋生态损害国家索赔的先河，对我国环境保护生态损害赔偿机制的完善具有里程碑式的意义。其影响具体表现在：①进一步完善了我国海洋生态损害赔偿机制。天津市海洋局受国家海洋局委托、天津市渔政渔港监督管理处受农业部委托，以原告身份提起海洋生态赔偿诉讼在我国是首例。该案对于我国建立和完善与国际接轨的海洋生态索赔机制，具有明显的示范效应。②为海洋污染损害诉讼案件积累了经验。该案一审法院成功地将众多原告的诉讼合并审理，实现了污染损害事实证据共享，减轻了原告的举证负担，提高了诉讼效率。同时，该案在诉讼主体资格的确定，海洋污染的面积、数量鉴定评估，海洋生态环境价值的确定等方面都做出了有益的尝试，为今后法院审理此类案件提供了借鉴。③保护了渔民利益，维护了我国海洋权益。渔民集体提起诉讼获得 1 700 多万元的赔偿，弥补了因溢油污染造成的个人经济损失。天津市海洋局与天津市渔政渔港监督管理处代表国家提起的海洋生态损害索赔诉讼也获得一定数额的赔偿，维护了国家海洋权益。但是该案也反映出我国海洋生态损害赔偿立法的缺陷与不足。 （朱晓勤）

《Tuigeng-Huanlin Tiaoli》

《退耕还林条例》 （Regulations on Restoring Farmland to Forest） 国务院制定的实施有关退耕还林政策措施中各方权利、义务和责任的行政法规。

适用范围和对象 适用范围是国务院批准规划范围内的退耕还林活动。适用对象为中华人民共和国领域内的企业、事业单位及公民。

产生背景和制定过程 长期以来，陡坡地耕种、毁林开垦是造成水土流失、生态恶化的重要原因。为此，我国自 1999 年开始实施退耕还林政策和试点工程。2001 年 3 月，实施西部大开发战略列入《国民经济和社会发展第十个五年计划纲要》，实施退耕还林被列为西部大开发的重要内容之一。

为了保护退耕还林者的合法权益，强化政府各部门在退耕还林工作中的责任，确保工程建设质量，国务院先后颁布了《国务院关于进一步做好退耕还林还草试点工作的若干意见》（国发〔2000〕24 号）、《国务院关于进一步完善退耕还林政策措施的若干意见》（国发〔2002〕10 号），以保障退耕还林工程的顺利实施。到 2002 年年底，退耕还林工程在全国 25 个省（自治区、直辖市）展开，全国累计完成退耕还林 11 548 万亩（1 亩=0.066 7hm^2），其中退耕地还林 5 582 万亩，宜林荒山荒地造林 5 966 万亩。退耕还林的成效已初步显现，在一些地区，实施退耕还林后水土流失的状况得到一定改善，农民增加了收入，农村产业结构的调整正趋向良性发展。

由于退耕还林工程建设期和政策兑现期较长，任何一个环节出现问题，都将产生重大不良影响，必须通过立法来保持退耕还林政策的连续性和稳定性以及规范退耕还林中出现的问题。2002 年国务院把制定《退耕还林条例》列入了 2002 年立法计划。自 2002 年 1 月开始，国务院西部地区开发领导小组办公室和国家林业局组织有关单位，成立了《退耕还林条例》起草小组，于 2002 年 3 月提出《退耕还林条例》（征求意见稿）。经国务院西部地区开发领导小组办公室主任办公会议讨论通过，形成《退耕还林条例（送审稿）》，于 2002 年 5 月底报请国务院审议。国务院法制办经过广泛征求意见和反复协调修改后，于 2002 年 12 月初形成《退耕还林条例（草案）》报送国务院第 66 次常务会审议通过。

主要内容 《退耕还林条例》共 7 章 65 条。

第一章“总则”是对退耕还林基本问题的规定。主要内容包括《退耕还林条例》（以下简称《条例》）的立法目的、适用范围以及退耕还林政策措施、基本方针、基本原则，部门职责分工、省级人民政府负责制、目标责任制、审计监督等。其中，立法目的是为了规范退耕还林活动，保护退耕还林者的合法权益，巩固退耕还林成果，优化农村产业结构，改善生态环境。退耕还林政策措施是“退耕还林、封山绿化、以粮代赈、个体承包”。基本方针是坚持生态优先，与调整农村产业结构、发展农村经济，防治水土流失、保护和建设基本农田、提高粮食单产，加强农村能源建设，实施生态移民相结合。基本原则包括：①统筹规划、分步实施、突出重点、注重实效；②政策引导和农民自愿退耕相结合，谁退耕、谁造林、谁经营、谁受益；③遵循自然规律，因地制宜，宜林则林，宜草则草，综合治理；④建设与保护并重，防止边治理边破坏；⑤逐步改善退耕还林者的生活条件。“总则”还规定国务院西部开发领导小组办公室负责退耕还林工作的综合协调，国务院林业行政主管部门负责编制退耕还林总体规划、年度计划，主管全国退耕还林的实施工作及监督检查；国务院发展计划部门会同有关部门负责退耕还林总体规划的审核、计划的汇总、基建年度计划的编制和综合平衡；国务院财政主管部门负责退耕还林中央财政补助资金的安排和监督管理；国务院农业行政主管部门负责已垦草场的退耕还草以及天然草场恢复和建设的有关规划、计划的编制，以及技术指导和监督检查；国务院水行政主管部门负责退耕还林还草地区小流域治理、水土保持等相关工作的技术指导和监督检查；国务院粮食行政管理部门负责粮源的协调和调剂工作。县级以上地方人民政府林业、计划、财政、农业、水利、粮食等部门在本级人民政府的统一领导下，按照《条例》和规定的职责分工，负责退耕还林的有关工作。

第二章“规定和计划”规定了退耕还林规划应当包括的主要内容、应当纳入退耕还林规划的耕地类别以及规划的编制审批等事项。《条例》对以下事项作了重要规定：①应当纳入退耕还林规划和应当优先安排退耕还林的耕地范围。应当纳入退耕还林规划的耕地包括水土流失严重的耕地，沙化、盐碱化、石漠化严重的耕地以及生态地位重要、粮食产量低而不稳的耕地。应当优先安排退耕还林的耕地包括江河源头及其两侧耕地，湖库周围的陡坡耕地以及水土流失和风沙危害严重等生态地位重要区域的耕地。②年度计划的编制时限。省、自治区、直辖市下一年度退耕还林计划建议，应当于每年 8 月 31 日前上报；全国下一年度退耕还林年度计划应当于每年 10 月 31 日前下达到有关省、自治区、直辖市；省、自治区、直辖市下一年度退耕还林计划应当于每年 11 月 30 日前下达到有关县、市。③省级年度实施方案的审核和批准机关。省级年度退耕还林实施方案应报经国务院林业行政主管部门审核、省级人民政府批准后实施。④年度退耕还林作业设计中生态林与经济林的设计比例以县为单位核算，退耕还林营造的生态林面积不得低于 80%。

第三章“造林、管护与检查验收”规定了退耕还林合同的签订、退耕还林所需种苗的供应采购及造林的管护与验收等事项。《条例》对退耕还林实施中的造林、管护及检查验收共做出了 11 条重要规定，可归纳为五个主要方面：①关于政策引导与农民自愿相结合。《条例》明确规定了县级人民政府或者其委托的乡级人民政府要与退耕土地承包经营权人依法签订退耕还林合同，明确双方的权利义务，并对合同的内容提出了具体要求。②关于种苗。《条例》对此作了两方面规定：一是退耕还林所需种苗可以在征求退耕还林者的意见后，由政府采取公开竞价方式集中采购，也可以由退耕还林者自行采购，禁止为退耕还林者指定种苗供应商。二是种苗应当经检验合格，并附具标签和质量检验合格证，跨县调运的，还应当依法取得检疫合格证，并要求省级人民政府加强种苗生产与采种基地建设，以便通过退耕还林带动种苗生产的产业化。③关于造林质量。《条例》对保证退耕还林质量作了以下规定：一是退耕还林必须由符合资质要求的单位进行作业设计，退耕还林者必须按照作业设计和合同要求造林。二是地方人民政府及其有关部门应当组织技术推广单位或者技术人员，为退耕还林提供技术指导和技术服务。三是县级人民政府应当建立退耕还林管护制度，落实管护责任。四是退耕还林者不得林粮间作和破坏原有林草植被，不得在退耕还林项目实施范围内复耕或者乱采滥挖地表植被。④关于宜林荒山荒地造林。《条例》规定，退耕还林者在享受资金和粮食补助期间，应当按照作业设计和合同的要求在宜林荒山荒地造林。⑤关于检查验收。《条例》规定，退耕还林的检查验收实行县级自查、省级复查和国家核查的制度。

第四章“资金和粮食补助”规定，国家按照核定的退耕还林实际面积，向土地承包经营权人提供补助粮食、种苗造林补助费和生态补助费的标准与年限等。主要包括以下四方面的内容：①退耕还林的有关补助标准和补助年限按国务院有关规定执行。②针对一些地方未能及时足额兑付补助的问题，对补助粮、钱的兑付程序作了进一步细化。③规定了退耕还林各项补助资金要实行专户存储、专款专用，禁止挤占、截留、挪用或者虚报冒领。④规定了退耕还林补助兑现情况要实行公示制度，引入社会监督机制。

第五章“其他保障措施”主要是把《国务院关于进一步完善退耕还林政策措施的若干意见》（国发〔2002〕10 号）规定的各项政策通过法定形式确定下来，以保持这些政策的连续性、稳定性和权威性，巩固退耕还林成果，避免出现毁林复垦的现象。主要内容包括：①各级人民政府在制定退耕还林规划时，应当考虑退耕农民的长远生计，在坚持生态优先、采取必要的水土保持措施的条件下，可以营造一定比例的经济林。②为了保证退耕还林者的长远利益，退耕土地还林后的承包经营权期限可以延长到 70 年；承包经营权到期后，土地承包经营权人可以依照有关法律、法规的规定继续承包；退耕还林土地和荒山荒地造林后的承包经营权可以依法继承、转让。③退耕还林后，县级以上人民政府应当依照《中华人民共和国森林法》和《中华人民共和国草原法》的规定及时发放林（草）权属证书，确认所有权和使用权。④补助期满后，退耕还林者在不破坏整体生态功能的前提下，经有关部门批准，可以依法对其所有的林木进行采伐。⑤实行退耕还林与基本农田建设、农村能源建设、农业人口转移、生态移民、扶贫开发等政策措施相结合的方针，使退耕还林融入农村经济全面发展之中。

第六章“法律责任”规定了违反《条例》规定后应承担的法律责任。主要针对三类主体设定了法律责任：①国家工作人员可能承担的法律责任。国家工作人员有违反《条例》规定行为的，将依法给予行政处分，情节严重的将追究其刑事责任。例如，国家工作人员挤占、截留、挪用退耕还林资金、克扣补助粮食，未及时处理有关检举、控告，不及时发放补助粮食和生活补助费，为退耕还林者指定种苗供应商等行为，都将依法追究其法律责任。②退耕还林者可能承担的法律责任。退耕还林者必须履行法定义务，例如，不得擅自复垦、不得进行林粮间作，不得在退耕还林项目实施范围内从事滥采、乱挖等破坏地表植被的活动等，否则将承担法律责任。③非特定主体可能承担的法律责任。例如，采用不正当手段垄断种苗市场，或者哄抬种苗价格；销售、供应的种苗未经检验或者未附具标签、质量检验合格证、检疫合格证；供应补助的粮食不符合国家标准等，《条例》对这些行为规定了行政处罚标准，情节严重的追究刑事责任。

第七章“附则”主要是对已垦草场退耕还草、退耕还林还草地区小流域综合治理等相关工作、规划范围外的土地退耕还林事项以及《条例》生效日期的规定。

作用 《退耕还林条例》是和我国《森林法》和《〈森林法〉实施条例》配套实施的重要行政法规。该条例的颁布和实施，将我国长期以来的退耕还林政策和经验予以法定化、制度化，明确了我国退耕还林工程的职能管辖，保障了退耕还林者的合法权益，使我国退耕还林这一保护森林的基本措施有法可依、有章可循，有利于巩固退耕还林成果，促进我国森林资源的采育结合和永续利用。（周卫）

W

《Weixian Huaxuepin Anquan Guanli Tiaoli》

《危险化学品安全管理条例》（Regulation on Safety Management of Hazardous Chemicals of the People's Republic of China） 中国为了对危险化学品生产、储存、使用、经营和运输等活动进行安全管理，预防和减少危险化学品事故，保障人民群众生命财产安全，保护环境而制定的行政法规。

适用范围 主要监督管理具有毒害、腐蚀、爆炸、燃烧、助燃等性质，对人体、设施、环境具有危害的剧毒化学品和其他化学品。适用于在中华人民共和国境内从事危险化学品生产、储存、使用、经营和运输等活动的安全管理。

产生背景和制定过程 我国有关危险化学品安全管理的法制化经历了一个漫长的历史发展过程。早在1961年1月28日，国务院批转国家经委、化学工业部、铁道部、商业部、公安部试行的《关于中、小型化工企业安全生产管理规定》《化学危险物品储存管理暂行办法》《化学危险物品凭证经营、采购暂行办法》《铁路危险物品运输规则》《化学危险物品防火管理规则》和《关于违反爆炸、易燃物品管理规则处罚暂行办法》，开始对化学危险物品进行监督管理。此后，在总结前述部门规章的经验和教训的基础上，1987年2月17日国务院发布《化学危险物品安全管理条例》，并同时废止了前述的6个部门规章。随着科学技术的进步和我国化工业的发展，《化学危险物品安全管理条例》越来越不适应危险化学品安全管理的要求。因此，为了加强对危险化学品的安全管理，保障人民生命、财产安全，保护环境，2002年1月9日国务院第52次常务会议通过了《危险化学品安全管理条例》。2011年2月16日国务院第144次常务会议修订通过了新的《危险化学品安全管理条例》，同年12月1日起施行。

主要内容 《危险化学品安全管理条例》（以下简称《条例》）共8章102条。主要包括：①确立了危险化学品安全管理的指导方针，即坚持安全第一、预防为主、综合治理，以此强化和落实企业的主体责任；②规定了危险化学品生产、储存、使用、经营、运输实施安全监督管理体制；③要求县级以上人民政府建立危险化学品安全监督管理工作协调机制；④分别从生产、储存、使用、经营和运输五个环节规定了大量的安全监督管理法律制度和措施；⑤就危险化学品登记与事故应急救援专门作出了规定；⑥对违反危险化学品安全监督管理的违法行为规定了相应的行政、民事和刑事法律责任；⑦对不属于其管辖的其他化学品进行了界定，并对《条例》的生效日期做出了明确的规定。

（陈维春）

X

Xianggang Tebie Xingzhengqu huanjingfa

香港特别行政区环境法 （environmental law of Hong Kong Special Administrative Region） 香港为保护环境而制定和认可的法律规范的总称。

背景 香港是第二次世界大战后经济发展最快的地区之一。经济的高速增长在给市民带来物质享受的同时，也对环境造成了影响。20世纪七八十年代，香港的环境污染达到高峰，促使香港开始重视环保工作。1989年香港首次发表环境白皮书——《对抗污染莫迟疑》，呼吁市民"拯救我们的环境"。自此，香港的环境管理不断发展强化，污染得到了有效的控制和治理。但由于香港环境保护起步较晚，又受到香港地域狭小、人口密度极高、工商业和交通运输业高度发达等因素影响，环境管理仍存在着长期难以解决的问题。香港面临两类空气污染——路边空气污染和区域性烟雾。路边空气污染主要来自柴油车辆废气，而区域性烟雾则是由香港和珠江三角洲地区车辆、工商业及发电厂排放污染物引起。香港水质污染主要源于生活污水、工业废水、禽畜废物以及受珠三角水质的影响。香港每天产生多种废物，包括都市固体废物、建筑废物、化学废物、医疗废物和特殊废物（禽畜废物、动物尸体、隔油池废物、辐射型废物、滤水厂/污水厂污泥）。尽管香港采取多项"减废"措施并投入巨资建设废物处理设施，但随着经济的发展和人口的增长，短期内尚难以解决废物增长对环境的污染问题。香港的噪声问题也十分严重，目前交通噪声已成为最主要的污染源。此外，城市发展和环境污染严重影响到香港高生态价值地区的保育，令大部分哺乳类动物栖息地不断缩小或受到破坏，濒危动植物数量减少，生物多样性受到威胁。

环境管理体制 香港环境保护署（简称环保署）于1986年成立，是香港环境保护的主管部门。环保署负责环保政策的制定，包括污染防治、自然资源保护和环境影响评估政策。环境咨询委员会等咨询机构亦参与环保政策的制定。污染防治政策和环评政策主要由环保署负责推行，自然资源保护政策由渔农自然护理署（简称渔护署）执行。其他部门在推行环保政策方面也负有重要责任，例如，渠务署负责推行地区性污水处理计划，规划署执行环评政策中与土地用途规划有关的部分。2007年成立的环境局负责监督环保政策的制定和推行。香港所有环保法例都明确规定了执法主体。污染防治法例主要由环保署执行，环保署通过辖下四个区域办事处及总区办事处执行各项污染管制法例，并负责巡查、发放牌照、处理市民投诉以及发生紧急事故时采取应变行动。《环境影响评估条例》由环保署会同屋宇署、渔护署、规划署和地政总署共同执行。自然资源保护相关法例由渔护署负责执行，通过划设保护区、巡查、发放牌照、就环境规划和评估提供生态方面的意见等执法手段，保护自然资源。其他部门亦参与多项环保执法工作，例如，海事处负责管制香港水域内的漂浮垃圾，并执行与溢油有关的法例；民航处负责管制飞机噪声；香港警察负责管制住宅楼宇和公众场所噪声。

法律渊源 香港环境法的渊源包括成文法和判例法。成文法由香港特别行政区立法会制定，分为条例（ordinance）和附属法例（subsidiary legislation)。条例由行政长官会同立法会制定；附属法例则由立法会通过条例授权环保署或其他部门在指定范围内制定，通常称为规例(regulation)、附例(bylaw)或规则(rule)。成文法是香港环境法最主要的渊源。由于香港是适用英国普通法的地区，判例法也是香港环境法的渊源，包括普通法和衡平法两部分。与香港环境法有关的判例法包括传统的侵权行为法（主要是关于妨害、侵入、疏忽和严格责任的普通法规则）和依据判例对环境保护条例作出的司法解释。除香港本身的判例外，所有普通法适用地区的判例，亦可在香港特别行政区法院引用。判例法在香港环境保护中，起到弥补成文法空缺和解释成文法的作用。承袭普通法特征，香港加入的国际环保条约不能直接在香港适用，须由立法会将其纳入本地法后方可适用。香港回归中国后，根据《香港特别行政区基本法》精神，香港原有法律除与基本法相抵触或经香港特别行政区立法机关做出修改外，都予以保留。

基本制度 20 世纪 80 年代以来，香港在 30 多年的环保实践中，出台了一系列政策、条例，形成了一些具有地方特色的环保法律制度。主要包括以下 5 种制度。

环境评估与规划制度 香港高度重视环境评估与规划，把环境因素纳入城市规划范围，确保项目建设、土地用途规划以及计划与政策制定的每个阶段都充分考虑环境因素，防止出现新的环境问题。香港于 20 世纪 80 年代初开始推行该制度，起初规模和应用范围都很有限，仅由行政部门评估公共工程项目。1985 年，香港在《香港规划标准与准则》中加入“环境”一章，就如何将环境因素纳入大型发展项目和土地用途规划提供详细指引。1987 年，香港做出所有大型公共工程和大型私营机构工程必须进行环境影响评估的规定。1988 年，要求新市镇发展计划及主要的土地用途/发展计划必须经过环境影响评估，并首次运用策略性环评对空间进行规划。1992 年，要求所有提交行政局（行政会议的旧称）的政策文件，均须加入对环境造成影响的章节，从而将环境影响评估范围进一步扩大至政策及策略。此后，又进一步规定，一切重大政策在施行前，必须先经过环保角度的审视、进行可持续发展评估。1998 年 4 月 1 日，《环境影响评估条例》生效，环境影响评估作为一项法律制度在香港正式实施。如今，香港的环评与规划工作主要在三个层次上进行，即政策策略、土地用途规划（包括战略性土地用途规划和分区规划）和建设项目，被视为香港环境政策的成功范例。香港也尽量避免自身活动损害环境，自 1994 年起，所有部门均委派环保经理监察自身的环保措施及表现。2000 年，香港特区政府要求辖下各部门每年编制环保工作报告，向公众汇报其政策、工作对环境的影响。自 2005 年起，香港特区政府开始鼓励私营企业效法政府部门编制环保工作报告，评估自身的环境影响。

环境质量管制区制度 针对不同类型的环境污染和受保护环境因子，香港设立了不同的环境质量管制区，实行分区分类管理。根据《水污染管制条例》及其附例，香港水域被划为 10 个水质管制区和 4 个附水质管制区，适用不同水质指标，对不同污染物进行管制。根据《空气污染管制条例》，1986 年海港区和荃湾葵涌区被划为空气质量管制区。1989 年 2 月起，全港均被列为空气质量管制区，分 10 个区域进行管制，施行由《香港特别行政区政府宪报》公布的统一空气质量指标。环保署在香港各区设有 11 个一般监测站和 3 个路边监测站，监测空气污染。在固体废物管制和自然资源保护方面，香港也设有不同的管制区或保护区制度，如将禽畜废物分为管制区、禁制区和限制区三类地区进行管制。各种环境质量管制区均设管制当局，并设有符合该区情况的环境质量标准或管制目标。

许可证制度 香港各类环保法例均有关于许可证的规定。例如，在水污染管制方面，有关于工商业污水排放牌照的规定；在噪声管制方面，有关于建筑噪音许可证的规定；在固体废物管制方面，有关于固体废物收集、处理的牌照规定；在空气污染管制方面，有关于应用“指明工序”的牌照规定；在保护臭氧层方面，有关于含损害臭氧物质产品进口和出口许可证的规定；在自然资源保护方面，也有许多关于许可证的规定。环保法例对许可证或牌照的内容、效力、附加条件、期限、申请人资格、申请和审批程序、取消或更改、转让等作了详细的规定，并明确了指定各类许可证的主管当局。许可证明确记载许可证持有人必须依法履行的环保义务和有关权利，由主管当局对许可证的使用进行监督管理，对不履行或不正当履行许可证义务的人给予处罚。许可证制度把环境管理义务落实到具体的个人、法人或其他实体，使环境利益和公众生产、生活紧密结合，形成一套规范有效的环境管理机制。

上诉制度 香港绝大多数环保条例都规定了上诉制度，并设立专门的上诉委员会作为受理上诉的机关。上诉制度旨在保障管理对象的合法权益免受不当或不法行为的侵犯，并保障合法行政目的的实现。管理对象对管理部门的管理行为不服的，可在一定期限（一般为 21 天）内向上诉委员会提出上诉。当事人提出的每宗上诉，均由根据某部环保法例组成的上诉委员会审理。审理上诉案件，须由上诉委员会主席和聆讯上诉的委员过半数意见裁定，但法律问题由主席裁定。上诉委员会审理程序与高等法院的上诉审理程序类似。通过审理，上诉委员会可以确认、推翻或更改上诉所针对的决定、规定或指明事项。上诉委员会主席可于裁定之前将有关法律问题转交终审法院上诉法庭裁定。行政机关如不服上诉委员会的裁定或为保护公共利益所需，可申请行政长官会同行政会议复核上诉委员会的裁定。行政长官会同行政会议有权确认、推翻或更改上诉委员会的裁定。上诉委员会是准司法机关，由具有法律专业资格（具有出任地方法院法官资格）的人士组成。委员会主席由行政长官任命，亦须具有法律专业资格。法律规定上诉委员会委员中，任何情况下公职人员均不得超过半数。

环境咨询与公共联络制度 香港设立专门机构以听取公众对环境问题的意见、建议。这方面的主要机构是环保署下属的环境咨询委员会。该委员会的咨询范围很广泛，包括立法建议、污染管制和自然保育法规的执行、对环境影响评估报告的意见等。委员会的主席和 22 名成员均由特区行政长官委任。组成人员均为社会知名人士，包括学者、商人、专业人士、主要环保组织及工商团体的成员。环保署署长、规划署署长、渔护署署长、卫生署署长或其代表均长期列席委员会的会议。所有有关环境问题的重大政策建议和立法建议都必须事先征求环境咨询委员会的意见。环保署另外通过三个渠道同公众保持联络。一是参加区议会。通过参加区议会各种会议，环保署向区议会提供有关环境问题的信息和意见，为每个地区编制地区环境报告书，从而帮助区议会在地区开发决策中注意环境影响，促进区议会在环保方面与政府加强合作。二是开设环保热线电话。环保热线电话从 1987 年起为公众提供 24 小时服务，以方便公众投诉、查询、提供意见建议和反馈信息。三是建立与公众联络的专门机构。环保署内设社区关系组，专门负责同公众联络。政府特别设立 5 个环境资源中心、1 个流动环境资源中心和 1 个绿化教育资源中心，通过接待团体参观、提供环保资料和举办各种教育活动，向公众推广环保资讯。环保署还于 1994 年设立了访客中心，向公众开放，介绍环保方面的工作。

法例概述 香港没有一部综合性的环境保护基本法，环保法例以单行专项条例和附属法例形式出现，涵盖污染防治、自然资源保护和环境影响评估三部分内容。污染防治方面，有防治空气、水、废物、噪声、有毒化学品、放射性物质污染的专门法例和产品环保责任法例；自然资源保护方面，有保护森林、郊野、野生动植物、海洋环境、鱼类及其他水生生物的法例；《环境影响评估条例》是环境影响评估方面的重要法例。此外，《城市规划条例》《公众卫生及市政条例》《建筑物条例》《简易程序治罪条例》等诸多法例中亦含有环保内容。主要包括以下 9 种法例。

空气污染防治法例 1983 年颁布的《空气污染管制条例》及其附属法例是香港据以防治空气污染的主要法例。1984 年颁布的《道路交通条例》及其附属法例、1989 年颁布的《保护臭氧层条例》及其附属法例和 2011 年颁布的《汽车引擎空转（定额罚款）条例》也是管制空气污染的重要法例。

《空气污染管制条例》管制固定污染源及车辆引起的空气污染，不适用于船只、铁路机车或飞机的火炉或引擎排放的空气污染物。该条例授权行政长官会同行政会议划分空气质量管制区，授权环境局局长制定空气质量指标。授权环保署向因工序、作业或使用机器造成空气污染的人士发出“空气污染消减通知”，责令有关人士立即采取补救措施以减少或根除污染物，否则可被处以罚款或/及监禁。该条例把 30 种主要的空气污染固定源（如发电厂、焚化炉等）列为“指明工序”，实施比一般工序更严格的排放管制，并对其进行牌照管理。由于发电厂是香港最大的空气污染源，该条例规定发电厂 3 种指明污染物（氮氧化物、二氧化硫和可吸入悬浮粒子）的排放受排放总量上限管制，并允许发电厂自 2010 年起使用排放交易以符合排放总量上限要求。该条例禁止使用含铅及高含硫量燃料。对于车辆造成的空气污染，该条例及其附属法例主要通过管制燃油及废气排放来控制。香港全面实施欧盟 4 期车辆废气排放标准，所有加油站只供应符合欧盟 5 期标准的柴油和无铅汽油，并规定所有在 1995 年 3 月 31 日或之前首次登记的柴油车辆必须安装认证的减少排放物的器件，否则将不再续发牌照或被吊销车辆牌照。该条例授权环保署制定各项附属法例以规范个别范畴的空气污染问题，如建筑尘埃、石棉管制等。

《道路交通条例》对车辆废气排放标准、车辆废气测试予以详细规定，并对车辆排放过量烟雾或可见气体进行管制。

《保护臭氧层条例》是香港为履行 1985 年《保护臭氧层维也纳公约》和 1987 年《关于消耗臭氧层物质的蒙特利尔议定书》订明的国际义务，于 1989 年 7 月立法通过的法例。该法例禁止生产含损害臭氧物质的产品并管制其使用、进出口及回收再造。

《汽车引擎空转（定额罚款）条例》禁止司机在车辆停定时，让车辆引擎于任何 60 分钟内合计运转超过 3 分钟，以减少车辆引擎空转造成的空气污染。执法人员可向违反此规定的司机发出罚款通知书，要求其缴付定额罚款 320 港元。

水污染防治法例 香港防治水污染的法例，主要是 1980 年颁布的《水污染管制条例》及其附属法例。《水污染管制条例》授权行政长官会同行政会议划分水质管制区，授权环境局局长制定水质指标。该条例规定，除流入公用污水渠或排水渠的住宅污水和未经污染的水外，排放任何其他污水必须申领污水排放牌照，否则即属犯罪，可被处以罚款及监禁。牌照须列明污水性质、化学及微生物指标，以确保排放污水不会损坏污水渠或排水渠及污染水域。该条例规定物业业主必须将污水渠接至公共污水收集系统，并对私营污水处理设施的运行及维修进行监管。

固体废物污染防治法例 1980 年颁布的《废物处置条例》及其附属法例是香港主要的固体废物管制法例。《废物处置条例》全面监管废物从产生到最终弃置的各阶段，确保以符合环保的方式处置废物。该条例授权环境局局长编制废物处理计划草案，对除排入大气层的微粒和流入水体的悬浮固体废物之外的所有固体、半固体废物和该条例指定的其他废物的收集与处置做出安排。草案经行政长官会同行政会议批准后成为正式废物处理计划。废物收集和处置部门在履行职责时，须遵守该计划的规定。该条例对废物收集当局、废物处置当局做出了明确规定。其他任何人除非领有牌照或获得授权，禁止收集废物，禁止使用或准许他人使用任何土地或处所处置废物，否则即属犯罪。该条例按《控制危险废物越境转移及其处置巴塞尔公约》的规定，对废物进出口实行许可证管理。该条例下亦有 3 个附属法例分别对化学废物、禽畜废物和医疗废物的处置做出更加严格的管制规定。此外，《海上倾倒物料条例》管制船只、飞机或海事构筑物在海上弃置的物料，并按许可证制度管制废物在香港水域内的倾倒。

噪声污染防治法例 1988 年制定的《噪音管制条例》及其附属法例是香港管制噪声污染的主要法例。此外，《民航（飞机噪音）条例》《道路交通条例》和《道路交通（车辆构造及保养）规例》分别对飞机噪声和道路上行走车辆发出的噪声进行管制。《噪音管制条例》管制住宅楼宇及公众场所、建筑工地、工商业楼宇、新登记车辆、防盗报警系统及指明的高噪声产品发出的噪声。该条例将晚上 11 时至翌晨 7 时及公众假期全天规定为对住宅楼宇和公共场所发出噪声的管制时间。此时间内，任何人从住宅楼宇和公共场所发出或促使发出滋扰他人的噪声即属违法。该条例禁止任何人于任何时间在住宅楼宇或公共场所从事指定的 7 种高噪声活动，否则即属犯罪。该条例将建筑工地的噪声源分为一般建筑工程和撞击式打桩工程。从事一般建筑工程，必须取得有效“建筑噪音许可证”，否则不得在晚上 7 时至翌晨 7 时或在公众假期的任何时间使用机动设备作业或从事某些法定建筑活动。该条例严禁在晚上 7 时至翌晨 7 时及公众假期进行撞击式打桩工程。日间进行撞击式打桩工程，亦须取得“建筑噪音许可证”方可进行。许可证由环保署按照有关法定技术备忘录签发。工商业噪声须符合《管制非住用处所、非公众地方或非建筑地盘噪音技术备忘录》列明的要求。环保署对违反上述要求的营运商发出“消减污染通知书”。不遵从通知书规定消减噪声者，即属犯罪。为消减道路交通噪声，所有在香港首次登记的车辆必须符合严格的噪声标准。该条例规定安装在任何楼宇、车辆内的防盗警钟，在触发后分别不得响闹超过 15 分钟和 5 分钟。车辆的防盗警报器只有在确实受干扰时才可响闹。该条例规定，任何人由于生意或业务而进口、制造、供应或为供应而要约或展示拟在香港使用且不符合噪声标准的指定产品，或任何人使用或促使使用不符合噪声标准的指定产品，即属犯罪。对于某些法定高噪声建筑设备，必须贴上环保署署长签发的噪声标签方可使用。任何法团犯该条例所订噪声罪行，管理层亦属犯相同罪行并须承担个人刑事责任。

有毒化学品管制法例 2008 年 4 月 1 日起分阶段实施的《有毒化学品管制条例》及其附属法例是香港管制有毒化学品的主要法例。《有毒化学品管制条例》通过许可证制度，对可能对人体健康或环境有潜在危害或不良影响的非除害剂有毒化学品的进口、出口、制造和使用进行管制。受该条例规管的化学品包括受《关于持久性有机污染物的斯德哥尔摩公约》或《关于在国际贸易中对某些危险化学品和农药采用事先知情同意程序的鹿特丹公约》管制的化学品。该条例规定，任何人进口、出口、制造或使用受管制化学品，必须事先向环保署申领有效期一般为 12 个月的许可证。此外，进入或离开香港的每批受管制化学品亦须领有由环保署签发的进口或出口许可证。

放射性物质管制法例 1957 年颁布的《辐射条例》及其附属法例是香港管制放射性物质的主要法例。香港没有核设施，其放射性物质主要是低放射性的医疗和工业废料，对环境影响很小。因此，由放射性物质引起的污染在香港并不严重。《辐射条例》对放射性物质和辐照仪器的进口、出口、管有与使用，以及对放射性矿物的勘探与开采，做出了管制。《辐射条例》规定设立辐射管理局，管理放射性物质。除非被豁免或持有许可证，任何人不得制造、生产、出售、管有或使用放射性物质或辐照仪器，不得勘探、开采放射性矿物，否则即属犯罪，可被处以罚款及监禁。如公司触犯《辐射条例》

所订罪行，则每名董事及高管人员，除非证明构成该罪行的行为是在其不知情或未同意的情况下发生，否则均属有相同罪行。

产品环保责任法例 2009年4月30日起实施颁布的《产品环保责任条例》及其附属法例是香港产品环保责任方面的主要法例。《产品环保责任条例》旨在推行香港特区政府2005年12月提出的“生产者责任计划”并为该计划的实施提供法律基础。该条例通过落实“污染者自付”原则和“环保责任”理念，让制造商、进口商、批发商、零售商和消费者分担减少使用、回收、循环再造或妥善处置特定产品的责任，以减少有关产品（塑料购物袋、包装物料、饮品容器、电器及电子设备、车辆轮胎及可重复充电式电池）对环境的影响。该条例以塑料购物袋环保征费作为其首个生产者责任计划。根据《产品环保责任（塑胶购物袋）规例》，由2009年7月7日起，征费计划涵盖的零售商不得再免费发放塑料购物袋，由顾客为其所取用的每个塑料购物袋缴付环保费0.5港元。

自然资源保护法例 香港保护自然资源的法例主要有：1937年《林区及郊区条例》、1976年《野生动物保护条例》、1962年《渔业保护条例》、2006年《保护濒危动植物物种条例》、1976年《郊野公园条例》和1995年《海岸公园条例》。

《林区及郊区条例》禁止在林区或植林区内从事剪草、移去草皮或泥土、放牧牛羊等破坏植物的行为，禁止砍伐、切割、焚烧或以其他方式摧毁树木或其他植物。该条例禁止在林区、植林区、郊野范围内或附近生火或使用已生起的火。任何人欲从事禁止行为，必须向渔护署署长申领特别许可证。该条例授权环保署署长就保护林区及植物事宜制定附属法例。

《野生动物保护条例》列明了受保护野生动物的种类并为野生动物保护规定了很多禁则，例如，禁止狩猎或故意干扰受保护野生动物；禁止使用任何活生动物引诱、录音引诱、陷阱、枪械或未经批准的狩猎器具捕猎野生动物；禁止管有或控制在香港猎取的受保护野生动物及其部分和巢或卵；禁止买卖、输出、要约出售或要约输出在香港猎取的受保护野生动物及其部分和巢或卵。任何人欲从事禁止性活动，必须向渔护署署长申领特别许可证。该条例划定了野生动物保护区，分A、B、C三类。A区每年4月1日至9月30日为禁区，B区全年皆为禁区，C区每年6月1日至10月31日为禁区。任何人未经许可不得于指定时间内进入保护区。

《渔业保护条例》授权行政长官会同行政会议就保护或管制捕鱼活动（禁止或限制使用有毒物质、炸药、抽吸器具、电力、采挖器具及拖网器具捕鱼；禁止或限制从香港水域捕获任何种类或体积的鱼类；保护产卵区等）制定附属法例。该条例赋予食物及卫生局局长指定香港任何水域范围为渔业保护区的权力。非属以下情况，任何人不得在香港水域内使用或借助任何船只从事捕鱼活动：该船只已登记；该船只领有有效运作牌照或并非主要为用作捕鱼而设计或装备；该人是根据并按照“研究捕鱼许可证”从事捕鱼活动。该条例授权执法人员在某些情况下无须搜查令即有权对船只、围塘、渔筏、处所等地方进行搜查并有权扣留疑属包含有关罪行证据的物件。

《保护濒危动植物物种条例》规定，凡进口、从公海引进、出口、再出口，管有或控制列明物种的标本，不论属活体、死体、其部分或衍生物（包括药物），均须事先向渔护署申领许可证，否则即属犯罪，可被处以罚款及监禁。该条例亦指明在某些情况下，无须申领许可证即可进行该条例列明物种的交易。有关管制制度大体参照《濒危野生动植物种国际贸易公约》的规定，以履行香港据此条约承担的国际义务。

《郊野公园条例》就郊野公园和特别地区的指定、管辖和管理，提供法律根据。该条例任命渔护署署长担任郊野公园及海岸公园管理局总监，并赋予其管理郊野公园及特别地区所需的法定权力。规定设立郊野公园及海岸公园委员会，负责向总监提供有关管理郊野公园和特别地区事务的意见。香港现有24个郊野公园和22个特别地区。

《海岸公园条例》旨在保护海洋环境及海洋动植物，如海藻、珊瑚和海豚等。该条例就海岸公园及海岸保护区的指定、管辖和管理，提供法律根据。该条例任命渔护署署长担任郊野公园及海岸公园管理局总监，对海岸公园及海岸保护区进行管理。香港现有4个海岸公园及1个海岸保护区。

环境影响评估法例 1998年4月1日起正式实施的《环境影响评估条例》及其附属法例是香港环境影响评估方面的主要法例。《环境影响评估条例》通过执行环境影响评估程序及环境许可证制度，预防、减少及管制指定工程项目对环境造成的不良影响。该条例规定所有指定工程项目（列于该条例附表2、附表3的项目）必须进行环境影响评估研究，并说明需要实施的纾缓措施。环境影响评估报告经环保署署长批准后，附表2订明的指定工程项目的倡议人还须向环保署署长申请环境许可证。除非已获发环境许可证，否则任何人不得从事附表2列明的工程项目，从而确保环境影响评估在项目实施前得以完成。某些法定情形下，工程倡议人可不进行环境影响评估而直接申请环境许可证。该条例亦授权行政长官会同行政会议为公共利益需要而豁免任何工程项目免于遵守该条例的规定。附表3规定，对两类工程项目（占地面积20 hm^2 以上或涉及总人口超过100 000人的市区发展工程项目；现有人口或新人口超过100 000人的重建工程项目）进行的工程技术可行性研究必须进行环境影响评估，属策略性环评范畴。所有根据该条例获批准的环境影响评估报告均刊登于环保署网站上。

该条例一大特色，是让公众充分参与法定环评程序。1998年起，香港特区政府将所有环评报告、工程项目简介以及环保署署长决定载于专用网站，供公众查阅。从2001年开始，环境监察及审核的结果也向市民公开，并在各大工程项目的专门网站上发表。自2002年4月起，香港特区政府将实时网上摄录机安装于选定大型建筑地盘，以便公众24小时监察正在进行的工程是否符合环保要求、跟进环评工作。此外，环保署积极向公众宣传环评程序，邀请各有关团体就改善环评机制发表意见，安排项目倡议机构和公众坦诚对话，促进互谅共识。

（李亚虹　高莉）

推荐书目

陈弘毅，陈文敏，李雪菁，等. 香港法概论. 香港：三联书店（香港）有限公司，1999.

李威，何丽莎，陆恭蕙，等. 空转引擎：香港环境政策 1997—2007. 香港：思汇政策研究所，2007.

律政司. 香港的法律制度. 4版. 香港：律政司，2004.

张学仁. 香港法概论. 3版. 武汉：武汉大学出版社，2006.

Xie Yinli Deng 97 Ming Yuye Yangzhihu Su Jinyimeng Zhiye Youxian Gongsi Deng Shiliang He Shuiku Teda Shuiwuran Sunhai Peichang Jiufen An，2001 nian

谢印立等97名渔业养殖户诉金沂蒙纸业有限公司等石梁河水库特大水污染损害赔偿纠纷案，2001年 （Ninety-seven fish farming households（Xie Yinli，etc.） v. Jinyimeng Paper Co.，Ltd.，etc.，2001） 一个比较典型的跨流域水污染损害民事赔偿纠纷案例。

案情简介 石梁河水库位于新沭河干流，地处江苏省连云港市东海县、赣榆县和山东省临沭县交汇处。1999年9月11日和2000年6月28日，石梁河水库连遭两次特大水污染事故，致使东海县境内97家养殖户渔业绝收。事故发生后，农业部渔业局黄渤海渔业环境监测站接受养殖户的委托，对事故进行调查，并进行损失鉴定。经鉴定，山东省金沂蒙纸业有限公司和临沭县化工总厂排放大量污水汇入大官庄泄洪闸内蓄积，泄洪闸泄洪时进入石梁河水库，致使库区有机污染物和悬浮物严重超标，造成鱼类窒息死亡，两次事故合计造成的直接经济损失为560.4万元。2001年3月，97名养殖户向连云港市中级人民法院起诉，要求山东省金沂蒙纸业有限公司和临沭县化工总厂停止侵害，赔偿鱼类养殖损失560.4万元，事故调查费

4.8 万元。

案件裁决 在调查被告排污行为和死鱼事实的因果关系时，两被告代理人称：两企业排出的污水没有直接排向石梁河，而是排向新沭河，因而死鱼和排污行为没有直接关系。法院认为，两被告因不能提供原告所受损失是其排污行为以外的其他原因造成的证据，按照举证责任倒置的原则，应由两被告承担责任，遂依法支持了 97 名原告要求赔偿损失的诉讼请求。2001 年 12 月 14 日，连云港市中级人民法院做出一审判决：被告山东省金沂蒙纸业有限公司、临沭县化工总厂因排污造成石梁河水库发生两次大面积死鱼事故，应赔偿 97 名原告经济损失 560.4 万元及事故调查费 4.8 万元，并立即停止污染侵害。一审判决后，两被告企业不服一审判决，上诉到江苏省高级人民法院。江苏省高级人民法院终审判决驳回上诉、维持原判。2003 年年底，97 名养殖户拿到了最终的赔偿款。

案件影响 该案是跨流域水污染案件，山东省金沂蒙纸业有限公司和临沭县化工总厂的排污行为属于环境共同侵权行为，需要承担民事连带赔偿责任。法院的判决结果激励了环境受害者的维权行为，对企业的肆意排污行为起到了警示作用。（邵琛霞）

Xiongyali Su Siluofake Jiabuqikewo-Damaoluosi Daba An，1997 nian

匈牙利诉斯洛伐克加布奇科沃-大毛罗斯大坝案，1997 年 （Hungary v. Slovakia（on Gabcíkovo-Nagymaros Dams），1997） 旧译为盖巴斯科夫-拉基玛洛大坝案，又称多瑙河水坝案。联合国国际法院审理并于 1997 年做出判决的匈牙利和斯洛伐克之间关于多瑙河加布奇科沃-大毛罗斯大坝的争端。

案情简介 20 世纪 60 年代，匈牙利人民共和国和捷克斯洛伐克社会主义共和国决定在流经两国的多瑙河上修建水坝。

1977 年 9 月 16 日，两国签署了有关建设和管理加布奇科沃（Gabcíkovo）和大毛罗斯（Nagymaros）水坝系统的条约，条约于 1978 年 6 月 30 日生效。条约规定，设计该水坝的目的是为了双方的水资源、能源、交通、农业以及国民经济其他部门的发展而充分利用多瑙河从布拉迪斯拉发（Bratislava）到布达佩斯（Budapest）部分的自然资源。水坝主要作用包括：发电；促进多瑙河相关水域的通航；保护河流两岸地区免受洪水冲击。同时，根据条约规定，两国要确保多瑙河的水质不受工程的影响，并遵守保护自然的义务。

根据该条约，捷克斯洛伐克境内的加布奇科沃和匈牙利境内的大毛罗斯两项水坝建设是该项整体工程运作系统的不可分割的一部分，双方将在联合的基础上平等地负责工程的建设、投资和管理。条约的附属协定中，对条约中规定的两国的工作进行了分配，规定工程应于 1978 年开始，于 1991 年完工。协定还规定匈牙利负责一部分处于捷克斯洛伐克境内的工程。后经 1983 年和 1989 年两次调整，双方决定将工程延迟到 1994 年完工。

1989 年春天，加布奇科沃地区的工程进展良好；大毛罗斯部分进展较慢，对大坝建设至关重要的围堰部分尚未开始修建。由于该工程在匈牙利国内遭到了严厉的批评，1989 年 10 月 27 日，匈牙利政府正式决定放弃大毛罗斯的工程，维持多瑙基利蒂工程的现状。

在此期间，双方展开了谈判。捷克斯洛伐克开始研究各种替代解决方案。1990 年 9 月，捷克斯洛伐克向匈牙利提出 7 种替代方案，其中“替代方案 C”只需捷克斯洛伐克单方面行动就可以实施，其他 6 种方案都需要双方合作才能完成。由于双方谈判进行得十分艰难，捷克斯洛伐克于 1991 年 11 月决定开始采取单方面行动。

1992 年 5 月 19 日，匈牙利政府向捷克斯洛伐克政府递交了一份备忘录，声称 7 种替代方案都将对环境和自然造成有害影响，捷克斯洛伐克违反了 1977 年条约的第 15 条、第 19 条、第 20 条，构成重大违约，而且违反了其他国际公约和一般国际法。匈牙利声明从 1992 年 5 月

25日起终止1977年条约。

捷克斯洛伐克则于1992年10月23日开始对在本国境内多瑙河上游的多瑙基利蒂进行单方面改道，即实施“替代方案C”，继续进行水坝建设。1993年1月1日，斯洛伐克成为一个独立国家，而加布奇科沃大坝位于其境内，继续由斯洛伐克实施建设。

1993年4月7日，匈牙利和斯洛伐克签署《特别协议》，并基于该协议于1993年7月2日向国际法院提起诉讼。1997年9月25日，国际法院做出判决，判定匈牙利无权放弃大毛罗斯工程，捷克斯洛伐克无权实施“临时解决方案”。

诉讼请求 双方主张如下：

匈牙利主张 ①其有权在1989年暂停和终止其负责的水利工程；②捷克斯洛伐克无权实施临时解决方案；③匈牙利已经有效终止了1977年条约。

匈牙利请求法院判定：①1977年条约从来没有在匈牙利和斯洛伐克之间生效过；②斯洛伐克应对采取临时解决方案及由此对匈牙利造成的损害和损失负有责任；③斯洛伐克有义务对造成的损害和损失给予赔偿；④斯洛伐克应恢复原状并提供保障以不再对匈牙利及其国民造成损失。

斯洛伐克主张 ①1977年条约仍然有效，匈牙利1992年做出的终止条约的普通照会无效；②匈牙利无权暂停和终止其负责的工程；③斯洛伐克采取临时解决方案合法；④匈牙利应履行1977年条约的义务；⑤匈牙利应当就其行为给斯洛伐克造成的损失进行赔偿。

法院裁决 判决情况如下：

①考虑到《特别协议》第2条第1款，a.匈牙利无权于1989年中止、继而放弃大毛罗斯工程和1977年条约和有关文书赋予其在加布奇科沃项目上负责的工程部分；b.捷克斯洛伐克有权在1991年11月着手准备《特别协议》条款中提到的“临时解决方案”；c.捷克斯洛伐克无权自1992年10月将“临时解决方案”付诸实施；d.1992年5月19日匈牙利发出的终止1997年条约及有关文书不具有终止的法律效力。

②考虑到《特别协议》第2条第2款和第5条，a.斯洛伐克作为捷克斯洛伐克的继承国，自1993年1月1日起成为1977年条约的当事方。b.匈牙利和斯洛伐克必须根据当前局势进行善意协商，根据双方可能商定的形式，采取一切必要措施，确保实现1977年条约的目标。c.除非当事双方另行商定，必须按照1977年条约制定一个联合运营制度。d.除非当事双方另有商定，否则对由于匈牙利中止并放弃负责的工程而使捷克斯洛伐克和斯洛伐克遭受的损失，匈牙利应向斯洛伐克进行赔偿；对由于捷克斯洛伐克实施、斯洛伐克继续使用“临时解决方案”而对匈牙利造成的损失，斯洛伐克应对其予以赔偿。e.必须根据1977年条约和有关文书的有关规定结算工程建设和运营账目，酌情考虑到双方在本执行段落第b、第c点时可能采取的措施。

诉讼双方辩由及法院判决理由 国际法院在判决中，针对诉讼双方的主张，着重对该案所涉及的国际环境法和条约法问题进行了阐述。

①匈牙利主张，其1989年暂停和终止工程的理由是基于国家责任制度中的“危急情况”原则，在环境保护的紧迫压力下，不得已而做出的。

法院认为，《维也纳条约法公约》第60～62条对条约的暂停或终止所做的规定，被认为是对既存的国际习惯法的编纂，因此，尽管1977年条约签订之时，《维也纳条约法公约》尚未生效，但不影响既存的国际习惯法的适用。国际法院援引国际法委员会的《国家对国际不法行为的责任条款草案》第33条，该条对此原则做了明确规定：必须是实施不法行为的国家的根本利益与其某一国际义务相冲突；利益必须受到了重大的紧急的威胁；该不法行为必须是保护其利益的唯一措施；该行为不能严重损害该义务所针对的另一当事方的根本利益；实施该不法行为的国家不得促成该“危急情况”的产生。

法院认为，国际法委员会编纂的上述习惯法表明，“危急情况”作为不遵守国际义务的理由只有在特殊情况下才可能得到接受。而且，援引“危急情况”的各种条件必须同时满足。匈牙利并没有足够的证据证明其暂停或终止的行为是符合上述所有条件的。该案中，大坝工程所造成的影响即使是重大的也不是“危急情况”，匈牙利完全可以采取其他方法来避免危险而不是暂停或终止工程。并且，双方的协商正在进行，很有可能达成协议放宽工程的期限以及对工程重新进行评估，这种情况下，也没有必要终止工程。另外，即使存在匈牙利所谓的“危急情况”，匈牙利也不能以此为理由暂停或终止条约，因为是其自身的行为促成了这种“危急情况”的发生。

② 匈牙利认为 1991 年 11 月捷克斯洛伐克实施临时解决方案“替代方案 C”构成了重大违约，斯洛伐克对此用了两个理由来辩护，法院分别予以了回应。首先，斯洛伐克认为在一方违约的情况下，另一方有权选择与原来的权利义务相似的做法来继续履行条约，只有这样才能既满足条约的目的又继续善意地履行义务。但是，法院认为，工程是统一的不可分割的一个整体，所有工作都不能通过单方面的行动来完成。尽管替代方案与原工程的规定在物理性质上存在着相似性，但在法律性质上则相差太远，明显违反了条约的某些条款，也不符合国际水道的利用规则，捷克斯洛伐克在实施替代方案时明显违反了 1977 年条约，构成了国际不法行为。

其次，斯洛伐克认为“由另一方的违约或不法行为而遭受损害的一方必须努力减少其所遭受的损失是一项一般法律原则，它实施替代方案是为了尽量减少所遭受的损害”，即国际法上所公认的“反措施”（counter-measures）规则。对此，法院认为，捷克斯洛伐克通过单方面控制一项共享资源，剥夺了匈牙利平等合理分享多瑙河自然资源的权利，并利用河水改道对沿岸地区的生态环境造成了持续影响，因而未能遵守“反措施”中相称性的要求。

③匈牙利为证明其于 1992 年 5 月 19 日暂停或终止 1997 年条约的通知是有效、合法的，提出了 5 个理由：危急情况的存在、条约不能履行、情势根本变更、捷克斯洛伐克单方面重大违约和国际环境法新标准的发展，法院对此一一做了回应：

第一，即使存在危急情况，也只能被用来免除国家因未能履行条约而导致的国家责任，不能以此为理由来终止条约的履行。

第二，匈牙利主张，本案中双方所依据的国际法、国内法都发生了很大变化，原来条约履行的“标的物”——法律制度已不存在。法院认为，没有必要讨论《维也纳条约法公约》第 61 条中的“标的物”这个术语是否被理解为包含法律制度，即使包含法律制度，该法律制度也没有消失。

第三，在国际法上适用“情势根本变更”有着严格的限制。1977 年条约缔结时有效的经济体制运作良好，并没有在政治动荡中受到太大影响。环境科学与环境法的新发展不是完全不可预见的，并且，条约的第 15 条、第 19 条和第 20 条的设立正是为了适应这一变化。因此，匈牙利所指的变化的情势无论是从部分还是从整体上都没有根本改变。

第四，法院认为，捷克斯洛伐克于 1992 年 10 月将多瑙河水域改道进入附属航道，的确违反了条约，但之前的行为特别是 1991 年按照条约的有关规定提出和商议临时解决方案等行为并不构成重大违约。

第五，法院注意到，1977 年条约缔结以来国际环境法出现了新的强制性规范。国际法院认为，当事双方可以协商通过适用条约第 15 条、第 19 条、第 20 条将强制性规范纳入条约当中。法院承认，双方一致认为有必要认真对待人们关心的环境问题并采取必要的强制性措施。这种情况下，只要双方在各自的立场上采取灵活态度，第三方的参与就可能会有助于找到解决方案。

综上，法院认为，尽管双方都没有履行 1977 年条约所规定的义务，但这种相互的不法行为并没有使条约终止或为其终止提供理由。

④匈牙利辩称，因为捷克斯洛伐克不再作

为一个法律实体存在，即“当事一方不复存在”，条约在1992年12月31日已停止作为一项条约生效。

法院认为，1977年条约主要是提议在匈牙利和捷克斯洛伐克两国境内沿多瑙河一线的具体地段建设和联合运营一个大型的完整、不可分割的结构和设施综合体，条约还制定了一个有关国际航道重要地段的航运制度，这种做法不可避免地造成了多瑙河流经的其他国家的利益受到影响。此外，第18条中明确承认了第三国利益，根据这一条，当事双方承诺根据双方在1948年8月18日签订的《多瑙河航行制度公约》下的义务确保“国际水道的通畅、安全航运”。

法院认为，根据《关于国家在条约方面的继承的维也纳公约》第12条，有关领土的使用或限制使用的条约本身不受国家继承的影响。

案件影响 该案是国际法院裁决的首例国际环境法案例，对国际环境法的发展产生了深远的影响。该案的判决充分表明了国际环境法原则在该案处理中的作用。

①推动可持续发展原则成为国际环境法的基本原则。可持续发展原则在国际环境法上正式确立的标志，正是该案的裁决。该案中，国际法院首次使用可持续发展原则来“平衡关于发展和环境保护之间的竞争需求”，从而使该原则对国际环境纠纷的当事国具有了法律约束力。

②推动风险预防原则的确立。国际法院裁决的有关阐述在一定程度上揭示了风险预防原则的发展趋向。国际法院的裁决指出，在环境保护领域，由于环境损害常常具有不可逆转的特性，以及对这种损害的补偿所固有的局限性，警惕和预防是必要的。该判决还提到匈牙利和斯洛伐克一致同意有必要对环境利益给予严肃对待并采取必要的风险预防措施。

③对国家责任的完善再次提出挑战。在国际司法实践中，对全球或一国管辖区域内生态损害的确定都是比较困难的。多瑙河是一条重要的国际河流，像这类跨界区域的环境损害和相关责任的确认所面临的难题主要是无法确定一个统一的国际标准和无法确定哪些跨界环境损害将导致对人身和财产的损害，因而就无法确定计算赔偿数额的衡量标准。关于何种程度的环境损害可导致国家责任的发生，国际社会对此也没有达成明确的国际标准。有关的国际实践、国际仲裁法庭的裁决一般都认为必须是达到“严重”的程度，也就是说并不是所有的环境损害都会导致国家责任的发生。该案正反映了这种观点。 （朱达俊　王曦）

Y

Yindu Su Meiguo Lianhe Tanhuawu Gongsi Bopaer Wuran An，1986 nian

印度诉美国联合碳化物公司博帕尔污染案，1986 年 （India v. the Union Carbide Corporation（on Bhopal Disaster，1986） 主要由印度法院审理的由 1984 年印度博帕尔农药厂异氰酸甲酯（MIC）等化学物质泄漏污染事故引发的针对跨国公司美国联合碳化物公司的诉讼案件。

案情简介 博帕尔农药厂是联合碳化物印度有限公司的附属工厂，后者由美国联合碳化物公司设立。为了规避美国安全和环保方面的法律，美国联合碳化物公司将生产异氰酸甲酯的车间设在博帕尔农药厂，安全和环保设计方面也没有采用美国工厂的安全生产和应急控制系统。1984 年 12 月 2 日，由于异氰酸甲酯储气罐阀门失灵，罐内的剧毒化学物质泄漏，酿成了人类历史上最严重的一次工业事故和环境灾难。事故共造成 5 295 人死亡、4 902 人终身残疾和 52.79 万人轻伤。同时还造成了家畜的大量死亡、产生了不可逆转的环境污染。并导致大量的新生儿中存在不同程度的生长障碍。

案件裁决 事故发生后，灾难受害者委托美国律师向美国的多个法院提起了针对美国联合碳化物公司的索赔诉讼。这些案件被合并成一个案件，由美国纽约南部联邦地方法院审理。1985 年 6 月，在联邦地方法院的监督下，美国联合碳化物公司以临时救济的形式向受害者支付了 500 万美元的补偿金。

1985 年 6 月，印度政府代表印度博帕尔污染受害者向美国纽约南部联邦地方法院提起诉讼，提出了总额约 31.2 亿美元的索赔主张，但法院根据不方便法院原则（forum non conveniens）做出了驳回起诉的裁决。美国最高法院也拒绝了原告的上诉要求。不方便法院原则在一定程度上变成了跨国公司逃避因大规模污染环境而应承担的法律责任的一种法律工具，限制了环境污染受害人自由选择法院获得充分救济的权利。

在向美国法院起诉遭受失败之后，1986 年，印度政府代表博帕尔污染受害者向印度中央邦博帕尔地区法院提起了诉讼，提出了总额约 33 亿美元的索赔主张。1987 年 12 月，博帕尔地区法院发布了一个要求被告美国联合碳化物公司支付 35 亿卢比（相当于 2.7 亿美元）的临时救济命令。其后美国联合碳化物公司上诉到中央邦高等法院。1988 年 4 月，中央邦高等法院同意更改博帕尔地区法院发布的临时救济命令，发布了一个要求美国联合碳化物公司支付临时补偿金 25 亿卢比（相当于 1.95 亿美元）的司法命令，同时确认了美国联合碳化物公司对受害者负有赔偿的法律责任。

1989 年 2 月 15 日，印度最高法院发布了要求美国联合碳化物公司在 1989 年 3 月 31 日前向印度政府支付赔偿金 4.7 亿美元的司法命令。其中，美国联合碳化物公司必须向印度政府支付 4.25 亿美元（扣除 1985 年 6 月已经支付的 500 万美元），联合碳化物印度有限公司必须向印度政府支付相当于 4 500 万美元的卢比的金额。然而相对于几十万的受害者，这笔赔偿微不足道。

1991 年 10 月 3 日，印度最高法院命令印度政府向印度综合保险公司（the General Insurance Corporation of India）或印度人寿保险公司（the Life Insurance Corporation of India）购买覆盖不少于 10 万人的群体医疗保险，以向后来发现的与博帕尔毒气泄漏有关的疾病患者提供为期 8 年的医疗费用。此外，印度最高法院要求美国联合碳化物公司和联合碳化物印度有限公司在接下来的 8 年里以自愿捐款的形式（大约 5 亿卢比）资助和建立博帕尔医院以帮助治疗博帕尔毒气泄漏灾难的受害者。1992 年 12 月，美国联合碳化物公司为博帕尔医院慈善信托基金提供了 2 000 万美元的资助。

2001 年，跨国公司陶氏化学（Dow Chemical）完成了对美国联合碳化物公司的收购。2004 年起，印度政府要求陶氏化学出资清理博帕尔农药厂的有毒废弃物，但陶氏化学以从未参与联合碳化物印度有限公司的经营为由拒绝了这一要求。

1984 年事故发生之后，印度警方逮捕了美国联合碳化物公司总裁沃伦・安德森（Warren Anderson），其在支付了 2.5 万卢比的保证金后返回美国，且一直没有参加印度的刑事诉讼。1987 年 12 月，印度中央调查局（CBI）对安德森和美国联合碳化物公司提起刑事指控，指控的罪名是“杀人罪”（culpable homicide）。2002 年 8 月，印度最高法院维持对安德森的杀人罪指控，要求印度政府将他从美国引渡到印度。但美国政府拒绝了印度政府引渡安德森的要求。

1987 年 12 月印度中央调查局提出的刑事起诉名单里还包括联合碳化物印度有限公司及其 8 名印度籍管理人员。1996 年 9 月，印度最高法院将对 8 名印度籍管理人员的指控罪名从“未达谋杀的杀人罪”（culpable homicide not amounting to murder）减轻为“过失致人死亡罪”（death caused due to negligence）。2010 年 6 月 7 日，印度中央邦博帕尔首席地方法官宣布了刑事判决，联合碳化物印度有限公司前总裁、副总裁、管理总监、维修经理、生产经理、工厂厂长、生产助理七名管理人员对 1984 年博帕尔毒气泄漏灾难犯有“过失致人死亡罪”，按照印度刑法，这 7 名人员每人被判 2 年监禁，并处 10 万卢比罚金；联合碳化物印度有限公司被判 50 万卢比罚金。2010 年 6 月，部长联席会议向最高法院提交了一份质疑 1996 年减轻指控罪名的司法命令的矫正申请书（a curative petition），同时继续追究收购美国联合碳化物公司的跨国公司陶氏化学的法律责任。2010 年 8 月 2 日，印度政府向最高法院提交了矫正申请书，质疑最高法院 1996 年的司法命令，试图将对 8 名管理人员的指控罪名从“过失致人死亡罪”恢复到“未达谋杀的杀人罪”。此外，印度政府试图请求印度最高法院判令美国联合碳化物公司、陶氏化学和麦克劳德·拉塞尔公司支付额外的损害赔偿金。

案件影响 按照印度政府 2012 年公布的数据，印度博帕尔污染受害者及其家属共计获得了 300 多亿卢比的补偿金。该案的诉讼过程表明发展中国家很难追究跨国公司大规模污染环境的法律责任。

这场世界上最严重的博帕尔毒气泄漏灾难也促使印度的环境立法取得了一定的进步。印度议会于 1986 年颁布了综合性的《环境保护法》，该法主要包括“伞形”立法架构、刑事制裁措施和公民诉讼条款，中央政府可以在该法赋予其采取各种措施保护和改善环境的权限内制定各种法规。《环境保护法》和一系列相关法规构成了“伞形”环境立法架构。

（王小钢）

Yingguo Shiyou Gongsi Moxige Wan Shiyou Wuran An，2010 nian

英国石油公司墨西哥湾石油污染案，2010年（Case of Gulf of Mexico Oil Pollution by BP，2010） 因英国石油公司（简称BP公司）在美国墨西哥湾的钻井平台发生爆炸并持续漏油引发的上百起诉讼。

案情简介 2010 年 4 月 20 日晚 10 时，BP

公司租赁的、位于美国墨西哥湾的“深海地平线”（Deepwater Horizon）钻井平台发生爆炸并引发大火，造成490万桶（1桶=158.98L）原油泄漏，浮油面积超过数十万平方千米，近1 500 km海滩受到污染。此次事故漏油点位于1 500 m的深海，是人类历史上首次在超过500 m深海处发生原油泄漏的事故，也是美国历史上最严重的一次石油污染事故和生态灾难。这场空前的漏油事故对海洋环境和生态破坏严重，对沿岸居民的健康造成重大隐患，严重影响了美国墨西哥湾沿岸各州的经济运转和居民生活。

2010年4月29日，美国政府宣布，路易斯安那州、亚拉巴马州、密西西比州、佛罗里达州部分地区进入紧急状态，美国政府全面介入救灾，并成立独立的总统委员会调查原油泄漏事件。美国司法部也介入联合调查行动，宣布对墨西哥湾漏油事件展开刑事和民事调查。5月3日，BP公司承诺为美国墨西哥湾漏油事件负责，随后采取了一系列措施包括及时控制和清理油污，尽力恢复生态环境。6月16日，BP公司同意设立总额为200亿美元的托管基金，用于应对漏油事件受害各方的索赔要求。

赔偿结果 2011年1月11日，负责调查墨西哥湾漏油事件的总统委员会公布最终调查报告，指出BP公司、BP公司负责油井水泥工程的承包商哈利伯顿公司以及向BP公司出租运行钻井平台的瑞士越洋钻探公司在做出决定时缺乏对安全风险的考虑，所采取的一系列有利于削减时间和成本的措施最终导致了灾难的发生；而政府当时的监管是“无效的”，且跟不上近海钻探领域的技术进步。报告建议对美国的近海石油开采体系进行全面改革，以减少未来发生类似灾难的可能性。

2012年8月31日，美国司法部（Department of Justice）以“重大过失和故意不当”（gross negligence and willful misconduct）起诉BP公司，认为BP公司违反了《清洁水法》《油污法》《濒危物种保护法》和《候鸟协定法案》，要求其承担赔偿责任且赔偿金额上不封顶。2012年11月14日，美国司法部和BP公司达成一项和解协议，BP公司同意支付45亿美元的高额罚金。其中，近24亿美元支付给国家鱼类和野生动物基金会（National Fish and Wildlife Foundation）用于野生动物的救助，11亿美元支付给油污责任信托基金（Oil Spill Liability Trust Fund）用于受污环境的补救行动。

2012年3月，BP公司和众多民事诉讼原告达成和解协议，一揽子解决大约10万件由个人和企业起诉的案件。2013年1月，BP公司同意支付一笔78亿美元的医疗费用。在受污染地区居住满60天的居民，或者参与清污行动的公民，都可以就其健康问题获得赔偿。BP同意支付另外1亿美元用于设立一个海湾健康基金，负责居民的医疗检查费用。BP公司称其累计为墨西哥湾漏油事件支付将近540亿美元。（朱晓勤）

《Yuehanneisibao Kechixu Fazhan Xuanyan》

《约翰内斯堡可持续发展宣言》

（Johannesburg Declaration on Sustainable Development） 关于全球可持续发展目标和相关事项的政治宣言，于2002年9月2日至4日在南非约翰内斯堡召开的可持续发展世界首脑会议（World Summit on Sustainable Development，WSSD）上通过。

宣言的内容 《约翰内斯堡可持续发展宣言》由6个部分共37条组成。主要内容如下：

宣言重申了世界各国人民对可持续发展的承诺，确认了当代人对彼此、对更大的人类大家庭及子孙后代负有责任的承诺，明确地提出了可持续发展的三大支柱及其关系，即经济发展、社会发展和环境保护三者之间相互依赖、相互增强。宣言承诺建立一个崇尚人性、公平和相互关怀的、认识到人人都必须享有人的尊严的全球社会。宣言要求制定一项消除贫困和促进人类发展的切实可行的计划。

宣言简要地回顾了从1972年斯德哥尔摩联合国人类环境会议到1992年里约热内卢联合国环境与发展大会，再到2002年约翰内斯堡可持续发展世界首脑会议这30年环境与发展的历程，确认了各国对可持续发展所做的努力。宣言认为现实挑战给人类社会实现可持续发展这一目标敲响了警钟。宣言指出：第一，消除贫困，改变消费和生产方式，保护和管理经济与社会发展所需的自然资源是可持续发展的中心目标，也是可持续发展的根本要求。第二，南北差距即发达国家与发展中国家之间差距的日益增大对全球繁荣、安全和稳定构成了巨大威胁。第三，全球环境继续恶化是可持续发展面临的巨大障碍。第四，全球化使得应对这些挑战增添了变数，尤其是发展中国家在应对这些挑战时面临着许多特殊困难。第五，需要采取行动从根本上改变穷人的生活，以不致使全世界的穷人对他们的代表和国际社会坚持承诺的民主制度丧失信心。

宣言的核心部分是对可持续发展的承诺，表明国际社会决心依据各国国情建立建设性的伙伴关系，以促成共同的变革和实现可持续发展的目标。宣言重点承诺采取进一步措施，利用现有资源消除贫穷和实现可持续发展、造福于人类，并敦促尚未履行义务的发达国家采取具体措施，使官方发展援助达到国际商定的水平。宣言还就促进地区合作，改善国际合作以及形成稳定的伙伴关系做出了承诺。宣言重申维护《联合国宪章》和国际法，致力于加强多边主义，支持联合国的领导地位，同时承诺定期监测可持续发展目标实现的进展。宣言承诺通过一个共同的决议联合起来，一起行动，以拯救我们的地球，促进人类发展，实现普遍繁荣与和平。同时，也承诺执行《可持续发展世界首脑会议执行计划》，促进该计划中那些带有时限的社会、经济与环境目标的实现。最后，宣言庄严宣誓，决心一定要实现国际社会对可持续发展的共同愿望。

宣言的意义 宣言回顾了从斯德哥尔摩到里约热内卢再到约翰内斯堡这几十年来的国际环境外交的成果和国家间关于环境问题开展的合作，全面阐述了针对环境问题每个国家面临的挑战和必须付出的努力。在世界各国承诺可持续发展的同时，宣言还大力提倡多边主义为前进的方向。在各方的政治承诺方面，宣言比《里约环境与发展宣言》更为广泛，关注到了对人类的可持续发展造成严重威胁的世界性问题，如长期饥饿，营养不良，外来占领，武装冲突，非法药物问题，有组织犯罪，腐败，自然灾害，非法武器贩运，贩运人口，恐怖主义，种族、民族、宗教间的不宽容和煽动仇恨，排外主义，艾滋病、疟疾和结核病等流行性、传染性和慢性疾病。（李广兵　王珍）

Yuncheng Shi Renmin Jianchayuan Su Tianma Wenhua Yongzhichang Shuiwuran An，1997 nian

运城市人民检察院诉天马文化用纸厂水污染案，1997 年 （the People's Procuratorate of Yuncheng City v. Tianma Mill of Paper for Cultural Purposes，1997） 一起因用纸厂排放污染物造成重大水污染事故而引发的诉讼案件，是 1997 年《中华人民共和国刑法》修订施行后的首例环境刑事案件。

案情简介 1997 年 10 月，山西省运城市天马文化用纸厂因违法排放污染物，造成重大环境污染事故。1998 年 8 月，运城市人民检察院以被告人杨军武犯重大环境污染事故罪，向运城市人民法院提起公诉，运城市尊村引黄灌溉管理局、运城市安邑水库管理委员会和运城市北城供水公司同时提起附带民事诉讼。起诉书指控：被告人杨军武独资开办的运城市天马文化用纸厂将含有挥发酚等有毒有害物质的污水排入引黄干渠，随干渠内的供水流入樊村水库，污染了水体，致使运城市北城供水系统被污染，公共财产遭受重大损失，其行为构成重大环境污染事故罪。附带民事诉讼原告人引黄灌溉管理局要求被告人杨军武赔偿该单位 41 万 m^3 水被污染造成的经济损失 246 万元；附带民事诉讼原告人水库管理委员会要求被告人杨军武赔偿该单位为清除水体污染所遭受的经济损失，扣除杨军武已经赔偿的 3 万元，还应赔偿 43 495 元；附带民事诉讼原告人供水公司要求被告人杨军武赔偿该单位的营业损失及清除污染费等共 1 096 万元。被告人杨军武承认天马文化用纸厂的污水曾经流入引黄干渠，但是辩称引黄干渠放水时，该污水已经被排除干净；樊村水库和供水公司供水系统被污染，并非该厂污水所致，责任应当由引黄灌溉管理局承担，水库管理委员会和供水公司不应直接向其索赔。

运城市人民法院经审理查明：山西省运城市天马文化用纸厂是被告人杨军武于 1993 年创办的独资企业，自投产以来，一直没有配置污水处理设备，生产过程中产生的含有挥发酚等有毒物质的污水都积存在工厂附近的坑里，靠自然蒸发、渗入地下或者排入引黄干渠处理。1997 年 10 月上旬，天马文化用纸厂的污水坑决口，大量污水流入与引黄干渠一闸之隔的壕沟里，将壕沟中的引黄支渠淹没。10 月 14 日下午，被告人杨军武在明知壕沟里积存着大量造纸污水的情况下，指派该厂工人借故将闸门提起，致使壕沟里的部分污水流入引黄干渠。污水随后通过引黄干渠流入樊村水库，致使 41 万 m^3 饮用水体被污染，北城供水中断 4 天，造成重大的直接经济损失。

案件裁决 运城市人民法院于 1998 年 9 月 17 日判决：①被告人杨军武从事造纸业，应当清楚挥发酚是有毒物质。依据全国人大常委会 1984 年 5 月颁布的《中华人民共和国水污染防治法》第二十一条规定：“禁止向水体排放油类、酸液、碱液或者剧毒废液”，以及《刑法》第三百三十八条规定：“违反国家规定，向土地、水体、大气排放、倾倒或者处置有放射性的废物、含传染病病原体的废物、有毒物质或者其他危险废物，造成重大环境污染事故，致使公私财产遭受重大损失或者人身伤亡的严重后果的，处三年以下有期徒刑或者拘役，并处或者单处罚金；后果特别严重的，处三年以上七年以下有期徒刑，并处罚金。”庭审查证，流入樊村水库的有毒污染物源于天马文化用纸厂积存污水的壕沟。被告人杨军武在《刑法》施行后，仍然违反国家关于水污染防治的法律规定，将含有有毒物质的污水排入引黄干渠，严重污染了水体，致使公共财产遭受重大损失，造成重大环境污染事故，其行为已构成重大环境污染事故罪，依法应负刑事责任。②杨军武及其辩护人认为，引黄灌溉管理局是在干渠中的污水排净后才下令放水，樊村水库被污染并非杨军武的行为所致，但没有证据支持，不能成立。对杨军武的犯罪行为给引黄灌溉管理局和水库管理委员会造成的经济损失，杨军武应当承担全部的赔偿责任。供水公司要求杨军武赔偿的全部经济损失中，包含购置特种工具的 2 000 元费用，鉴于该工具为供水公司必备的工具，况且仍可正常使用，杨军武可以不予赔偿。供水公司的其他经济损失，主要系杨军武的犯罪行为所致，但是引黄灌溉管理局未能及时通知，亦有一定责任。依据《刑法》第三十六条规定：“由于犯罪行为而使被害人遭受经济损失的，对犯罪分子除依法给予刑事处罚外，并应根据情况判处赔偿经济损失”，本案 3 家附带民事诉讼原告人所遭受的经济损失，都与杨军武的犯罪行为有因果关系。杨军武及其辩护人认为该经济损失应当全部由引黄灌溉管理局承担的意见，理由不足，不予支持。据此，运城市人民法院判决被告人杨军武犯重大环境污染事故罪，判处有期徒刑二年，并处罚金 5 万元。被告人杨军武赔偿附带民事诉讼原告人引黄灌溉管理局经济损失 246 万元（含已付的 3 万元）；赔偿水库管理委员会经济损失 37 495 元（含已付的 3 万元）；赔偿供水公司经济损失 75 320 元。

一审宣判后，被告人杨军武不服，仍以原辩解理由提出上诉。附带民事诉讼原告人水库管理委员会也以赔偿数额少为由，同时提起上诉。运城地区中级人民法院审理认为，原判认定事实清楚，定罪准确，量刑适当，民事赔偿合理，审判程序合法。上诉人杨军武上诉并未提出新的理由，上诉人水库管理委员会所提上诉理由也没有相应的证据支持，因此均不予采纳。据此，运城地区中级人民法院于 1998 年 12 月 7 日裁定：驳回上诉，维持原判。

案件影响 天马文化用纸厂污染案标志着我国环境法治工作由偏重环境执法转向行政执法和环境司法并重的轨道。同时，该案也表明我国开始运用刑罚手段惩罚和预防环境刑事犯罪。最高人民法院已将该案公布于 1999 年第 2 期的《最高人民法院公报》。 （谢海波）

Z

《Zai Huanjing Wenti Shang Huode Xinxi、Gongzhong Canyu Juece He Suzhu Falü De Gongyue》

《在环境问题上获得信息、公众参与决策和诉诸法律的公约》（Convention on Access to Information，Public Participation in Decision-Making and Access to Justice in Environmental Matters） 又称《奥胡斯公约》。是保障公众在环境问题上获得信息、参与决策和诉诸法律的权利的国际公约。

产生背景 1992 年《里约环境与发展宣言》第 10 项原则要求：鼓励和发展公众对环境事务的参与权利，包括获得资料信息的权利、参与各项决策的权利和使用司法和行政程序的权利。欧洲方面为了实现该项原则，由联合国欧洲经济委员会（United Nations Economic Commission for Europe，UNECE）主导，于 1998 年 6 月 25 日在丹麦奥胡斯（Aarhus）举行的第四次欧洲环境部长级会议上通过《在环境问题上获得信息、公众参与决策和诉诸法律的公约》，并开放签署。公约于 2001 年 10 月 30 日正式生效。截至 2016 年 7 月，已有 46 个国家和欧盟批准了公约。

2003 年 5 月 21 日，在乌克兰基辅召开的公约缔约方特别会议上通过了《污染物排放及转移登记制度议定书》（Protocol on Pollutant Release and Transfer Registers），又称《基辅议定书》。议定书于 2009 年 10 月 8 日生效。截至 2016 年 5 月，共有 34 个国家和欧盟批准了议定书。议定书旨在建立统一的国家污染物排放和转移登记制度，以提高公众对信息的获取度。议定书要求各缔约方通过登记册记录工业、农业和交通等污染源排放和转移的指定污染物质，并以互联网等形式向公众公开。议定书的缔约方无须为公约缔约方，所有联合国成员国均可加入。在这个意义上，议定书是一个独立的国际公约。2005 年 5 月 27 日，公约第二次缔约方会议通过了“公众参与转基因生物环境释放和投放市场决策”（public participation in decisions on the deliberate release into the environment and placing on the market of genetically modified organisms）修正案，但截至 2016 年 7 月尚未达到规定的生效条件。

公约的内容 公约旨在促进保护今世和后代人人得以在适合其健康和福祉的环境中生活的权利，保障公众能够在环境问题上获得信息、参与决策和诉诸法律。公约除序言外，共有 22 项条文及 2 个附件。

“公众”指一个或多个自然人或法人，以及按照国家立法或实践，兼指这种自然人或法人的协会、组织或团体。在规定范围内，公众应能在环境问题上获取信息、参与决策和诉诸法律，不因公民身份、国籍或居所而受任何歧视，法人则不因注册地或有效活动中心所在地而受任何歧视。

公约以获取环境信息、公众参与决策和诉诸法律的相关规范为支柱。①获取环境信息。缔约方对于获取环境信息的请求，应确保在国家立法范围内为公众提供这种信息；缔约方应确保公共当局主动收集和散发环境信息。②公众参与决策。对公众参与有关具体活动的决策，在一项环境决策程序的初期，应充分、及时和有效地酌情以公告或个别通知的方式向所涉公众告知各种信息；对公众参与环境方面的计划、方案和政策，缔约方应做出适当的实际安排和/或其他安排，在为公众提供了必要信息之后，让公众能够在一个透明和公平的框架内参与制订与环境有关的计划和方案；对公众参与拟订执行规章和/或有法律约束力的通用准则文书，缔约方应大力促进公众能够在各种备选办法确定之前的一个适当阶段，有效参与公共当局拟订可能会对环境产生重大影响的执行规章或其他有法律约束力的通用准则文书的工作。③诉诸法律。缔约方应在国家立法的框架内确保任何人，凡认为自己按照规定所提索取信息的请求被忽视、部分或全部被不当驳回、未得到充分答复或未得到有关规定的处理，都能够得到法庭或依法设立的另一个独立公正的机构的复审。

为审查遵守情况，公约要求缔约方会议在协商一致的基础上，制订协商性质而非对抗性质和非司法性质的任择安排。2002 年 10 月，第一次缔约方会议成立“《奥胡斯公约》遵守委员会”(The Aarhus Convention Compliance Committee)，接受各缔约方及公众提出的履约意见，检查各缔约方的履约情况。

公约的附件一列举了适用公众参与决策的具体拟议活动，附件二规定了仲裁事项。

公约的意义 公约是环境信息公开制度发展的里程碑，是第一个规范公众参与环境决策程序的国际公约，被认为是一种新型的环境公约。它规范了缔约方政府与人民间的关系，强调了公众参与环境问题的重要性和从公共当局获得环境信息的权利，同时也是关于环境保护的政府责任、透明度以及响应程度的公约。公约的签订在国际上引起了很大反响，欧盟已将公约确定的原则应用到立法中。公约的影响甚至超出了环境领域，2007 年 5 月在巴西里约热内卢召开的第二届互联网治理论坛（Internet Governance Forum）上将其作为论坛举办中公众参与及透明度规定的范例。 （卢锟）

《Zhidao Geguo Zai Yueqiu He Qita Tianti Shang Huodong De Xieding》

《指导各国在月球和其他天体上活动的协定》 （Agreement Governing the Activities of States on the Moon and Other Celestial Bodies） 又称《关于各国在月球和其他天体上活动的协定》，简称《天体协定》或《月球协定》。是为确保月球和太阳系其他星体专用于和平目的而签署的协定。该协定规定了缔约国为确保月球和太阳系其他天体专门用于和平目的所应承担的义务，为和平与合作开发利用月球等天体规定了行为准则。

产生背景 该协定于 1979 年 12 月 5 日由联合国大会通过，18 日在纽约联合国总部开放签署，1984 年 7 月 11 日生效。至 2016 年 11 月，已有 17 个缔约国和 4 个签字国。中国尚未加入该协定。

协定的内容 该协定由序言和 21 项条文组成。

该协定规定，月球和太阳系内除地球以外的其他天体应专门用作和平目的；禁止在月球和其他天体上使用武力或从事敌对行为；缔约各国不得在月球表面和内部或在环绕月球轨道上或飞向、飞绕月球的轨道上，设置载有核武器或任何其他种类的大规模毁灭性武器的物体；禁止在月球上建立军事基地、军事装置及防御工事，试验任何类型的武器及举行军事演习。

各缔约国应尽量将其探索和利用月球的活动告知联合国秘书长、公众和国际科学界，每次飞往月球的时间、目的、位置和轨道参数等应在发射后立即公布。

月球及其自然资源乃人类共同财产，任何国家、组织机构或个人不得以任何形式据为己有；各缔约国有权在平等的基础上探索和利用月球，不得有任何性质的歧视；所有缔约国应公平分享月球的资源利益，并对发展中国家以及对探索月球做出贡献的国家给予特别照顾。

（罗吉　王彦）

Zhili Su Ougongti Jianyu An（WTO，2001 nian）

智利诉欧共体剑鱼案（WTO，2001 年）（Chile v.European Community（on swordfish），2001） 2001 年由联合国国际海洋法法庭审理的智利与欧共体之间关于在智利港口卸载剑鱼的争端。

剑鱼生活的太平洋海域跨越了几个国家管辖的范围，同在南太平洋捕鱼的欧共体成员和智利曾就捕捞剑鱼多次协商，但并没有成功。2000 年 4 月 19 日，欧共体向世界贸易组织（WTO）正式提出与智利就其根据本国渔业法禁止欧共体在智利港口卸载剑鱼一事进行磋商。欧共体声称，其在东南太平洋捕鱼的渔船不被允许在智利的港口卸载剑鱼，导致欧共体捕获的剑鱼无法通过智利的港口再运往北美自由贸易区，特别是美国。2000 年 12 月 12 日，世界贸易组织的争端解决机构应欧共体的请求决定成立专家组。

2000 年 12 月 19 日，智利将该争议提交国际海洋法法庭审理。智利认为，其所采取的禁止欧共体使用其港口的措施是为了保护剑鱼资源，符合《联合国海洋法公约》的规定，它与欧共体之间的争议不是商业或贸易性质的争议。国际海洋法法庭根据双方的意见，成立了一个由五位法官组成的特别分庭审理此案。

在世界贸易组织的磋商程序下，欧共体认为，智利的措施与《关税与贸易总协定》（GATT）不符，特别是不符合第 5 条（过境自由）和第 11 条（普遍取消数量限制）。

在国际海洋法法庭的诉讼中，智利请求法庭裁决欧共体是否履行了《联合国海洋法公约》的第 64 条（在保护高度洄游的海洋生物方面进行合作）、第 116～119 条（保护公海生物资源）、第 297 条（争端解决）和第 300 条（善意和不得滥用权利）下的义务。智利指责欧共体没有在其捕鱼的海域采取实质性的保护措施，没有向有关的国际组织（就该案而言是联合国粮食及农业组织）报告其渔获量，没有在保护洄游生物方面与沿海国合作。欧共体要求法庭宣布智利违反了上述《联合国海洋法公约》的第 64 条、第 116～119 条和第 300 条及第 87 条（公海自由，包括在履行了保护义务后的捕鱼自由）、第 89 条（禁止任何国家对公海行使主权）。欧共体还指责智利单方面将专属经济区的措施适用于相邻的公海。

由于欧共体和智利分别向世界贸易组织和国际海洋法法庭提交申请，这可能导致针对同一事项产生两种不同的裁决结果。为了避免可能发生矛盾的裁决结果的产生，2001 年 1 月欧共体与智利达成了一项临时协议，承诺双方进行合作。该协议内容包括：重建双边的技术委员会、欧共体按照新的科学捕鱼方法捕捞的剑鱼可以使用智利港口、建立多边的东南太平洋保护组织。该临时协议 2001 年 3 月生效，这使得在世界贸易组织和国际海洋法法庭的争端解决程序分别中止。2001 年 4 月，双边的技术委员会召开会议制定了保护措施，此后又定期开会审查渔业专家提供的数据。2003 年 11 月，欧共体和智利再次重申了 2001 年签订的临时协议。（唐瑭）

Zhongguo huanjing ziyuan baohu xiangguan falü

中国环境资源保护相关法律（China's related laws of environment and resources） 环境资源法律之外的，但与环境资源保护相关的一系列规范性法律文件。此类相关法律是《中华人民共和国立法法》所指的全国人民代表大会及其常务委员会制定的规范性法律文件，而非行政法规、地方性法规、自治条例和单行条例、规章等。相关法律或是环境资源法律制定的依据，或是环境资源纠纷解决的程序保障，或其个别条款涉及环境资源保护。

①《中华人民共和国宪法》中有关环境保护的相关规定。《宪法》的部分条款涉及环境资源保护，如第九条对自然资源所有权及保护的规定，第十条对土地利用与保护的规定，第二十二条对保护历史文化遗产的规定以及第二十六条对国家防治污染、保护环境的一般性规定，这些规定对中国环境资源保护工作提出了目标和要求，并明确规定了环境资源保护的任务、

内容和范围，体现了保护和改善环境是我国的基本国策，是开展环境资源保护行政工作，进行环境资源保护监督管理，环境资源保护司法执法和守法，制定环境资源保护法律、法规和规章的根本依据。

②环境资源纠纷解决的程序性法律，即有关追究污染者或者破坏者的民事责任、刑事责任和行政责任的程序性法律。主要是国家颁布的民事诉讼、刑事诉讼和行政诉讼等方面的有关法律，如《中华人民共和国民事诉讼法》《中华人民共和国刑事诉讼法》《中华人民共和国行政诉讼法》《中华人民共和国行政处罚法》《中华人民共和国行政复议法》《中华人民共和国行政许可法》《中华人民共和国农村土地承包经营纠纷调解仲裁法》和《中华人民共和国行政强制法》等。以 2012 年 8 月 31 日修正的《中华人民共和国民事诉讼法》第五十五条为例，其规定："对污染环境、侵害众多消费者合法权益等损害社会公共利益的行为，法律规定的机关和有关组织可以向人民法院提起诉讼。"

③涉及环境资源保护的其他法律。这些法律数量较多，重要并且典型的有：《中华人民共和国民法通则》中关于使用自然资源者有保护、合理利用义务的条款；关于相邻关系的条款；关于污染、破坏环境与自然资源者承担民事责任的要件、形式、免责条件和"不可抗力"含义的规定；关于破坏自然资源者的民事赔偿诉讼时效的规定等。《中华人民共和国物权法》中关于自然资源、野生动植物资源所有权、相邻关系、污染行为的规定。《中华人民共和国刑法》中关于犯罪的概念、犯罪责任年龄、犯罪者故意犯罪和过失犯罪的形式、犯罪的追诉时效的规定；关于"破坏环境资源保护罪"的专门规定。《中华人民共和国城乡规划法》中关于土地管理、自然资源和环境保护的规定，是贯彻环境预防原则的法律依据之一。《中华人民共和国标准化法》对环境保护标准中的环境质量标准和污染物排放标准等进行了定性，是中国环境标准、资源节约标准体系化建设的法律依据。《中华人民共和国突发事件应对法》《中华人民共和国安全生产法》是环境应急管理制度的主要依据。《中华人民共和国侵权责任法》第八章"环境污染责任"关于无过错归责原则、举证责任倒置、共同环境侵权责任的确定、因第三人的过错污染环境的责任的规定。《中华人民共和国海域使用管理法》《中华人民共和国农村土地承包法》《中华人民共和国农产品质量安全法》《中华人民共和国农业法》《中华人民共和国食品安全法》《中华人民共和国动物防疫法》《中华人民共和国石油天然气管道保护法》等其他法律也有涉及环境资源保护的条款。

这些相关法律与中国环境资源保护密不可分，是环境资源保护法体系中不可或缺的一部分。 （朱达俊）

Zhongguo Yuancailiao Chukou Cuoshi An（WTO，2012 nian）

中国原材料出口措施案（WTO，2012 年）

（Case of China-Measures related to the Exportation of Various Raw Materials，2012） 2012 年由世界贸易组织（WTO）争端解决机构审理并做出裁决的，美国、欧盟和墨西哥与中国之间因中国针对一些原材料出口采取的限制措施而引起的争端。

案情简介 美国和欧盟于 2009 年 6 月 23 日、墨西哥于 2009 年 8 月 21 日分别根据 WTO《关于争端解决的规则与程序的谅解》（简称《谅解》）第 1 条和第 4 条，就中国对 9 种原材料——铝土、焦炭、萤石、镁、锰、碳化硅、结晶硅、黄磷和锌所采取的出口税等出口限制措施，向中国提出磋商请求。他们认为中方的这些出口限制措施违反了《1994 年关税与贸易总协定》（GATT，1994）、《中华人民共和国加入议定书》（简称《加入议定书》）、《中国加入工作组报告书》（简称《工作组报告书》）的相关规定。

由于磋商未果，2009 年 12 月 21 日，应美国、欧盟、墨西哥提出的设立专家组的请求，WTO 争端解决机构根据《谅解》第 9.1 条，决定设立一个专家组合并审理美国、欧盟、墨西哥和中国之间的这项争端。2011 年 7 月 5 日，

WTO 争端解决机构向 WTO 成员方发表专家组报告。

专家组报告发表之后，中国、美国、欧盟、墨西哥以及作为该案第三方的 13 个 WTO 成员方在 2011 年 8 月 31 日至 11 月 2 日期间，分别就专家组报告向 WTO 上诉机构提出上诉。WTO 争端解决机构于 2012 年 1 月 31 日向 WTO 成员方发表关于此案的上诉机构报告。

专家组裁定 专家组就一个程序性问题即专家组职权范围问题和五个实质性问题即出口税、出口配额、出口配额管理与分配、出口许可和最低出口价格问题做出了裁决。

专家组职权范围 中方认为，起诉方的专家组请求书的第三部分没有做到《谅解》第 6.2 条所要求的“确认争论中的措施并提供一份足以明确陈述问题的起诉的法律根据概要”。中方无法确定中方的哪些管理措施违反了哪些 WTO 协定和中方的哪些具体承诺。因此，中方的正当程序权利可能受到侵害。专家组对此争议的初步裁决分为两个阶段。在初步裁决的第一阶段之后，起诉方提交了一份图表，该图表以三个栏目分别列举了有关的出口限制、有关的措施和遭违反的 WTO 条款。在初步裁决的第二阶段，专家组认为起诉方的第一份书面陈述在系争措施和该措施所引起的违反之间建立了充分的联系。专家组裁定，除欧盟关于焦炭配额信息公开的指控外，起诉方的专家组请求书符合《谅解》第 6.2 条的规定。

出口税 起诉方认为中国对铝土等原材料的出口规定的出口税等系列限制措施违反了《加入议定书》第 11.3 段。该段规定：中国应取消适用于出口产品的全部税费，除非本议定书附件 6 中有明确规定或按照 GATT（1994）第 8 条的规定适用。事实是，除黄磷以外，所有的系争原材料都没有被列入附件 6。因此，专家组裁定中方对除黄磷以外的系争原材料的出口规定的出口税和系列限制措施，违反了《加入议定书》第 11.3 段。此外，专家组裁定中方违反了《加入议定书》附件 6 所规定的磋商义务（这一裁定后被上诉机构撤销）。中方认为其对系争原材料规定的出口税等出口限制措施符合 GATT（1994）第 20 条（一般例外）（b）款（“为保护人类、动物或植物的生命或健康所必需的措施”）和（g）款（“与保护可用尽的自然资源有关的措施”）的规定，适用这些关税是为了减少污染和保护人类健康。专家组裁定中方不能援用这两个一般例外条款，除非中方的《加入议定书》明确规定了这两项一般例外。但事实是《加入议定书》没有提到这些例外条款。专家组还裁定，即令中方可援用这些例外条款，中方也没有证明这两个例外条款可以适用于该案所涉原材料。

出口配额 专家组裁定，中方对铝土、焦炭、萤石和碳化硅规定的限制措施以及中方对锌规定的出口禁止违反了 GATT（1994）第 11 条（普遍取消数量限制）第 1 款（“任何缔约方不得对任何其他缔约方领土产品的进口或向任何其他缔约方领土出口或销售供出口的产品设立或维持除关税、国内税或其他费用外的禁止或限制，无论此类禁止或限制通过配额、进口许可证或其他措施实施”）。专家组裁定中方没有证明有关耐火级铝土的出口配额符合 GATT 第 11 条第 2 款（a）项（“为防止或缓解出口缔约方的粮食或其他必需品的严重短缺而临时实施的出口禁止措施”）。专家组还裁定中方未证明关于耐火级铝土、焦炭、碳化硅的出口限制措施可以得到 GATT 第 20 条（b）款和（g）款的支持。

出口配额管理与分配 中方对系争原材料如焦炭等的出口申请人规定的先前出口经历或出口表现要求和最低注册资金要求的做法，没有得到专家组的支持。但中方通过中国五矿化工进出口商会（CCCMC）管理焦炭出口配额和管理若干系争原材料的出口配额竞价制度的做法，以及要求出口商为获得出口系争原材料的权利而支付竞标费的做法，得到了专家组的支持。

出口许可 专家组裁定，仅就允许出口许可机关对受限出口商品要求出示出口许可证而言，中方的出口许可制度本身与 GATT（1994）

第 11 条第 1 款不抵触。但专家组裁定，适用于系争原材料出口的《货物出口许可证管理办法》（2008 年）的第 11 条第 7 款和《出口许可证签发工作规范》第 5 条第 5 款、第 8 条第 4 款与 GATT（1994）第 11 条第 1 款相抵触。关于中方出口许可制度是否与《加入议定书》第 1.2 段和《工作组报告书》第 162、第 165 段相抵触的问题，专家组决定适用司法经济原则。

最低出口价格 专家组裁定中方对系争原材料的出口规定最低出口价格的做法与 GATT（1994）第 11 条第 1 款相抵触。专家组裁定中方未以合乎 GATT（1994）第 10 条第 1 款（贸易法规的公布和实施）的方式迅速公布《中国五矿化工进出口商会章程（2001 年）》。基于以上裁定，专家组建议 WTO 争端解决机构要求中国对系争措施予以纠正，使其不与 GATT（1994）、《加入议定书》和《工作组报告书》的规定相抵触。

上诉机构的裁定和建议 上诉机构就专家组职权范围、专家组的建议、GATT（1994）第 20 条的可适用性、GATT（1994）第 11 条第 2 款（a）项和 GATT（1994）第 20 条（g）款做出了裁决。

专家组职权范围 裁定专家组对起诉方的专家组请求书第三部分所提主张的裁定有误并违反了《谅解》第 6.2 条，认为起诉方的专家组请求书没有清楚地将其所称中方的诸种错误与其确认的 37 个法律文件和 13 个条约的特定条款联系起来，宣告专家组报告中有关出口配额管理与分配、出口许可、最低出口价格的主张的裁定、对美国和墨西哥的专家组报告中有关出口收费和手续的主张的裁定、对欧盟的专家组报告中有关最低出口价格的主张的裁定，为无实际意义和无效。

专家组的建议 裁定专家组在对美国、欧盟和墨西哥的专家组报告中关于要求中方改正其措施使其符合中方的 WTO 义务以便使中方的系列措施不引起与 WTO 相抵触的结果的建议没有错误。

GATT（1994）第 20 条的可适用性 维持了专家组的裁定，即在对美国、欧盟和墨西哥的专家组报告中关于《加入议定书》没有为对中方在《加入议定书》第 11.3 段下的义务适用 GATT（1994）第 20 条提供依据的裁定，并维持专家组报告中表达的下列结论：中方不能援引 GATT（1994）第 20 条（g）款证明其对萤石征收出口税为合法，中方不能援引 GATT 第 20 条（b）款证明其对镁、锰、锌征收出口税为合法。上诉机构依据 1969 年《维也纳条约法公约》关于条约解释的有关规定，对 GATT（1994）第 20 条的适用性从下列四个方面进行了分析。

第一个方面是对《加入议定书》第 11.3 段的文本分析。上诉机构认为，从第 11.3 段的条文中，难以看出中方如何可以为了证明对那些未被列入附件 6 的产品规定出口税或者对已列入的产品课加超过附件 6 规定水平的出口税的正当性而诉诸 GATT（1994）第 20 条。上诉机构还注意到，附件 6 所附注释的第二句话提到的“特殊情况”（exceptional circumstances）如果出现的话，也不过是允许中方将附件 6 所列产品的关税提高到附件 6 所规定的最高水平而已。从附件 6 的这个注释，也难以看出中方可以援用 GATT（1994）第 20 条来证明中方课加在《加入议定书》第 11.3 段中承诺取消的出口税的正当性。

上诉机构指出，尽管 GATT（1994）第 20 条可能被用来证明第 8 条所规定的规费的正当性，但由于出口税不在 GATT（1994）第 8 条的调整范围以内，因此，GATT（1994）第 20 条不能被用来证明出口税的正当性。此外，上诉机构还同意专家组的一个观点，即《加入议定书》第 11.3 段虽明确提到 GATT（1994）第 8 条，但没有提到 GATT（1994）的其他条款，特别是没有提到第 20 条。上诉机构认为，基于这些情况认为中方可能不能诉诸 GATT（1994）第 20 条来为其违反《加入议定书》第 11.3 段关于取消出口税的承诺的行为辩护。

第二个方面是对《加入议定书》第 11.1 段和第 11.2 段的文本分析。上诉机构指出，第 11.1 段针对的是海关规费或费用，第 11.2 段针对的是国内税费；而第 11.3 段针对的是出口税费，与前二者明显不同。由于这些条文提到 GATT（1994）的情况不同，而且主题和义务的性质也不同，因此进一步说明中国不能援引 GATT（1994）第 20 条来为其违反第 11.3 段中规定的承诺做辩护。此外，由于中方取消出口税的义务仅仅出自《加入议定书》而非 GATT（1994），因此合理的推论是：关于此出口税假如存在一个规定诉诸 GATT（1994）第 20 条的共同意愿，那么《加入议定书》第 11.3 段应当包含反映该意愿的文字。因此，上诉机构认为缔约方在谈判这些条文时不存在关于中方可以援引 GATT（1994）第 20 条来为其违反关于取消出口税的承诺辩护的共同意愿。

第三个方面是对中方关于《工作组报告书》第 170 段的观点的分析。中方认为，由于《工作组报告书》第 170 段和《加入议定书》第 11.3 段本质上都适用于出口税，因此第 170 段赋予中国采纳与 WTO 相抵触的出口税费措施的任何“灵活性”都应同样地适用于第 11.3 段。这里的“灵活性”，指的 GATT（1994）第 20 条中关于人类生命和健康与自然资源的两项一般性例外。

上诉机构认为，《工作组报告书》第 170 段所关注的是有关进出口税费的国内政策。就《加入议定书》第 11.3 段的解释而言，第 170 段的作用是有限的。对于中国关于取消出口税的承诺，它没有多大的阐释作用。而真正针对中国取消出口税承诺的，是《工作组报告书》第 155 段、第 156 段，但是都没有明确规定 GATT（1994）第 20 条的可适用性。总之，中方基于《工作组报告书》第 170 段的辩护没有被上诉机构接受。

第四个方面是对中方关于贸易管理权的观点的分析。上诉机构指出，在“中国——出版物和音像制品案”中，上诉机构曾裁定中方可以援引 GATT（1994）第 20 条来辩护，其依据是《加入议定书》第 5.1 段含有“在不损害中国以符合《WTO 协定》的方式管理贸易的权利的情况下……”一段文字。但在《加入议定书》第 11.3 段中不存在这样的文字。因此，对于中方将“中国——出版物和音像制品案”解释为中方可以援引 GATT（1994）第 20 条来为其不符合第 11.3 段规定的出口税辩解，上诉机构表示反对。另外，中方认为由于专家组错误地假定中方为促进自然保育和公众健康等基本的非贸易利益而放弃了征收出口税的权利，从而破坏了《加入议定书》所建立的权利和义务的平衡，对此上诉机构不予同意。上诉机构认为，不论是这些 WTO 文件所规定的目的，还是它们所达成的在贸易与非贸易关切之间的平衡，都没有为 GATT（1994）第 20 条是否适用于《加入议定书》第 11.3 段提供具体指南。上诉机构最后指出，鉴于中国在《加入议定书》第 11.3 段取消出口税的明确承诺和该段没有明文援引 GATT（1994）第 20 条，没有依据可以用来裁定 GATT（1994）第 20 条可以适用于与《加入议定书》第 11.3 段的规定不一致的出口税。

关于 GATT（1994）第 11 条第 2 款（a）项 裁定维持对美国、欧盟和墨西哥的专家组报告中的下列结论，即中方没有证明它的耐火级铝土出口配额措施是符合 GATT（1994）第 11 条第 2 款（a）项规定的、为了防止或缓解“严重短缺”而“临时实施”的措施；裁定中方未证明专家组的行为违反了《谅解》第 11 条规定的对事实做客观评估的义务。

GATT（1994）第 20 条（g）款 裁定专家组对 GATT（1994）第 20 条（g）款中的“与限制国内生产或消费一同实施”一语的解释有误，不应将其解释为要求出口限制措施的目的必须是确保限制国内生产和消费的有效性；撤销对美国、欧盟和墨西哥的专家组报告中的这一解释。

上诉机构最后建议 WTO 争端解决机构要求中国改正其出口限制措施，使其符合中国在《加入议定书》和 GATT（1994）之下的义务，以便使“系列措施”不引起违反 WTO 的后果。

（王曦）

《Zhonghua Renmin Gongheguo Caoyuan Fa》

《中华人民共和国草原法》 （Grassland Law of the People's Republic of China） 中国

为了保护、建设和合理利用草原，改善生态环境，维护生物多样性，发展现代畜牧业，促进经济和社会的可持续发展而制定的法律。

适用范围　在中华人民共和国领域内从事的草原规划、保护、建设、利用和管理活动。草原包括天然草原和人工草地。

产生背景和制定过程　我国是草原资源大国，天然草原约占国土总面积的41.7%，居世界第二位，但人均仅为世界平均水平的一半。我国草原主要分布于北方干旱区和青藏高原，草地类型较为完备、生物多样性和野生种植资源丰富。改革开放前，牧区的生产方针和保护草原的政策得不到贯彻执行，占用和乱垦、滥牧等破坏草场资源的情况十分严重。有关草原的开发利用和保护，迫切需要从法律层面予以规范。

《草原法》从1978年开始起草，经过30次修改，形成1985年的《草原法》草案，并经同年6月18日第六届全国人大常委会第十一次会议通过，于同年10月1日起施行。

随着经济发展和人口增加，我国天然草原严重退化已是不争的事实，90%的可利用天然草原不同程度地退化，每年还以200万 hm^2 的速度递增。草原载畜能力大幅下降，草原生态环境持续恶化，荒漠化面积不断增加，影响到经济和社会的可持续发展。2002年12月28日第九届全国人大常委会第三十一次会议通过了对《草原法》的第一次修订。新的《草原法》总结了近80年来草原改革和草原建设所积累的经验，反映了我国在经济发展和深化改革的新形势下对草原保护、建设和合理利用的基本要求，有针对性地根据草原现状为改善生态环境，维护生物多样性和发展现代畜牧业确立了一系列的法律措施。

2003年修订后的《草原法》实施后，我国草原法制建设进入了发展最快的时期。《中华人民共和国农业法》《中华人民共和国土地管理法》《中华人民共和国物权法》《中华人民共和国野生植物保护条例》等相关法律法规都对草原保护建设做出了明确规定。2008年11月国务院对《中华人民共和国草原防火条例》进行了修订，进一步强化了草原防火措施和工作职责。2009年8月27日第十一届全国人大常委会第十次会议对《草原法》进行了第二次修订，将第38条、第39条和第63条中的“征用”修改为“征收、征用”。2012年11月最高人民法院出台了《关于审理破坏草原资源刑事案件应用法律若干问题的解释》，进一步明确了“破坏草原有罪”的法律依据。农业部先后出台了《草种管理办法》《草原征占用审核审批管理办法》和《草畜平衡管理办法》等规章。各地也出台了一系列地方性草原法规、规章，有多个省（区）出台或修订了《草原法》实施办法或条例。《草原法》首次修订实施后十年间，国家及有关省（区）颁布涉及草原的法律法规、规章共50多部，覆盖了草原保护建设领域的各个方面。

2013年6月29日第十二届全国人大常委会第三次会议通过了《草原法》第三次修订。第三次修订对机动车辆在草原上的行驶问题予以重新规范，将由县级人民政府草原行政主管部门确认行驶区域和行驶路线方案改为事先向其报告，体现了草原管理方面的行政审批改革。目前，以《草原法》为基础，涉及草原的相关法律法规为补充，辅以其他配套法规规章，多法源、多层次的草原法律体系已基本形成，为我国草原保护建设及牧区可持续发展提供了重要法制保障，草原保护建设及管理基本实现了有法可依、有章可循。

主要内容　《草原法》共9章75条。

第一章“总则”规定了《草原法》的立法宗旨、基本方针、人民政府在草原保护和建设利用方面的管理义务、单位和个人的义务和权利，以及草原监督管理工作的主管部门。

第二章“草原权属”集中就草原所有权、使用权以及承包经营制做出了规定。①草原属于国家所有，由法律规定属于集体所有的除外。国家所有的草原，由国务院代表国家行使所有权。②国有和集体草原的使用权登记管理。③依法登记的草原所有权和使用权受法律保护，任何单位或者个人不得侵犯。④草原承包经营制。⑤草原所有权、使用权的争议解决。

第三章"规划"就草原规划问题做出规定，主要包括：①草原保护、建设、利用统一规划制度。②草原保护、建设、利用规划编制的原则：改善生态环境，维护生物多样性，促进草原的可持续利用；以现有草原为基础，因地制宜，统筹规划，分类指导；保护为主、加强建设、分批改良、合理利用；生态效益、经济效益、社会效益相结合。③草原规划内容。④草原规划的衔接协调。⑤草原调查制度、草原登记评定标准制定、草原统计制度、草原生产和生态监测预警系统。

第四章"建设"主要就草原建设问题做出规定，主要涉及县级以上人民政府草原建设投入，单位和个人草原建设投资；县级以上人民政府支持草原生产生活设施、水利设施建设；草种选育；草原防火监测和设施建设；对退化、沙化、盐碱化、石漠化和水土流失的草原的专项治理；草原改良、人工种草和草种生产的资金监管。

第五章"利用"对草原利用从以下几个主要方面做出规定：草畜平衡；划区轮牧，均衡利用；农区、半农半牧区和有条件的牧区牲畜圈养；割草场和野生草种基地的用草管理；草原征用和占用规定；集体草原征用补偿及草原植被恢复费；草原保护和畜牧业生产服务工程设施范围和审批。

第六章"保护"对草原保护做出了具体规定：①基本草原保护制度。下列草原应当划为基本草原，实施严格管理：重要放牧场；割草地；用于畜牧业生产的人工草地、退耕还草地以及改良草地、草种基地；对调节气候、涵养水源、保持水土、防风固沙具有特殊作用的草原；作为国家重点保护野生动植物生存环境的草原；草原科研、教学试验基地；国务院规定应当划为基本草原的其他草原。②草原自然保护区制度。国务院草原行政主管部门或者省、自治区、直辖市人民政府可以按照自然保护区管理的有关规定在下列地区建立草原自然保护区：具有代表性的草原类型；珍稀濒危野生动植物分布区；具有重要生态功能和经济科研价值的草原。③草原珍稀濒危野生植物和种质资源的保护、管理。④以草定畜、草畜平衡制度。县级以上地方人民政府草原行政主管部门应当按照国务院草原行政主管部门制定的草原载畜量标准，结合当地实际情况，定期核定草原载畜量。各级人民政府应当采取有效措施，防止超载过牧。⑤禁止开垦草原、禁牧休牧和退耕还草制度。对水土流失严重、有沙化趋势、需要改善生态环境的已垦草原，应当有计划、有步骤地退耕还草；已造成沙化、盐碱化、石漠化的，应当限期治理。对严重退化、沙化、盐碱化、石漠化的草原和生态脆弱区的草原，实行禁牧、休牧制度。对在国务院批准规划范围内实施退耕还草的农牧民，按照国家规定给予粮食、现金、草种费补助。退耕还草完成后，由县级以上人民政府草原行政主管部门核实登记，依法履行土地用途变更手续，发放草原权属证书。⑥禁止在荒漠、半荒漠和严重退化、沙化、盐碱化、石漠化、水土流失的草原以及生态脆弱区的草原上采挖植物和从事破坏草原植被的其他活动。⑦对在草原从事采土、采砂、采石和开采矿产资源的管理。⑧草原种植牧草、饲料作物和开展经营性旅游活动的监督管理。⑨草原防火责任制、草原鼠害、病虫害和毒害草防治管理、草原机动车行驶限制。

第七章"监督检查"包含的相关规定：草原监督管理机构设置和权限；草原监督检查人员培训考核；草原监督检查人员履行职责应出示执法证件，有关单位和个人不得拒绝或阻碍其执法；行政处理决定的做出。

第八章"法律责任"的主要规定如下：①草原行政主管部门工作人员及其他国家机关有关工作人员玩忽职守、滥用职权，不依法履行监督管理职责的行政处分和刑事责任；②对截留、挪用草原改良、人工种草和草种生产资金或者草原植被恢复费的行为的行政处分和刑事责任；③非法批准征用、使用草原的民事赔偿、行政处分和刑事责任；④非法转让草原的行政处罚和刑事责任；⑤非法使用草原的行政处罚和刑事责任；⑥非法开垦草原的民事赔偿、行政处罚和刑事责任；⑦破坏草原植被的民事赔偿和行政处罚；⑧违法进行采土、采砂、采石和开展经营性旅游活动的民事赔偿和行政处罚；⑨在草原违法驾驶机动车的民事赔偿和行政处罚；⑩在临时占用草原上修建永久性建筑物、临时占用后不恢复草原植被、擅自改变草原规划和违反草畜平衡制度的行政处分和行政处罚。

第九章“附则”就天然草原和人工草地的概念进一步做了界定。

作用 现行《中华人民共和国草原法》对原有的法律进行了充实和完善，首次明确提出了国家对草原实行科学规划、全面保护、重点建设、合理利用的方针，并对草原权属及草原规划、建设、利用、保护等做出了明确的法律规定。以该法为基础，草原法律体系基本建立，依法治草的理念得到确立和加强；草原政策体系得以不断完善，可持续发展基础日益巩固；草原监理执法体系发展壮大，草原合理开发利用持续推进；草原保护建设取得积极进展，社会生态经济效益显著。（高琪）

《Zhonghua Renmin Gongheguo Chengxiang Guihua Fa》

《中华人民共和国城乡规划法》（Urban and Rural Planning Law of the People's Republic of China） 中国为了加强城乡规划管理，协调城乡空间布局，改善人居环境，促进城乡经济社会全面协调可持续发展而制定的法律。

适用范围和对象 城市和镇制定和实施城乡规划，城市和镇在规划区内进行建设活动，均必须遵守《城乡规划法》。城乡规划包括城镇体系规划、城市规划、镇规划、乡规划和村庄规划。城市规划、镇规划分为总体规划和详细规划。详细规划分为控制性详细规划和修建性详细规划。规划区是指城市、镇和村庄的建成区以及因城乡建设和发展需要，必须实行规划控制的区域。规划区的具体范围由有关人民政府在组织编制的城市总体规划、镇总体规划、乡规划和村庄规划中，根据城乡经济社会发展水平和统筹城乡发展的需要划定。

产生背景和制定过程 国务院于1984年1月5日颁布《城市规划条例》。第七届全国人大常委会于1989年12月26日通过《城市规划法》。国务院于1993年6月29日发布《村庄和集镇规划建设管理条例》。但随着社会的发展，逐渐暴露出许多问题和不足，特别是城乡二元分治体制，不利于城乡的统筹、协调发展，迫切需要对现行的城乡规划法律制度进行完善，建立统一的城乡规划体系。基于这一需求，建设部于2000年8月成立了《城乡规划法》起草领导小组和起草工作小组，在总结《城市规划法》和《村庄和集镇规划建设管理条例》实施经验的基础上，结合我国城镇化发展战略实行以来城市经济社会发展中城乡规划管理遇到的一些新问题和建设社会主义新农村的客观需要，经多次研究、修改、论证后，形成了《城乡规划法》（修订送审稿），并于2003年5月上报国务院。国务院法制办公室会同建设部和有关部门多次进行研究、论证、协调、修改，并按照中共十六届三中全会、五中全会提出的统筹城乡发展和建设社会主义新农村的要求，进一步对有关内容作了补充、完善，形成了《城乡规划法（草案）》，经2006年12月22日国务院常务会议讨论通过，报全国人大常委会审议。第十届全国人大常委会第三十次会议，于2007年10月28日通过并公布，2008年1月1日起施行。2015年4月24日第十二届全国人大常委会第十四次会议通过决议，将第二十四条第二款第二项修改为：“有规定数量的经相关行业协会注册的规划师”，删去第三款（规划师执业资格管理办法，由国务院城乡规划主管部门会同国务院人事行政部门制定）。

主要内容 该法共分7章70条，对《城乡规划法》的目的、原则、效力、公布、管理机构以及城乡规划的制定、实施、修改、监督检查、法律责任等内容做了规定。

第一章“总则”对城乡规划法的目的、原则、效力、公布、管理机构做了规定。制定和实施城乡规划，应当遵循城乡统筹、合理布局、节约土地、集约发展和先规划后建设的原则。改善生态环境，促进资源、能源节约和综合利用，保护耕地等自然资源和历史文化遗产，保持地方特色、民族特色和传统风貌，防止污染和其他污染，并符合区域人口发展、国防建设、防灾减灾和公共卫生、公共安全的需要。经依法批准的城乡规划，是城乡建设和规划管理的依据，未经法定程序不得修改。城乡规划组织编制机关应当及时公布经依法批准的城乡规划，法律、行政法规规定不得公开的内容除外。国务院城乡规划主管部门负责全国的城乡规划管理工作，县级以上地方人民政府城乡规划主管部门负责本行政区域内的城乡规划管理工作。

第二章“城乡规划的制定”对全国城镇体系规划、省域城镇体系规划、城市总体规划和镇总体规划的编制和审批做了具体规定。其中，强化了规划编制中的专家和公众参与，即城乡规划报送审批前，组织编制机关应当依法将城乡规划草案予以公告，并采取论证会、听证会或者其他方式征求专家和公众的意见，公告的时间不得少于30日。组织编制机关应当充分考虑专家和公众的意见，并在报送审批的材料中附具意见采纳情况及理由。

第三章“城乡规划的实施”对城乡规划的实施主体和原则、新区建设、旧区改建、城市地下空间开发利用、近期建设规划编制、建设项目“一书两证”（选址意见书、建设用地规划许可证、建设工程规划许可证）等做了规定。

第四章“城乡规划的修改”主要对城乡规划评估、城乡规划修改、控制性详细规划修改、近期建设规划修改以及因修改规划给利害关系人造成损失后的补偿等做了具体规定。

第五章“监督检查”主要规定了监督机构的职责、监督管理措施和制度、公众监督等。

第六章“法律责任”主要规定了城乡规划行政主管部门、一切单位和个人违反城乡规划方面的义务或不当行使权利、权力所应承担的法律责任，包括行政法律责任、民事法律责任和刑事法律责任。

作用 该法规范了政府的城乡规划行为，使各级政府能够更有效地对城乡发展建设制定和实施规划，从而促进了我国城乡经济社会全面协调可持续发展。（王文革）

《Zhonghua Renmin Gongheguo Daqi Wuran Fangzhi Fa》

《中华人民共和国大气污染防治法》（Air Pollution Prevention and Control Law of the People's Republic of China） 中国为防治大气污染，保护和改善生活环境和生态环境，保障人体健康，促进经济和社会的可持续发展而制定的法律。

适用范围和对象 中华人民共和国领域内的企业、事业单位及公民。

产生背景和制定过程 在我国，大气污染防治工作最早是从对工矿企业劳动场所的环境卫生保护和职业病防护开始的。20世纪70年代我国制定了《工业“三废”排放试行标准》和《工业企业设计卫生标准》，以标准的形式对大气污染物的排放做出了定量的规定。1979年《中华人民共和国环境保护法（试行）》中首次以法律的形式对大气污染防治做出了原则性的规定。

1987年9月5日第六届全国人大常委会第二十二次会议通过了《大气污染防治法》，对防治大气污染的一般原则，监督管理，防治烟尘污染，防治废气、粉尘和恶臭污染以及法律责任等方面做出了规定。经国务院批准，1991年5月24日国家环境保护局还公布实施了《〈大气污染防治法〉实施细则》（现已失效）。针对我国的煤烟型污染，自20世纪80年代中期以来，国务院有关部门相继发布了《关于防治煤烟型污染技术政策的规定》（1984年）、《城市烟尘控制区管理办法》（1987年）、《关于发展民用型煤的暂行办法》（1987年）以及《汽车排气污染监督管理办法》（1990年）等大气污染防治的部门规章。在其他综合性环境污染防治的行政法规或部门规章中，还针对乡镇企业大气污染物的排放以及饮食娱乐服务业的油烟污染等做出了规定。除此之外，我国还颁布了大气环境质量标准和有关工业锅炉、水电厂、恶臭、炼焦炉以及保护农作物等方面的单项大气污染物排放标准，并颁布了大气污染物综合排放标准等各类大气环境标准，作为大气污染监测与行政监督管理的技术指标和要求。

20 世纪 90 年代中期，为适应社会主义市场经济体制发展的要求，根据 1995 年 8 月 29 日第八届全国人大常委会第十五次会议《关于修改〈中华人民共和国大气污染防治法〉的决定》，对《大气污染防治法》进行了修改，并于 1995 年 8 月 29 日实施。修改后的法律重在推行煤炭的清洁利用措施、实行落后生产工业和设备淘汰制度，以及“酸雨控制区”或“二氧化硫污染控制区”（“两控区”）划定制度。但是，由于当时对大气污染严重状况和发展趋势认识不足，致使一些违法行为得不到追究，为此 2000 年 4 月 29 日第九届全国人大常委会第十五次会议对《大气污染防治法》进行了第一次修订，2000 年 9 月 1 日起施行。2000 年《大气污染防治法》修订案重点加强了对二氧化硫的排放控制，对防治烟煤型污染发挥了重要作用。然而随着经济社会的快速发展，特别是全国范围内机动车保有量急剧增加，我国大气污染向煤烟与机动车尾气复合型过渡，区域性大气环境问题日益突出，雾霾等重污染天气频发，引起了国际社会的关注。为应对新形势并为全面落实《大气污染防治行动计划》提出的各项制度措施和 2014 年《环境保护法》修正案的规定，2015 年 8 月 29 日第十二届全国人大常委会第十六次会议对《大气污染防治法》进行了第二次修订，2016 年 1 月 1 日起施行。

主要内容 2015 年修订后的《大气污染防治法》（以下简称为“修订案”）共 8 章 129 条。

第一章“总则”部分明确立法目的为“保护和改善环境，防治大气污染，保障公众健康”；“推进生态文明建设，促进经济社会可持续发展”。基于这一立法目的，设定防治大气污染的目标为“改善大气环境质量”，防治大气污染的原则为“源头治理、规划先行、转变经济发展方式、调整能源结构”。防治大气污染的主要措施包括：加强对燃煤、工业、机动车船、扬尘、农业等大气污染的综合防治；推行区域大气污染联合防治；对颗粒物、二氧化硫、氮氧化物、挥发性有机物、氨等大气污染物和温室气体实施协同控制。明确了各级人民政府在防治大气污染方面的职责，并对地方政府完成大气环境质量改善目标、大气污染防治重点任务情况规定了考核制度。

第二章和第三章是关于监管制度的规定，包括环境标准制度、限期达标规划制度、建设项目环境影响评价制度、排污许可制度、总量控制下的排污许可交易制度、环境监测制度、区域限批制度、淘汰制度及监督检查制度。修订案规定了制定大气污染物排放标准的原则；制定、公开和修订程序。要求未达标城市编制城市大气环境质量限期达标规划，并应当根据大气污染防治的要求和经济、技术条件适时进行评估、修订。修订案还明确了大气污染的排放者依法设置大气污染排放口的义务，以及禁止以逃避监管的方式排放大气污染物的规定。

第四章规定了大气污染防治的具体措施。这一章共分为五节，分别为“燃煤和其他能源污染防治”、“工业污染防治”、“机动车船等污染防治”、“扬尘污染防治”、“农业和其他污染防治”。其中，在燃煤、工业方面，明确国家采取措施逐步降低煤炭消费比重，细化对多种污染物的协同控制措施；在机动车方面，强化对新生产机动车、在用机动车、油品质量环保达标的监督管理；此外，还规定了建筑施工、物料运输等方面的扬尘污染防治措施。

第五章“重点区域大气污染联合防治”是新增的一章，要求建立区域大气污染联防联控机制，规定重点区域应当制定联合防治行动计划，提高产业准入标准，实行煤炭消费等量或者减量替代，并在规划环评会商、联动执法、信息共享等方面建立起区域协作机制。

第六章“重污染天气应对”也是新增的一章，规定可能发生重污染天气时，有关地方政府应当适时发出预警，依据预警等级启动应急响应，并可以采取责令有关企业停产限产、限制部分机动车行驶等应对措施。

第七章规定了法律责任。该章除了完善旧法的规定，还增加了违反前面各章中新增的禁止性条款的违法责任，并加大了处罚力度。例如，对无证、超标、超总量、监测数据作假等污染违法行为，规定了没收违法产品和违法所得，处以罚款，责令停产整治、行政拘留以及责令停业、关闭等行政处罚；对收到罚款处罚拒不改正的实行按日计罚。

第八章为附则，规定了海洋工程的大气污染防治适用我国《海洋环境保护法》，并规定了修订案的生效日期。

作用 修订后的《大气污染防治法》针对当前大气污染防治的主要矛盾和关键问题，对公众关心的热点、焦点问题做了回应，强化了对大气环境的监督管理，促进了我国对大气环境治理的投入，对更好地改善大气环境质量、保障人民群众身体健康具有重要意义。

（周卫）

《Zhonghua Renmin Gongheguo Fangsha-Zhisha Fa》

《中华人民共和国防沙治沙法》（Law of the People's Republic of China on Prevention and Control of Desertification） 中国为了预防土地沙化，治理沙化土地，维护生态安全，促进经济和社会的可持续发展而制定的法律。

适用范围 在中华人民共和国境内，从事土地沙化的预防、沙化土地的治理和开发利用活动。

产生背景和制定过程 土地沙化是我国面临的一个严重的生态问题。我国沙化土地面积大，分布广，约占国土面积的 20%，且逐年扩大。1995 年至 1999 年，沙化土地就净增了 17 189 km^2。

沙化土地的快速扩张给我国带来了严重影响，造成土地生产力严重衰退、自然灾害加剧和沙尘暴频繁。全国特大沙尘暴逐年增多，从 20 世纪 60 年代的 8 次增加到 90 年代的 23 次。《防沙治沙法》曾被列入第八届全国人大常委会立法规划，但直到第九届全国人大常委会才责成全国人大环境与资源保护委员会会同全国人大农业与农村委员会起草该法草案。该法在立法规划阶段初名为《荒漠化防治法》，后根据我国同沙漠化斗争的实际情况更名为《防沙治沙法》。2001 年 8 月 31 日《防沙治沙法》由第九届全国人大常委会第二十三次会议通过，2002 年 1 月 1 日起施行。

主要内容 《防沙治沙法》共 7 章 47 条。

第一章“总则”阐明了该法的立法目的和法律适用范围与对象，界定了土地沙化和沙化土地的概念，确立了防沙治沙工作的原则，明确了各级人民政府及相关主管部门的防沙治沙职责和防沙治沙的义务主体，支持利用科学技术进行防沙治沙，对在防沙治沙工作中做出显著成绩的单位和个人给予表彰和鼓励，对防沙治沙宣传教育工作等提出了要求。

第二章“防沙治沙规划”确立了防沙治沙工作的规划制度。从事防沙治沙活动，以及在沙化土地范围内从事开发利用活动，必须遵循防沙治沙规划。编制防沙治沙规划，应当根据沙化土地所处的地理位置、土地类型、植被状况、气候和水资源状况、土地沙化程度等自然条件及其所发挥的生态、经济功能，对沙化土地实行分类保护、综合治理和合理利用。防沙治沙规划应当与土地利用总体规划相衔接；防沙治沙规划中确定的沙化土地用途，应当符合本级人民政府的土地利用总体规划。

第三章“土地沙化的预防”措施包括：由县级以上地方人民政府或者有关行政主管部门进行土地沙化的监测、报告及灾害预防；县级以上地方人民政府负责植树造林，不得批准在沙漠边缘地带和林地、草原开垦耕地，已经开垦并对生态产生不良影响的要组织退耕还草还林；禁止在沙化土地上砍挖灌木、药材及固沙植物；草原地区应建设人工草场、控制载畜量，调整牲畜结构，改良牲畜品种，推行牲畜圈养和草场轮牧；县级以上地方人民政府水行政主管部门在编制水资源开发利用规划和供水计划时，必须考虑整个流域和区域植被保护的用水需求；沙化土地封禁保护区内，禁止一切破坏植被的活动。

第四章“土地沙化的治理”措施包括：各级人民政府组织有关部门、单位和个人，因地制宜地采取人工造林种草、飞机播种造林种草、封沙育林育草和合理调配生态用水等措施，恢复和增加植被，治理已经沙化的土地；国家鼓励并支持公益性治沙活动；沙化土地的使用人必须采取治理措施改善土地质量；政府对采取退耕还林还草、植树种草或者封育措施治沙的土地使用权人和承包经营权人提供政策优惠；在已经沙化的土地范围内的铁路、公路、河流和水渠两侧，城镇、村庄、厂矿和水库周围，实行单位治理责任制；政府对已经沙化的土地进行集中治理，农村集体经济组织及其成员投入的资金和劳力，可以折算为治理项目的股份、资本金，也可以采取其他形式给予补偿。

第五章“保障措施”具体包括：①国务院和沙化土地所在地区的地方各级人民政府应当在本级财政预算中按照防沙治沙规划通过的项目预算安排资金，用于本级人民政府确定的防沙治沙工程。在安排扶贫、农业、水利、道路、矿产、能源、农业综合开发等项目时，应当根据具体情况，设立若干防沙治沙子项目。②县级以上地方人民政府对从事防沙治沙活动的单位和个人给予资金补助、财政贴息以及税费减免等政策优惠；单位和个人投资进行防沙治沙的，在投资阶段免征各种税收，取得一定收益后，可以免征或者减征有关税收。③使用已经沙化的国有土地从事治沙活动的，经县级以上人民政府依法批准，可以享有不超过七十年的土地使用权。④因保护生态的特殊要求，将治理后的土地批准划为自然保护区或者沙化土地封禁保护区的，批准机关应当给予治理者合理的经济补偿等。

第六章“法律责任”明确了违反《防沙治沙法》应当承担的法律后果。具体法律责任有：①在沙化土地封禁保护区范围内从事破坏植被活动的，由县级以上地方人民政府林业、农（牧）业行政主管部门按照各自的职责，责令停止违法行为；有违法所得的，没收其违法所得；构成犯罪的，依法追究刑事责任。②国有土地使用权人和农民集体所有土地承包经营权人未采取防沙治沙措施，造成土地严重沙化的，由县级以上地方人民政府农（牧）业、林业行政主管部门按照各自的职责，责令限期治理；造成国有土地严重沙化的，县级以上人民政府可以收回国有土地使用权。③进行营利性治沙活动，造成土地沙化加重的，由县级以上地方人民政府负责受理营利性治沙申请的行政主管部门责令停止违法行为，可以并处每公顷五千元以上五万元以下的罚款。④不按照治理方案进行治理的，或治沙经验收不合格又不按要求继续治理的，由县级以上地方人民政府负责受理营利性治沙申请的行政主管部门责令停止违法行为，限期改正，可以并处相当于治理费用一倍以上三倍以下的罚款。⑤未经治理者同意，擅自在他人的治理范围内从事治理或者开发利用活动的，由县级以上地方人民政府负责受理营利性治沙申请的行政主管部门责令停止违法行为；给治理者造成损失的，应当赔偿损失。⑥有发现土地发生沙化或土地沙化程度加重不及时报告等六种行为的，对直接负责的主管人员和其他直接责任人员，由所在单位、监察机关或者上级行政主管部门依法给予行政处分。⑦截留、挪用防沙治沙资金的，对直接负责的主管人员和其他直接责任人员，由监察机关或者上级行政主管部门依法给予行政处分；构成犯罪的，依法追究刑事责任。⑧防沙治沙监督管理人员滥用职权、玩忽职守、徇私舞弊，构成犯罪的，依法追究刑事责任。

第七章“附则”明确了该法第五条第二款中所称的有关法律的具体范围和该法施行的日期。

作用 《防沙治沙法》实施后，我国土地沙化加剧的状况得到了一定程度的遏制，水土流失面积和沙尘暴发生次数均有所减少，土地沙化带来的生态压力也有所缓解，引起的经济损失呈逐年减少趋势。（赵俊）

推荐书目

中国治沙暨沙业学会.中国西部地区生态环境建设研究.北京：海洋出版社，2001.

卢琦，杨有林.全球沙尘暴警示录.北京：中国环境科学出版社，2001.

《Zhonghua Renmin Gongheguo Fangshexing Wuran Fangzhi Fa》

《中华人民共和国放射性污染防治法》

（Law of the People's Republic of China on Prevention and Control of Radioactive Pollution）

中国为了防治放射性污染，保护环境，保障人体健康，促进核能、核技术的开发与和平利用而制定的法律。

适用范围 中华人民共和国领域和管辖的其他海域在核设施选址、建造、运行、退役和核技术、铀（钍）矿、伴生放射性矿开发利用过程中发生的放射性污染的防治活动。

产生背景 放射性物质在工业、农业和医疗等方面具有广泛的用途，但使用不当有可能造成放射性污染，给人类带来巨大的灾难。世界各国均注重防止放射性污染的危害，并十分重视放射性污染防治立法。我国原子能事业起步于20世纪50年代中期，在巩固国防和维护世界和平方面起到了重要的作用。十一届三中全会以来，我国原子能事业逐渐转为为国民经济建设服务，以放射性同位素与核辐射技术为代表的核技术，在我国工业、农业、医疗、卫生、地质勘探和科学研究等领域的应用越来越广泛，涉及国民经济诸多行业。在发展核能与核技术应用的过程中，放射源污染也逐步引起了我国政府的高度重视，国务院相继出台了《中华人民共和国民用核设施安全监督管理条例》《中华人民共和国核材料管制条例》《放射性同位素与射线装置放射防护条例》《核电厂核事故应急管理条例》等法规，国务院有关部门先后颁布了有关辐射防护和放射性废物管理方面的规章、标准，其内容涵盖辐射防护、放射性废物管理政策和废物分类、处理、整备、贮存、运输和处置等方面。上述规范性法律文件规范了核设施营运单位、核技术开发利用单位的行为，明确了设计准则和核安全目标，规定了核设施选址、建造、安装施工、调试、运行和定期试验、维修的要求，对保证核设施的安全运行及工作人员和公众安全、保护环境起到了十分重要的作用。但因相关的放射性污染防治规范散见于不同层面、不同层次的法规、规章和技术规范之中，内容较为零散，有些内容存在着重合，有些内容则存在着一定的矛盾，且不全面、不系统，未对放射性污染防治的基本原则、制度、措施及监督管理体制等重大问题做出全面、系统和统一的规定，加之放射性污染防治的监督管理部门职责交叉，造成放射性污染防治的现状远远不能适应放射性污染防治工作的实际需要。为了进一步管好、利用好核能和核技术，有效地防治放射性污染，保护环境，保障人体健康，促进核能、核技术的开发与和平利用，在总结我国50多年的放射性污染防治的实践经验、借鉴一些有核国家防治放射性污染的成功经验的基础上，第十届全国人民代表大会常务委员会第三次会议2003年6月28日通过了《放射性污染防治法》，自2003年10月1日起施行。

主要内容 《放射性污染防治法》共8章63条。

第一章“总则”阐明了该法的立法目的、适用范围、放射性污染防治的方针和管理体制。放射性污染防治实行预防为主、防治结合、严格管理、安全第一的方针。对放射性污染防治实行统一监督管理和分级分部门监督管理相结合的管理体制。

第二章“放射性污染防治的监督管理”规定了一系列相关监督管理制度。①放射性污染监测制度。国务院环境保护行政主管部门会同国务院其他有关部门组织环境监测网络，对放射性污染实施监测管理。②监督检查制度。国务院环境保护行政主管部门和国务院其他有关部门，按照职责分工，各负其责，互通信息，密切配合，对核设施、铀（钍）矿开发利用中的放射性污染防治进行监督检查。县级以上地方人民政府环境保护行政主管部门和同级其他有关部门，按照职责分工，各负其责，互通信息，密切配合，对本行政区域内核技术利用、伴生放射性矿开发利用中的放射性污染防治进行监督检查。监督检查人员进行现场检查时，应当出示证件。被检查的单位必须如实反映情况，提供必要的资料。监督检查人员应当为被检查单位保守技术秘密和业务秘密。对涉及国家秘密的单位和部位进行检查时，应当遵守国家有关保守国家秘密的规定，依法办理有关审批手续。③专业人员资格管理制度。国家对从事放射性污染防治的专业人员实行资格管理制度，对从事放射性污染监测工作的机构实行资质管理制度。

第三章“核设施的放射性污染防治”规定对核设施放射性污染防治实行全过程管理。例如，核设施选址，应进行科学论证，编制环境影响报告书，并按照国家有关规定办理审批手续。与核设施相配套的放射性污染防治设施，应当与主体工程同时设计、同时施工、同时投入使用，并与主体工程同时验收，验收合格，主体工程方可投入生产或者使用。核设施营运单位应当在核动力厂等重要核设施外围地区划定规划限制区，对核设施周围环境中所含的放射性核素种类、浓度以及核设施流出物中的放射性核素总量实施监测，并定期报告。国家建立健全核事故应急制度。核设施主管部门、环境保护行政主管部门、卫生行政部门、公安部门以及其他有关部门，在本级人民政府的组织领导下，按照各自的职责依法做好核事故应急工作。核设施营运单位应当制订核设施退役计划。对核设施的退役费用和放射性废物处置费用应当预提，列入投资概算或者生产成本。

第四章“核技术利用的放射性污染防治”规定了如下具体措施：①对核技术利用设立许可证和登记制度，规定生产、销售、使用放射性同位素和射线装置的单位，应当按规定申领许可证，办理登记手续，转让、进口的单位，应当按规定办理有关手续。②规定了放射防护设施的“三同时”制度。新建、改建、扩建放射工作场所的放射防护设施，应当与主体工程同时设计、同时施工、同时投入使用。放射防护设施应当与主体工程同时验收；验收合格的，主体工程方可投入生产或者使用。③对放射性同位素的存放规定了严格的安全防护措施。对生产、使用放射性同位素和射线装置的单位，应当按照国务院环境保护行政主管部门的规定对其产生的放射性废物进行收集、包装、储存；生产放射源的单位，应当按照国务院环境保护行政主管部门的规定回收和利用废旧放射源；使用放射源的单位，应当按照国务院环境保护行政主管部门的规定将废旧放射源交回生产放射源的单位或者送交专门从事放射性固体废物贮存、处置的单位。

第五章“铀（钍）和伴生放射性矿开发利用的放射性污染防治”规定了如下具体措施：①铀（钍）矿和伴生放射性矿开发利用的环境影响评价制度。开发利用或者关闭铀（钍）矿的单位，应当在申请领取采矿许可证或者办理退役审批手续前编制环境影响报告书，报国务院环境保护行政主管部门审查批准。②铀（钍）矿和伴生放射性矿开发利用的“三同时”制度。与铀（钍）矿和伴生放射性矿开发利用建设项目相配套的放射性污染防治设施，应当与主体工程同时设计、同时施工、同时投入使用。放射性污染防治设施应当与主体工程同时验收；验收合格的，主体工程方可投入生产或者使用。③铀（钍）矿开发利用的环境监测制度。铀（钍）矿开发利用单位应当对铀（钍）矿的流出物和周边的环境实施监测，并定期向国务院环境保护行政主管部门和所在地省、自治区、直辖市人民政府环境保护行政主管部门报告监测结果。④对铀（钍）矿和伴生放射性矿开发利用过程中产生的尾矿，应当建造尾矿库进行贮存、处置；建造的尾矿库应当符合放射性污染防治的要求。⑤铀（钍）矿开发利用单位应当制订铀（钍）矿退役计划，铀矿退役费用由国家财政预算安排。

第六章“放射性废物管理”规定了如下具体措施：①核设施营运单位、核技术利用单位、铀（钍）矿和伴生放射性矿开发利用单位，应当合理选择和利用原材料，采用先进的生产工艺和设备，尽量减少放射性废物的产生量。②产生放射性废气、废液的单位向环境排放符合国家放射性污染防治标准的放射性废气、废液，应当向审批环境影响评价文件的环境保护行政主管部门申请放射性核素排放量，并定期报告排放计量结果。③放射性废液的处理规范。产生放射性废液的单位，必须按照国家放射性污染防治标准的要求，对不得向环境排放的放射性废液进行处理或者贮存。产生放射性废液的单位，向环境排放符合国家放射性污染防治标准的放射性废液，必须采用符合国务院环境保护行政主管部门规定的排放方式。禁止利用渗井、渗坑、天然裂隙、溶洞或者国家禁止的其他方式排放放射性废液。④放射性固体废物的处置规范。低、中水平放射性固体废物在符合国家规定的区域实行近地表处置。高水平放射性固体废物实行集中的深地质处置。α放射性固体废物依照前款规定处置。禁止在内河水域和海洋上处置放射性固体废物。⑤设立专门从事放射性固体废物贮存、处置的单位，必须经国务院环境保护行政主管部门审查批准，取得许可证。禁止未经许可或者不按照许可的有关规定从事贮存和处置放射性固体废物的活动。禁止将放射性固体废物提供或者委托给无许可证的单位贮存和处置。⑥禁止将放射性废物和被放射性污染的物品输入中华人民共和国境内或者经中华人民共和国境内转移。

第七章“法律责任”规定了对一系列违法行为的法律责任条款。如针对不按照相关规定报告有关环境监测结果的或者拒绝环境保护行政主管部门和其他有关部门进行现场检查，或者被检查时不如实反映情况和提供必要资料的，由县级以上人民政府环境保护行政主管部门或者其他有关部门依据职权责令其限期改正并可处以二万元以下罚款。针对未编制环境影响评价文件，或者环境影响评价文件未经环境保护行政主管部门批准，擅自进行建造、运行、生产和使用等活动的，由审批环境影响评价文件的环境保护行政主管部门责令停止违法行为，限期补办手续或者恢复原状，并处以一万元以上二十万元以下的罚款。针对未建造放射性污染防治设施、放射防护设施，或者防治防护设施未经验收合格，主体工程即投入生产或者使用的，由审批环境影响评价文件的环境保护行政主管部门责令停止违法行为，限期改正，并处以五万元以上二十万元以下罚款。针对未经许可或者批准，核设施运营单位擅自进行核设施的建造、装料、运行、退役等活动的，由国务院环境保护行政主管部门责令停止违法行为，限期改正，并处以二十万元以上五十万元以下罚款；构成犯罪的，依法追究刑事责任。

第八章“附则”对军用设施、装备的放射性污染防治，劳动者在职业活动中接触放射性物质造成的职业病的防治做出了规定。对放射性污染、核设施等法律用语进行了法律界定。规定了该法的施行时间。

作用　《放射性污染防治法》的出台，首先，填补了我国放射性污染防治的法律空白，使得我国放射性污染防治工作开始步入法治化的阶段。其次，该法的出台对于切实处理好环境保护与经济建设、社会发展的关系，促进核能、核技术开发与和平利用具有积极的推动作用。最后，该法的出台使得放射性污染防治的监督管理部门的执法真正有章可循，有利于形成放射性污染防治监督管理的常态化。

（杨兴）

《Zhonghua Renmin Gongheguo Guti Feiwu Wuran Huanjing Fangzhi Fa》

《中华人民共和国固体废物污染环境防治法》（Law of the People's Republic of China on Prevention and Control of Environmental Pollution Caused by Solid Waste）　中国为了防治固体废物污染环境，保障人体健康，维护生态安全，促进经济社会可持续发展而制定的法律。

适用范围和对象　适用于中华人民共和国境内固体废物污染环境的防治。固体废物污染海洋环境的防治和放射性固体废物污染环境的防治不适用该法。该法规定的固体废物是指在生产、生活和其他活动中产生的丧失原有利用价值或者虽未丧失利用价值但被抛弃或者放弃的固态、半固态和置于容器中的气态的物品、物质以及法律、行政法规规定纳入固体废物管理的物品、物质。

产生背景和制定过程 我国一直注重对固体废物的管理，从1965年开始陆续制定出台了《矿产资源保护试行条例》《防治尾矿污染环境管理规定》《城市生活垃圾管理办法》等行政法规，但还远远不能满足防治固体废物污染环境的实际需要。为此，从20世纪80年代中期开始，全国人大有关部门委托国务院环境保护部门起草关于固体废物污染防治的法律草案。经过近十年的征求意见和修改，1995年10月30日，第八届全国人大常委会第十六次会议通过了《固体废物污染环境防治法》。此后，随着我国工业化、城市化的发展以及人民生活水平的提高，固体废物污染防治工作面临着许多新的情况和问题。2004年12月29日，第十届全国人大常委会第十三次会议通过修订了《固体废物污染环境防治法》。2015年4月24日，第十二届全国人大常委会第十四次会议对《固体废物污染环境防治法》第二十五条做出修改。2016年11月7日，第十二届全国人大常委会第二十四次会议对该法第四十四条第二款、第五十九条第一款做出修改，自公布之日起施行。

主要内容 《固体废物污染环境防治法》共6章91条。

第一章“总则”明确了该法的立法目的和法律适用的范围与对象，确定了固体废物污染环境防治的统一监管与分级、分部门监管相结合的管理体制，并确立了固体废物污染环境防治工作所应遵循的基本原则：①减量化、资源化、无害化原则。②污染者负责原则。③全过程管理原则。

第二章“固体废物污染环境防治的监督管理”规定了固体废物污染环境防治的标准制度、监测制度、环境影响评价制度、“三同时”制度以及现场检查制度。

第三章“固体废物污染环境的防治”分为三节。第一节“一般规定”中规定了产生固体废物者的防治义务，禁止向水体等倾倒、堆放固体废物，明确产品包装物的环境保护要求和回收利用的规定，规定了农用薄膜污染和畜禽规模养殖污染的防治措施，明确了固体废物处理设施、设备和场所的管理、维护要求，明确了跨省转移固体废物审批制度，规定了固体废物进口的控制措施。第二节“工业固体废物污染环境的防治”规定产生工业固体废物的单位负有以下义务：①建立、健全污染环境防治责任制度，采取防治工业固体废物污染环境的措施；②按照国务院环境保护行政主管部门的规定，向所在地县级以上地方人民政府环境保护行政主管部门提供工业固体废物的种类、产生量、流向、贮存、处置等有关资料；③根据经济、技术条件对其产生的工业固体废物加以利用，对暂时不利用或者不能利用的，必须按照国务院环境保护行政主管部门的规定建设贮存设施、场所，安全分类存放，或者采取无害化处置措施。第三节“生活垃圾污染环境的防治”规定生活垃圾污染环境的防治措施主要包括：①对城市生活垃圾应当按照环境卫生行政主管部门的规定，在指定的地点放置，不得随意倾倒、抛撒或者堆放；②清扫、收集、运输、处置城市生活垃圾，应当遵守国家有关环境保护和环境卫生管理的规定，防止污染环境；③对城市生活垃圾应当及时清运，逐步做到分类收集和运输，并积极开展合理利用和实施无害化处置；④建设生活垃圾处置的设施、场所，必须符合国务院环境保护行政主管部门和国务院建设行政主管部门规定的环境保护和环境卫生标准。

第四章“危险废物污染环境防治的特别规定”明确了危险废物污染环境的防治，除了适用该法的其他有关规定外，还必须执行下面更为严格的管理制度和措施：①危险废物名录、鉴别和标识制度；②危险废物管理计划和申报制度；③危险废物处置制度；④危险废物特许经营制度；⑤危险废物转移联单制度；⑥危险废物意外事故应急预案制度。

第五章“法律责任”具体列举了违反该法的相关规定，所应承担的刑事、行政或民事责任。

第六章“附则”对该法的有关用语的含义进行了界定，明确了液态废物的污染防治适用该法，明确了我国缔结或参加的相关国际条约与该法不一致的，适用国际条约的规定，并规定了该法的施行时间。

作用 《固体废物污染环境防治法》一是明确了政府的污染防治责任。固体废物污染防治的全过程都离不开政府的监管和控制，该法对政府在固体废物防治方面的职责进行了全方位的规定。二是落实了污染者的责任。该法规定国家对固体废物污染环境防治实行污染者负责的原则，同时进一步明确产品的制造者、进口者、销售者、使用者对其产生的固体废物承担污染防治责任。三是规定了实现工业固体废物、生活垃圾和危险废物等固体废物“减量化、资源化和无害化”的系列制度和措施，将固体废物污染防治的各方面工作都纳入了法制化轨道。（杨华国）

《Zhonghua Renmin Gongheguo Haidao Baohu Fa》

《中华人民共和国海岛保护法》（Law of the People's Republic of China on Island Protection） 中国为了保护海岛及其周边海域生态系统，合理开发利用海岛自然资源，维护国家海洋权益，促进经济社会可持续发展而制定的法律。

适用范围 适用于我国所属海岛的保护、开发利用及相关管理活动，包括我国所属的有居民海岛与无居民海岛。依据1992年《中华人民共和国领海及毗连区法》、1998年《中华人民共和国专属经济区和大陆架法》、2012年《中华人民共和国政府关于钓鱼岛及其附属岛屿领海基线的声明》等规定，我国所属海岛包括台湾岛、海南岛、南海诸岛、钓鱼岛及其附属岛屿等沿海群岛和岛屿，以及其他一切属于中华人民共和国的岛屿。

产生背景和制定过程 中国是海洋大国，海域辽阔，海岛众多。随着海洋经济的快速发展，海岛开发利用特别是无居民海岛的开发利用活动也越来越多。但在海岛开发、建设、保护与管理工作中，出现了很多问题，严重损害了中国的海岛生态，威胁着海岛地区经济社会的可持续发展。20世纪80年代开始，中国沿海省市相继出台了一些政策和措施，鼓励海岛的开发利用和保护，一些沿海地方政府还成立了海岛经济开发试验区委员会。20世纪90年代，中国政府在全国海岛综合调查基础上，先后开展了三批海岛开发、保护和管理试点。然而，由于海岛开发利用活动的愈加频繁，其生态日益恶化，海岛的数量不断减少，直接影响了海洋资源的可持续利用以及部分区域的海洋权益与领海基线。2003年6月17日，国家海洋局、民政部和总参谋部联合发布《无居民海岛保护与利用管理规定》，全面开展了海岛管理与相关制度建设，加强了对非法利用无居民海岛及其周围海域的监管工作，但此规定仅为部门规章，法律位阶较低、适用范围有限，缺乏足够的法律效力和可操作性，难以满足海岛保护的实际需要。2003年11月，全国人大组成了《海岛保护法》起草领导小组，开展国内外海岛立法调研。2007年6月，国土资源部、国家发展改革委和国家海洋局在北京联合组织召开了首次国家海岛调研规划和政策研究工作领导小组会议，成立了由中央16个部门参加的领导小组，研究讨论海岛规划立法和政策研究等工作的实施意见。2009年6月27日，《海岛保护法（草案）》公开向社会征集意见。草案明确了该法的立法宗旨是保护海岛生态系统，合理开发利用自然资源，维护海岛及其周边海域生态平衡，促进经济社会的可持续发展。2009年12月26日第十一届全国人民代表大会常务委员会第十二次会议通过了《海岛保护法》，该法自2010年3月1日起施行。

主要内容 《海岛保护法》是我国第一部加强海岛保护与管理、规范海岛开发利用秩序的法律，共6章58条。

第一章“总则”全面规定了该法的立法目的、适用范围、海岛与海岛保护的定义、海岛保护和开发利用的原则、无居民海岛所有权归属、海岛管理体制、海岛命名及名称标志设置、海岛保护的宣传教育及海岛保护义务等基本内容。

第二章“海岛保护规划”规定了不同层级的行政主体在编制海岛保护规划或海岛保护专项规划时，应遵循有利生态和可持续发展的原则；确立了规划编制中的公众参与原则与规划审核后的公开原则；规定了规划主体在编制规划时应全面考量编制主体、编制依据、规划内容等的合法性、与其他不同层次的土地利用规划的衔接性；规定了沿海县级人民政府可以组织编制法律法规规定的无居民海岛规划；规定了海岛统计调查、海岛管理信息系统制度与海岛保护规划的修改程序。

第三章“海岛的保护”系统规定了三类不同海岛（有居民海岛、无居民海岛、特殊用途海岛）的生态系统、自然资源、自然景观以及历史、人文遗迹保护的具体要求；规定了海岛植被和淡水资源保护的必要性；规定了在海岛进行开发利用活动、从事科学研究活动、开展实验基地建设等事项的禁止性与限制性措施；规定了海岛开发利用过程中的申请审批程序、使用金缴纳的要求、环境污染与生态保护要求；还规定了特殊用途海岛（如领海基点所在海岛、国防用途海岛等）的保护涉及海域所独具的国家权益、国防价值与生态重要性。

第四章“监督检查”规定了有居民海岛与无居民海岛相关监管部门的监督检查的要求、职责。明确规定了我国对有居民海岛与无居民海岛的监管实行区别对待，有居民海岛的监督检查由县级以上人民政府有关部门依法进行；无居民海岛的监督检查则由海洋主管部门依法进行。

第五章“法律责任”规定行政监管部门及其工作人员不履行职责或滥用职权所应承担的法律责任；规定了开发利用主体所应承担的法律责任，主要包括填海围海和填海连岛、采挖破坏珊瑚礁和红树林、采挖海砂和采伐林木或者采集生物、非生物样本及违法建设、严重改变海岛地形、地貌、违法排污、违法建设、损毁领海基点标志、危害相关设施、违法开发利用无居民海岛、拒绝海洋主管部门监督检查等的法律责任；规定了违法开发利用无居民海岛生态与自然资源行为，应依据其危害程度分别承担相应的法律责任；规定了开发利用海岛行为可能改变位于特殊的地理位置或特定区域的地形、地貌活动的行为主体，应依法要承担相应的法律责任；规定损毁或者擅自移动具有特殊意义的标志或设施的，应依照有关法律、行政法规予以处罚。

第六章“附则”规定了该法的相关术语和施行时间；也规定低潮高地的保护与管理比照海岛予以适用，明确了低潮高地的属性与地位。

作用 《海岛保护法》在保护我国海岛资源与海洋生态环境，保障国家及相关海洋资源的合理利用，实现海洋发展战略，维护国家海洋权益等方面具有重要的作用。该法以海岛生态系统与资源的保护为核心，与《中华人民共和国海洋环境保护法》《中华人民共和国海域使用管理法》等共同构建了我国海洋生态保护与海洋资源利用法律体系；该法以海岛资源的有序开发利用与有效监管为立足点，为我国海岛资源的可持续有序利用、保护我国海岛主权提供了具有较高法律效力的依据。该法还在明确无居民海岛的法律地位、确立系统的海岛监管体制、规范海岛资源的开发利用秩序、建立完整的海岛资源生态保护制度、完善特殊用途的海岛保护制度等方面具有重要的作用。

（戈华清）

《Zhonghua Renmin Gongheguo Haiyang Huanjing Baohu Fa》

《中华人民共和国海洋环境保护法》

（Marine Environmental Protection Law of the People's Republic of China） 中国为保护和改善海洋环境，保护海洋资源，防治污染损害，维护生态平衡，保障人体健康，促进经济和社会的可持续发展而制定的法律。

适用范围和对象 中华人民共和国的内水、领海、毗连区、专属经济区、大陆架以及中华人民共和国管辖的其他海域。在中华人民共和国管辖海域以外，造成中华人民共和国管辖海域污染的，也适用该法。该法的适用对象是在中华人民共和国管辖海域内从事航行、勘探、开发、生产、旅游、科学研究及其他活动，或者在沿海陆域内从事影响海洋环境活动的任何单位和个人。

产生背景和制定过程 随着越来越多的国家提出发展蓝色经济战略，海洋开发的深度和广度不断拓展，同时带来了一系列海洋资源与环境问题。海洋环境灾害频发、海域溢油污染、海洋资源不合理开发和浪费、海洋生态和海洋生物多样性破坏等问题，需要法律的规范与应对。

联合国在 1973 年启动了第三次海洋法会议，经过 9 年的谈判终于在 1982 年由 117 个国家签署了《联合国海洋法公约》。被誉为“海洋宪章”的《联合国海洋法公约》对包括中国在内的许多国家的海洋立法起到重要的推动作用。

1982 年 8 月 23 日第五届全国人大常委会通过了《海洋环境保护法》。该法自 1983 年 3 月 1 日起开始施行，标志着中国海洋环境保护工作走上了法制轨道。1999 年 12 月 25 日第九届全国人大常委会第 13 次会议通过了对该法的修订案，修订后的《海洋环境保护法》自 2000 年 4 月 1 日起施行。根据 2013 年 12 月 28 日第十二届全国人大常委会第六次会议通过了《关于修改〈中华人民共和国海洋环境保护法〉等七部法律的决定》，《海洋环境保护法》再次修正，同日施行。2016 年 11 月 7 日第十二届全国人大常委会第二十四次会议通过了《关于修改〈中华人民共和国海洋环境保护法〉的决定》，新法同日施行。

主要内容 《海洋环境保护法》共 10 章 97 条。

第一章“总则”阐明了该法的立法目的和法律适用的范围与对象，明确生态保护红线划定的海域范围，建立并实施重点海域排污总量控制制度，规定一切单位和个人都有保护海洋环境的义务，并对与海洋环境保护有关的行政部门职责进行了界定，确立起不同部门之间的权限。在坚持“统一监督管理与分部门监督管理相结合”的原则上，明确划分了各管理部门的监督管理职责。其中，国务院环境保护行政主管部门作为对全国环境保护工作统一监督管理的部门，对全国海洋环境保护工作实施指导、协调和监督，并负责全国防治陆源污染物和海岸工程建设项目对海洋污染损害的环境保护工作。国家海洋行政主管部门、国家海事行政主管部门、国家渔业行政主管部门以及军队环境保护部门在各自的职责范围内负责海洋环境的监督管理。

第二章 “海洋环境监督管理”规定了海洋环境保护的一些基本制度，主要包括：①海洋功能区划制度。国家海洋行政主管部门会同国务院有关部门和沿海省、自治区、直辖市人民政府根据全国海洋主体功能区规划，拟定全国海洋功能区划，报国务院批准。沿海地方各级人民政府应当根据全国和地方海洋功能区划，保护和科学合理地使用海域。国家根据海洋功能区划制定全国海洋环境保护规划和重点海域区域性海洋环境保护规划。②重点海域排污总量控制制度。在国家建立并实施排污总量控制制度的重点海域，水污染物排放标准的制定，应当将主要污染物排海总量控制指标作为重要依据。排污单位在执行国家和地方水污染物排放标准的同时，应当遵守分解落实到本单位的主要污染物排海总量控制指标。对超过主要污染物排海总量控制指标的重点海域和未完成海洋环境保护目标、任务的海域，省级以上人民政府环境保护行政主管部门、海洋行政主管部门，根据职责分工暂停审批新增相应种类污染物排放总量的建设项目环境影响报告书（表）。③排污收费制度。直接向海洋排放污染物的单位和个人，必须按照国家规定缴纳排污费。依照法律规定缴纳环境保护税的，不再缴纳排污费。向海洋倾倒废弃物，必须按照国家规定缴纳倾倒费。④突发污染事故应急报告制度。因发生事故或者其他突发性事件，造成或者可能造成海洋环境污染事故的单位和个人，必须立即采取有效措施，及时向可能受到危害者通报，并向有行使海洋环境监督管理权的部门报告，接受调查处理。沿海县级以上地方人民政府在本行政区域近岸海域的环境受到严重污染时，必须采取有效措施，解除或者减轻危害。⑤海上联合执法制度。行使海洋环境监督管理权的部门可以在海上实行联合执法，在巡航监视中发现海上污染事故或者违反该法规定的行为时，应当予以制止并调查取证，必要时有权采取有效措施，防止污染事态的扩大，并报告有关主管部门处理。

第三章“海洋生态保护”要求国务院和沿海地方各级人民政府采取有效措施，保护具有典型性、代表性的海洋生态系统，珍稀、濒危海洋生物的天然集中分布区，具有重要经济价值的海洋生物生存区域及有重大科学文化价值的海洋自然历史遗迹和自然景观。国务院有关部门和沿海省级人民政府应当根据保护海洋生态的需要，选划、建立海洋自然保护区。

第四章“防治陆源污染物对海洋环境的污染损害”规定的措施可分为下列几个方面：向海域排放陆源污染物，必须严格执行国家或者地方规定的标准和有关规定；入海排污口位置的选择，应当根据海洋功能区划、海水动力条件和有关规定，经科学论证后，报设区的市级以上人民政府环境保护行政主管部门审查批准。省、自治区、直辖市人民政府环境保护行政主管部门和水行政主管部门应当按照水污染防治有关法律的规定，加强入海河流管理，防治污染，使入海河口的水质处于良好状态。禁止向海域排放油类、酸液、碱液、剧毒废液和高、中水平放射性废水。严格限制向海域排放低水平放射性废水；确需排放的，必须严格执行国家辐射防护规定。严格控制向海域排放含有不易降解的有机物和重金属的废水。沿海城市人民政府应当建设和完善城市排水管网，有计划地建设城市污水处理厂或者其他污水集中处理设施，加强城市污水的综合整治。

第五章“防治海岸工程建设项目对海洋环境的污染损害”的规定主要有：海岸工程建设项目单位，必须对海洋环境进行科学调查，根据自然条件和社会条件，合理选址，编报环境影响报告书（表）。在建设项目开工前，将环境影响报告书（表）报环境保护行政主管部门审查批准。环境保护行政主管部门在批准环境影响报告书（表）之前，必须征求海洋、海事、渔业行政主管部门和军队环境保护部门的意见。海岸工程建设项目的环境保护设施，必须与主体工程同时设计、同时施工、同时投产使用。环境保护设施应当符合经批准的环境影响评价报告书（表）的要求。在依法划定的海洋自然保护区、海滨风景名胜区、重要渔业水域及其他需要特别保护的区域，不得从事污染环境、破坏景观的海岸工程项目建设或者其他活动。

第六章“防治海洋工程建设项目对海洋环境的污染损害”的规定主要有：海洋工程建设项目必须符合全国海洋主体功能区规划、海洋功能区划、海洋环境保护规划和国家有关环境保护标准。海洋工程建设项目单位应当对海洋环境进行科学调查，编制海洋环境影响报告书（表），并在建设项目开工前，报海洋行政主管部门审查批准。海洋行政主管部门在批准海洋环境影响报告书（表）之前，必须征求海事、渔业行政主管部门和军队环境保护部门的意见。海洋工程建设项目的环境保护设施，必须与主体工程同时设计、同时施工、同时投产使用。环境保护设施未经海洋行政主管部门验收，或者经验收不合格的，建设项目不得投入生产或者使用。海洋工程建设项目，不得使用含超标准放射性物质或者易溶出有毒有害物质的材料。海洋工程建设项目需要爆破作业时，必须采取有效措施，保护海洋资源。海洋石油勘探开发及输油过程中，必须采取有效措施，避免溢油事故的发生。

第七章“防治倾倒废弃物对海洋环境的污

染损害”的规定主要有：需要倾倒废弃物的单位，必须向国家海洋行政主管部门提出书面申请，经国家海洋行政主管部门审查批准，发给许可证后，方可倾倒。禁止中华人民共和国境外的废弃物在中华人民共和国管辖海域倾倒。禁止在海上焚烧废弃物。禁止在海上处置放射性废弃物或者其他放射性物质。

第八章“防治船舶及有关作业活动对海洋环境的污染损害”的规定主要有：在中华人民共和国管辖海域，任何船舶及相关作业不得违法向海洋排放污染物、废弃物和压载水、船舶垃圾及其他有害物质。船舶应当遵守海上交通安全法律、法规的规定，防止因碰撞、触礁、搁浅、火灾或者爆炸等引起的海难事故，造成海洋环境的污染。载运具有污染危害性货物的进出港口的船舶，其承运人、货物所有人或者代理人，必须事先向海事行政主管部门申报。经批准后，方可进出港口、过境停留或者装卸作业。

第九章“法律责任”对污染和破坏海洋生态环境的单位和个人的各种违法行为规定了应当承担的相应的行政责任、民事责任和刑事责任。该章特别规定，造成海洋环境污染事故的单位，除依法承担赔偿责任外，由依法行使海洋环境监督管理权的部门处以罚款；对直接负责的主管人员和其他直接责任人员可以处上一年度从本单位取得收入百分之五十以下的罚款；直接负责的主管人员和其他直接责任人员属于国家工作人员的，依法给予处分。对造成一般或者较大海洋环境污染事故的，按照直接损失的百分之二十计算罚款；对造成重大或者特大海洋环境污染事故的，按照直接损失的百分之三十计算罚款。对严重污染海洋环境、破坏海洋生态，构成犯罪的，依法追究刑事责任。

第十章“附则”规定了该法中相关用语的含义，该法未做规定的海洋环境监督管理的有关部门具体职权划分的处理，以及施行的日期等。该章明确，中华人民共和国缔结或者参加的与海洋环境保护有关的国际条约与该法有不同规定的，适用国际条约的规定；但是，中华人民共和国声明保留的条款除外。

作用 《海洋环境保护法》的颁布和实施对于合理开发利用我国的海洋资源，保护海洋生态环境，促进沿海经济快速发展，提升我国海洋大国地位具有极其重要的意义。该法的极大修订完善了我国海洋保护法律体系，标志着我国海洋立法步入逐渐成熟的阶段。（朱晓勤）

推荐书目

马英杰. 海洋环境保护法概论. 北京：海洋出版社，2012.

徐祥民. 环境基本法建设与海洋环境保护法的完善. 济南：山东大学出版社，2010.

《Zhonghua Renmin Gongheguo Haiyu Shiyong Guanli Fa》

《中华人民共和国海域使用管理法》

（Law of the People's Republic of China on the Administration of Sea Areas） 中国为了加强海域使用管理，维护国家海域所有权和海域使用权人的合法权益，促进海域的合理开发和可持续利用而制定的法律。

适用范围 适用于在中华人民共和国内水、领海持续使用特定海域 3 个月以上的排他性用海活动。该法所称海域包括我国内水、领海的水面、水体、海床和底土。在我国内水、领海使用特定海域不足 3 个月，可能对国防安全、海上交通安全和其他用海活动造成重大影响的排他性用海活动，参照该法有关规定办理临时海域使用证。

产生背景和制定过程 作为海洋大国，海洋资源的利用对我国经济社会发展起到了重要作用。20 世纪 80 年代以前，我国海洋生态环境保护与海域资源开发利用主要由部门性行政规章与相关法律法规来予以规范。80 年代以来，我国提出了一系列蓝色国土资源开发利用的战略与规划，许多海洋产业与用海行业得到迅猛发展，但在海域使用中，长期存在着“无序、无度、无偿”状态，近海海域资源破坏和环境污染日趋严重。我国沿海地方政府多年的监管实践表明：为了遏制海洋资源被破坏、改善海域生态环境条件以及提高海域利用的综合效益，必须加强海域综合管理，确保海洋资源可持续利用。1983 年 3 月 1 日正式实施的《中华人民共和国海洋环境保护法》是我国第一部专门对海域资源利用实施监管的法律，但此法侧重于规范环境污染问题，并没有有效解决我国海域资源的权属、资源利用与监管的有效性等问题。此后相继出台的《中华人民共和国对外合作开采海洋石油资源条例》《中华人民共和国海洋石油勘探开发环境保护管理条例》《中华人民共和国海上交通安全法》等法律法规的实施也并未能有效解决海域资源开发利用过程中的无序、无度状态。1993 年 5 月 31 日，财政部与国家海洋局联合颁发了《国家海域使用管理暂行规定》，实行海域使用证制度和有偿使用制度，规范了各种用海行为，规定了海域出让金、海域转让金与海域租金三种海域使用金的缴纳方式。1996 年以来，沿海地区（如广东省、山东省、辽宁省、福建厦门市等）陆续颁发了区域性的海域使用管理规定，加强海域使用监管，落实海域有偿使用制度。1998 年 10 月 29 日，国家海洋局印发了《海域使用申报审批管理办法》《海域使用可行性论证管理办法》和《海域使用许可证管理办法》等海域使用管理的有关配套制度，但海域使用中的“三无”现象并未从根本上得到遏制。1999 年第九届全国人民代表大会第二次会议、2000 年第九届全国人民代表大会第三次会议等会议上，相继有人大代表提出了制订《海域使用管理法》的提案。经国土资源部、财政部、国家海洋局等部门共同起草，《海域使用管理法（草案）》于 2001 年 6 月提请第九届全国人民代表大会常务委员会审议。2001 年 10 月 27 日第九届全国人民代表大会常委会第二十四次会议审议通过《海域使用管理法》，自 2002 年 1 月 1 日起施行。

主要内容 《海域使用管理法》共 8 章 54 条。

第一章“总则”规定了该法的宗旨与任务、适用范围、基本原则与监管体制四方面基本内容。明确国家是主权所及海域及其资源资产产权或物权的唯一主体。明确了我国海域使用的管理实行中央统一管理体制。此章最后两条规定了海域使用相关人的权利与义务。

第二章“海洋功能区划”涉及海洋功能区划的组织主体、编制原则、分级审批、修改程序、向社会公布以及与其他规划或区划的关系处理 6 个方面。该法通过编制中的会同制度与编制原则，尽可能将行业用海可能出现的矛盾解决于萌芽中。然后，通过明确的海洋功能区划分级审批制度，平衡不同区域与不同层级用海主体的权益，进而保障海洋功能区划的科学性。

第三章“海域使用的申请与审批”规范了海域使用申请审批的程序和审批的权限划分。海域使用申请人应当提交法定书面材料，县级以上人民政府海洋行政主管部门依照海洋功能区域，有权受理海域使用申请，表明海域使用权的监管主体必须是县级以上人民政府海洋行政主管部门。对海域使用的审批权限进行了划分，明确规定五类用海须经报国务院审批。

第四章“海域使用权”规定了海域使用权的发证单位、登记制度、具体取得方式、权利限制、回收、最高年限、争议解决，以及养殖遗留用海的处理与填海项目竣工后形成的土地权属等。由相应的海域使用批准用海部门颁发海域使用权证书，申请人自领取海域使用权证书之日起，取得海域使用权。海域使用权除经申请外，还可由招标、拍卖或其他方式取得。海域使用权人依法使用海域并获得收益的权利受法律保护，但未经依法批准，不得从事海洋基础测绘；当海域自然条件发生重大变化应当及时报告。海域使用权最高期限依用途不同，分别为 15 到 50 年不等，使用期届满，须依法予以续期或回收。该法实施前已经由农村集体经济组织或村民委员会经营、养殖的用海，在满足法律规定的条件下，可由本集体经济组织的成员继续承包，用于养殖生产。国家对海域使用权用途实行严格管理，确需改变的，须在符合海洋功能区划的前提下，报原批准用海的人民政府批准。为了规范土地使用管理，规定填海项目竣工后形成的土地属于国家所有。当事人因海域使用权问题发生争议的，可在不改变海域使用现状的情形下，自行选择协商、行政调解或诉讼途径来解决。

第五章“海域使用金”规定了国家实行海域有偿使用制度，单位和个人使用海域必须缴纳海域使用金，缴纳海域使用金的方式以及海域使用金减免政策等。

第六章“监督检查”规定了海域使用和海域使用金缴纳的监督检查的执行主体，分别是县级以上人民政府海洋行政主管部门和财政部门；并规定了在监督检查过程中，海洋行政管理部门对管理相对人有权采取的措施及执法主体应当遵守的规范和履行的条件。

第七章“法律责任”对未经批准非法占用海域，无权审批者违法审批，阻挠与妨害海域使用权人依法用海，不依法缴纳海域使用金，擅自改变批准用途用海，使用期届满应拆除的设施和建筑物没有拆除等明确了处罚规定。

第八章“附则”分别规定了该法适用范围的特别规定、军事用海、生效时间等。

作用 《海域使用管理法》是我国政府为全面强化国家海洋权属，彻底解决海域使用及其资源开发中长期存在的“无序、无度、无偿”状态，强化海洋综合管理的关键举措，是海洋综合管理真正走向法制化的重要标志。自 2002 年实施以来，逐渐理顺了我国海洋开发秩序，使不同行业、类型和企业及个人的用海矛盾，通过加强海域使用权的论证、审批、监管，完善海洋功能区划等得以协调解决，极大地推动了对我国海域资源的科学开发利用，完整地保护了我国海洋生态环境。（戈华清）

《Zhonghua Renmin Gongheguo Huanjing Baohu Fa》

《中华人民共和国环境保护法》 (Environmental Protection Law of the People's Republic of China) 中国为保护和改善环境，防治污染和其他公害，保障公众健康，推进生态文明建设，促进经济社会可持续发展而制定的法律。

适用范围 适用于中华人民共和国领域和中华人民共和国管辖的其他海域。

产生背景和制定过程 《环境保护法》的立法史包含三个里程碑，分别是 1979 年通过的《环境保护法（试行）》、1989 年通过的《环境保护法》和 2014 年修订通过的《环境保护法》。

《环境保护法（试行）》(1979 年) 20 世纪 60 年代末至 70 年代初，随着我国工农业的发展，有些地区出现了环境污染和生态破坏问题，引起了国务院的重视。先后颁布了《防止沿海水域污染暂行规定》(1974 年)、《放射防护规定》(1974 年)、《关于治理工业“三废”开展综合利用的几项规定》(1977 年)等规范性文件。在 1978 年的《中华人民共和国宪法》中，首次规定：“国家保护环境和自然资源，防止污染和其他公害。”同年，中共中央批转了国务院环境保护领导小组提交的《环境保护工作汇报要点》，要求把环境保护纳入国家经济管理的轨道。1979 年 9 月 13 日第五届全国人大常委会第十一次会议原则通过《环境保护法（试行）》，并于同日公布施行。该法共有七章 33 条，分别是第一章总则、第二章保护自然环境、第三章防治污染和其他公害、第四章环境保护机构和职责、第五章 科学研究和宣传教育、第六章奖励和惩罚和第七章附则。

《环境保护法》(1989 年) 到 1989 年，我国的社会主义经济体制发生了根本性转变，即由原来的社会主义计划经济转向社会主义市场经济。在新的形势下，《环境保护法（试行）》显得越来越落后于社会主义市场经济条件下环境保护工作的要求。为了改变这个状况，全国人大常委会将《环境保护法（试行）》纳入法律修改计划，对其进行了较大幅度的修改。1989 年 12 月 26 日第七届全国人大常委会第十一次会议通过《环境保护法》，同日公布施行，《环境保护法（试行）》失效。该法的颁布和施行，标志着我国环境法制的进一步加强，为在改革开放和经济快速发展的过程中保护我国的环境提供了重要保障。该法共有 6 章 47 条。第一章为总则，内容主要是关于立法目的、法律适用范围、将环保纳入国民经济和社会发展计划、环境教育和环保科技、单位和个人的环保义务和环保方面的检举和控告的权利、环保行政体制等的规定。第二章为环境监督管理，内容主要是关于政府一般性环境监管制度和措施的规定，如关于制定环境质量标准和污染物排放标准、环境监测、环境保护规划、建设项目环境管理、现场检查、跨行政区环境污染和环境破坏的防治工作等方面的规定。第三章为保护和改善环境，内容主要有关于地方各级政府对本辖区环境质量负责、自然保护（保护代表性自然生态系统、珍稀濒危野生动植物生境、水源涵养区等）、风景名胜区保护、农业环境保护、海洋环境保护、城市规划等方面的规定。第四章为防治环境污染和其他公害，内容主要是关于防治污染的制度和措施，如把环保工作纳入计划、技术改造、“三同时”、排污申报登记、排污收费、限期治理、突发污染事件的应对、有毒化学品和放射性物品管理、禁止污染设备的转移使用等方面的规定。第五章为法律责任，内容主要是关于违反环境法律的当事人所应承担的行政、民事和刑事责任和相关的法律程序等方面的规定。第六章为附则，规定了我国缔结或参加的环境保护国际公约在国内的法律地位和该法的生效日期。

《环境保护法》（2014 年） 随着我国社会主义市场经济的发展，人民生活水平有了很大提高，人民群众对环境质量的要求也日益提高，但环境却面临严峻形势。环境问题已不仅成为制约经济发展的瓶颈，也是影响社会和谐稳定的社会问题。在这种形势下，2012 年 11 月党的十八大报告提出建设生态文明，要求把生态文明建设放在突出地位，融入经济建设、政治建设、文化建设、社会建设各方面和全过程，努力建设美丽中国，实现中华民族永续发展。2013 年 11 月，中国共产党第十八届中央委员会第三次全体会议通过《中共中央关于全面深化改革若干重大问题的决定》，对建设生态文明提出了进一步要求。2014 年 3 月，第十二届全国人大常委会决定将《环境保护法》的修改工作由修正改为修订。修订意味着对法律做全面的大幅度修改。该法的修改经过两届常委会四次审议（2012 年 8 月，2013 年 6 月、10 月和 2014 年 4 月），于 2014 年 4 月 24 日由第十二届全国人大常委会第八次会议通过。修订后的法律于 2015 年 1 月 1 日生效。

主要内容 同《环境保护法》（1989 年）相比，《环境保护法》（2014 年）由 6 章扩充为 7 章，由 47 条增加为 70 条。

《环境保护法》（2014 年）强化了以下三项特殊功能：一是为我国环保事业奠定法律基础和组织保障，二是规范和制约有关环境的政府行为，三是规定一般性环境监管制度和其他一般性措施。

①为我国环保事业奠定法律基础和组织保障的功能主要体现在该法第一章（总则）的下列规定之中：第二条，关于环境的定义，在环境概念的外延中增加了“湿地”。第四条，关于环境保护基本国策的规定（首次规定）。第五条，关于环境保护工作的原则，明确规定“环境保护坚持保护优先、预防为主、综合治理、公众参与、损害担责的原则”（首次规定）。第六条，关于单位和个人的环境保护义务和责任。首次在规定一切单位和个人都有保护环境的义务之后，分别对政府、企业事业单位和公民的环保义务和责任做了原则性的规定。这种规定有利于环保事业的各个主体明确自己在环保事业中的地位和作用，从而更好地为环保做出各自的贡献。第七条，关于国家支持环保科技、环保产业和环保信息化建设的责任。第八条，关于国家环保财政投入的责任。第九条，关于政府加强环保宣传和环保教育的责任，以及新闻媒体开展环保法律法规宣传和对环境违法进行舆论监督的责任。其中对新闻媒体开展环保法律法规宣传和对环境违法进行舆论监督是首次规定，将极大地促进新闻媒体对环境保护工作的监督作用。第十条，关于环境保护行政管理体制的规定，为环境保护工作提供了组织保障。

②规范和制约有关环境的政府行为的功能体现在该法第二、第三、第四、第五、第六章的有关规定之中。

其中，规范有关环境的政府行为的规定，有第二章（监督管理）第十三条中关于将环保工作纳入国民经济和社会发展规划、制定和实施本行政区域的环境保护规划和环境保护规划必须与主体功能区划、土地利用总体规划和城乡规划相衔接的规定；第十四条关于考虑政府经济、技术政策的环境影响的规定；第十九条关于规划和建设项目的环境影响评价的规定；第二十条关于跨行政区域的环境污染和生态破坏联合防治协调机制的规定（首次规定）等。

有关制约有关环境的政府行为的规定，有第二章（监督管理）第十四条关于政府在制定经济、技术政策时“充分考虑对环境的影响，听取有关方面和专家的意见”的规定；第二十六条关于政府环境保护目标责任制和考核评价制度的规定（其中，关于考核评价的规定为首次）；第二十七条关于县级以上政府每年向本级人民代表大会或者人民代表大会常务委员会报告环境保护工作的规定（首次规定）；第三章（保护和改善环境）第二十九条关于生态保护红线的规定；第四章（防治污染和其他公害）第四十四条第 2 款关于“对超过国家重点污染物排放总量控制指标或者未完成国家确定的环境质量目标的地区，省级以上人民政府环境保护主管部门应当暂停审批其新增重点污染物排放总量的建设项目环境影响评价文件”的规定（首次规定了“行政限批”手段）；第五章（信息公开和公众参与）第五十三条关于公民、法人和其他组织依法获取环境信息，参与和监督环境保护的权利的规定和各级政府依法公开环境信息，完善公众参与程序，为公民、法人和其他组织参与和监督环境保护提供便利的规定（首次规定）；第五十四条第 2 款关于“依法公开环境质量、环境监测、突发环境事件以及环境行政许可、行政处罚、排污费的征收和使用情况等信息”的规定（首次规定）；第五十六条第 2 款关于“负责审批建设项目环境影响评价文件的部门在收到建设项目环境影响报告书后，除涉及国家秘密和商业秘密的事项外，应当全文公开；发现建设项目未充分征求公众意见的，应当责成建设单位征求公众意见”的规定（首次规定）；第五十七条关于公民、法人和其他组织对任何单位和个人的环境违法行为的举报权和对地方各级政府和县级以上政府的环保主管部门不依法履行职责的情况的举报权的规定（首次规定）；第五十八条关于环境公益诉讼的规定（首次规定）；第六章（法律责任）第六十七条关于上级政府加强对下级政府的环保工作的监督（首次规定）和发现有关的工作人员有违法行为，依法应当给予处分的，应当向其任免机关或者监察机关提出处分建议的规定（首次规定）；第六十八条关于对违反该条第 1 至 9 款所列违法行为的地方各级政府、县级以上政府环保主管部门和其他负有环保监督管理职责的部门的直接负责的主管人员和其他直接责任人员进行行政处罚的规定（首次规定）；第六十九条关于“违反本法规定，构成犯罪的，依法追究刑事责任”的规定等。

③规定一般性环境监管制度和其他一般性措施的功能，体现在第二、第三、第四、第五、第六章的大量有关规定中。其中很多规定是首次规定。这些一般性环境监管制度和措施，可以分为三类。第一类是对政府环保主管部门和其他负有环境保护监管职责的部门的要求。例如，制定国家和地方环境质量标准、国家和地方污染排放标准，环境基准研究、环境监测制度、环境影响评价制度、跨行政区域环境污染和生态破坏联合防治协调机制、环保经济手段、环境执法检查、环境质量未达标地区的限期达标规划、对各类自然生态系统的保护和防止外来物种的危害、生态保护补偿制度、生活废弃物分类处理和回收利用、促进清洁生产和资源循环利用、重点污染物排放总量控制制度、排污许可管理制度、污染工艺设备和产品的淘汰制度、突发环境事件的预防和应对、农业污染防治、畜禽养殖污染防治、城乡污水处理等基础设施的统筹建设和正常运行、将企业事业单

位和其他生产经营者的环境违法信息记入社会诚信档案并公布等。第二类是对企业事业单位、其他生产经营者和公民的要求。如对各种违法排污行为的禁止。第三类是有关法律责任的规定。如对政府部门主管人员、企业事业单位等的违法行为的各种处罚措施的规定。

意义 《环境保护法》(2014 年) 对于我国环境法制的完善和环保事业的发展具有重大意义。

首先,初步实现了对环保事业主体的全覆盖。一方面对有关环境的政府行为规定了一些重要的规范,另一方面为保障公众有序参与环保事务也规定了一系列程序性保障。它将这两类主体的行为都纳入了法律调整的范围,由此初步实现对我国环保事业主体的全覆盖。

其次,初步实现了对环境法律关系的全覆盖。一方面建立和加强了各级人大、公众和社会组织对行政机关履行环保职责的监督制度,另一方面对公众和社会组织有序参与环保事务(包括通过环境公益诉讼)提供了前所未有的制度保障,弥补了之前的法律在保障这两种监督关系方面的不足,使我国环保事业的三类主体之间首次形成一个比较均衡的结构。

再次,加强了对有关环境的政府行为的规范和制约。该法初步建立了对有关环境的政府行为的规范和制约制度。这将一方面减少政府的规划失误引起的环境问题,另一方面将加强政府对污染者的管理和执法。

最后,大幅提高违法污染的成本,改变守法成本高、违法成本低的不合理状况。该法规定了"按日计罚"制度,对于违法排污的企业将产生很大的威慑力。 (王曦)

推荐书目

文伯屏.环境保护法概论.北京:群众出版社,1982.

马骧聪.环境保护法基本问题.北京:中国社会科学出版社,1983.

彭守约,陈汉光.环境保护法教程.武汉:武汉大学出版社,1984.

程正康.环境法概要.北京:光明日报出版社,1986.

曲格平.环境与资源法律读本.北京:解放军出版社,2002.

《Zhonghua Renmin Gongheguo Huanjing Yingxiang Pingjia Fa》

《中华人民共和国环境影响评价法》

(Law of the People's Republic of China on Environmental Impact Assessment) 中国为了实施可持续发展战略,预防因规划和建设项目实施后对环境造成不良影响,促进经济、社会和环境的协调发展而制定的法律。

适用范围 在中华人民共和国领域和中华人民共和国管辖的其他海域内建设对环境有影响的项目。

产生背景和制定过程 1969 年的美国《国家环境政策法》中首次以国家立法的形式规定了环境影响评价制度。在随后的几十年间,世界上很多国家都相继确立了这一制度。我国是最早实施建设项目环境影响评价制度的发展中国家之一。1979 年,第五届全国人大常委会第十一次会议通过了《中华人民共和国环境保护法(试行)》,首次把对建设项目进行环境影响评价作为法律制度确立下来。此后陆续制定的各项环境保护法律,均含有建设项目环境影响评价的原则规定。我国环境影响评价制度的建立和实施,对于推进产业合理布局和企业的优化选址,预防开发建设活动可能产生的环境污染和破坏,发挥了不可替代的积极作用。但是,随着经济活动范围和规模的不断扩大,区域开发、产业发展和自然资源开发利用所造成的环境影响越来越突出,特别是因有关政策和规划所造成的各种环境问题已经成为影响我国可持续发展的重大问题。近几十年我国经济发展的历史表明,政府及其有关部门制定的某些政策和规划,相对于具体的建设项目来说,实施后对环境的影响更加巨大、持久,范围也更加广泛。有关部门在提出有关政策和规划时若能够慎重考虑相关的环境影响,并采取相应的环境保护措施,不仅可以防止其可能带来的环境破坏，也可大大减少事后治理所带来的经济损失和社会矛盾。进入 20 世纪 90 年代，一些国家积极开展了以政策和规划为评价对象的战略环境评价（SEA）的研究和推广工作。我国一些地区对区域发展的规划等也逐步开展了环境影响评价，对战略环境影响评价制度的建立进行了有益的探索，积累了一定的经验。根据国内外的经验和做法，有必要将环境影响评价的范围，由单纯地评价建设项目，扩大到评价对环境有影响的一些政策和规划。为了达到这一目的，仅靠修改原有的有关法律和法规是不够的，需制定一部完整的环境影响评价法。2002 年 10 月 28 日第九届全国人大常委会第三十次会议通过了《环境影响评价法》，自 2003 年 9 月 1 日起施行。为实施该法，国务院制定了《规划环境影响评价条例》（2009 年 10 月 1 日起实施）。2016 年 7 月 2 日第十二届全国人民代表大会常务委员会第二十一次会议通过了对《环境影响评价法》的修改决定，并于 2016 年 9 月 1 日起施行。

主要内容　《环境影响评价法》共 5 章 37 条。

第一章“总则”规定了立法目的，环境影响评价的定义、对象、原则、公众参与以及基础数据库和评价指标体系建设等科学性要求。该法所称的环境影响评价，是指对规划和建设项目实施后可能造成的环境影响进行分析、预测和评估，提出预防或者减轻不良环境影响的对策和措施，进行跟踪监测的方法与制度。

第二章“规划的环境影响评价”中应当进行环境影响评价的规划主要是指：国务院有关部门、设区的市级以上地方人民政府及其有关部门组织编制的土地利用的有关规划，区域、流域、海域的建设、开发利用规划；国务院有关部门、设区的市级以上地方人民政府及其有关部门组织编制的工业、农业、畜牧业、林业、能源、水利、交通、城市建设、旅游、自然资源开发的有关专项规划。

第三章“建设项目的环境影响评价”规定：①对建设项目的环境影响评价实行分类管理。建设单位应当按照规定根据项目类别分别组织编制环境影响报告书、环境影响报告表或者填报环境影响登记表，并进一步规定了环境影响报告书应当包括的内容；②已经进行了环境影响评价的规划包含具体建设项目的，规划的环境影响评价结论应当作为建设项目环境影响评价的重要依据；③为建设项目环境影响评价提供技术服务的机构，应当按照国务院环境保护行政主管部门考核审查合格后颁发的资质证书所规定的等级和评价范围，从事环境影响评价服务，并对评价结论负责；④建设项目的建设单位应当在报批建设项目环境影响报告书前，举行论证会、听证会，或者采取其他形式，征求有关单位、专家和公众的意见；⑤建设项目的环境影响报告书、报告表，由建设单位按照国务院的规定报有审批权的环境保护行政主管部门审批并规定了国务院环境保护行政主管部门负责审批的项目，同时国家对环境影响登记表实行备案管理；⑥建设项目发生重大变动的，建设单位应当重新报批建设项目的环境影响评价文件，建设项目的环境影响评价文件自批准之日起超过五年，方决定该项目开工建设的，其环境影响评价文件应当报原审批部门重新审核；⑦建设项目的环境影响评价文件未依法经审批部门审查或者审查后未予批准的，建设单位不得开工建设；⑧在项目建设、运行过程中产生不符合经审批的环境影响评价文件的情形的，建设单位应当组织环境影响的后评价（原环境影响评价文件审批部门也可以责成建设单位进行环境影响的后评价）。

第四章“法律责任”分别规定了规划编制机关，规划审批机关，建设单位，接受委托为建设项目环境影响评价提供技术服务的机构，负责预审、审核、审批建设项目环境影响评价文件的部门以及环境保护行政主管部门或者其他部门的工作人员违反法律规定所需承担的法律责任。

第五章“附则”分别规定了对县级人民政府编制的规划进行环境影响评价的处理办法，军事设施建设项目的环境影响评价处理办法以及该法施行日期。

作用 《环境影响评价法》是我国环境法制史上一个里程碑式的法律文件，该法在环境影响评价的范围上有了重大突破，同时该法确立了公众参与的法律地位，增设了跟踪评价和后评价的规定，强化了法律责任。该法自实施以来，在推动节能减排工作、促进产业结构优化和提高全社会保护环境的法律意识上取得了明显成效。（徐丰果）

《Zhonghua Renmin Gongheguo Huanjing Zaosheng Wuran Fangzhi Fa》

《中华人民共和国环境噪声污染防治法》

（Law of the People's Republic of China on Prevention and Control of Environmental Noise Pollution） 中国为防治环境噪声污染，保护和改善生活环境，保障人体健康，促进经济和社会发展而制定的法律。

适用范围 中华人民共和国领域内环境噪声污染的防治。因从事本职生产、经营工作受到噪声危害的防治，不适用该法。

沿革 1979年颁布的《中华人民共和国环境保护法（试行）》中，对城市区域、工业和交通运输的环境噪声污染防治做了原则性规定。1989年，国务院公布了专门性的《中华人民共和国环境噪声污染防治条例》，为全面开展防治环境噪声污染的行政管理提供了行政法规的依据。1996年10月29日第八届全国人大常委会第二十二次会议通过了《环境噪声污染防治法》，自1997年3月1日起施行。此外，在有关公路、铁路、民用航空、水上交通、道路交通、建筑施工管理的法律、法规中也设有防治交通运输和建筑施工噪声的内容。国家还颁布了一系列声环境质量标准和环境噪声排放标准。同时，由于环境噪声污染具有局部性、区域性的特点，许多省、市也制定了地方性环境噪声污染防治法规和规章。

主要内容 《环境噪声污染防治法》共8章64条。

第一章“总则”明确了该法的立法目的和适用范围与对象，确定了环境噪声污染防治的统一监管与分级、分部门监管相结合的管理体制，规定了城乡建设规划和环境保护规划中有关环境噪声污染防治的要求。

第二章“环境噪声污染防治的监督管理”规定了环境噪声污染防治的标准制度、环境影响评价制度、“三同时”制度、排污收费制度、限期治理制度、落后设备淘汰制度、环境噪声监测制度以及现场检查制度。

第三章“工业噪声污染防治”主要包括：①在城市范围内向周围生活环境排放工业噪声的，应当符合《工业企业厂界环境噪声排放标准》。②造成环境噪声污染的工业企业，必须按规定进行申报登记。

第四章“建筑施工噪声污染防治”主要包括：①在城市市区范围内向周围生活环境排放建筑施工噪声的，应当符合《建筑施工场界环境噪声排放标准》。②造成环境噪声污染的建筑施工单位，必须按规定进行申报登记。③在城市市区噪声敏感建筑物集中区域内，禁止夜间进行产生环境噪声污染的建筑施工作业，特殊情况时需经证明且必须公告附近居民。

第五章“交通运输噪声污染防治”主要包括：①禁止制造、销售或者进口超过规定的噪声限值的汽车。②交通运输工具进入城市市区，必须按照规定使用声响装置。③城市人民政府公安机关可以根据本地城市市区区域声环境保护的需要，划定禁止机动车辆行驶和禁止其使用声响装置的路段和时间，并向社会公告。④建设经过已有的噪声敏感建筑物集中区域的高速公路和城市高架、轻轨道路，有可能造成环境噪声污染的，应当设置声屏障或者采取其他有效的控制环境噪声污染的措施。⑤穿越城市居民区、文教区的铁路，因铁路机车运行造成环境噪声污染的，铁路部门和其他有关部门应当按照规划的要求，采取有效措施，减轻环境噪声污染。⑥除起飞、降落或者依法规定的情形以外，民用航空器不得飞越城市市区上空。民航部门应当采取有效措施，减轻环境噪声污染。

第六章“社会生活噪声污染防治”主要包括：①在城市市区噪声敏感建筑物集中区域内，造成环境噪声污染的商业企业，必须按规定进行申报登记。②营业性文化娱乐场所的边界噪声必须符合国家规定的环境噪声排放标准。③禁止在商业经营活动中使用高音广播喇叭或者采用其他发出高噪声的方法招揽顾客。④禁止任何单位、个人在城市市区噪声敏感建设物集中区域内使用高音广播喇叭。⑤使用家用电器、乐器或者进行其他家庭室内娱乐活动时，应当控制音量或者采取其他有效措施，避免对周围居民造成环境噪声污染。⑥在已竣工交付使用的住宅楼进行室内装修活动，应当限制作业时间，并采取其他有效措施，以减轻、避免对周围居民造成环境噪声污染。

第七章“法律责任”具体列举了违反本法的相关规定，所应承担的刑事、行政或民事责任。

第八章“附则”对该法的有关用语的含义进行了界定并规定了该法的施行时间。

作用　《环境噪声污染防治法》是我国环境噪声污染防治领域的基础性法律，它明确了环境噪声污染防治的监督管理体制、确立了环境噪声污染防治的基本原则和基本制度，并对工业噪声、建筑施工噪声、交通运输噪声和社会生活噪声等各类环境噪声污染源都规定了相应的防治措施，对防止环境噪声污染，保护和改善生活环境，保障人体健康发挥了重要作用。

（杨华国）

《Zhonghua Renmin Gongheguo Jiankong Huaxuepin Guanli Tiaoli》

《中华人民共和国监控化学品管理条例》

（Regulations of the People's Republic of China on Management of Monitoring and Controlling Chemicals）　中国为了加强对监控化学品生产、经营和使用等活动进行监督管理，保障公民的人身安全，保护环境而制定的行政法规。

适用范围　在中华人民共和国境内从事监控化学品的生产、经营和使用的活动。

产生背景和制定过程　国务院于1995年12月27日颁布了《中华人民共和国监控化学品管理条例》。1997年中国批准《禁止化学武器公约》后，化学工业部根据实施中存在的问题与教训，于1997年3月10日发布了《〈中华人民共和国监控化学品管理条例〉实施细则》，对该条例中的原则性规定予以具体化。2011年1月8日，国务院发布了《国务院关于废止和修改部分行政法规的决定》对该条例部分条款予以修改。

主要内容　《中华人民共和国监控化学品管理条例》（以下简称《条例》）监督管理的监控化学品分为四类：第一类，可作为化学武器的化学品；第二类，可作为生产化学武器前体的化学品；第三类，可作为生产化学武器主要原料的化学品；第四类，除炸药和纯碳氢化合物外的特定有机化学品。由于监控化学品的特殊性质，《条例》规定，国务院化学工业主管部门负责全国监控化学品的管理工作。省、自治区、直辖市人民政府化学工业主管部门负责本行政区域内监控化学品的管理工作。生产、经营或者使用监控化学品的，应当依照《条例》和国家有关规定向国务院化学工业主管部门或者省、自治区、直辖市人民政府化学工业主管部门申报生产、经营或者使用监控化学品的有关资料、数据和使用目的，接受化学工业主管部门的检查监督。国家严格控制第一类监控化学品的生产、进口和出口。国家对第二类、第三类和第四类监控化学品中含磷、硫、氟的特定有机化学品的生产，实行特别许可制度。同时，《条例》对违反其规定，生产、使用和经营监控化学品的行为，分别规定了应承担的法律责任。

（陈维春）

《Zhonghua Renmin Gongheguo Jieyue Nengyuan Fa》

《中华人民共和国节约能源法》

（Law of the People's Republic of China on Conserving Energy）　中国为了推动全社会节约能源，提高能源利用效率，保护和改善环境，促进经济社会全面协调可持续发展而制定的能源领域的一部基本法律。

调整范围 《节约能源法》调整的能源类型为煤炭、石油、天然气、生物质能和电力、热力以及其他直接或者通过加工、转换而取得有用能的各种资源。该法所称节约能源，是指加强用能管理，采取技术上可行、经济上合理以及环境和社会可以承受的措施，从能源生产到消费的各个环节，降低消耗，减少损失和污染物排放，制止浪费，有效、合理地利用能源，其范围包括工业节能、建筑节能、交通运输节能、公共机构节能以及重点用能单位节能等。

产生背景和制定过程 我国是世界上能源较为丰富的国家之一，但人均能源占有量远低于世界平均水平，同时能源资源分布极不均衡，以煤炭为主的能源结构下，长期存在着能源消耗过高、单位GDP能耗远高于发达国家的问题，这一问题已经成为制约我国经济增长与社会全面协调可持续发展的瓶颈。为建立健全节能法规体系，我国从1982年开始着手节能方面的立法工作，1986年国务院颁行了《节约能源管理暂行条例》，这是我国第一部能源节约方面的行政法规。随着我国由计划经济体制逐渐向市场经济体制转变，《节约能源管理暂行条例》的内容已难以适应新形势下节能工作的要求，制定《节约能源法》提上了历史议程。“九五”期间，经过四次人大常委会的讨论，《中华人民共和国节约能源法》于1997年11月1日第八届全国人大常委会第二十八次会议通过，自1998年1月1日起施行，这标志着我国进入了依法管理节能工作的新阶段。为贯彻落实该法，原国家经济贸易委员会还出台了《重点用能单位节能管理办法》等配套规章，各地区、有关部门也陆续发布了相关实施细则，节能工作逐步走上了法制化管理的轨道。为了适应社会环境的变化以及实现新时期节能规划的目标，使《节约能源法》能更高效地发挥促进节能技术进步和促进用能单位主动节能的功能，2007年10月28日第十届全国人大常委会第三十次会议通过了《节约能源法》的修订草案并于2008年4月1日起实施，国务院随后颁布了配套的《民用建筑节能条例》及《公共机构节能条例》，有关部门出台了《固定资产投资项目节能评估和审查暂行办法》及《高耗能特种设备节能监督管理办法》，各地区也陆续发布了修订后的相关实施细则。根据2016年7月2日第十二届全国人大常委会第二十一次会议通过的《全国人民代表大会常务委员会关于修改〈中华人民共和国节约能源法〉等六部法律的决定》，对该法第十五条和第六十八条第一款进行了修改，修改后的两个新条款于2016年7月2日修改当日生效。

主要内容 《节约能源法》共7章87条。

第一章“总则”阐明了该法的立法目的和法律适用的范围与对象，对节能规划、产业政策、节能技术与宣传教育等方面提出了要求，确定了中央与地方的节能管理部门统一负责与分工协作的节能管理体制，并明确将节约资源规定为我国的基本国策，国家实行节能目标责任制和节能考核评价制度。

第二章“节能管理”强调各级人民政府及各级节能主管部门和相关部门应加强履行节能监督管理职责，明确了节能标准的建设体系，规定了固定资产投资项目节能评估和审查制度，落后用能产品、设备和生产工艺的淘汰制度，能源效率标识管理制度和能源统计制度，并鼓励节能服务机构和行业协会在节能工作中发挥积极作用。

第三章“合理使用与节约能源”分为六节。第一节“一般规定”中规定用能单位应当加强节能管理，建立节能目标责任制，开展节能教育和岗位节能培训，加强能源计量制度建设，并明确禁止“能源福利”，即能源生产经营单位不得向本单位职工无偿提供能源，任何单位不得对能源消费实行包费制；第二节“工业节能”中规定各级政府和有关部门应促进能源资源优化开发利用和合理配置，推进有利于节能的行业结构调整，优化用能结构和企业布局，鼓励工业企业采用高效的节能设备和先进的节能技术，并要求电网企业安排清洁、高效和符合资源综合利用规定的发电机组与电网并网运行；

第三节“建筑节能”中明确了国务院建设主管部门和县级以上地方各级人民政府建设主管部门为建筑节能的主管部门，要求建筑工程的建设、设计、施工和监理单位应当遵守建筑节能标准，房地产开发企业应当向购买人明示所售房屋的节能信息，地方各级政府有关部门应当加强城市节约用电管理，规定使用空调采暖、制冷的公共建筑应当实行室内温度控制制度，使用集中供热的建筑应分步骤实行供热分户计量、按照用热量收费的制度，并鼓励新建建筑和既有建筑节能改造中使用节能建筑材料和节能设备；第四节“交通运输节能”中规定国务院有关交通运输主管部门按照各自的职责负责全国交通运输相关领域的节能监督管理工作，国务院及其有关部门应促进各种交通运输方式协调发展和有效衔接，建设节能型综合交通运输体系，要求地方各级人民政府优先发展公共交通，鼓励利用公共交通工具和使用非机动交通工具出行，鼓励开发、生产、使用节能环保型交通运输工具，实行老旧交通运输工具的报废、更新制度，鼓励开发和推广应用交通运输工具使用的清洁燃料、石油替代燃料；第五节“公共机构节能”要求公共机构应当制定年度节能目标和实施方案，加强能源消费计量和监测管理，向本级人民政府管理机关事务工作的机构报送上年度的能源消费状况报告，并应按照规定进行能源审计，根据能源审计结果采取提高能源利用效率的措施，还要求公共机构采购用能产品、设备时，应优先采购列入节能产品、设备政府采购名录中的产品、设备，禁止采购国家明令淘汰的用能产品、设备；第六节“重点用能单位节能”明确了重点用能单位的范围，要求重点用能单位应当每年向管理节能工作的部门报送上年度的能源利用状况报告，由管理节能工作的部门对重点用能单位报送的能源利用状况报告进行审查，还规定重点用能单位必须设立能源管理岗位，聘任能源管理负责人。

第四章“节能技术进步”规定国务院节能主管部门会同国务院科技主管部门发布节能技术政策大纲，指导节能技术研究、开发和推广应用，要求各级人民政府把节能技术研究开发作为政府科技投入的重点领域，并根据节能技术、节能产品的推广目录，引导用能单位和个人使用先进的节能技术、节能产品。明确规定县级以上各级人民政府应加强农业和农村节能工作，增加对农业和农村节能技术、节能产品推广应用的资金投入，支持在农村大力发展沼气，推广生物质能、太阳能和风能等可再生能源利用技术，按照科学规划、有序开发的原则发展小型水力发电，推广节能型的农村住宅和炉灶等，鼓励利用非耕地种植能源植物，大力发展薪炭林等能源林。

第五章“激励措施”规定中央财政和省级地方财政要安排节能专项资金支持节能工作，对节能产品的推广和使用给予财政补贴，引导金融机构增加对节能项目的信贷支持，通过运用税收政策，对生产、使用列入推广目录的需要支持的节能技术和产品实行税收优惠，健全能源矿产资源有偿使用制度，鼓励先进节能技术、设备的进口和控制在生产过程中耗能高、污染重的产品的出口，并实行有利于节能的价格政策，支持推广电力需求侧管理、合同能源管理、节能自愿协议等节能办法，引导用能单位和个人节能。各级人民政府对在节能管理、节能科学技术研究和推广应用中有显著成绩以及检举严重浪费能源行为的单位和个人，应给予表彰和奖励。

第六章“法律责任”规定了 19 项法律责任，其违法行为类型主要包括：主管机关违法审批不符合强制性节能标准的项目；生产、进口、销售不符合强制性能源效率标准的用能产品、设备；使用国家明令淘汰的用能设备或者生产工艺；生产单位超过单位产品能耗限额标准用能，情节严重，经限期治理逾期不治理或者没有达到治理要求；伪造、冒用能源效率标识或者利用能源效率标识进行虚假宣传；用能单位未按规定配备、使用能源计量器具；从事节能咨询、设计、评估、检测、审计、认证等服务的机构提供虚假信息；瞒报、伪造、篡改能源统计资料或编造虚假能源统计数据；重点用能单位无正当理由拒不落实整改要求或者整改未达到要求、不按规定报送能源利用状况报告或报告内容不实、不按规定设立能源管理岗位；建设、设计、施工、监理等单位违反建筑节能的有关标准，以及公共机构采购、电网企业和房地产开发企业违反《节约能源法》相关规定等方面的法律责任。

第七章“附则”规定了该法的施行日期。

作用 《节约能源法》确定了我国节约能源的基本原则、制度和行为规范，明确了节能执法主体，建立了多层级的节能目标责任制，并在关注工业节能和重点单位用能的同时，将建筑节能、交通运输节能和公共机构节能纳入法律调整范围，有助于解决国内节能责任不明确、政策不完善和协调不得力的现状，能够推动全社会节约能源，提高能源利用效率，缓解能源供需矛盾，保护和改善环境，对于实现我国长期节能目标，建设资源节约型、环境友好型社会，起到了重要作用。 （胡苑）

《Zhonghua Renmin Gongheguo Kezaisheng Nengyuan Fa》

《中华人民共和国可再生能源法》

（Renewable Energy Law of the People’s Republic of China） 中国为了促进可再生能源的开发利用，增加能源供应，改善能源结构，保障能源安全，保护环境，实现经济社会的可持续发展而制定的法律。

调整范围 《可再生能源法》的调整对象包括风能、太阳能、水能、生物质能、地热能以及海洋能等非化石能源，但不包括通过低效率炉灶直接燃烧方式利用秸秆、薪柴、粪便等。水力发电对《可再生能源法》的适用，由国务院能源主管部门规定，报国务院批准。《可再生能源法》适用于中华人民共和国领域和管辖的其他海域。

产生背景和制定过程 我国的一次能源消费结构中，煤炭的占比最大。煤炭、石油等常规化石能源，在过去及当前为人类的经济发展提供了能源基础。但基于化石能源的不可再生性，其迅速消耗敲响了能源危机的警钟，不断恶化的生态环境也体现出化石能源污染环境的弊端。在这样的背景下，2003 年 6 月，全国人大常委会委员长会议将制定《可再生能源法》列入了五年立法规划和 2003 年立法规划，并责成全国人大环资委负责起草工作。2004 年 8 月，《中华人民共和国可再生能源法（草案征求意见稿）》形成，同年 12 月 27 日，第十届全国人大常委会召开第十三次会议，对这部法律进行审议。2005 年 2 月 28 日，第十届全国人大常委会第十四次会议审议通过了《可再生能源法》。该法自 2006 年 1 月 1 日实施以来，迅速推动了风能、太阳能等可再生能源产业的超常规发展，同时也出现了一些问题需要进行规范，加上应对气候变化问题的需要，2009 年 12 月 26 日第十一届全国人大常委会第十二次会议对该法的修正草案进行了审议并表决通过，修正后的《可再生能源法》自 2010 年 4 月 1 日起施行。

主要内容 《可再生能源法》共 8 章 33 条。

第一章“总则”阐明了该法的立法目的和法律适用的范围与对象，确定了中央与地方的节能管理部门统一负责与分工协作的管理体制，并明确将可再生能源的开发利用列为国家能源发展的优先领域，通过制定可再生能源开发利用总量目标和采取相应措施，推动可再生能源市场的建立和发展。

第二章“资源调查与发展规划”规定国务院能源主管部门和有关部门在各自的职责范围内负责组织和协调可再生能源资源的调查，要求国务院能源主管部门根据能源需求与可再生能源资源实际状况，制定可再生能源开发利用中长期总量目标。国务院能源主管部门会同国务院有关部门编制全国可再生能源开发利用规划，省、自治区、直辖市人民政府管理能源工作的部门会同本级人民政府有关部门编制本行政区域可再生能源开发利用规划。

第三章“产业指导与技术支持”规定国务院能源主管部门应根据全国可再生能源开发利用规划，制定可再生能源产业发展指导目录。国务院标准化行政主管部门应当制定可再生能源电力的并网技术标准和其他有关可再生能源技术和产品的国家标准。明确将可再生能源开发利用的科学技术研究和产业化发展列为科技发展与高技术产业发展的优先领域。

第四章“推广与应用”明确规定国家实行可再生能源发电全额保障性收购制度，即电网企业应当与符合条件的可再生能源发电企业签订并网协议，全额收购其电网覆盖范围内符合并网技术标准的可再生能源并网发电项目的上网电量。明确扶持在电网未覆盖的地区建设可再生能源独立电力系统，鼓励清洁、高效地开发利用生物质燃料，鼓励发展能源作物，鼓励单位与个人安装和使用太阳能利用系统，支持农村地区的可再生能源开发利用。

第五章“价格管理与费用补偿”规定国务院价格主管部门根据实际情况确定和调整可再生能源发电项目的上网电价。电网企业收购可再生能源电量所发生的差额费用以及国家建设的公共可再生能源独立电力系统的运营费用超出销售电价的差额部分，由在全国范围对销售电量征收可再生能源电价附加补偿。电网企业为收购可再生能源电量而支付的合理费用则计入电网企业输电成本，从销售电价中回收。

第六章“经济激励与监督措施”规定国家财政设立可再生能源发展基金，其资金来源包括国家财政专项资金和可再生能源电价附加收入等，该基金用于补偿该法第五章中两类差额费用以及其他特定事项。国家对列入国家可再生能源产业发展指导目录的项目给予税收优惠，金融机构还可对该类项目提供优惠贷款。电力企业应当真实、完整地记载和保存可再生能源发电的有关资料，并接受电力监管机构的检查和监督。

第七章“法律责任”规定了四项法律责任，其违法行为类型主要包括：能源管理部门和其他有关部门在可再生能源开发利用监督管理工作中，违反《可再生能源法》的相关规定；电网企业未按照规定完成收购可再生能源电量，造成可再生能源发电企业经济损失；经营燃气管网、热力管网的企业不准许符合入网技术标准的燃气、热力入网，造成燃气、热力生产企业经济损失；石油销售企业未按照规定将符合国家标准的生物液体燃料纳入其燃料销售体系，造成生物液体燃料生产企业经济损失。

第八章“附则”对生物质能、可再生能源独立电力系统、能源作物和生物液体燃料这四个术语进行了界定，并规定了该法的施行日期。

作用 《可再生能源法》明确了可再生能源在我国经济和社会可持续发展中的重要地位，有力地推动了可再生能源的开发利用以及我国可再生能源产业的发展，该法的实施将增加我国能源的供应来源，改善依赖化石能源的能源结构，对于我国未来的能源安全和环境保护工作，以及经济社会的可持续发展将产生深远的影响。 （胡苑）

《Zhonghua Renmin Gongheguo Kuangchan Ziyuan Fa》

《中华人民共和国矿产资源法》 （Mineral Resources Law of the People's Republic of China）
中国为了发展矿业，加强矿产资源的勘查、开发利用和保护工作，保障社会主义现代化建设的当前和长远的需要所制定的法律。

适用范围 在中华人民共和国领域及管辖海域勘查、开采矿产资源。

产生背景和制定过程 1950 年政务院颁布了《中华人民共和国矿业暂行条例》以规范矿产资源的开发利用。1965 年国务院制定并发布了《矿产资源保护试行条例》。1978 年，中共十一届三中全会召开后，国务院正式启动《矿产资源法》的制订准备工作，1979 年成立了《矿产资源法》起草办公室，1986 年 3 月 19 日第六届全国人大常委会第十五次会议审议通过了《中华人民共和国矿产资源法》，并于同年 10 月 1 日起施行。1996 年 8 月 29 日，第八届全国人大常委会第二十一次会议对其进行了部分修改，在探矿权、采矿权的产权管理制度上有了历史性的突破，明确了所有权和使用权相分离的原则，为建立矿权法律制度奠定了基础。2009 年 8 月 27 日第十一届全国人大常委会第十次会议对《矿产资源法》中刑事责任和治安管理处罚的规定做出修改。

主要内容 《矿产资源法》共7章53条。

第一章“总则”规定矿产资源属于国家所有，由国务院行使国家对矿产资源的所有权；国家保障依法设立的矿山企业开采矿产资源的合法权益；国家实行探矿权、采矿权有偿取得制度，并限制探矿权、采矿权的转让；国家对矿产资源的勘查、开发实行统一规划、合理布局、综合勘查、合理开采和综合利用的方针；国家鼓励矿产资源勘查、开发的科学技术研究；国务院地质矿产主管部门主管全国矿产资源勘查、开采的监督管理工作。

第二章“矿产资源勘查的登记和开采的审批”规定国家对矿产资源勘查实行统一的区块登记管理制度。矿产资源勘查登记工作，由国务院地质矿产主管部门负责；特定矿种的矿产资源勘查登记工作，可以由国务院授权有关主管部门负责。矿产资源勘查区块登记管理办法由国务院制定。开采国家规划矿区和对国民经济具有重要价值的矿区内的矿产资源、前项规定区域以外可供开采的矿产储量规模在大型以上的矿产资源、国家规定实行保护性开采的特定矿种、领海及中国管辖的其他海域的矿产资源、国务院规定的其他矿产资源，由国务院地质矿产主管部门审批，并颁发采矿许可证。

第三章“矿产资源的勘查”规定区域地质调查按照国家统一规划进行。区域地质调查的报告和图件按照国家规定验收，提供有关部门使用。

第四章“矿产资源的开采”规定开采矿产资源，必须采取合理的开采顺序、开采方法和选矿工艺，必须遵守国家劳动安全卫生的规定和有关环境保护的法律规定。国务院规定由指定的单位统一收购的矿产品，任何其他单位或者个人不得收购。

第五章“集体矿山企业和个体采矿”规定国家对集体矿山企业和个体采矿实行积极扶持、合理规划、正确引导、加强管理的方针，鼓励集体矿山企业开采国家指定范围内的矿产资源，允许个人采挖零星分散资源和只能用作普通建筑材料的砂、石、黏土以及为生活自用采挖少量矿产，并规定集体矿山企业和个体采矿应当提高技术水平和矿产资源回收率。禁止乱挖滥采，破坏矿产资源。

第六章“法律责任”规定了八种违法行为的法律责任，违法行为主要包括：未取得采矿许可证擅自采矿，擅自进入国家规划矿区、对国民经济具有重要价值的矿区范围采矿，擅自开采国家规定实行保护性开采的特定矿种；超越批准的矿区范围采矿；盗窃、抢夺矿山企业和勘查单位的矿产品和其他财物，破坏采矿、勘查设施，扰乱矿区和勘查作业区的生产秩序、工作秩序；买卖、出租或者以其他形式转让矿产资源；违法收购和销售国家统一收购的矿产品；采取破坏性的开采方法开采矿产资源；负责矿产资源勘查、开采监督管理工作的国家工作人员和其他有关国家工作人员徇私舞弊、滥用职权或者玩忽职守，违法批准勘查、开采矿产资源和颁发勘查许可证、采矿许可证，或者对违法采矿行为不依法予以制止、处罚；以暴力、威胁方法阻碍从事矿产资源勘查、开采监督管理工作的国家工作人员依法执行职务或拒绝、阻碍从事矿产资源勘查、开采监督管理工作的国家工作人员依法执行职务。

第七章“附则”对外商投资勘查、开采矿产资源，该法施行以前的勘探、开采行为的适用做出了相应规定，并规定了该法的施行日期。

作用 《矿产资源法》的颁布与修改，确立了矿业权的物权性质，加大了对矿区自然环境的保护、恢复力度，鼓励对资源的循环利用，并逐步强化了对违反《矿产资源法》，尤其是破坏环境行为的法律责任，形成了以《中华人民共和国宪法》为基础、以《矿产资源法》和相关法律法规为主要内容的矿产资源法律体系。

（王清华）

《Zhonghua Renmin Gongheguo Meitan Fa》

《中华人民共和国煤炭法》 （Law of the People’s Republic of China on the Coal Industry）中国为了合理开发利用和保护煤炭资源，规范

煤炭生产、经营活动，促进和保障煤炭行业发展而制定的法律。

适用范围 在中华人民共和国领域和中华人民共和国管辖的其他海域从事的煤炭生产、经营活动。

产生背景和制定过程 《煤炭法》起草工作小组于1993年8月提出了《煤炭法》起草大纲，1996年6月14日，国务院第46次常务会议原则通过了《煤炭法》草案，经过修改后提交第八届全国人大常委会审议。第八届全国人大常委会第二十次会议初步审议了《煤炭法（草案）》。会议结束后，全国人大法律委和法工委在广泛征求各界意见和专家建议的基础上，修改了《煤炭法（草案）》，提交第八届全国人大常委会第二十一次会议审议。8月29日，第八届全国人大常委会第二十一次全体会议审议通过了《煤炭法》，同年12月1日起施行。

《煤炭法》共经过了4次修改：第1次修改是根据2009年8月27日第十一届全国人大常委会第十次会议《关于修改部分法律的决定》对其中部分条款用语方面的修改；第2次修改根据2011年4月22日第十一届全国人大常委会第二十次会议《关于修改〈中华人民共和国煤炭法〉的决定》，对第四十四条关于煤炭企业职工保险的规定做了修改；第3次修改根据2013年6月29日第十二届全国人大常委会第三次会议《关于修改〈中华人民共和国文物保护法〉等十二部法律的规定》，本次修改取消了煤炭生产许可证和煤炭经营许可证，简化了相关资格审批方面的条款；2016年11月7日第十二届全国人大常委会第二十四次会议《关于修改〈中华人民共和国对外贸易法〉等十二部法律的决定》对《煤炭法》相关条文做出了第4次修正。从这些修改可以看出，煤炭行业的法律法规随着经济、社会、政治环境的变化进行着相应的调整。

主要内容 《煤炭法》共8章67条。

第一章“总则”规定煤炭资源属于国家所有，国家对煤炭开发实行统一规划、合理布局、综合利用的方针，依法保护煤炭资源，禁止任何乱采、滥挖破坏煤炭资源的行为，保护依法投资开发煤炭资源的投资者的合法权益，保障煤矿职工的安全和健康。国务院煤炭管理部门依法负责全国煤炭行业的监督管理，县级以上地方人民政府煤炭管理部门和有关部门依法负责本行政区域内煤炭行业的监督管理。

第二章“煤炭生产开发规划与煤矿建设”规定，国务院煤炭管理部门根据全国矿产资源勘查规划编制全国煤炭资源勘查规划。国务院煤炭管理部门根据全国矿产资源规划规定的煤炭资源，组织编制和实施煤炭生产开发规划，省、自治区、直辖市人民政府煤炭管理部门根据全国矿产资源规划规定的煤炭资源，组织编制和实施本地区煤炭生产开发规划，并报国务院煤炭管理部门备案。煤矿建设项目应当符合煤炭生产开发规划和煤炭产业政策。煤矿建设使用土地，应当依照有关法律、行政法规的规定办理。煤矿建设应当坚持煤炭开发与环境治理同步进行，煤矿建设项目的环境保护设施必须与主体工程同时设计、同时施工、同时验收、同时投入使用。

第三章“煤炭生产与煤矿安全”规定，煤矿投入生产前，煤矿企业应当依照有关安全生产的法律、行政法规的规定取得安全生产许可证；未取得安全生产许可证的，不得从事煤炭生产。煤矿企业的安全生产管理实行矿务局长、矿长负责制。矿务局长、矿长及煤矿企业的其他主要负责人必须遵守有关矿山安全的法律、法规和煤炭行业安全规章、规程，加强对煤矿安全生产工作的管理，执行安全生产责任制度，采取有效措施，防止伤亡和其他安全生产事故的发生。煤矿企业应当对职工进行安全生产教育、培训；未经安全生产教育、培训的，不得上岗作业。煤矿企业必须为职工提供保障安全生产所需的劳动保护用品，煤矿企业使用的设备、器材、火工产品和安全仪器，必须符合国家标准或者行业标准。

第四章“煤炭经营”规定，煤炭经营企业从事煤炭经营，应当遵守有关法律、法规的规定，改善服务，保障供应。禁止一切非法经营活动。国务院物价行政主管部门会同国务院煤炭管理部门和有关部门对煤炭的销售价格进行监督管理。煤矿企业、煤炭经营企业、运输企业和煤炭用户应当依照法律、国务院有关规定或者合同约定供应、运输和接卸煤炭，煤炭的进出口依照国务院的规定，实行统一管理；具备条件的大型煤矿企业经国务院对外经济贸易主管部门依法许可，有权从事煤炭出口经营。

第五章“煤矿矿区保护”规定，任何单位或者个人不得危害煤矿矿区的电力、通讯、水源、交通及其他生产设施，禁止任何单位和个人扰乱煤矿矿区的生产秩序和工作秩序。在煤矿矿区范围内需要建设公用工程或者其他工程的，有关单位应当事先与煤矿企业协商并达成协议后，方可施工。

第六章“监督检查”规定，煤炭管理部门和有关部门依法对煤矿企业和煤炭经营企业执行煤炭法律、法规的情况进行监督检查。煤炭管理部门和有关部门的监督检查人员应当熟悉煤炭法律、法规，掌握有关煤炭专业技术，公正廉洁，秉公执法。煤炭管理部门和有关部门的监督检查人员对煤矿企业和煤炭经营企业违反煤炭法律、法规的行为，有权要求其依法改正。

第七章“法律责任”规定了 10 种违反《煤炭法》相关条款的行为，主要包括：开采煤炭资源未达到国务院煤炭管理部门规定的煤炭资源回采率；擅自开采保安煤柱或者采用危及相邻煤矿生产安全的危险方法进行采矿作业；在煤炭产品中掺杂、掺假，以次充好；未经煤矿企业同意，在煤矿企业依法取得土地使用权的有效期间内在该土地上修建建筑物、构筑物；未经煤矿企业同意，占用煤矿企业的铁路专用线、专用道路、专用航道、专用码头、电力专用线、专用供水管路；未经批准或者未采取安全措施，在煤矿采区范围内进行危及煤矿安全作业；规定了 4 种由公安机关依照《中华人民共和国治安管理处罚法》的有关规定处罚的行为，构成犯罪的，由司法机关依法追究刑事责任；煤矿企业的管理人员违章指挥、强令职工冒险作业，发生重大伤亡事故；煤矿企业的管理人员对煤矿事故隐患不采取措施予以消除，发生重大伤亡事故；煤炭管理部门和有关部门的工作人员玩忽职守、徇私舞弊、滥用职权。

第八章“附则”规定了该法的生效日期。

作用 煤炭是我国最为丰富的矿产能源，其作为我国的主要能源，不仅在国民经济中占有举足轻重的地位，也是推动我国经济发展的主要动力。煤炭资源是否能够得到合理的开发利用，将直接影响到我国的经济建设和可持续发展，因此《煤炭法》的制定与实施是国家对煤炭行业管理强制力的保证，与煤炭工业在我国国民经济中的地位相适应。 （王清华）

《Zhonghua Renmin Gongheguo Qingjie Shengchan Cujin Fa》

《中华人民共和国清洁生产促进法》

（Cleaner Production Promotion Law of the People's Republic of China） 中国为了促进清洁生产，提高资源利用效率，减少或避免污染物的产生，保护和改善环境，保障人体健康，促进经济与社会可持续发展而制定的法律。

调整范围和对象 中华人民共和国领域内，从事生产和服务活动的单位以及从事相关管理活动的部门。

产生背景和制定过程 20 世纪 70 年代以来，大气污染防治、污水处理、垃圾处置等末端治理技术发展迅速，成为污染防治工作的重要手段，但也逐渐暴露出一些局限和弊端。因此，国际社会开始强调“清洁生产”的理念。1989 年，联合国环境规划署推出了“清洁生产行动计划”，并将清洁生产定义为“将污染预防战略持续地应用于生产过程、产品和服务中，通过不断地改善管理和推进技术进步，提高资源利用效率，减少污染物产生和排放，以降低对人类和环境的危害”。“清洁生产”的概念一提出，就得到了许多国家政府、国际组织的响应和支持。1992 年，联合国环境与发展大会将清洁生产的概念写入《21 世纪议程》并制订了行动计划。此后，清洁生产在全球范围内逐步推行，美国、日本、加拿大和欧盟的许多国家都在其环境与资源立法中增加了大量推行清洁生产的法律规范和政策规定。

我国从 1993 年开始推行清洁生产。目前，全国绝大多数省、自治区、直辖市都开展了清洁生产试点工作，通过实施清洁生产，普遍取得了良好的经济效益和环境效益。1994 年，我国将加快清洁生产立法列入了《中国 21 世纪议程》。1996 年 8 月，国务院《关于环境保护若干问题的决定》明确规定采用清洁生产工艺。第九届全国人大常委会第四次会议通过的《中华人民共和国国民经济和社会发展第十个五年计划纲要》将推行清洁生产作为环境治理的重要措施。国务院发布的《国家环境保护“十五”计划》将清洁生产作为可持续发展的重要内容。1998 年，又将制定《清洁生产法》列入第九届全国人大常委会的立法规划。根据立法规划，全国人大环境与资源委员会成立了《清洁生产法》起草领导小组，并委托国家经济贸易委员会进行立法前期的研究工作。《清洁生产法》起草领导小组在大量调研基础上形成了《清洁生产法》草案，并提交全国人大常委会审议。2002 年 6 月 29 日，第九届全国人大常委会第二十八次会议通过了《清洁生产促进法》。2012 年 2 月 29 日，第十届全国人大常委会第二十五次会议通过了该法的修正案，自 2013 年 1 月 1 日起施行。

主要内容 《清洁生产促进法》共 6 章 40 条。

第一章“总则”阐明了立法目的，“清洁生产”的定义，调整范围和对象，将清洁生产纳入有关规划的事项及清洁生产管理体制。该法所称清洁生产，是指不断采取改进设计、使用清洁的能源和原料、采用先进的工艺技术与设备、改善管理、综合利用等措施，从源头削减污染，提高资源利用效率，减少或者避免生产、服务和产品使用过程中污染物的产生和排放，以减轻或者消除对人类健康和环境的危害。国务院和县级以上地方人民政府，应当将清洁生产促进工作纳入国民经济和社会发展规划、年度计划。国务院清洁生产综合协调部门负责组织、协调全国的清洁生产促进工作。国务院环境保护、工业、科学技术、财政部门和其他有关部门，按照各自的职责，负责有关的清洁生产促进工作。县级以上地方人民政府负责领导本行政区域内的清洁生产促进工作。县级以上地方人民政府确定的清洁生产综合协调部门负责组织、协调本行政区域内的清洁生产促进工作。县级以上地方人民政府其他有关部门，按照各自的职责，负责有关的清洁生产促进工作。

第二章“清洁生产的推行”规定了政府及有关部门支持、促进清洁生产的具体要求，主要包括以下内容：

①制定有利于清洁生产的政策和清洁生产推行规划。该法明确规定：国务院应当制定有利于实施清洁生产的财政税收政策。国务院及其有关部门和省、自治区、直辖市人民政府，应当制定有利于实施清洁生产的产业政策、技术开发和推广政策。国务院清洁生产综合协调部门会同国务院环境保护、工业、科学技术部门和其他有关部门，根据国民经济和社会发展规划及国家节约资源、降低能源消耗、减少重点污染物排放的要求，编制国家清洁生产推行规划，报经国务院批准后及时公布。国家清洁生产推行规划应当包括：推行清洁生产的目标、主要任务和保障措施，按照资源能源消耗、污染物排放水平确定开展清洁生产的重点领域、重点行业和重点工程。

②明确强调了清洁生产促进工作的资金保障机制。中央预算应当加强对清洁生产促进工作的资金投入，包括中央财政清洁生产专项资金和中央预算安排的其他清洁生产资金，用于支持国家清洁生产推行规划确定的重点领域、重点行业、重点工程实施清洁生产及其技术推广工作，以及生态脆弱地区实施清洁生产的项目。中央预算用于支持清洁生产促进工作的资金使用的具体办法，由国务院财政部门、清洁生产综合协调部门会同国务院有关部门制定。县级以上地方人民政府应当统筹地方财政安排的清洁生产促进工作的资金，引导社会资金支

持清洁生产重点项目。

③建立清洁生产信息系统和技术咨询服务体系，制定清洁生产技术、工艺、设备、产品导向目录和指南。该法明确规定：国务院和省、自治区、直辖市人民政府的有关部门，应当组织和支持建立促进清洁生产信息系统和技术咨询服务体系，向社会提供有关清洁生产方法和技术、可再生利用的废物供求以及清洁生产政策等方面的信息和服务。国务院清洁生产综合协调部门会同国务院环境保护、工业、科学技术、建设、农业等有关部门定期发布清洁生产技术、工艺、设备和产品导向目录。国务院清洁生产综合协调部门、环境保护部门和省、自治区、直辖市人民政府负责清洁生产综合协调的部门、环境保护部门会同同级有关部门，组织编制重点行业或者地区的清洁生产指南，指导实施清洁生产。

④淘汰落后技术、工艺、设备和产品。国家对浪费资源和严重污染环境的落后生产技术、工艺、设备和产品实行限期淘汰制度。国务院有关部门按照职责分工，制定并发布限期淘汰的生产技术、工艺、设备以及产品的名录。

⑤组织清洁生产技术研究开发和示范，开展清洁生产教育和宣传。县级以上人民政府科学技术部门和其他有关部门，应当指导和支持清洁生产技术和有利于环境与资源保护的产品的研究、开发以及清洁生产技术的示范和推广工作。国务院教育部门，应当将清洁生产技术和管理课程纳入有关高等教育、职业教育和技术培训体系。县级以上人民政府有关部门组织开展清洁生产的宣传和培训，提高国家工作人员、企业经营管理者和公众的清洁生产意识，培养清洁生产管理和技术人员。新闻出版、广播影视、文化等单位和有关社会团体，应当发挥各自优势做好清洁生产宣传工作。

⑥优先采购清洁产品。各级人民政府应当优先采购节能、节水、废物再生利用等有利于环境与资源保护的产品，并通过宣传、教育等措施鼓励公众购买和使用该类产品。

⑦污染企业名单公布。省、自治区、直辖市人民政府负责清洁生产综合协调的部门、环境保护部门，根据促进清洁生产工作的需要，在本地区主要媒体上公布未达到能源消耗控制指标、重点污染物排放控制指标的企业名单，为公众监督企业实施清洁生产提供依据。列入名单的企业，应当按照国务院清洁生产综合协调部门、环境保护部门的规定公布能源消耗或者重点污染物产生、排放情况，接受公众监督。

第三章“清洁生产的实施”规定了对生产经营者实施清洁生产的要求，分为指导性、自愿性和强制性三种类型。

①指导性要求不附带法律责任，包括有关建设和设计活动应当优先考虑清洁生产；企业进行技术改造应当采取清洁生产措施；一般企业开展清洁生产审核等。例如，新建、改建和扩建项目应当进行环境影响评价，对原料使用、资源消耗、资源综合利用以及污染物产生与处置等进行分析论证，优先采用资源利用率高以及污染物产生量少的清洁生产技术、工艺和设备。产品和包装物的设计，应当考虑其在生命周期中对人类健康和环境的影响，优先选择无毒、无害、易于降解或者便于回收利用的方案。企业对产品的包装应当合理，包装的材质、结构和成本应当与内装产品的质量、规格和成本相适应，减少包装性废物的产生，不得进行过度包装。企业应当对生产和服务过程中的资源消耗以及废物的产生情况进行监测，并根据需要对生产和服务实施清洁生产审核。

②自愿性的规定主要是鼓励企业自愿实施清洁生产，改善企业及产品形象，相应可以依照有关规定得到奖励和享受政策优惠，此外，还对企业自愿申请环境管理体系认证等进行了规定。例如，企业可以自愿与清洁生产综合协调部门和环境保护部门签订进一步节约资源、削减污染物排放量的协议，该清洁生产综合协调部门和环境保护部门应当在本地区主要媒体上公布该企业的名称以及节约资源、防治污染的成果。企业可以根据自愿原则，按照国家有关环境管理体系认证的规定，向国家认证认可监督管理部门授权的认证机构提出认证申请，

通过环境管理体系认证，提高清洁生产水平。

③强制性要求规定了生产经营者必须履行的义务，包括对部分产品和包装物要实行标识和强制回收，有关企业要进行强制性清洁生产审核等。该法规定，有下列情形之一的企业，应当实施强制性清洁生产审核：污染物排放超过国家或者地方规定的排放标准，或者虽未超过国家或者地方规定的排放标准，但超过重点污染物排放总量控制指标的；超过单位产品能源消耗限额标准构成高耗能的；使用有毒、有害原料进行生产或者在生产中排放有毒、有害物质的。实施强制性清洁生产审核的企业，应当将审核结果向所在地县级以上地方人民政府负责清洁生产综合协调的部门、环境保护部门报告，并在本地区主要媒体上公布，接受公众监督，但涉及商业秘密的除外。

第四章“鼓励措施”主要内容包括：国家建立清洁生产表彰奖励制度，对在清洁生产工作中做出显著成绩的单位和个人，由人民政府给予表彰和奖励；对从事清洁生产研究、示范和培训，实施国家清洁生产重点技术改造项目和该法规定的自愿节约资源、削减污染物排放量协议中载明的技术改造项目，由县级以上人民政府给予资金支持；在依照国家规定设立的中小企业发展基金中，应当根据需要安排适当数额用于支持中小企业实施清洁生产；依法利用废物和从废物中回收原料生产产品的，按照国家规定享受税收优惠；企业用于清洁生产审核和培训的费用，可以列入企业经营成本。

第五章“法律责任”对企业不履行法定义务的行为规定了相应的行政法律责任。包括：未按照规定公布能源消耗或者重点污染物产生、排放情况的，由县级以上地方人民政府负责清洁生产综合协调的部门、环境保护部门按照职责分工责令公布，可以处十万元以下的罚款。未标注产品材料的成分或者不如实标注的，由县级以上地方人民政府质量技术监督部门责令限期改正；拒不改正的，处以五万元以下的罚款。生产、销售有毒、有害物质超过国家标准的建筑和装修材料的，依照《中华人民共和国产品质量法》和有关民事、刑事法律的规定，追究行政、民事、刑事法律责任。不实施强制性清洁生产审核或者在清洁生产审核中弄虚作假的，或者实施强制性清洁生产审核的企业不报告或者不如实报告审核结果的，由县级以上地方人民政府负责清洁生产综合协调的部门、环境保护部门按照职责分工责令限期改正；拒不改正的，处以五万元以上五十万元以下的罚款。

第六章“附则”规定了该法的施行时间。

作用 《清洁生产促进法》对我国已经公布的资源环境约束性指标和节能减排约束性指标的实施和实现有重要意义，对于强化和完善企业清洁生产审核制度，从污染物源头减排发挥了重要的作用。（杨兴）

《Zhonghua Renmin Gongheguo Senlin Fa》

《中华人民共和国森林法》 （The Forest Law of the People’s Republic of China） 中国为了保护、培育和合理利用森林资源，加快国土绿化，发挥森林蓄水保土、调节气候、改善环境和提供林产品的作用，适应社会主义建设和人民生活的需要而制定的法律。

适用范围和对象 在中华人民共和国领域内从事森林、林木的培育种植、采伐利用和森林、林木、林地的经营管理活动。

产生背景和制定过程 1963 年，国务院颁发的《森林保护条例》是我国《森林法》的雏形。1979 年 2 月 23 日第五届全国人大常委会第六次会议原则通过了《森林法（试行）》。1984 年 9 月 20 日第六届全国人大常委会第七次会议通过了《森林法》，自 1985 年 1 月 1 日起施行。此后《制定年森林采伐限额暂行规定》《森林资源档案管理办法》《森林和野生动植物类型自然保护区管理办法》《森林防火条例》《森林病虫害防治条例》等行政规章先后颁布。1984 年《森林法》侧重于森林资源的开发利用，对森林资源的保护重视不足。由于木材产量没有得到控制，进入 20 世纪 80 年代后期，大多数森工企业陷入可采资源枯竭的窘境，并引发了以洪涝和荒漠化为代表的全国性生态危机。1993—

1997 年，按照国家提出的“建设比较完备的生态体系和比较发达的产业体系”的林业发展思路，林业开始向兼顾生态效益、经济效益和社会效益的方向发展。1998 年的特大洪灾，使全国上下都认识到森林资源保护的重要性，国务院做出了“封山育林、退耕还林、恢复植被、保护生态”的决策，并启动了“天然林保护工程”。同年 4 月 29 日，第九届全国人大常委会第二次会议对《森林法》做了第一次修正，加强了对天然林的保护、林地使用权的转让，加重了法律责任，进一步明确了造林绿化者和林地经营者的合法权益，设立了生态效益补偿金制度等。《〈中华人民共和国森林法〉实施条例》等相关配套法规也相继颁布，大量地方性森林法规陆续出台。2009 年 8 月 27 日第十一届全国人大常委会第十次会议将 1998 年《森林法》第十八条中的“征用”修改为“征收、征用”，同日开始施行。

主要内容 《森林法》共 7 章 49 条。

第一章“总则”主要包括立法目的，适用范围，森林资源的所有权和使用权，森林的分类，林业建设的基本方针，国家鼓励林业科学研究和推广先进技术，国家依法保护林农的合法权益和减轻林农负担，对森林资源实行保护性措施，各级人民政府林业主管部门的职责，植树造林、保护森林是公民的义务，以及对植树造林、保护森林、森林管理等方面成绩显著的单位或者个人给予奖励等内容。

第二章“森林经营管理”主要包括各级林业主管部门依法对森林资源的保护、利用、更新进行管理和监督，森林资源清查和建立资源档案制度，森林、林木和林地使用权在不改变林地用途的情况下可以依法转让、作价入股或者作为合资、合作造林、经营林木的条件，各级人民政府制定林业长远规划，国有林业企事业单位、自然保护区编制森林经营方案，林木、林地权属争议的处理，征收、征用或者占用林地必须经林业主管部门审核同意并缴纳森林植被恢复费。

第三章“森林保护”主要包括地方各级人民政府组织有关部门建立护林组织、增加护林设施、订立护林公约以及护林员的主要职责，在林区设立的森林公安机关的主要职责以及武装森林警察部队的任务，预防和扑救森林火灾，防治森林病虫害，禁止毁林开垦、采石等毁林行为，建立自然保护区保护典型的森林生态系统和天然林，保护林区内的国家重点保护野生动物。

第四章“植树造林”主要包括各级人民政府制定植树造林规划，完成植树造林任务，营造林木的所有权和支配林木收益的权利归营造单位，开展封山育林等。

第五章“森林采伐”主要包括：国家根据用材林的消耗量低于生长量的原则严格控制森林年采伐量，采伐森林必须遵守有关采伐方式的规定，采伐林木必须申请采伐许可证，采伐许可证的申请、取得和管理，采伐林木的单位和个人必须完成规定的更新造林任务，从林区运出木材必须持有木材运输证件（国家统一调拨的木材除外），珍贵树木及其制品、衍生物进出口管理等。

第六章“法律责任”主要包括：盗伐、滥伐森林或者林木的行政和刑事处罚，非法采伐、毁坏珍贵树木的刑事处罚，超限额发放林木采伐许可证或者超越职权发放林木采伐许可证、木材运输证件等的行政处分和刑事处罚，买卖林木采伐许可证、木材运输证件等的行政和刑事处罚以及伪造林木采伐许可证等证件的刑事处罚，在林区非法收购明知是盗伐、滥伐的林木的行政和刑事处罚，非法开垦、采石等毁林行为以及在幼林地和特种用途林内砍柴、放牧的行政处罚，采伐林木的单位或个人没有按照规定完成更新造林任务的处罚，从事森林资源保护、林业监督管理工作的林业主管部门的工作人员和其他国家机关的有关工作人员滥用职权、玩忽职守等行为的刑事处罚和行政处分。

第七章“附则”规定了国务院林业主管部门根据该法制定实施办法，民族自治地方制定变通或者补充规定的条件和程序以及该法的施行日期。

作用 《森林法》是关于我国林业的基本法，它对于我国森林资源的保护起到了重要的保障作用。该法自1985年1月1日施行以来，在保护、培育和合理利用森林资源方面发挥了重要的作用，是有效地保护、培育和合理利用森林资源，鼓励和调动全社会力量造林营林，加快林业发展的有力法律武器。（周卫）

《Zhonghua Renmin Gongheguo Shui Fa》

《中华人民共和国水法》（Water Law of the People's Republic of China） 中国为了合理开发、利用、节约和保护水资源，防治水害，实现水资源的可持续利用，适应国民经济和社会发展的需要而制定的法律。

适用范围 适用于中华人民共和国领域内的水资源开发、利用、节约、保护、管理以及水害防治。《水法》中的水资源，包括地表水和地下水。海水的开发、利用、保护和管理，依照有关法律的规定执行，不适用该法。我国缔结或者参加的与国际或者国境边界河流、湖泊有关的国际条约、协定与该法有不同规定的，适用国际条约、协定的规定。但是，中华人民共和国声明保留的条款除外。

产生背景和制定过程 1949年后中国进行了大规模的水利建设，也制定了许多有关水资源利用与保护的法律和法规。1954年新中国制定的第一部《中华人民共和国宪法》规定：水流属于国家所有；国家保障水资源的合理利用，禁止任何组织或者个人用任何手段侵占或者破坏水资源。1957年，国务院制定颁布了《水土保持暂行纲要》。1961年农业部和水利电力部发布了《关于加强水利管理工作的十条意见》。1964年，国务院颁布了《关于加强航道管理和养护工作的指示》。1979年国务院发布了《关于保护水库安全和水产资源的通令》。20世纪80年代以后，中国加快了水法立法步伐。1985年国务院颁布了《水利工程水费核订、计收和管理办法》。1988年1月21日，第六届全国人民代表大会常务委员会第二十四次会议通过《中华人民共和国水法》，同年7月1日起施行，确立了我国开发、利用、保护、管理水资源的基本原则与法律制度。90年代以后由于经济社会持续高速发展，水资源形势日益严峻，水资源短缺、水环境恶化等问题对我国的可持续发展造成了巨大压力。《水法》（1988年）在立法宗旨、立法理念、制度设计等方面滞后于我国经济社会的发展，对水资源各种功能的综合考量不足，缺乏应对严峻的水资源形势的有效措施。水资源管理制度也不够完善，许多重要的水资源管理制度如节约用水、计划用水、水资源分配等制度缺位，重区域管理、轻流域管理，管理体制不顺，影响了水资源的合理配置和综合效益的发挥。为此，2002年8月29日，第九届全国人民代表大会常务委员会第二十九次会议对《水法》进行了修订，同年10月1日开始实施。2009年8月27日和2016年7月2日，新《水法》分别由第十一届全国人民代表大会常务委员会第十次会议和第十二届全国人民代表大会常务委员会第二十一次会议修正。

主要内容 《水法》共8章82条。

第一章“总则”部分共13条。阐明了该法的立法目的、调整对象、基本原则、适用范围和管理体制。明确了我国所有权与使用权相分离的水资源权属制度，确立了取水许可和有偿用水制度，建立了流域管理与区域管理、统一管理与分部门管理相结合的管理体制。

第二章“水资源规划”部分共6条。明确了水资源规划的法律地位，要求开发、利用、节约、保护水资源和防治水害要按照流域、区域统一制定规划，并就规划的种类，制定权限与程序，规划的效力与实施以及水文、水资源信息系统建设，水资源调查评价等做了明确规定。国家制定全国水资源战略规划。规划一经批准，必须严格执行。经批准的规划需要修改时，必须按照规划编制程序经原批准机关批准。

第三章“水资源开发利用”共10条。规定了水资源开发利用的基本原则，阐述了水资源开发利用的主要内容。水资源开发利用应当：全面规划，统筹兼顾上下游、左右岸和有关地区之间的利益；以水资源合理配置为基础，统筹协调生活、生产和生态环境用水；以水资源供水安全体系建设为目标，提高供水能力，适应用水部门的需求过程，提高供水保证率；在水资源不足的地区要对城市规模和建设耗水量大的工业、农业、服务业项目加以限制；国家鼓励开发、利用水能、水运资源。

第四章“水资源、水域和水工程的保护”共 14 条。主要内容包括：制定水资源开发、利用规划和调度水资源时，应维持合理流量和合理水位，维护水体的自然净化能力；从事水资源开发、利用、保护等水事活动，应当遵守经批准的规划；国务院水行政主管部门会同国务院环境保护行政主管部门，有关部门和有关省、自治区、直辖市人民政府，按照流域综合规划、水资源保护规划和经济社会发展要求，拟定国家确定的重要江河、湖泊的水功能区划，报国务院批准；省、自治区、直辖市人民政府应当划定饮用水水源保护区，保证城乡居民饮用水安全；在江河、湖泊新建、改建或者扩大排污口，应当经水行政主管部门或者流域管理机构同意；在地下水超采地区，县级以上地方人民政府应当采取措施，严格控制开采地下水；妨碍河道行洪活动的禁止性规定；国家实行河道采砂许可制度；禁止围湖造地；禁止围垦河道，确需围垦的，应当经过科学论证，经省、自治区、直辖市人民政府水行政主管部门或者国务院水行政主管部门同意后，报本级人民政府批准；单位和个人有保护水工程的义务；县级以上地方人民政府应当采取措施，保障本行政区域内水工程；在水工程保护范围内，禁止从事影响水工程运行和危害水工程安全的爆破、打井、采石、取土等活动。

第五章“水资源配置和节约使用”共 12 条。主要内容包括：国务院发展计划主管部门和国务院水行政主管部门负责全国水资源的宏观调配。全国的和跨省、自治区、直辖市的水中长期供求规划，由国务院水行政主管部门会同有关部门制订，经国务院发展计划主管部门审查批准后执行。地方的水中长期供求规划，由县级以上地方人民政府水行政主管部门会同同级有关部门依据上一级水中长期供求规划和本地区的实际情况制订，经本级人民政府发展计划主管部门审查批准后执行。调蓄径流和分配水量，应当依据流域规划和水中长期供求规划，以流域为单元制定水量分配方案。县级以上地方人民政府水行政主管部门或者流域管理机构应当根据批准的水量分配方案和年度预测来水量，制定年度水量分配方案和调度计划，实施水量统一调度；有关地方人民政府必须服从。国家对用水实行总量控制和定额管理相结合的制度。直接从江河、湖泊或者地下取用水资源的单位和个人，应当按照国家取水许可制度和水资源有偿使用制度的规定，向水行政主管部门或者流域管理机构申请领取取水许可证，并缴纳水资源费，取得取水权。规定了工业、农业、居民生活的有关节约用水措施和制度；明确了制定供水价格的原则和权限。

第六章“水事纠纷处理和执法监督检查”共 8 条。主要内容包括：不同行政区域之间发生水事纠纷的，应当协商处理；协商不成的，由上一级人民政府裁决，有关各方必须遵照执行。单位之间、个人之间、单位与个人之间发生的水事纠纷，应当协商解决；当事人不愿协商或者协商不成的，可以申请县级以上地方人民政府或者其授权的部门调解，也可以直接向人民法院提起民事诉讼。在水事纠纷解决前，任何一方不得修建排水、阻水、取水和截（蓄）水工程，不得单方面改变水的现状。县级以上人民政府或者其授权的部门在处理水事纠纷时，有权采取临时处置措施。县级以上人民政府水行政主管部门和流域管理机构应当对违反本法的行为加强监督检查并依法进行查处。有关单位或者个人对水政监督检查人员的监督检查工作应当给予配合，不得拒绝或者阻碍水政监督检查人员依法执行职务。

第七章“法律责任”共 14 条，主要对违反《水法》的行为所应追究的法律责任做了规定。水行政主管部门或者其他有关部门以及水工程管理单位及其工作人员违法核发许可证、签署审查同意意见、不按照水量分配方案分配水量的，或者对水事违法行为怠于查处的，依法给予行政处分，造成严重后果构成犯罪的，依法追究刑事责任。在河道管理范围内建设妨碍行洪的建筑物、构筑物，或从事其他危害河岸堤防安全、妨碍河道行洪活动的，责令停止违法行为，限期恢复原状，并处罚款。根据违法情节不同，对在饮用水水源保护区内设置排污口、围湖造地或者未经批准围垦河道、生产销售或者在生产经营中使用国家明令淘汰的落后的耗水量高的工艺设备和产品、未经批准擅自取水、未依照批准的取水许可规定条件取水、拒不缴纳拖延缴纳或者拖欠水资源费等违法行为规定了责令停止违法行为、罚款、责令停业、责令关闭等行政法律责任。对侵占、毁坏水工程及堤防护岸设施，在水工程保护范围内从事影响水工程运行和危害水工程安全，在水事纠纷中煽动闹事或损坏公私财物等行为，可根据《中华人民共和国刑法》的规定进行惩处，尚不构成犯罪的，可依据《中华人民共和国治安管理处罚法》予以处罚。不同行政区域之间发生水事纠纷，对于拒不执行水量分配方案和水量调度预案、拒不服从水量统一调度、拒不执行上一级人民政府的裁决、在水事纠纷解决前各方未经协议或上一级人民政府批准单方面改变水的现状等行为，对负有责任的主管人员和其他直接责任人员依法给予行政处分。引水、截（蓄）水、排水，损害公共利益或者他人合法权益的，依法承担民事责任。

第八章“附则”明确了该法与中华人民共和国缔结或者参加的与国际或者国境边界河流、湖泊有关的国际条约、协定有不同规定时的法律适用问题。对该法所称水工程进行了界定，并规定了该法的施行日期。

作用　《水法》吸收了当时我国环境法学界的一些研究新成果，融入了水资源行政主管部门多年的管理经验，规定了水资源开发、利用、保护、管理的基本原则和基本制度，为公众监督、检举和起诉违法行为提供了明确有力的依据。《水法》对促进我国水资源合理开发、利用与保护，防治水害，保障我国经济社会的可持续发展发挥了重要作用。　　（王小军）

《Zhonghua Renmin Gongheguo Shuitubaochi Fa》
《中华人民共和国水土保持法》　（Water and Soil Conservation Law of the People's Republic of China）　中国为了预防和治理水土流失，保护和合理利用水土资源，减轻水、旱、风沙灾害，改善生态环境，保障经济社会可持续发展而制定的法律。

适用范围　在中华人民共和国境内从事的水土保持活动。

产生背景和制定过程　我国是个多山多丘多沟壑，地表植被覆盖率较低，降水时空分布不均，水土流失面积大、分布广、危害重、治理难的国家。为减少水土流失危害，保证生产建设发展，早在1952年12月26日，中华人民共和国政务院就发布了《政务院关于发动群众继续开展防旱、抗旱运动并大力推行水土保持工作的指示》，明确指出水土保持是一项刻不容缓的群众性、长期性和综合性工作，是国家重要的建设事业。1957年5月24日中华人民共和国国务院第四十九次全体会议通过并于2月25日正式发布的《中华人民共和国水土保持暂行纲要》（以下简称《暂行纲要》），明确了全国水土保持工作行政体制及部门分工，并提出水土保持应列入农业生产或土地利用规划、水土流失严重区划定禁采禁伐区、25°以上陡坡禁止开荒或应退耕、实施工程建设应做好水土保持、破坏水土保持应依法惩处等制度规定。《暂行纲要》成为我国水土保持法律制度原始构架，为我国水土保持法律体系的建设奠定了基础。1982年6月30日，国务院在《暂行纲要》的基础上正式发布了《水土保持工作条例》（以下简称《工作条例》），首次提出我国水土保持工作应当实行“防治并重，治管结合，因地制宜，全面规划，综合治理，除害兴利”的工作方针，进一步明确了水土保持工作的行政体制和部门分工协作机制，规定水土保持应列入政府工作计划和国民经济年度计划，提出了水土流失预防、治理、教育、科研及奖惩等方面的具体法律措施，特别是针对水土流失敏感区垦荒、伐木及其他建设活动，明确规定实施方案应事先征求水土保持工作部门意见，并在实施中接受监督。《工作条例》成为我国水土保持的首部行政法规，自此我国水土保持开始正式步入制度化轨道。《暂行纲要》《工作条例》等对水土保持工作起到了积极作用，但随着农牧生产和工矿建设等的发展，我国水土流失仍现扩大趋势，造成土地丧失、水患加重、生态恶化，必须引起全社会的高度关注。为此，1991 年 6 月 29 日第七届全国人大常委会第二十次会议发布实施了《水土保持法》，并取代《工作条例》，成为我国首部针对水土保持的人大立法。为更好地贯彻实施《水土保持法》，1993 年 8 月 1 日国务院发布了《〈中华人民共和国水土保持法〉实施条例》，在行政管理手段、管理程序等方面，对该法进行了细化与补充。2010 年 12 月 25 日，《水土保持法》发布实施近 20 年后，第十一届全国人大常委会第十八次会议针对我国水土保持工作面临的新形势和经济社会发展对水土保持工作的新需求，修订并重新发布实施了《水土保持法》，使我国水土保持法律制度进一步完善。《水土保持法》自 1991 年发布及 2010 年修订后，国务院水行政主管部门等又先后发布了《开发建设项目水土保持方案管理办法》《铁路建设项目水土保持工作规定》《公路建设项目水土保持工作规定》《水土保持生态环境监测网络管理办法》《水土保持工程建设管理办法》《开发建设项目水土保持设施验收管理办法》等十余部部门规章；全国各省（自治区、直辖市）也结合本地实际，陆续发布了该法实施办法或实施条例。

主要内容 《水土保持法》共 7 章 60 条，包括总则、规划、预防、治理、监测和监督、法律责任和附则。

第一章总则规定了立法目的、调整对象、基本原则、适用范围和管理体制等内容。该法主要目的在于调整水土资源保护与利用的关系，规范与水土流失有关的生产行为和建设行为，监督水土流失防治与水土保持管理等活动，保障国家生态安全、粮食安全和防洪安全。水土保持工作实行“预防为主，保护优先，全面规划，综合治理，因地制宜，突出重点，科学管理，注重效益”的方针（简称“三十二字”方针）。水土保持工作应纳入本级政府国民经济和社会发展规划，水土流失重点区域实行政府目标责任制。国务院水行政主管部门主管全国的水土保持工作。县级以上地方人民政府水行政主管部门主管本行政区域的水土保持工作。

第二章对于水土保持规划的主要规定有：水行政主管部门定期组织水土流失调查；划定水土流失重点预防区和重点治理区；编制水土保持规划应与土地利用、水资源利用、城乡建设等规划协调；各类工程建设或资源开发的项目实施规划应当包含水行政主管部门同意的水土流失防治对策。

第三章对于预防水土流失的主要规定有：水土流失重点防治区域和禁止或限制开展的生产建设活动，禁止和限制开垦的土地坡度；水行政主管部门对建设项目水土保持方案的审批权限；建设项目中水土保持设施与主体工程“同时设计、同时施工、同时投产使用”的“三同时”原则。

第四章对水土流失治理做出了具体规定，主要包括：重点区域水土流失防治生态效益补偿制度；生产建设项目承担水土流失治理或缴纳水土保持补偿费制度；饮用水水源地、土壤侵蚀区等不同情况下水土流失治理具体措施；生产建设活动造成水土流失的治理措施；国家鼓励和支持的有利于水土保持的措施。

第五章对于水土保持监测和监督的主要规定包括：完善全国水土流失监测网络，制定水土保持相关技术标准、规范和规程；对有严重水土流失可能的生产建设活动应重点开展监测并上报水土流失监测结果；水土流失监测情况公告；水行政主管部门及流域管理机构的监督检查职责；水行政管理人员检查监督水土流失行为的行政职权和义务。

第六章法律责任的主要内容如下：监督管理部门不依法履行职责的行政处分；针对非法

开采、开垦、采伐、采挖而造成或可能造成水土流失的行政处罚；工程建设项目未编制水土保持方案或方案未经水行政主管部门同意就开工建设的责任；生产建设项目中水土保持设施未经验收或验收不合格就投入使用的责任；生产建设项目造成水土流失逾期不治理的责任；违反规定拒不缴纳水土保持补偿费的责任。

第七章附则包括地方水土保持工作的授权规定和该法的实施日期。

作用 《水土保持法》的发布与修订，在进一步明确我国水土保持的“三十二字”方针基础上，提出了我国水土保持要规划先行的制度，为确保我国水土保持工作科学有序地开展以及提高我国水土保持工作的科学管理水平奠定了基础。同时，该法进一步完善了我国水土流失预防与治理工作的相关措施，以及水土保持工作的监测与监督机制，强化了我国新时期内水土保持工作的制度、机制，为完善我国水土保持法律制度体系、推进水土保持地方立法进程，以及促进我国水土保持和水土流失防治工作开展，实现美丽乡村、美丽家园建设目标，提供了法律依据与制度保障。

（朱建国　卢锟）

《Zhonghua Renmin Gongheguo Shuitubaochifa Shishi Tiaoli》

《中华人民共和国水土保持法实施条例》（Regulation on the Implementation of Water and Soil Conservation Law of the People's Republic of China）　中国为了实施 1991 年《中华人民共和国水土保持法》而制定的行政法规。

适用范围 在中华人民共和国境内从事的水土保持活动。

产生背景和制定过程 1991 年 6 月 29 日，《水土保持法》发布实施。为提高《水土保持法》相关规定的可操作性，1993 年 8 月 1 日，国务院发布了《水土保持法实施条例》，就上述内容做了细化规定；2011 年 1 月 8 日，国务院发布了《国务院关于废止和修改部分行政法规的决定》（国务院令第 588 号），对该条例的个别处罚条款做了修订。

主要内容 《水土保持法实施条例》共分总则、预防、治理、监督和法律责任 5 章。①明确界定了破坏水土资源的行为类型；②规定水土流失重点防治区分为重点预防保护、重点监督和重点治理三个类型；③针对《水土保持法》实施前已开展的工程建设或陡坡开垦活动，规定了应当采取的措施；④对工程建设项目和矿山开采活动，规定了填报“水土保持方案报告”及前置审批制度；⑤规定了水土流失防治费收取标准及使用管理办法的制定程序；⑥规定了全国水土保持监测网络建设格局，以及水土保持监测情况定期公告事项；⑦规定了水土保持监督人员持证上岗制度；⑧对不同类型破坏水土资源、造成水土流失的行为，明确规定了行政罚款额度；⑨规定了水土流失损害赔偿申请报告的填报内容。

作用 《水土保持法实施条例》是我国水土保持法律体系的重要组成，是贯彻实施《水土保持法》有关规定的重要辅助工具。该条例的发布与实施，不但使我国水土保持法律体系更加完善，而且使水土保持行政执法的法律依据更加充分，在界定破坏水土资源违法行为、实行水土保持分区管理、开展水土流失防治收费、预防人为活动造成水土流失及对破坏水土资源行为实行行政处罚等方面，更具有可操作性。

（朱建国）

《Zhonghua Renmin Gongheguo Shuiwuran Fangzhi Fa》

《中华人民共和国水污染防治法》（Water Pollution Prevention and Control Law of the People's Republic of China）　中国为保护和改善环境，防治水污染，保护水生态，保障饮用水安全，维护公众健康，推进生态文明建设，促进经济社会可持续发展而制定的法律。

适用范围 中华人民共和国领域内的江河、湖泊、运河、渠道、水库等地表水体以及地下水体的污染防治。海洋污染防治另由法律规定，不适用该法。

产生背景和制定过程 从 20 世纪 50 年

代起，我国就由卫生部门负责开展了水污染防治工作，其工作重点为饮用水卫生监督管理。到 20 世纪 70 年代，随着我国经济的发展，工业“三废”的排放日益增多，继国务院及其有关部门制定了一些规范性的防治水污染的文件以后，1979 年我国《环境保护法（试行）》首次以法律的形式对水污染的防治做出了原则性的规定。1984 年 5 月颁布的《水污染防治法》是我国第一部防治水污染的综合性专门法律，该法对防治陆地水污染做出了系统的规定。为了实施《水污染防治法》，国务院在 1989 年 7 月批准国家环境保护局发布了《水污染防治法实施细则》。1996 年 5 月，《水污染防治法》经修正后重新公布施行。根据水污染防治的要求和国家经济技术条件的变化，修订以后的《水污染防治法》增加了水污染防治规划制度、重点污染物排放的总量控制制度、严重污染工艺和设备的淘汰制度、城市污水集中处理、地表水源保护区、环境影响报告书中要有公众意见等内容。2000 年 3 月国务院根据《水污染防治法》制定了《水污染防治法实施细则》。随着我国经济高速增长，人口持续增加，城市化水平不断提高，水污染呈日趋严重的趋势，1996 年修正的《水污染防治法》已经难以满足水污染防治工作的需要，因此全国人民代表大会常务委员会组织了对《水污染防治法》的修订。修正案于 2008 年 6 月 1 日开始实施。2008 年修正案加大了政府责任，规定了水环境保护目标责任制和考核评价制度；明确规定了超标准排放水污染物即违法行为；全面推行排污许可证制度；完善水环境监测网络，建立了水环境信息统一发布制度。

由于 2008 年修正案实施过程中，《中华人民共和国环境保护法》和《中华人民共和国环境影响评价法》等单行法都进行了修改，且随着经济发展，我国农业面源污染更趋严重，一些地方的水质恶化趋势没有得到有效遏制、水生态受损严重、水安全问题仍然突出，《水污染防治法》的修改于 2015 年再次启动，于 2017 年 6 月 27 日第十二届全国人大常务委员会第二十八次会议通过，2018 年 1 月 1 日开始实施。

主要内容 2017 年修改后的《水污染防治法》共 8 章 103 条。主要规定了以下制度：

①河长制。省、市、县、乡建立河长制，分级分段组织领导本行政区域内江河、湖泊的水资源保护、水域岸线管理、水污染防治、水环境治理等工作。②水环境保护目标责任制和考核评价制度。国家实行水环境保护目标责任制和考核评价制度，将水环境保护目标完成情况作为对地方人民政府及其负责人考核评价的内容。③水环境规划制度。防治水污染应当按流域或者按区域进行统一规划。有关市、县级人民政府应当按照水污染防治规划确定的水环境质量改善目标的要求，制定限期达标规划，采取措施按期达标。④水环境标准制度。国务院环境保护主管部门制定国家水环境质量标准；根据国家水环境质量标准和国家经济、技术条件，制定国家水污染物排放标准。⑤重点污染物排放的总量控制制度。国家对重点水污染物排放实施总量控制制度。对超过重点水污染物排放总量控制指标的地区，有关人民政府环境保护主管部门应当会同有关部门约谈该地区人民政府的主要负责人，并暂停审批新增重点水污染物排放总量的建设项目的环境影响评价文件。⑥排污许可证制度。直接或者间接向水体排放工业废水和医疗污水以及其他按照规定应当取得排污许可证方可排放废水、污水的企业事业单位，应当取得排污许可证；城镇污水集中处理设施的运营单位，也应当取得排污许可证。禁止企业事业单位无排污许可证或者违反排污许可证的规定向水体排放前款规定的废水、污水。⑦水环境监测制度。国家建立水环境质量监测和水污染物排放监测制度。国务院环境保护主管部门负责制定水环境监测规范，统一发布国家水环境状况信息，统一发布国家水环境状况信息，会同国务院水行政等部门组织监测网络，统一规划国家水环境质量监测站（点）的设置，建立监测数据共享机制，加强对水环境监测的管理。实行排污许可管理的企业事业单位和其他生产经营者应当对监测

数据的真实性和准确性负责。⑧流域生态环境资源承载能力监测评价制度。国务院环境保护主管部门和省、自治区、直辖市人民政府环境保护主管部门应当会同同级有关部门根据流域生态环境功能需要，明确流域生态环境保护要求，组织开展流域环境资源承载能力监测、评价，实施流域环境资源承载能力预警。县级以上地方人民政府应当根据流域生态环境功能需要，组织开展江河、湖泊、湿地保护与修复，因地制宜建设人工湿地、水源涵养林、沿河沿湖植被缓冲带和隔离带等生态环境治理与保护工程，整治黑臭水体，提高流域环境资源承载能力。从事开发建设活动，应当采取有效措施，维护流域生态环境功能，严守生态保护红线。⑨落后工艺和设备淘汰制度。国家对严重污染水环境的落后工艺和设备实行淘汰制度。国务院经济综合宏观调控部门会同国务院有关部门，公布限期禁止采用的严重污染水环境的工艺名录和限期禁止生产、销售、进口、使用的严重污染水环境的设备名录。⑩城镇污水集中处理制度。县级以上地方人民政府应当通过财政预算和其他渠道筹集资金，统筹安排建设城镇污水集中处理设施及配套管网，提高本行政区域城镇污水的收集率和处理率。⑪生活饮用水地表水源保护区制度。国家建立饮用水水源保护区制度。饮用水水源保护区分为一级保护区和二级保护区；必要时，可以在饮用水水源保护区外围划定一定的区域作为准保护区。⑫饮用水风险评估制度。县级以上地方人民政府应当组织环境保护等部门，对饮用水水源保护区、地下水型饮用水源的补给区及供水单位周边区域的环境状况和污染风险进行调查评估，筛查可能存在的污染风险因素，并采取相应的风险防范措施。饮用水水源受到污染可能威胁供水安全的，环境保护主管部门应当责令有关企业事业单位和其他生产经营者采取停止排放水污染物等措施，并通报饮用水供水单位和供水、卫生、水行政等部门；跨行政区域的，还应当通报相关地方人民政府。⑬农业和农村污染防治制度。一是国家推进农村污水、垃圾集中处理。地方各级人民政府应当统筹规划建设农村污水、垃圾处理设施，并保障其正常运行。二是要加强化肥、农药管理。制定化肥、农药等产品的质量标准和使用标准，应当适应水环境保护要求；县级以上地方人民政府农业主管部门和其他有关部门，应当采取措施，指导农业生产者科学、合理地施用化肥和农药，推广测土配方施肥技术和高效低毒低残留农药，控制化肥和农药的过量使用，防止造成水污染。三是防治畜禽养殖污染。畜禽散养密集区所在地县、乡级政府应当组织对畜禽粪便污水进行分户收集、集中处理利用。四是农田灌溉用水应当符合相应的水质标准。禁止向农田灌溉渠道排放工业废水和医疗污水。⑭水环境信息公开制度。一是规定了政府水环境信息公开义务和约谈情况公开义务，国务院环境保护主管部门和国务院卫生主管部门根据对公众健康和生态环境的危害和影响程度负有有毒有害水污染物名录公开义务；二是规定了企业环境信息公开义务和饮用水水源水污染事故的报告和公开义务。⑮水污染应急处理制度。各级人民政府及其有关部门，可能发生水污染事故的企业事业单位，应当依照《中华人民共和国突发事件应对法》的规定，做好突发水污染事故的应急准备、应急处置和事后恢复等工作。可能发生水污染事故的企业事业单位，应当制定有关水污染事故的应急方案，做好应急准备，并定期进行演练。企业事业单位发生事故或者其他突发性事件，造成或者可能造成水污染事故的，应当立即启动本单位的应急方案，采取隔离等应急措施，防止水污染物进入水体，并向事故发生地的县级以上地方人民政府或者环境保护主管部门报告。环境保护主管部门接到报告后，应当及时向本级人民政府报告，并抄送有关部门。市、县人民政府应当组织编制饮用水安全突发事件应急预案。⑯违法责任制度。对于行政机关及其工作人员的违法行为（含行政不作为）规定了行政处分责任；对于排污者违反监测义务、未公开有毒有害水污染物信息、违法排放等行为，均规定了严格的行政责任。根据违法行为的类型和情节不同，行政责任方式包括公开违法信息，或责令改正、责令停止违法行为、罚款、责令停业、责令关闭等措施，罚款幅度在 2 万元以上 100 万元以下。环境保护部门享有责令限期治理、强制拆除、停产整治等行政强制权。因水污染受到损害的当事人，有权要求排污方承担排除危害和赔偿损失的民事责任。环境保护主管部门和有关社会团体可以依法支持因水污染受到损害的当事人向人民法院提起诉讼。

作用 2017 年修订后的《水污染防治法》借鉴了国内外有效的水污染防治经验，污染防治技术规范的内容较以往更具有针对性和可操作性，地方政府在水污染防治中的主导地位得到进一步明确，有利于促进我国水污染防治的发展。（周卫）

《Zhonghua Renmin Gongheguo Tudi Guanli Fa》

《中华人民共和国土地管理法》 （Law of Land Administration of the People's Republic of China） 中国为了加强土地管理，维护土地的社会主义公有制，保护、开发土地资源，合理利用土地，切实保护耕地，促进社会经济的可持续发展而制定的法律。

产生背景和制定过程 新中国成立初期，中央人民政府于 1950 年 6 月 30 日公布了《中华人民共和国土地改革法》，适用对象为一般农村。1950 年 11 月，政务院公布了《城市郊区土地改革条例》和《土地改革中对华侨土地财产的处理办法》，对大城市郊区和华侨的土地改革问题做了具体规定。为了保证国家建设用地的需要，1953 年政务院公布了《国家建设征用土地办法》（1957 年修订）。改革开放后，城乡建设规模迅速扩大，大量耕地被转化为建设用地，乱占耕地、滥用土地现象严重，土地行政管理城乡分立、政出多门、职责不清，管理不力。针对这种情况，中共中央、国务院于 1986 年 3 月 21 日发布了《关于加强土地管理、制止乱占耕地的通知》，提出了抓紧制定《中华人民共和国土地法》（后经全国人大改为《中华人民共和国土地管理法》）的立法任务。

1986 年 6 月 25 日，第六届全国人大常委会第十六次会议审议通过了《土地管理法》。后根据我国土地管理及社会经济发展的需要，《土地管理法》先后进行了三次修订。20 世纪 80 年代末，我国土地使用制度改革步伐加快，深圳、上海等地在土地有偿使用制度方面迈出了重要一步，各地相继仿效。为适应形势，1988 年 12 月 29 日，第七届全国人大常委会对《土地管理法》做了第一次修改，从该法中删除了“禁止出租土地”的内容，并增加了“国有土地和集体所有的土地的使用权可以依法转让”、“国家依法实行国有土地有偿使用制度”等内容。到了 20 世纪 90 年代末期，我国耕地保护面临的形势十分严峻，开发区热、房地产热导致耕地面积锐减，人地矛盾日益尖锐。在这种情况下，中共中央、国务院于 1997 年 4 月 15 日下发了《关于进一步加强土地管理切实保护耕地的通知》，决定在冻结非农业建设占用耕地的同时，完成《土地管理法》的修订工作。1998 年 8 月 29 日，第九届全国人大常委会第四次会议对《土地管理法》做了第二次修订，并于 1999 年 1 月 1 日起施行。这次修订确立了新型的土地用途管制法律制度，是土地管理和利用方式的重大变革。自 2002 年下半年开始，新一轮的“圈地热”再次出现，征地规模不断扩大，因征地引发的社会纠纷日渐增多。为了缓和征地引发的社会矛盾，2004 年 8 月 28 日，第十届全国人大常委会第十一次会议根据同年通过的《宪法》修正案对《土地管理法》做出第三次修改，将《土地管理法》第二条第四款修改为：“国家为了公共利益的需要，可以依法对土地实行征收或者征用并给予补偿。”

主要内容 《土地管理法》共分 8 章 86 条。

第一章“总则”阐明了该法的基本原则，包括土地公有原则、土地有偿使用原则、土地统一管理原则。实行土地的社会主义公有制，即全民所有制和劳动群众集体所有制。依法实行国有土地有偿使用制度。但是，国家在法律规定的范围内划拨国有土地使用权的除外。国务院土地行政主管部门统一负责全国土地的管理和监督工作。

第二章“土地的所有权和使用权”对土地所有权、土地使用权、土地承包经营权以及土地权利争议的解决做了具体规定。城市市区的土地属于国家所有。农村和城市郊区的土地，除由法律规定属于国家所有的以外，属于农民集体所有。国有土地和农民集体所有的土地，可以依法确定给单位或者个人使用。土地所有权和使用权争议，由当事人协商解决；协商不成的，由人民政府处理。

第三章“土地利用总体规划”对土地利用总体规划的编制依据和原则、审批和修改，以及土地利用年度计划制度、土地调查制度、土地统计制度做了规定。各级人民政府应当依据国民经济和社会发展规划、国土整治和资源环境保护的要求、土地供给能力以及各项建设对土地的需求，组织编制土地利用总体规划。土地利用总体规划实行分级审批，一经批准，必须严格执行。各级人民政府应当加强土地利用计划管理，实行建设用地总量控制。

第四章“耕地保护”主要规定了耕地保护目标责任制、耕地总量动态平衡制度、耕地占用补偿制度和基本农田保护制度。国家保护耕地，严格控制耕地转为非耕地。国家实行占用耕地补偿制度。非农业建设经批准占用耕地的，由占用耕地的单位负责开垦与所占用耕地的数量和质量相当的耕地；没有条件开垦或者开垦的耕地不符合要求的，应当按规定缴纳耕地开垦费，专款用于开垦新的耕地。国家实行基本农田保护制度。各省、自治区、直辖市划定的基本农田应当占本行政区域内耕地的百分之八十以上。

第五章“建设用地”主要规定了农用地转用审批制度、土地征收制度、土地划拨制度、土地有偿使用制度、临时用地制度、农村宅基地制度等。建设占用土地，涉及农用地转为建设用地的，应当办理农用地转用审批手续。国家征收土地的，依照法定程序批准后，由县级以上地方人民政府予以公告并组织实施。征收土地的，按照被征收土地的原用途给予补偿。建设单位使用国有土地，应当以出让等有偿使用方式取得，经县级以上人民政府依法批准可以以划拨方式取得的除外。

第六章“监督检查”主要规定了土地行政主管部门的职责、监督管理措施和制度。县级以上人民政府土地行政主管部门对违反土地管理法律、法规的行为进行监督检查。县级以上人民政府土地行政主管部门在监督检查工作中发现国家工作人员的违法行为，依法应当给予行政处分的，应当依法予以处理；自己无权处理的，应当向同级或者上级人民政府的行政监察机关提出行政处分建议书，有关行政监察机关应当依法予以处理。县级以上人民政府土地行政主管部门在监督检查工作中发现土地违法行为构成犯罪的，应当将案件移送有关机关，依法追究刑事责任；尚不构成犯罪的，应当依法给予行政处罚。

第七章“法律责任”主要规定了土地行政主管部门玩忽职守、滥用职权及一切单位和个人违反土地资源开发利用和保护方面的义务所应承担的法律责任和补救措施，包括土地行政法律责任、土地民事法律责任和土地刑事法律责任。其违法行为类型主要包括：买卖或者以其他形式非法转让土地；未经批准或者采取欺骗手段骗取批准，非法占用土地；非法批准征收、使用土地；擅自将农民集体所有的土地的使用权出让、转让或者出租用于非农业建设等。

第八章“附则”规定中外合资经营企业、中外合作经营企业、外资企业使用土地的，适用该法；法律另有规定的，从其规定。还规定了该法的施行日期。

作用 《土地管理法》为国家进行土地管理提供了法律依据，是合理开发和利用土地资源、保障土地永续利用的法律武器，协调经济、社会发展和资源保护的重要调控手段和保护公民土地财产的有效法律武器。（王文革）

《Zhonghua Renmin Gongheguo Xunhuan Jingji Cujin Fa》

《中华人民共和国循环经济促进法》（Circular Economy Promotion Law of the People's Republic of China）　中国为了促进循环经济发展，提高资源利用效率，保护和改善环境，实现可持续发展而制定的法律。

适用范围和对象　中华人民共和国领域内的企业、事业单位及公民、政府及相关部门、行业协会和其他社会组织。

产生背景和制定过程　我国在20世纪70年代开始注意用政策和法规手段推动环境保护和资源的综合利用、循环使用等工作。早在1973年第一次全国环境保护工作会议上，国家计划委员会拟订的《关于保护和改善环境的若干规定》中就提出努力改革生产工艺，不生产或者少生产废气、废水、废渣；加强管理，消除跑、冒、滴、漏等要求。1985年，国务院批转了国家经济委员会起草的《关于开展资源综合利用若干问题的暂行规定》，对企业开展资源综合利用规定了一系列的优惠政策和措施，并附有相关的产品和物资的具体名录，使企业一目了然，有力地促进了我国资源综合利用工作的开展。资源的综合利用，实际上就是循环经济的内容之一。1996年8月，国务院发布的《关于环境保护若干问题的决定》中规定：所有大、中、小型新建、扩建、改建的技术改造项目，要提高技术起点，采用能耗小、污染物排放量少的清洁生产工艺。1997年4月，国家环保局制定并发布了《关于推行清洁生产的若干意见》，要求地方环境保护主管部门将清洁生产纳入已有的环境管理政策，以便更有效地促进清洁生产。1998年11月，国务院发布的《建设项目环境保护管理条例》明确规定：工业建设项目应当采用能耗物耗少、污染物排放量少的清洁生产工艺，合理利用自然资源，防止环境污染和生态破坏。1999年9月，中共十五届四中全会通过的《关于国有企业改革和发展若干重大问题的决定》明确指出：鼓励企业采用清洁生产工艺。2002年6月29日《中华人民共和国清洁生产促进法》获得通过，并于2003年1月1日起施行。这是我国第一部以提高资源利用效率、实施污染预防为主要内容，专门规范企业等清洁生产的法律规范。该法的公布实施，表明我国发展循环经济是以法制化和规范化的清洁生产为开端，是可持续发展的历史性进步。2004年12月，第十届全国人大常委会第十六次会议修订的《中华人民共和国固体废物污染环境防治法》吸收了循环经济的理念，确认了对固体废物实行减量化、资源化和无害化管理的原则，但对于企业内部生产实行物质循环管理以及节约能源的调控，主要依据《中华人民共和国节约能源法》和《中华人民共和国清洁生产促进法》实施。2005年7月，国务院发布《关于加快发展循环经济的若干意见》，为循环经济的发展提供了更加明确的政策依据。此外，我国一些地方在发展循环经济的法规方面也做过一些有益的探索，例如，2006年3月14日，深圳市四届人大常委会第五次会议通过了《深圳经济特区循环经济促进条例》，这是全国副省级城市的第一部循环经济法规，其立法经验为全国人大常委会制定《循环经济促进法》所借鉴。为了进一步促进循环经济发展，第十届全国人大环境与资源保护委员会起草了《循环经济法（草案）》，于2007年8月26日提请第十届全国人大常委会第二十九次会议审议。在草案审议过程中，考虑到我国发展循环经济的实践经验还不足，各地区的实际情况有较大的差异，全面推进循环经济发展还需要在实践中进一步总结经验，《循环经济法》中发展循环经济的方针、原则和基本管理制度等内容大多属于引导、促进的规定，为体现循环经济立法的阶段性特征，使法律的名称与主要内容相衔接，第十一届全国人大常委会第四次会议将该法的名称修改为《循环经济促进法》，于2008年8月29日通过。2009年1月1日起实施。

主要内容　《循环经济促进法》共7章58条。

第一章"总则"规定了"循环经济"的定义，它是在生产、流通和消费等过程中进行的减量化、再利用、资源化活动的总称。减量化是指在生产、流通和消费等过程中减少资源消耗和废物产生。再利用是指将废物直接作为产品或者经修复、翻新、再制造后继续作为产品使用，或者将废物的全部或者部分作为其他产品的部件予以使用。资源化是指将废物直接作为原料进行利用或者对废物进行再生利用。

第二章“基本管理制度”规定的基本管理制度包括：①编制循环经济发展规划。国务院循环经济发展综合管理部门会同国务院环境保护等有关主管部门编制全国循环经济发展规划；设区的市级以上地方人民政府循环经济发展综合管理部门会同本级人民政府环境保护等有关主管部门编制本行政区域循环经济发展规划。全国循环经济发展规划报国务院批准后公布施行；设区的市级以上地方的循环经济发展规划报本级人民政府批准后公布施行。循环经济发展规划的内容主要包括：规划目标、适用范围、主要内容、重点任务和保障措施以及资源产出率、废物再利用和资源化率等指标。②总量控制制度。针对这种情况，在《中华人民共和国水污染防治法》《中华人民共和国大气污染防治法》《中华人民共和国土地管理法》《中华人民共和国水法》等法律相关规定的基础上，《循环经济促进法》规定，县级以上地方人民政府应当依据上级人民政府下达的本行政区域主要污染物排放、建设用地和用水总量控制指标，规划和调整本行政区域的产业结构，促进循环经济发展；新建、改建、扩建建设项目，必须符合本行政区域主要污染物排放、建设用地和用水总量控制指标的要求。③建立和完善循环经济评价指标体系。国务院循环经济发展综合管理部门会同国务院统计、环境保护等有关主管部门建立和完善循环经济评价指标体系。上级人民政府根据规定的循环经济主要评价指标，对下级人民政府发展循环经济的状况定期进行考核，并将主要评价指标完成情况作为对地方人民政府及其负责人考核评价的内容。④生产者责任延伸制度。生产列入强制回收名录的产品或者包装物的企业，必须对废弃的产品或者包装物负责回收；对其中可以利用的，由各该生产企业负责利用；对因不具备技术经济条件而不适合利用的，由各该生产企业负责无害化处置。对上述规定的废弃产品或者包装物，生产者委托销售者或者其他组织进行回收的，或者委托废物利用或处置企业进行利用或处置的，受托方应当依照有关法律、行政法规的规定和合同的约定负责回收或者利用、处置。对列入强制回收名录的产品和包装物，消费者应当将废弃的产品或者包装物交给生产者或者其委托回收的销售者或其他组织。强制回收的产品和包装物的名录及管理办法，由国务院循环经济发展综合管理部门规定。⑤对耗能、耗水总量大的重点企业实行重点监督管理。国家对钢铁、有色金属、煤炭、电力、石油加工、化工、建材、建筑、造纸、印染等行业年综合能源消费量、用水量超过国家规定总量的重点企业，实行能耗、水耗的重点监督管理制度。重点能源消费单位的节能监督管理，依照我国《节约能源法》的规定执行。重点用水单位的监督管理办法，由国务院循环经济发展综合管理部门会同国务院有关部门规定。⑥建立健全循环经济统计制度和标准体系。国家建立健全循环经济统计制度，加强资源消耗、综合利用和废物产生的统计管理，并将主要统计指标定期向社会公布。国务院标准化主管部门会同国务院循环经济发展综合管理和环境保护等有关部门建立健全循环经济标准体系，制定和完善节能、节水、节材和废物再利用、资源化等标准。

第三章“减量化”明确了减量化的具体要求。包括：①禁止生产、进口、销售或使用淘汰的设备、材料、产品或技术、工艺。禁止生产、进口、销售列入由国务院循环经济发展综合管理部门会同国务院环境保护等有关主管部门定期发布的淘汰的设备、材料和产品，禁止使用列入该淘汰名录的技术、工艺、设备和材料。②包装设计的减量化要求。从事工艺、设备、产品及包装物设计，应当符合有关国家标准的强制性要求，并按照减少资源消耗和废物产生的要求，优先选择采用易回收、易拆解、易降解、无毒无害或者低毒低害的材料和设计方案。设计产品包装物应当符合产品包装标准，防止过度包装造成资源浪费和环境污染。对在拆解和处置过程中可能造成环境污染的电器电子等产品，不得设计使用由国务院循环经济发展综合管理部门会同国务院环境保护等有关主管部门制定的禁止在电器电子等产品中使用的有毒有害物质名录中的有毒有害物质。③工业企业用油的减量化要求。国家鼓励和支持企业使用高效节油产品。内燃机和机动车制造企业应当按照国家规定的内燃机和机动车燃油经济性标准，采用节油技术，减少石油产品消耗量。电力、石油加工、化工、钢铁、有色金属和建材等企业，应当在国家规定的范围和期限内，以洁净煤、石油焦、天然气等清洁能源替代燃料油，停止使用不符合国家规定的燃油发电机组和燃油锅炉。④开采矿产资源的减量化要求。开采矿产资源，应当统筹规划，制定合理的开发利用方案，采用合理的开采顺序、方法和选矿工艺。采矿许可证颁发机关应当对申请人提交的开发利用方案中的开采回采率、采矿贫化率、选矿回收率、矿山水循环利用率和土地复垦率等指标依法进行审查；经审查不合格的，不予颁发采矿许可证。⑤建筑设计、建设、施工等的减量化要求。建筑设计、建设、施工等单位应当按照国家有关规定和标准，采用节能、节水、节地、节材的技术工艺和小型、轻型、再生产品。国家鼓励利用无毒无害的固体废物生产建筑材料，鼓励使用散装水泥，推广使用预拌混凝土和预拌砂浆。禁止损毁耕地烧砖。禁止在国务院或者省、自治区、直辖市人民政府规定的期限和区域内生产、销售和使用黏土砖。

第四章“再利用和资源化”明确了再利用和资源化的具体要求：①提出了各类产业园区资源综合利用，企业余热余压综合利用的要求。②规定了废物回收和再利用的具体要求，包括：国家支持生产经营者建立产业废物交换信息系统，促进企业交流产业废物信息。企业对生产过程中产生的废物不具备综合利用条件的，应当提供给具备条件的生产经营者进行综合利用；国家鼓励和推进废物回收体系建设。地方人民政府应当按照城乡规划，合理布局废物回收网点和交易市场，支持废物回收企业和其他组织开展废物的收集、储存、运输及信息交流；县级以上人民政府应当统筹规划建设城乡生活垃圾分类收集和资源化利用设施，建立和完善分类收集和资源化利用体系，提高生活垃圾资源化率；县级以上人民政府应当支持企业建设污泥资源化利用和处置设施，提高污泥综合利用水平，防止产生再次污染。③对再利用、再制造和翻新产品提出了明确要求。对废电器电子产品、报废机动车船、废轮胎、废铅酸电池等特定产品进行拆解或者再利用，应当符合有关法律、行政法规的规定。回收的电器电子产品，经过修复后销售的，应当符合再利用产品标准，并在显著位置标识为再利用产品。回收的电器电子产品，需要拆解和再生利用的，应当交售给具备条件的拆解企业。销售的再制造产品和翻新产品的质量应当符合国家规定的标准，并在显著位置标识为再制造产品或者翻新产品。

第五章“激励措施”是有关促进循环经济发展的激励措施。具体包括：①财政措施。国务院和省、自治区、直辖市人民政府设立发展循环经济的有关专项资金，支持循环经济的科技研究开发、循环经济技术和产品的示范与推广、重大循环经济项目的实施、发展循环经济的信息服务等。国务院和省、自治区、直辖市人民政府及其有关部门应当安排财政性资金支持循环经济重大科技攻关项目的自主创新研究、应用示范和产业化发展，并将其列入国家或者省级科技发展规划和高技术产业发展规划。利用财政性资金引进循环经济重大技术、装备的，有关主管部门应当根据实际需要建立协调机制，对重大技术、装备的引进和消化、吸收、创新实行统筹协调，并给予资金支持。②税收优惠。国家对促进循环经济发展的产业活动给予税收优惠，并运用税收等措施鼓励进口先进的节能、节水、节材等技术、设备和产品，限制耗能高、污染重的产品的出口。企业采用或者生产列入国家清洁生产、资源综合利用等鼓励名录的技术、工艺、设备或者产品的，按照国家有关规定享受税收优惠。③金融措施。县级以上人民政府循环经济发展综合管理部门在制订和实施投资计划时，应当将节能、节水、节地、节材、资源综合利用等项目列为重点投资领域；对符合国家产业政策的节能、节水、节地、节材、资源综合利用等项目，金融机构应当给予优先贷款等信贷支持，并积极提供配套金融服务；对生产、进口、销售或者使用列入淘汰名录的技术、工艺、设备、材料或者产品的企业，金融机构不得提供任何形式的授信支持。④价格措施。实行有利于资源节约和合理利用的价格政策，引导单位和个人节约和合理使用水、电、气等资源性产品；国务院和省、自治区、直辖市人民政府的价格主管部门按照国家产业政策，对资源高消耗行业中的限制类项目，实行限制性的价格政策；对利用余热、余压、煤层气以及煤矸石、煤泥、垃圾等低热值燃料的并网发电项目，价格主管部门按照有利于资源综合利用的原则确定其上网电价。此外，还规定省、自治区、直辖市人民政府可以根据本行政区域经济社会发展状况，实行垃圾排放收费制度。⑤政府采购制度。国家实行有利于循环经济发展的政府采购政策。使用财政性资金进行采购的，应当优先采购节能、节水、节材和有利于保护环境的产品及再生产品。

第六章“法律责任”对有关主体违反法定义务的行为规定了严格的法律责任。本章共 9 条，其中，有 8 条规定了行政责任（其中 2 条在规定行政责任的同时，规定了损害赔偿的民事责任），1 条规定了触犯刑法的，应负刑事责任。对违反该法规定的政府部门工作人员，要求给予行政处分直至追究刑事责任；对违反该法规定的生产企业，针对不同情况，除没收设备、材料和产品外，还规定要赔偿损失、没收违法所得直至责令停业、关闭、吊销营业执照；对违法行为的罚款数额同其他现行法律相比，也有较大幅度提高，根据不同情况规定要处 5 000 元直至 100 万元的罚款。

第七章“附则”规定了《循环经济促进法》的实施时间。

作用　《循环经济促进法》的制定和实施，有利于在全社会树立起循环经济理念，有效减少污染物排放，提高经济效益，发展和健全循环经济管理机制，促进有利于循环经济健康发展的制度环境的形成，逐步建立循环发展模式以替代传统的线性增长模式。（周卫）

《Zhonghua Renmin Gongheguo Yesheng Dongwu Baohu Fa》

《中华人民共和国野生动物保护法》

（Law of the People's Republic of China on Protection of Wildlife）　中国为了保护、拯救珍贵、濒危野生动物，维护生物多样性和生态平衡，推进生态文明建设而制定的法律。

适用范围和对象　在中华人民共和国领域及管辖的其他海域，从事野生动物保护及相关活动，适用《野生动物保护法》。该法规定保护的野生动物，是指珍贵、濒危的陆生、水生野生动物和有重要生态、科学、社会价值的陆生野生动物。

产生背景和制定过程　我国是世界上野生动物种类最多的国家之一。野生动物资源是我国的珍贵自然资源。其中，大熊猫、朱鹮、金丝猴、华南虎、扬子鳄等数百种动物为中国所特有。但受生态环境恶化和滥捕滥猎行为的影响，我国野生生物的种群和数量都呈减少趋势。通过法律手段保护野生动物资源是必然选择。

新中国成立之初，中央政府就已认识到通过立法保护野生动物资源的重要性。早在 1950 年，中央人民政府就发布了《稀有生物保护办法》。1988 年 11 月 8 日第七届全国人大常委会第四次会议通过了《野生动物保护法》，1989 年 3 月 1 日起施行。经国务院批准，1992 年林业部发布了《中华人民共和国陆生野生动物保护实施条例》，1993 年农业部发布了《中华人民共和国水生野生动物保护实施条例》。经国务院批准，1989 年林业部和农业部联合发布了《国家重点保护野生动物保护名录》。2000 年国家林业局发布了《国家保护的有益的或者有重要经济、科学研究价值的陆生野生动物名录》。2004 年 8 月 28 日第十届全国人大常委会第十一次会议对《野生动物保护法》进行第一次修正。2006 年国务院公布了《中华人民共和国濒危野生动植物进出口管理条例》。2009 年 8 月 27 日第十一届全国人大常委会第十次会议对《野生动物保护法》进行第二次修正。2016 年 7 月 2 日经第十二届全国人大常委会第二十一次会议再次修订，修订后的《野生动物保护法》自 2017 年 1 月 1 日起施行。

主要内容　《野生动物保护法》共 5 章 58 条。

第一章“总则”主要规定了立法目的、适用范围、基本方针和原则、野生动物及其栖息地保护的主体、组织和个人的权利义务，以及管理体制等内容。国家对野生动物实行保护优先、规范利用、严格监管的原则，鼓励开展野生动物科学研究，培育公民保护野生动物的意识，促进人与自然和谐发展。国务院林业、渔业主管部门分别主管全国陆生、水生野生动物保护工作。县级以上地方人民政府林业、渔业主管部门分别主管本行政区域内陆生、水生野生动物保护工作。

第二章“野生动物及其栖息地保护”主要包括：①野生动物的分类分级保护；②野生动物及其栖息地的调查、监测、评估，重要栖息地名录及栖息地划定和管理；③对规划及建设项目保护野生动物及其栖息地的要求；④监视、监测环境对野生动物的影响，环境影响对野生动物造成危害时的调查处理；⑤野生动物的应急救助与收容救护；⑥野生动物疫源疫病的防控；⑦野生动物遗传资源的保护；⑧野生动物造成危害的预防措施和损害补偿。

第三章“野生动物管理”主要包括：①禁止妨碍野生动物生息繁衍活动；②对猎捕、杀害国家重点保护野生动物和猎捕非国家重点保护野生动物行为的管理，猎捕者要求、猎捕工具和方法限制；③人工繁育国家重点保护野生动物许可和要求；④出售、购买、利用国家重点保护野生动物及其制品的限制，对人工繁育技术成熟稳定的动物的特殊管理；⑤禁止生产经营和滥食野生动物及其制品，禁止发布有关广告的要求，禁止交易场所违法提供交易服务；⑥野生动物及其制品运输、携带、寄递的要求；⑦进出口管理，境外引进野生动物物种及安全防范措施；⑧野生动物放生要求，禁止伪造、变造批准文件，外国人野外考察管理。

第四章“法律责任”主要包括：①野生动物保护主管部门或者其他有关部门及其工作人员不依法履行职责的行政处分和刑事责任；②以收容救护为名买卖野生动物及其制品的行政处罚和刑事责任；③违法猎捕、杀害国家重点保护野生动物的行政处罚和刑事责任，违法猎捕或者使用禁用的工具、方法猎捕非国家重点保护野生动物的行政处罚和刑事责任；④未取得人工繁育许可证的行政处罚；⑤违法出售、购买、利用、运输、携带、寄递有关野生动物及其制品的行政处罚和刑事责任；⑥违法生产经营和滥食野生动物及其制品的行政处罚和刑事责任，违法提供交易服务的行政处罚和刑事责任；⑦违法引进野生动物物种的行政处罚和刑事责任；⑧违法将引进野生动物放归野外的行政处罚；⑨违法伪造、变造有关批准文件的行政处罚和刑事责任。

第五章“附则”规定了该法的实施日期。

作用　《野生动物保护法》确立了对野生动物实行保护优先、规范利用、严格监管的原则，强化了野生动物及其栖息地的保护，加强了人工繁育野生动物的管理，限制和规范了野生动物及其制品的利用，增加并细化了有关政府责任的内容，为保护、发展和合理利用野生动物资源提供了重要法律依据。

（王曦　卢锟）

《Zhonghua Renmin Gongheguo Yuye Fa》

《中华人民共和国渔业法》（Fishery Law of the People’s Republic of China）　中国为了

加强渔业资源的保护、增殖、开发和合理利用，发展人工养殖，保障渔业生产者的合法权益，促进渔业生产的发展，适应社会主义建设和人民生活的需要而制定的法律。

适用范围 中华人民共和国的内水、滩涂、领海、专属经济区以及中华人民共和国管辖的一切其他海域从事养殖和捕捞水生动物、水生植物等渔业生产活动。

产生背景和制定过程 1978 年以后，我国对渔业发展的认识逐步从“重生产、轻管理”向“依法治渔、加强管理”转变。中共十一届三中全会以后，党和国家领导人高度重视和关心渔业发展，曾多次指示要尽快制定《渔业法》。1980 年年末，国家水产总局组织海区渔业指挥部、重点渔业省及水产科研单位有关人员，组成《渔业法（草案）》起草小组。

1981 年 5 月 4 日，《渔业法（草案）》开始起草。起草过程中反复征求了有关部门和法学工作者的意见，同时还参照了国外有关渔业法规的文献。在调查研究、协商调解的基础上，经过多次较大的修改，拟定了《渔业法》（征求意见稿），经向有关部门、科研院校多次征求意见后，于 1984 年 11 月形成了《渔业法（草案）》送审稿，由农牧渔业部正式报送国务院。1984 年年底，国务院对《渔业法（草案）》进行审议，并组织有关部委协调、提出意见和修改。此后，在全国人大法律委员会的协助、协调下，农牧渔业部又对《渔业法（草案）》进一步修改、完善。1986 年 1 月 20 日，《渔业法》经第六届全国人大常委会第十四次会议通过，自 1986 年 7 月 1 日起施行。1987 年 10 月 14 日，国务院批准了《〈渔业法〉实施细则》。

20 世纪 90 年代以来，我国法制建设环境进一步改善，渔业立法进一步加强，立法范围逐步扩大，法制体系日趋完善。2000 年 10 月 31 日，第九届全国人大常委会第十八次会议审议通过了《关于修改〈中华人民共和国渔业法〉的决定》，新法于 2000 年 12 月 1 日起实施。2004 年 8 月，为贯彻《中华人民共和国行政许可法》，《渔业法》再次修正。2009 年 8 月 27 日，在第三次修正中，《渔业法》中的“征用”被改为“征收”（第十四条）。2013 年 12 月 28 日，第十二届全国人大常委会第六次会议对该法进行了第四次修正，其中第二十三条第 2 款对到我国与有关国家缔结的协定确定的共同管理的渔区或者公海从事捕捞作业的捕捞许可证的审批问题做出了更为详尽的规定。

主要内容 《渔业法》共 6 章 50 条。

第一章“总则”主要对立法宗旨、适用范围、基本方针、主管部门、监管方式和涉外监督管理等内容做出了规定。《渔业法》的立法宗旨在于加强渔业资源的保护、增殖、开发和合理利用，发展人工养殖，保障渔业生产者的合法权益，促进渔业生产的发展，适应社会主义建设和人民生活的需要。国家对渔业生产实行以养殖为主，养殖、捕捞、加工并举，因地制宜，各有侧重的方针。国务院渔业行政主管部门主管全国的渔业工作。国家对渔业的监督管理实行统一领导、分级管理。该法第九条还明确规定渔业行政主管部门和其所属的渔政监督管理机构及其工作人员不得参与和从事渔业生产经营活动。

第二章“养殖业”主要规定有：规划可用于养殖业的水域和滩涂、养殖证许可制度及集体所有水域、滩涂的承包制度；对重要养殖水域的保护；水产优良品种的选育、培育和推广；水产苗种的进出口检疫、转基因水产苗种的安全性评价；养殖生产保护水域生态环境的义务。

第三章“捕捞业”主要规定有：远洋捕捞业的鼓励扶持措施；捕捞限额制度；捕捞许可证制度；对捕捞作业行为和船舶规范；渔港建设应遵守国家统一规划，实行谁投资谁受益原则。

第四章“渔业资源的增殖和保护”主要规定有：县级以上人民政府渔业行政主管部门可以向受益的单位和个人征收渔业资源增殖保护费。设立了水产种质资源保护区制度，要求国家保护水产种质资源及其生存环境，并在具有较高经济价值和遗传育种价值的水产种质资源的主要生长繁育区域建立水产种质资源保护区。未经国务院渔业行政主管部门批准，任何单位或者个人不得在水产种质资源保护区内从事捕捞活动。对捕鱼方法、捕鱼器具、捕鱼时间和区域、渔获物幼鱼比例以及非法渔获物销售等做出了禁止性限制规定。进一步禁止捕捞有重要经济价值的水生动物苗种。要求建闸筑坝单位为洄游鱼类建造过鱼设施或采取其他补救措施。规定了渔业生产最低水位线。禁止围湖造田。要求采取措施防止或减少因水下爆破、勘探、施工作业对渔业资源造成的损害，造成损失的由县级以上人民政府责令赔偿。规定了各级人民政府保护和改善渔业水域生态环境、防治污染的义务。要求对珍贵、濒危水生野生动物实行重点保护，防止其灭绝，禁止捕杀、伤害国家重点保护的水生野生动物。

第五章“法律责任”主要内容有：对违反捕捞禁止性规定进行捕捞的行政处罚和刑事责任；偷捕、抢夺他人养殖水产品或破坏他人养殖水体和设施的民事责任、行政处罚和刑事责任；涉及养殖证许可的行政处罚；涉及捕捞许可证的行政处罚和刑事责任；对非法生产、进口、出口水产苗种的行政处罚；在水产种质资源保护区内从事捕捞活动的行政处罚；外国人、外国渔船违反《渔业法》的行政处罚和刑事责任；渔业水域生态环境破坏或渔业污染事故的法律责任；做出行政处罚的行政主体、程序、对行政主管部门和渔政监管机构及其工作人员的违法行政的行政处分和刑事责任。

第六章“附则”规定了《渔业法》的施行日期。

作用 以《渔业法》为基础，我国逐步制定了各类渔业法律、法规、规章及规范性文件600多部，涉及渔业经济活动与管理的主要方面，渔业法律体系框架基本形成，为保护渔业资源、保障渔业生产者的合法权益、促进渔业经济持续和快速发展提供了重要的法律依据。

（高琪）

《Zhonghua Renmin Gongheguo Ziran Baohuqu Tiaoli》

《中华人民共和国自然保护区条例》

（Regulations of the People’s Republic of China on Nature Reserves） 中国为了加强自然保护区的建设和管理，保护自然环境和自然资源而制定的行政法规。

适用范围和对象 凡在中华人民共和国领域和中华人民共和国管辖的其他海域内建设和管理自然保护区，必须遵守《自然保护区条例》。《自然保护区条例》所称的自然保护区，是指对有代表性的自然生态系统、珍稀濒危野生动植物物种的天然集中分布区、有特殊意义的自然遗迹等保护对象所在的陆地、陆地水体或者海域，依法划出一定面积予以特殊保护和管理的区域。

产生背景和制定过程 长期以来，我国的自然保护区建设基本上处于无法可依的状态。1979年以后，国务院及其部委相继出台了一些行政规章，逐步将自然保护区的建设引向了法治化轨道。但由于政出多门，行政规章间的内在冲突和管理部门间的协调成本成为自然保护区建设的制度障碍。1994年9月2日国务院第24次常委会议通过了《自然保护区条例》，统一了自然保护区的各项制度，并于同年12月1日起施行。2011年1月8日国务院对《自然保护区条例》第三十九条进行了修改。

主要内容 《自然保护区条例》共5章44条。

第一章“总则”明确了该法的立法目的和法律适用范围与对象，明确了各级人民政府及相关主管部门的职责和管理体制，国家支持有利于发展自然保护区的经济、技术政策和措施，对做出显著成绩单位和个人实行奖励，规定一切单位和个人都有保护自然保护区的义务。我国对自然保护区实行综合管理与分部门管理相结合的管理体制。国务院环境保护行政主管部门负责全国自然保护区的综合管理。

第二章“自然保护区的建设”包括建立自然保护区的条件，自然保护区的分级、分区、审批程序、撤销和变更等内容。自然保护区分为国家级和地方级自然保护区，适用于不同的审批程序；建立海上自然保护区，须经国务院批准。自然保护区可以分为核心区、缓冲区和实验区。

第三章“自然保护区的管理”包括自然保护区管理机构及其职责，自然保护区内开展活动的限制，对自然保护区开展参观、旅游活动的规定，自然保护区建设生产设施的规定，自然保护区污染和破坏事故的报告和处理等内容。

第四章“法律责任”明确了违反《自然保护区条例》应承担的法律责任。违反该条例规定，在自然保护区进行砍伐、放牧、狩猎、捕捞、采药、开垦、烧荒、开矿、采石、挖沙等活动的单位和个人，除可以依照有关法律、行政法规规定给予处罚的以外，由县级以上人民政府有关自然保护区行政主管部门或者其授权的自然保护区管理机构没收违法所得，责令停止违法行为，限期恢复原状或者采取其他补救措施；对自然保护区造成破坏的，可以处以300元以上10000元以下的罚款。自然保护区管理机构违反本条例规定，拒绝环境保护行政主管部门或者有关自然保护区行政主管部门监督检查，或者在被检查时弄虚作假的，由县级以上人民政府环境保护行政主管部门或者有关自然保护区行政主管部门给予300元以上3000元以下的罚款。自然保护区管理机构违反该条例规定，未经批准在自然保护区开展参观、旅游活动的；开设与自然保护区保护方向不一致的参观、旅游项目的；不按照批准的方案开展参观、旅游活动的；由县级以上人民政府有关自然保护区行政主管部门责令限期改正；对直接责任人员，由其所在单位或者上级机关给予行政处分。违反该条例规定，给自然保护区造成损失的，由县级以上人民政府有关自然保护区行政主管部门责令赔偿损失。妨碍自然保护区管理人员执行公务的，由公安机关依照《中华人民共和国治安管理处罚条例》的规定给予处罚；情节严重，构成犯罪的，依法追究刑事责任。违反该条例规定，造成自然保护区重大污染或者破坏事故，导致公私财产重大损失或者人身伤亡的严重后果，构成犯罪的，对直接负责的主管人员和其他直接责任人员依法追究刑事责任。自然保护区管理人员滥用职权、玩忽职守、徇私舞弊，构成犯罪的，依法追究刑事责任；情节轻微，尚不构成犯罪的，由其所在单位或者上级机关给予行政处分。

第五章“附则”规定国务院有关自然保护区行政主管部门和各省级人民政府可以依据该条例制定实施办法，并规定了该条例的施行日期。

作用 划定自然保护区是对特殊生态环境和资源进行保护的有效手段。《自然保护区条例》对维持生态平衡、保持水土、涵养水源、调节气候、改善人类生活环境、促进农业生产都起到了不可忽视的保障作用。 （赵俊）

推荐书目

吕忠梅.环境法学.北京：法律出版社，2004.

林肇信，刘天齐，刘逸农．环境保护概论.修订版．北京：高等教育出版社，1999.

ziran ziyuan quan

自然资源权

（natural resource right） 关于自然资源的所有、利用和管理的各种权利的统称。

发展历程 自然资源权是近代工业革命以来，随着人类生产效率的提高和自然资源的稀缺而逐渐发展起来的一种权利。在前工业社会，由于生产效率低下，自然资源稀缺性不强，价值较低，没有独立法律地位，被视为土地的一部分，为土地权利人占有和使用。大量无主地上的自然资源以及不以土地为载体的自然资源则被视为无主物，由发现者先占取得、随意利用。随着资本主义工业化的发展，自然资源的重要性日益凸显，稀缺性进一步增强，为保证资源利用的有序、高效，多数国家都通过立法把重要的自然资源从土地中分离出来，成为独立的权利客体，收归国家所有，再通过划拨、许可、合同等形式交给符合条件的社会主体进行利用，并加以监管，从而形成了复杂的自然资源权属制度。在国际层面，全球殖民化的过程也是发达国家在世界范围内掠夺和转移自然资源的过程，随着亚非拉民族解放运动和世界反法西斯战争的胜利，国家对本国自然资源的主权也被作为革命的胜利成果确认下来，自然资源主权成为现代国家主权的重要内容。

类型 自然资源权依权利性质和内容的不同，可分为自然资源国家主权、自然资源所有权和自然资源使用权；依权利客体的不同，可分为林权、水权、矿权、海域权、草原权等具体权利。

自然资源国家主权 国家在本国自然资源的开发、利用、保护、管理等方面所拥有的永久主权。1962 年联合国大会通过的《关于自然资源之永久主权宣言》明确规定“各民族及各国族行使其对自然财富与资源之永久主权”，“各国必须根据主权平等原则，互相尊重，以促进各民族及各国族自由有利行使其对自然资源之主权”。1972 年《人类环境宣言》重申依照联合国宪章和国际法原则，各国拥有开发自己资源的主权。1974 年《建立新的国际经济秩序宣言》更进一步指出“每一个国家对自己的天然资源和一切活动拥有充分的永久主权。为了保卫这些资源，每一个国家都有权采取适合于自己情况的手段，对本国资源及其开发实行有效控制，包括有权实行国有化或把所有权转移给自己的国民，这种权利是国家充分的永久主权的一种表现。”自然资源国家主权主要体现在国家通过立法和行政措施，对本国自然资源之利用实行限制和干预，决定获益和分配，并对抗别国的干涉和侵害。

自然资源所有权 自然资源所有人对自然资源所拥有的占有、使用、收益和处分的权利，是一种权能充分、内容完整的权利。我国实行自然资源公有制，《中华人民共和国宪法》第九条第 1 款规定：“矿藏、水流、森林、山岭、草原、荒地、滩涂等自然资源，都属于国家所有，即全民所有；由法律规定属于集体所有的森林和山岭、草原、荒地、滩涂除外。”由于国家的抽象性，国家自然资源所有权具体由国务院或其他法定机关代为行使。《中华人民共和国物权法》第四十五条第 2 款规定：“国有财产由国务院代表国家行使所有权；法律另有规定的，依照其规定。”

自然资源使用权 权利人对于自然资源所依法享有的在一定范围内进行占有、使用、收益和一定程度的处分的物权。在我国，由于自然资源只能为国家或集体所有，直接利用者只能在他人之物上设定权利，故自然资源使用权属于他物权、用益物权、限制性物权。属于集体所有的自然资源的使用权主要通过承包经营的方式加以确立，并可依法流转。属于国家所有的自然资源的使用权，可通过行政划拨、许可、出让、承包等形式加以确立，由于在权利的产生和行使过程中需要借助行政手段，呈现一定的公权性，与作为纯粹私权的传统物权存在一定差别，故又被一些学者称之为“准物权”。

林权 与森林资源的利用相关的各种法律权利的统称，包括森林资源所有权，林地所有权、林地使用权、林木所有权、林木使用权等多种权利。森林资源所有权和林地所有权只能为公有，即国家所有或集体所有，个人对林地只有使用权，对林木则可依法获得所有权。《中华人民共和国森林法》第三条规定：“森林资源属于国家所有，由法律规定属于集体所有的除外。国家所有的和集体所有的森林、林木和林地，个人所有的林木和使用的林地，由县级以上地方人民政府登记造册，发放证书，确认所有权或者使用权。国务院可以授权国务院林业主管部门，对国务院确定的国家所有的重点林区的森林、林木和林地登记造册，发放证书，并通知有关地方人民政府。森林、林木、林地的所有者和使用者的合法权益，受法律保护，任何单位和个人不得侵犯。”

水权 与水资源的利用相关的各种法律权利的统称，包括水资源所有权、取水权和用水权。我国实行单一的水资源国家所有制，水资源只能归国家所有，集体只有使用权。《中华人民共和国水法》第三条规定：“水资源属于国家所有。水资源的所有权由国务院代表国家行使。农村集体经济组织的水塘和由农村集体经济组织修建管理的水库中的水，归各该农村集体经济组织使用。”社会主体可通过取水权获得对特定水产品的所有权和使用权。第七条规定："国家对水资源依法实行取水许可制度和有偿使用制度。但是，农村集体经济组织及其成员使用本集体经济组织的水塘、水库中的水的除外。"

矿权 与矿产资源的利用相关的各种法律权利的统称，包括矿产资源所有权、探矿权、采矿权等。矿产资源只能归国家所有，《中华人民共和国矿产资源法》第三条规定："矿产资源属于国家所有，由国务院行使国家对矿产资源的所有权。地表或者地下的矿产资源的国家所有权，不因其所依附的土地的所有权或者使用权的不同而改变。"探矿权是对矿产资源进行勘探并取得矿石标本、地质资料的权利。采矿权是对矿产资源进行开采并取得矿产品的权利。符合法定勘察和开采资质的社会主体可依法申请经批准取得探矿权、采矿权，并可依法进行转让。

海域权 与海域资源的利用相关的各种法律权利的统称，包括海域所有权和海域使用权。《中华人民共和国海域使用管理法》第三条规定："海域属于国家所有，国务院代表国家行使海域所有权。任何单位或者个人不得侵占、买卖或者以其他形式非法转让海域。"单位和个人可通过申请、招标或拍卖等方式取得海域使用权，并交纳海域使用金。

草原权 与草原资源的利用相关的各种法律权利的统称，包括草原所有权与草原使用权。《中华人民共和国草原法》第九条规定："草原属于国家所有，由法律规定属于集体所有的除外。国家所有的草原，由国务院代表国家行使所有权。任何单位或者个人不得侵占、买卖或者以其他形式非法转让草原。"单位和个人可依法取得草原使用权并可依法转让。

发展趋势 随着生产技术的进步和自然资源供给的紧张，自然资源的重要性日益凸显，如何高效、有序地利用自然资源并将惠益在社会成员中进行公平分配成为一个越来越重要的经济、社会问题，既关乎社会整体发展的可持续，又关乎每个社会主体的基本生存。由此，现代社会中的自然资源权属制度将向两个方向发展：一方面，自然资源的国有化将进一步加强，以保证自然资源的公共性和公益性。为此，未来将有越来越多原本不受规范的自然资源被纳入法律调整范围，成为国家所有权的客体，不再为社会主体所随意使用。另一方面，自然资源使用权将进一步私权化、市场化，以满足合理配置资源、提高利用效率的需要。未来将有更多立法为自然资源使用权的确立和行使提供更加稳定和全面的保护，充分尊重权利人的合法权利和支配自由，建立良好的市场机制，为自然资源的有效配置提供制度基础。

（巩固）

推荐书目

肖乾刚.自然资源法.北京：法律出版社，1992.

崔建远.自然资源物权法律制度研究.北京：法律出版社，2012.

邱秋.中国自然资源国家所有权制度研究.北京：科学出版社，2010.

黄锡生.水权制度研究.北京：科学出版社，2005.

徐祥民，梅宏，时军，等.中国海域有偿使用制度研究.北京：中国环境科学出版社，2009.

张冬梅. 物权体系中的林权制度研究，北京：法律出版社，2012.

《Zuoye Changsuo Anquan Shiyong Huaxuepin Gongyue》

《作业场所安全使用化学品公约》（Convention concerning Safety in the Use of Chemicals at Work） 又称《1990 年化学品公约》，是一项关于在工作场所安全使用化学品，保护劳动者的安全和健康的公约。

经国际劳工局理事会召集，国际劳工组织于 1990 年 6 月 6 日在日内瓦举行了第 77 届会议，6 月 25 日会议通过了《作业场所安全使用化学品公约》以及补充该公约的《作业场所安全使用化学品建议书》(也称《1990 年化学制品建议书》或《第 177 号建议书》)。截至 2016 年 12 月 12 日，已有 19 个国家批准了该公约。1994

年 10 月 22 日中国第八届全国人民代表大会常务委员会第十次会议审议批准了该公约，中国是世界上最早批准该公约的前五个国家之一。

公约的内容 公约共 27 条，主要对公约的适用范围和总则，化学品的相关定义，分类、识别和有关管理措施，雇主的责任，工人的权利与义务，出口国的责任做了规定。

第一部分“范围和定义”规定了公约的适用范围，即使用化学品的所有经济活动部门。但也规定了例外情况：一是某些特殊经济活动部门、企业或产品在特定情况中免于实施该公约或其若干条款；二是不适用于其在正常或合理可预见条件下的使用不造成工人接触有害化学品的物品；三是不适用于各类有机物，但适用于有机物衍生的化学品。另外，该部分还对“化学品”、“有害化学品”、“经济活动部门”、“工人代表”等词语的含义做了界定，其中关于“作业场所使用化学品”的定义尤为重要，即可能使工人接触化学制品的任何作业活动，包括：化学品的生产，化学品的搬运，化学品的贮存，化学品的运输，化学品废料的处置或处理，作业活动导致的化学品的排放，化学品设备和容器的保养、维修和清洁。

第二部分“总则”主要规定了缔约国主管当局、最有代表性的雇主组织和工人组织的权力（权利）和义务。

第三部分“分类和有关措施”规定了根据化学品安全和卫生方面的危险特性进行分类；并对标签和标识的有关问题以及化学品安全使用说明书（CSDS）进行了规定；还要求供货人应对化学品正确分类、标识、编制安全使用说明书，其中还未分类的要予以识别、评价，以确定是否为有害化学品。

第四部分“雇主的责任”规定了雇主对化学品分类、标识、编制安全使用说明书的责任，化学品转移中雇主对该化学品予以标明的义务，雇主在工人接触化学品过程中保证所接触化学品符合标准、对接触化学品情况进行评价、监测并记录工人接触化学品的情况、保存监测记录等有关义务；并规定了雇主操作控制的义务，具体包括：①雇主应对作业场所中使用化学品所造成的危险进行评价，并通过适当的办法使工人避免这些危险；②雇主应限制接触有害化学品以保护工人的安全与健康、提供急救并做好处置紧急情况的安排。该部分还要求雇主对不再需要的有害化学品和可能残留有害化学品的空容器，应依照国家法律和惯例以一定方式加以处理或处置；明确了雇主在资料与培训方面的责任；并要求雇主在履行其责任时，应尽可能与工人及其代表密切合作。

第五部分“工人的义务”规定了工人应尽可能与其雇主密切合作，并遵守与作业场所安全使用化学品有关的所有程序和做法，以及采取一切合理步骤将在作业场所使用化学品对他们自己以及他人的危险加以消除或减到最低限度的义务。

第六部分“工人及其代表的权利”规定了工人在有正当理由确信存在对其安全或健康的紧迫和严重危险的情况下，从使用化学品造成的危险中撤离的权利以及受保护以免遭不适当的待遇的权利；并对工人及其代表获得下述资料的权利做了规定：关于作业场所使用的化学品的特性、此种化学品的有害成分、预防措施、教育和培训的资料；标签和标识的内容；化学品安全使用说明书；公约要求加以保存的任何其他资料。

第七部分“出口国的责任”规定了在某出口化学品的缔约国因工作安全和健康原因全部或部分禁用有害化学品的情况下，此种禁用的事实和原因应由该出口缔约国通知进口化学品的国家；并规定了批准、生效、解约、登记、修订、文本等内容。

公约与中国 我国加入该公约后，在化学品安全方面进一步完善了法规和标准体系。例如，为实施公约，1996 年发布了《工作场所安全使用化学品规定》；2002 年发布了《危险化学品安全管理条例》（2011 年、2013 年修订），同年颁布了《中华人民共和国安全生产法》（2009 年、2014 年修订）；2008 年发布了《化学品安全技术说明书　内容和项目顺序》（GB/T

16483—2008)；2009 年发布了《化学品分类和危险性公示　通则》（GB 13690－2009）和《化学品安全标签编写规定》（GB 15258—2009）；2013 年相继颁布了化学品标签标准、安全技术说明书标准，前者如《化学品作业场所安全警示标志规范》（AQ 3047—2013）、《化学品分类和标签规范》（GB 30000.1～GB 30000.29—2013），后者如《化学品安全技术说明书编写指南》（GB/T 17519—2013）。　　（徐丰果）

附录

中国环境资源保护相关法律表

本附录所列为除环境资源法之外的现行有效的法律（截至日期为 2016 年 9 月 24 日）。部分法律被修正或修订过，发布日期以最近一次修正或修订后的公布日期为准。

序号	法律名称	公布日期	法律分类
1	中华人民共和国标准化法	1988 年 12 月 29 日	实体法
2	中华人民共和国专属经济区和大陆架法	1998 年 6 月 26 日	
3	中华人民共和国海域使用管理法	2001 年 10 月 27 日	
4	中华人民共和国宪法（2004 年修正）	2004 年 3 月 14 日	
5	中华人民共和国农产品质量安全法	2006 年 4 月 29 日	
6	中华人民共和国物权法	2007 年 3 月 16 日	
7	中华人民共和国突发事件应对法	2007 年 8 月 30 日	
8	中华人民共和国农村土地承包法（2009 年修正）	2009 年 8 月 27 日	
9	中华人民共和国民法通则（2009 年修正）	2009 年 8 月 27 日	
10	中华人民共和国侵权责任法	2009 年 12 月 26 日	
11	中华人民共和国石油天然气管道保护法	2010 年 6 月 25 日	
12	中华人民共和国农业法（2012 年修正）	2012 年 12 月 28 日	
13	中华人民共和国气象法（2014 年修正）	2014 年 8 月 31 日	
14	中华人民共和国安全生产法（2014 年修正）	2014 年 8 月 31 日	
15	中华人民共和国立法法（2015 年修正）	2015 年 3 月 15 日	
16	中华人民共和国动物防疫法（2015 年修正）	2015 年 4 月 24 日	
17	中华人民共和国城乡规划法（2015 年修正）	2015 年 4 月 24 日	
18	中华人民共和国食品安全法（2015 年修订）	2015 年 4 月 24 日	
19	中华人民共和国刑法（2015 年修正）	2015 年 8 月 29 日	
20	中华人民共和国种子法（2015 年修订）	2015 年 11 月 4 日	
21	中华人民共和国防洪法（2016 年修正）	2016 年 7 月 2 日	

序号	法律名称	公布日期	法律分类
22	中华人民共和国行政许可法	2003 年 8 月 27 日	程序法
23	中华人民共和国农村土地承包经营纠纷调解仲裁法	2009 年 6 月 27 日	
24	中华人民共和国行政处罚法（2009 年修正）	2009 年 8 月 27 日	
25	中华人民共和国行政复议法（2009 年修正）	2009 年 8 月 27 日	
26	中华人民共和国行政强制法	2011 年 6 月 30 日	
27	中华人民共和国刑事诉讼法（2012 年修正）	2012 年 3 月 14 日	
28	中华人民共和国民事诉讼法（2012 年修正）	2012 年 8 月 31 日	
29	中华人民共和国行政诉讼法（2014 年修正）	2014 年 11 月 1 日	

中国环境资源保护类法律表

本附录所列为环境、资源、能源等方面的现行有效的法律（截至日期为 2017 年 6 月 30 日）。部分法律被修正或修订过，发布日期以最近一次修正或修订后的公布日期为准。

序号	法律名称	公布日期	法律分类
1	中华人民共和国环境噪声污染防治法	1996 年 10 月 29 日	环境保护类
2	中华人民共和国防沙治沙法	2001 年 8 月 31 日	
3	中华人民共和国放射性污染防治法	2003 年 6 月 28 日	
4	中华人民共和国水污染防治法（2017 年修订）	2017 年 6 月 27 日	
5	中华人民共和国海洋环境保护法（2013 年修正）	2013 年 12 月 28 日	
6	中华人民共和国环境保护法（2014 年修订）	2014 年 4 月 24 日	
7	中华人民共和国大气污染防治法（2015 年修订）	2015 年 8 月 29 日	
8	中华人民共和国环境影响评价法（2016 年修正）	2016 年 7 月 2 日	
9	中华人民共和国固体废物污染环境防治法（2016 年修正）	2016 年 11 月 7 日	
10	中华人民共和国土地管理法（2004 年修正）	2004 年 8 月 28 日	资源保护类
11	中华人民共和国矿产资源法（2009 年修正）	2009 年 8 月 27 日	
12	中华人民共和国森林法（2009 年修正）	2009 年 8 月 27 日	
13	中华人民共和国可再生能源法（2009 年修正）	2009 年 12 月 26 日	
14	中华人民共和国水土保持法（2010 年修订）	2010 年 12 月 25 日	
15	中华人民共和国草原法（2013 年修正）	2013 年 6 月 29 日	
16	中华人民共和国煤炭法（2013 年修正）	2013 年 6 月 29 日	
17	中华人民共和国渔业法（2013 年修正）	2013 年 12 月 28 日	
18	中华人民共和国水法（2016 年修正）	2016 年 7 月 2 日	
19	中华人民共和国野生动物保护法（2016 年修订）	2016 年 7 月 2 日	
20	中华人民共和国节约能源法（2016 年修正）	2016 年 7 月 2 日	
21	中华人民共和国循环经济促进法	2008 年 8 月 29 日	其他
22	中华人民共和国海岛保护法	2009 年 12 月 26 日	
23	中华人民共和国非物质文化遗产法	2011 年 2 月 25 日	
24	中华人民共和国清洁生产促进法（2012 年修正）	2012 年 2 月 29 日	

中外环境保护多边协定表

序号	公约名称	签订日期/地点/保存机关	生效日期	中国参加情况	备注
1	关于援救航天员、送回航天员及送回射入外空之物体之协定	1968年4月22日 伦敦、华盛顿、莫斯科 英国、美国、苏联政府	1968年12月3日	1988年12月14日交存加入书，同日对中国生效	
2	关于建立国际农业发展基金的协定	1976年6月13日 罗马 联合国秘书长	1977年11月13日	1980年1月15日交存加入书，同日对中国生效	
3	亚洲一太平洋水产养殖中心网协议	1988年1月8日 曼谷 联合国粮农组织总干事	1990年1月11日	1988年1月8日签署，1990年1月11日交存加入书，同日对中国生效	
4	建立印度洋金枪鱼委员会协定	1993年11月25日 罗马 联合国粮农组织总干事	1996年3月27日	1998年10月14日交存接受书，同日对中国生效	暂不适用于香港特别行政区
5	国际热带木材协定	1994年1月26日 日内瓦 联合国秘书长	1997年1月1日生效	1996年7月31日交存核准书，同日对中国生效	
6	1995年国际天然胶协定	1995年2月17日 日内瓦 联合国秘书长	1997年2月14日	1997年1月13日签署，1997年2月14日交存核准书，同日对中国生效	
7	执行1982年12月10日《联合国海洋法公约》有关养护和管理跨界鱼类种群和高度洄游鱼类种群的规定的协定	1995年8月4日 纽约 联合国秘书长	2001年12月11日	1996年11月6日签署	
8	第四代核能系统研究和开发国际合作框架协议	2005年2月28日 华盛顿 经济合作与发展组织总干事	2005年2月28日	2007年11月24日决定加入，2008年3月11日对中国生效	
9	联合实施国际热核聚变实验堆计划建立国际聚变能组织的协定	2006年11月21日 巴黎 国际原子能机构总干事	2007年10月24日	2006年11月21日签署，2007年8月30日批准通过	
10	联合实施国际热核聚变实验堆计划国际聚变能组织特权和豁免协定	2006年11月21日 巴黎 国际原子能机构总干事	2007年10月24日	2006年11月21日签署，2007年8月30日批准通过	
11	上海合作组织成员国政府间卫生合作协定	2011年6月15日 阿斯塔纳 上海合作组织秘书处	2013年11月22日	2011年6月15日加入，2013年11月22日对中国生效	

中外环境保护双边协定表

序号	名称	签订日期	国家与国际组织	效力
1	中华人民共和国政府和朝鲜民主主义人民共和国政府关于鸭绿江水丰水力发电厂的协定	1955年4月17日	朝鲜	现行有效
2	中华人民共和国政府和朝鲜民主主义人民共和国政府关于共同繁殖保护和利用水丰水库鱼类资源的协定	1972年12月19日	朝鲜	现行有效
3	中华人民共和国和日本国渔业协定	1975年8月15日	日本	现行有效
4	中华人民共和国政府和日本国政府保护候鸟及其栖息环境协定	1981年3月3日	日本	现行有效
5	中华人民共和国政府和几内亚比绍共和国政府渔业合作协定	1984年8月28日	几内亚比绍	现行有效
6	中华人民共和国政府和巴西联邦共和国政府和平利用核能合作协定	1984年10月11日	巴西	现行有效
7	中华人民共和国政府和阿根廷共和国政府和平利用核能合作协定	1985年4月15日	阿根廷	现行有效
8	中华人民共和国政府和比利时王国政府和平利用原子能合作协定	1985年4月18日	比利时	现行有效
9	中华人民共和国政府和大不列颠及北爱尔兰联合王国政府和平利用核能合作协定	1985年6月3日	英国	现行有效
10	中华人民共和国政府和美利坚合众国政府和平利用核能合作协定	1985年7月23日	美国	现行有效
11	中华人民共和国政府和美利坚合众国政府关于美国海岸外渔业协定	1985年7月23日	美国	现行有效
12	中华人民共和国政府和日本国政府和平利用核能合作协定	1985年7月31日	日本	现行有效
13	中华人民共和国政府和巴基斯坦伊斯兰共和国政府和平利用核能合作协定	1986年9月15日	巴基斯坦	现行有效
14	关于延长和修改中华人民共和国国家科学技术委员会和美利坚合众国核管理委员会关于核安全合作议定书的协议	1986年9月26日	美国	现行有效
15	中华人民共和国政府和澳大利亚政府保护候鸟及其栖息环境的协定	1986年10月20日	澳大利亚	现行有效
16	中华人民共和国政府和瑞士政府和平利用核能合作协定	1986年11月12日	瑞士	现行有效
17	中华人民共和国政府和巴西联邦共和国政府关于电力（包括水电）科技合作协定	1988年7月6日	巴西	现行有效
18	中华人民共和国政府和澳大利亚联邦政府渔业协定	1988年11月17日	澳大利亚	现行有效
19	中华人民共和国政府和蒙古人民共和国政府关于保护自然环境的合作协定	1990年5月6日	蒙古	现行有效

序号	名称	签订日期	国家与国际组织	效力
20	中华人民共和国政府和伊朗伊斯兰共和国政府和平利用核能合作协定	1992年9月10日	伊朗	现行有效
21	中华人民共和国政府和印度共和国政府环境合作协定	1993年9月7日	印度	现行有效
22	中华人民共和国政府和大韩民国政府环境合作协定	1993年10月28日	韩国	现行有效
23	中华人民共和国政府和日本国政府环境保护合作协定	1994年3月20日	日本	现行有效
24	中华人民共和国政府和俄罗斯联邦政府环境保护合作协定	1994年5月27日	俄罗斯	现行有效
25	中华人民共和国水利部和越南社会主义共和国水利部关于在水利领域开展科技合作的协议	1995年4月20日	越南	现行有效
26	中华人民共和国政府和俄罗斯联邦政府关于森林防火联防协定	1995年6月26日	俄罗斯	现行有效
27	中华人民共和国政府与俄罗斯联邦政府关于兴凯湖自然保护区协定	1996年4月25日	俄罗斯	现行有效
28	中华人民共和国政府和委内瑞拉共和国政府关于共同开展石油领域合作的协定	1996年11月13日	委内瑞拉	现行有效
29	中华人民共和国政府和法兰西共和国政府环境保护合作协定	1997年5月15日	法国	现行有效
30	中华人民共和国政府和哈萨克斯坦共和国政府关于在石油天然气领域合作的协议	1997年9月24日	哈萨克斯坦	现行有效
31	中华人民共和国国家计划委员会和美利坚合众国能源部关于和平利用核技术合作的意向性协议	1997年10月29日	美国	现行有效
32	中华人民共和国和日本国渔业协定	1997年11月11日	日本	现行有效
33	中华人民共和国国家环境保护总局与斯里兰卡民主社会主义共和国森林与环境部环境保护合作协定	1998年12月18日	斯里兰卡	现行有效
34	中华人民共和国国家环境保护总局与哥伦比亚共和国环境部环境合作协定	1999年5月14日	哥伦比亚	现行有效
35	中华人民共和国政府和蒙古国政府关于边境地区森林、草原防火联防协定	1999年7月15日	蒙古国	现行有效
36	中华人民共和国政府和保加利亚共和国政府环境合作协定	2000年6月28日	保加利亚	现行有效
37	中华人民共和国政府和大韩民国政府渔业协定	2000年8月3日	韩国	现行有效
38	中华人民共和国政府和秘鲁共和国政府环境合作协定	2000年8月14日	秘鲁	现行有效
39	中华人民共和国政府和俄罗斯联邦政府关于共同开发森林资源合作的协定	2000年11月3日	俄罗斯	现行有效
40	中华人民共和国政府和越南社会主义共和国政府北部湾渔业合作协定	2000年12月25日	越南	现行有效
41	中华人民共和国政府和斯洛伐克共和国政府关于植物检疫及植物保护的合作协定	2001年2月12日	斯洛伐克	现行有效

序号	名称	签订日期	国家与国际组织	效力
42	中华人民共和国政府与阿根廷共和国政府生物技术和生物安全协议	2001年4月9日	阿根廷	现行有效
43	中华人民共和国政府和哈萨克斯坦共和国政府关于利用和保护跨界河流的合作协定	2001年9月12日	哈萨克斯坦	现行有效
44	中华人民共和国政府和阿拉伯埃及共和国政府和平利用原子能合作协定	2002年1月23日	埃及	现行有效
45	中华人民共和国政府与摩洛哥王国政府环境合作协定	2002年2月5日	摩洛哥	现行有效
46	中华人民共和国政府与伊朗伊斯兰共和国政府原油贸易长期协议	2002年3月17日	伊朗	现行有效
47	中华人民共和国水利部与湄公河委员会关于中国水利部向湄委会秘书处提供澜沧江—湄公河汛期水文资料的协议	2002年4月1日	湄公河委员会	现行有效
48	中华人民共和国国家环境保护总局与斯洛伐克共和国环境部环境合作协定	2002年6月17日	斯洛伐克	现行有效
49	中华人民共和国政府和秘鲁共和国政府关于植物检疫的合作协定	2002年12月17日	秘鲁	现行有效
50	中华人民共和国政府与联合国环境规划署关于在华设立环境规划署代表处的协议	2003年5月29日	联合国	现行有效
51	中华人民共和国政府与法兰西共和国政府关于促进《京都议定书》第十二条清洁发展机制的协议	2004年10月9日	法国	现行有效
52	中华人民共和国政府与朝鲜民主主义人民共和国政府环境合作协定	2005年3月22日	朝鲜	现行有效
53	中华人民共和国政府和联合国教科文组织关于国际泥沙研究培训中心的协定	2005年11月30日	联合国教科文组织	现行有效
54	中华人民共和国国家发展和改革委员会和巴基斯坦伊斯兰共和国石油和自然资源部关于能源领域合作框架协议	2006年2月20日	巴基斯坦	现行有效
55	中华人民共和国国家发展和改革委员会与埃及共和国石油部关于加强石油天然气领域合作的框架协议	2006年6月17日	埃及	现行有效
56	中华人民共和国国家林业局和印度共和国环境与森林部关于林业合作的协议	2006年11月21日	印度	现行有效
57	中华人民共和国水利部和哈萨克斯坦共和国农业部关于开展跨界河流科研合作的协议	2006年12月20日	哈萨克斯坦	现行有效
58	中华人民共和国政府和菲律宾共和国政府关于防止盗窃、盗掘和非法进出境文物的协定	2007年1月15日	菲律宾	现行有效
59	中华人民共和国和世界银行贷款协定（山东城建环保二期项目）	2007年3月30日	世界银行	现行有效
60	中华人民共和国国家发展和改革委员会与纳米比亚共和国矿产与能源部关于在矿产和能源领域开展合作的协议	2007年6月22日	纳米比亚	现行有效

序号	名称	签订日期	国家与国际组织	效力
61	中华人民共和国政府和吉尔吉斯共和国政府关于动物检疫及动物卫生的合作协定	2007年8月14日	吉尔吉斯斯坦	现行有效
62	中华人民共和国国家发展和改革委员会与德意志联邦共和国联邦经济和技术部关于在中德经济技术合作论坛框架下成立能源工作组的框架协议	2007年8月27日	德国	现行有效
63	中华人民共和国与亚洲开发银行贷款协定（安徽省合肥市城市环境改善项目）	2007年8月28日	亚洲开发银行	现行有效
64	中华人民共和国政府和南非共和国政府关于在矿产和能源领域开展合作的协议	2007年9月24日	南非	现行有效
65	中华人民共和国国家发展和改革委员会与厄瓜多尔共和国矿产石油部石油合作协议	2007年11月20日	厄瓜多尔	现行有效
66	中华人民共和国国家发展和改革委员会与厄瓜多尔共和国矿产石油部社会环境合作协议	2007年11月20日	厄瓜多尔	现行有效
67	中华人民共和国国家发展和改革委员会和挪威王国外交部气候变化合作与对话框架协议	2008年1月28日	挪威	现行有效
68	中华人民共和国政府和俄罗斯联邦政府关于合理利用和保护跨界水的协定	2008年1月29日	俄罗斯	现行有效
69	中华人民共和国政府和智利共和国政府关于防止盗窃、盗掘和非法进出境文物的协定	2008年4月14日	智利	现行有效
70	中华人民共和国政府和欧洲原子能共同体和平利用核能研发合作协定	2008年4月24日	欧洲原子能共同体	现行有效
71	中华人民共和国和国际复兴开发银行关于安徽省蚌埠市防洪、生态环境治理项目贷款协定	2008年5月26日	国际复兴开发银行	现行有效
72	中华人民共和国政府和越南社会主义共和国政府关于植物保护和植物检疫的合作协定	2008年5月30日	越南	现行有效
73	中华人民共和国政府和越南社会主义共和国政府关于动物检疫及动物卫生的合作协定	2008年5月30日	越南	现行有效
74	中华人民共和国政府和欧洲共同体关于易制毒化学品管制的合作协议	2009年1月30日	欧洲共同体	现行有效
75	中华人民共和国政府和巴西联邦共和国政府关于能源和矿业合作的议定书	2009年2月19日	巴西	现行有效
76	中华人民共和国政府和俄罗斯联邦政府关于石油领域合作的协议	2009年4月21日	俄罗斯	现行有效
77	中华人民共和国政府和土耳其共和国政府关于防止盗窃、盗掘和非法进出境文化财产的协定	2009年6月25日	土耳其	现行有效
78	中华人民共和国政府和埃塞俄比亚联邦民主共和国政府关于防止盗窃、盗掘和非法进出境文化财产的协定	2009年9月16日	埃塞俄比亚	现行有效
79	中华人民共和国政府和哈萨克斯坦共和国政府和平利用核能合作协定	2010年6月12日	哈萨克斯坦	现行有效
80	中华人民共和国政府和联合国建立联合国灾害管理与应急反应北京办公室东道国协定	2010年6月17日	联合国	现行有效

序号	名称	签订日期	国家与国际组织	效力
81	中华人民共和国政府和乌克兰政府关于植物保护和检疫协定	2010年9月2日	乌克兰	现行有效
82	中华人民共和国政府和哈萨克斯坦共和国政府跨界河流水质保护协定	2011年2月22日	哈萨克斯坦	现行有效
83	中华人民共和国政府和尼泊尔政府关于边民过界放牧的协定	2012年1月14日	尼泊尔	现行有效
84	中华人民共和国政府和沙特阿拉伯王国政府和平利用核能合作协定	2012年1月15日	沙特阿拉伯	现行有效
85	中华人民共和国与欧洲投资银行贷款协议(中国林业专项框架贷款)	2012年2月13日	欧洲投资银行	现行有效
86	中华人民共和国政府和墨西哥合众国政府关于保护、保存、返还和追索文化财产及防止盗窃、盗掘和非法进出境文化财产的协定	2012年4月6日	墨西哥	现行有效
87	中华人民共和国政府和土耳其共和国政府和平利用核能合作协定	2012年4月9日	土耳其	现行有效
88	中华人民共和国政府和冰岛政府关于北极合作的框架协议书	2012年4月20日	冰岛	现行有效
89	中华人民共和国政府和哥伦比亚共和国政府关于防止盗窃、盗掘和非法进出境文化财产的协定	2012年5月9日	哥伦比亚	现行有效
90	中华人民共和国政府和乌兹别克斯坦共和国政府关于动物卫生领域的合作协定	2012年6月6日	乌兹别克斯坦	现行有效
91	中华人民共和国政府和乌兹别克斯坦共和国政府关于植物保护和检疫的合作协定	2012年6月6日	乌兹别克斯坦	现行有效
92	中华人民共和国政府和加拿大政府和平利用核能合作协定议定书	2012年7月19日	加拿大	现行有效
93	关于在《中国—东盟全面经济合作框架协议》下《货物贸易协议》中纳入技术性贸易壁垒和卫生与植物卫生措施章节的议定书	2012年11月19日	东盟	现行有效
94	中华人民共和国政府与瑞士联邦委员会关于非法进出境文化财产及其返还的协定	2013年8月16日	瑞士	现行有效
95	中华人民共和国政府和哈萨克斯坦共和国政府关于和平研究与利用外层空间的合作协定	2013年9月7日	哈萨克斯坦	现行有效
96	中华人民共和国政府和俄罗斯联邦政府关于保护候鸟及其栖息环境的协定	2013年3月22日	俄罗斯	现行有效
97	中华人民共和国政府和塞浦路斯共和国政府关于防止盗窃、盗掘和非法进出境文化财产的协定	2013年10月29日	塞浦路斯	现行有效
98	中华人民共和国政府和罗马尼亚政府和平利用核能合作协定	2014年9月1日	罗马尼亚	现行有效

中国加入的国际环境保护条约

中国加入的国际环境保护条约采用广义的条约定义，包括条约、公约（见表1），议定书（见表2），修正案（见表3），换文（见表4），宣言（见表5），联合声明、联合公报（见表6），谅解备忘录（见表7），其他法律文件（见表8）。（注：修正案是公约、议定书的附属文件，其本身并不是国际条约的通常名称，为方便读者查找，归类在条约中。）

表1　中国加入的国际环境保护条约、公约

序号	条约、公约名称	签订日期/地点/保存机关	生效日期	中国采取行动情况	备注
1	国际管制捕鲸公约	1946年12月2日 华盛顿 美国政府	1948年11月10日	1980年9月24日加入，同日对中国生效	
2	《关于发生武装冲突时保护文化财产的公约》及其《议定书》	1954年5月14日 海牙 联合国教科文组织	1956年8月7日	1999年10月31日批准，2000年1月5日交存加入书，2000年4月5日对中国生效	
3	南极条约	1959年12月1日 华盛顿 美国政府	1961年6月23日	1983年6月8日交存加入书，同日对中国生效	
4	养护大西洋金枪鱼国际公约	1966年5月14日 里约热内卢 联合国粮农组织总干事	1969年3月21日	1996年10月2日交存批准书，同日对中国生效	
5	关于各国探索和利用包括月球和其他天体在内外层空间活动的原则条约	1967年1月27日 伦敦、华盛顿和莫斯科 英国、美国和苏联政府	1967年10月10日	1983年12月30日、1984年1月6日和1月12日分别向美国政府、苏联政府和英国政府交存加入书，1983年12月30日起对中国生效	
6	不扩散核武器条约	1968年7月1日 华盛顿、莫斯科和伦敦 美国、苏联、英国	1970年3月5日	1992年3月9日向英国政府递交加入书，同日对中国生效；1992年3月16日向美国、俄罗斯政府递交加入书	
7	国际干预公海油污事故公约	1969年11月29日 布鲁塞尔 国际海事组织秘书长	1975年5月6日	1990年2月23日交存加入书，1990年5月24日对中国生效	
8	关于禁止和防止非法进出口文化财产和非法转让其所有权的方法的公约	1970年11月14日 巴黎 联合国教科文组织总干事	1972年4月24日	1989年10月25日交存接受书，1990年1月25日对中国生效	

序号	条约、公约名称	签订日期/地点/保存机关	生效日期	中国采取行动情况	备注
9	关于特别是作为水禽栖息地的国际重要湿地公约	1971 年 2 月 2 日 拉姆萨尔 联合国教科文组织总干事	1975 年 12 月 21 日	1992 年 3 月 31 日交存加入书，1992 年 7 月 31 日对中国生效	适用香港、澳门特别行政区
10	禁止在海床、洋底及其底土安置核武器和其他大规模毁灭性武器条约	1971 年 2 月 11 日 华盛顿、莫斯科、伦敦 美国、苏联、英国政府	1972 年 5 月 18 日	1991 年 2 月 28 日交存批准书，同日对中国生效	
11	空间物体造成损害的国际责任公约	1972 年 3 月 29 日 伦敦、华盛顿和莫斯科 英国、美国和苏联政府	1972 年 9 月 1 日	1988 年 12 月 14 日交存加入书，同日对中国生效	
12	禁止细菌（生物）及毒素武器的发展、生产及储存以及销毁这类武器的公约	1972 年 4 月 19 日 伦敦、华盛顿和莫斯科 英国、美国和苏联政府	1975 年 3 月 26 日	1984 年 11 月 15 日分别向英国、美国和苏联交存加入书，同日对中国生效	
13	保护世界文化和自然遗产公约	1972 年 11 月 16 日 巴黎 联合国教科文组织总干事	1975 年 12 月 17 日	1985 年 12 月 12 日交存批准书，1986 年 3 月 12 日对中国生效	
14	防止倾倒废物和其他物质污染海洋的公约	1972 年 12 月 29 日 伦敦、华盛顿、莫斯科和墨西哥城 英国、美国、苏联和墨西哥政府	1975 年 8 月 30 日	1985 年 11 月 14 日交存加入书 1985 年 12 月 15 日对中国生效	
15	濒危野生动植物种国际贸易公约	1973 年 3 月 3 日 华盛顿 瑞士政府	1975 年 7 月 1 日	1981 年 1 月 8 日交存加入书，1981 年 4 月 8 日对中国生效	
16	关于登记射入外层空间物体的公约	1975 年 1 月 14 日 纽约 联合国秘书长	1976 年 9 月 15 日	1988 年 12 月 12 日交存加入书，同日对中国生效	
17	国际植物新品种保护公约	1978 年 10 月 23 日 日内瓦 国际植物新品种保护联盟秘书长	1981 年 11 月 8 日	1999 年 3 月 23 日交存加入书，1999 年 4 月 23 日对中国生效	声明在中华人民共和国政府另行通知之前，《国际植物新品种保护公约（1978 年文本）》暂不适用于香港特别行政区

序号	条约、公约名称	签订日期/地点/保存机关	生效日期	中国采取行动情况	备注
18	核材料实物保护公约	1980 年 3 月 3 日 维也纳、纽约 国际原子能机构总干事	1987 年 2 月 8 日	1988 年 12 月 2 日交存加入书，1989 年 1 月 2 日对中国生效	不受该公约第十七条第二款所规定的两种争端解决程序的约束
19	南极海洋生物资源养护公约	1980 年 5 月 20 日 堪培拉 澳大利亚政府	1982 年 4 月 7 日	2006 年 9 月 8 日，国务院决定加入，9 月 19 日交存加入书，10 月 19 日对中国生效	声明在中华人民共和国政府另行通知前，该公约暂不适用于香港特别行政区
20	禁止或限制使用某些可被认为具有过分伤害力或滥杀、滥伤作用的常规武器公约	1980 年 10 月 10 日 日内瓦 联合国秘书长	1983 年 12 月 2 日	1981 年 9 月 14 日签署，1982 年 4 月 7 日交存批准书，1983 年 12 月 2 日对中国生效	
21	职业安全和卫生及工作环境公约	1981 年 6 月 22 日 日内瓦 国际劳工组织总干事	1983 年 8 月 11 日	2006 年 10 月 31 日批准，2007 年 1 月 19 日递交批准书，2008 年 1 月 25 日对中国生效	暂不适用于香港特别行政区
22	联合国海洋法公约	1982 年 12 月 10 日 蒙特哥湾 联合国秘书长	1994 年 11 月 16 日	1982 年 12 月 10 日签署，1996 年 6 月 7 日交存批准书，1996 年 7 月 7 日对中国生效	
23	保护臭氧层维也纳公约	1985 年 3 月 22 日 维也纳 联合国秘书长	1988 年 9 月 22 日	1989 年 9 月 11 日交存加入书，1989 年 12 月 10 日对中国生效	
24	核事故或辐射紧急情况援助公约	1986 年 9 月 26 日 维也纳 国际原子能机构总干事	1986 年 10 月 27 日	1986 年 9 月 26 日签署，1987 年 9 月 10 日交存批准书，1987 年 10 月 11 日对我国生效	①在由于个人重大过失而造成死亡、受伤、损失或毁坏的情况下，中国不适用该公约第十条第二款；②中国不受公约第十三条第二款所规定的两种争端解决程序的约束

序号	条约、公约名称	签订日期/地点/保存机关	生效日期	中国采取行动情况	备注
25	及早通报核事故公约	1986年9月26日 维也纳 国际原子能机构总干事	1986年10月27日	1986年9月26日签署，1987年9月10日交存批准书，1987年10月11日对中国生效	不受该公约第十一条第二款所规定的两种争端解决程序的约束
26	北太平洋海洋科学组织公约	1990年12月12日 渥太华 加拿大政府	1992年3月24日	1991年10月22日签署，1992年3月24日对中国生效	
27	控制危险废物越境转移及其处置巴塞尔公约	1989年3月22日 巴塞尔 联合国秘书长	1992年5月5日	1990年3月22日签署，1991年12月17日交存批准书，1992年8月20日对中国生效	
28	国际油污防备、反应和合作公约	1990年11月30日 伦敦 国际海事组织秘书长	1995年5月13日	1998年3月30日交存加入书，1998年6月30日对中国生效	
29	联合国气候变化框架公约	1992年5月22日 纽约 联合国秘书长	1994年3月21日	1992年6月11日签署，1993年1月5日交存批准书，1994年3月21日对中国生效	
30	生物多样性公约	1992年6月1日 内罗毕 联合国秘书长	1993年12月29日	1992年6月11日签署，1993年1月5日交存批准书，1993年12月29日对中国生效	
31	关于禁止发展、生产、储存和使用化学武器及销毁此种武器的公约	1993年1月13日 巴黎 联合国秘书长	1997年4月29日	1996年12月30日批准，1997年4月7日交存批准书，1997年4月29日对中国生效	
32	中白令海峡鳕资源养护和管理公约	1994年6月16日 华盛顿 美国政府	1995年12月8日	1994年6月16日签署，1995年9月22日交存核准书，1995年12月8日对中国生效	
33	联合国关于在发生严重干旱和/或荒漠化的国家特别是在非洲防治荒漠化的公约	1994年6月17日 巴黎 联合国秘书长	1996年12月26日	1997年2月18日交存批准书，1997年5月19日对中国生效	
34	全面禁止核试验条约	1996年9月10日 纽约 联合国	尚未生效	签署但未正式批准	
35	乏燃料安全管理和放射性废物安全管理联合公约	1997年9月5日 维也纳 国际原子能机构总干事	2001年6月18日	2006年4月29日批准加入，9月12日交存加入书，12月12日对中国生效	暂不适用于澳门特别行政区
36	关于在国际贸易中对某些危险化学品和农药采用事先知情同意程序的鹿特丹公约	1998年9月10日 鹿特丹 联合国秘书长	2004年2月24日	1999年8月24日签署，2004年12月29日批准，2005年6月20日对中国生效	

序号	条约、公约名称	签订日期/地点/保存机关	生效日期	中国采取行动情况	备注
37	民防援助框架公约	2000年5月22日 日内瓦 国际民防组织秘书长	2001年9月23日	2000年10月31日签署	
38	国际燃油污染损害民事责任公约	2001年3月23日 伦敦 国际海事组织秘书长	2008年11月21日	2008年11月17日批准加入，2008年12月9日递交加入书，2009年3月9日对中国生效	暂不适用于香港特别行政区
39	关于持久性有机污染物的斯德哥尔摩公约	2001年5月22日 斯德哥尔摩 联合国秘书长	2004年5月17日	2001年5月23日签署，2004年8月13日递交批准书，11月11日对中国生效	
40	保护非物质文化遗产公约	2003年10月17日 巴黎 联合国教科文组织总干事	2006年4月20日	2004年8月28日批准，2004年12月2日交存加入书，2006年4月20日对中国生效	暂不适用于香港特别行政区
41	亚太空间合作组织公约	2005年10月28日 北京 中华人民共和国政府	2006年10月12日	2006年6月29日批准，6月30日交存批准书，10月12日对中国生效	
42	南太平洋公海渔业资源养护和管理公约	2009年11月14日 奥克兰 新西兰政府	2012年8月24日	2010年8月19日签署，2013年1月19日批准，2013年7月6日对中国生效	暂不适用于香港特别行政区
43	北太平洋公海渔业资源养护和管理公约	2012年6月26日 北京 韩国政府	2015年7月19日	2012年6月27日签署，2014年4月24日批准，2015年7月19日对中国生效	暂不适用于香港特别行政区 声明：不受该条约第11条1款和2款的约束
44	关于汞的水俣公约	2013年10月10日 熊本 联合国秘书长		2016年4月28日批准，2016年8月31日交存批准书	

表2　中国加入的国际环境保护议定书

序号	名称	签订日期	国家或国际组织	效力	中国参加情况	备注
1	关于禁用毒气或类似毒品及细菌方法作战议定书	1925年6月17日	各缔约国	现行有效	1952年7月13日对中国生效	
2	干预公海非油类物质污染议定书	1973年11月2日	国际海事组织	现行有效	1990年2月23日交存加入书，1990年5月24日对中国生效	
3	《国际油污损害民事责任公约》的1976年议定书	1976年11月19日	国际海事组织	现行有效	1986年9月29日签署，1986年12月28日对中国生效	

序号	名称	签订日期	国家或国际组织	效力	中国参加情况	备注
4	《国际防止船舶造成污染公约》1978年议定书附则III	1978年2月17日	国际海事组织	现行有效	1994年9月13日交存加入书，1994年12月13日对中国生效	
5	关于《国际防止船舶造成污染公约》的1978年议定书	1978年2月17日	国际海事组织	现行有效	1983年7月1日交存加入书，1983年10月2日对中国生效	声明对公约附则III、IV和V持有保留
6	中华人民共和国政府和美利坚合众国政府水力发电和有关的水资源利用合作议定书	1979年8月28日	美国	现行有效		
7	禁止或限制使用燃烧武器议定书	1980年10月10日	联合国	现行有效	1981年9月14日签署，1982年3月8日批准，1982年4月7日交存批准书，1983年12月2日对中国生效	
8	中华人民共和国水利部水文局和美利坚合众国内政部地质调查局地表水水文科学技术合作议定书	1981年10月17日	美国	现行有效		
9	修正《国际油污损害民事责任公约》的1984年议定书	1984年5月25日	国际海事组织	现行有效	1985年11月22日签署	
10	中华人民共和国煤炭工业部和美利坚合众国能源部化石能研究与发展合作议定书	1985年4月16日	美国	现行有效		
11	中华人民共和国地质矿产部和德意志民主共和国地质部地质合作议定书	1985年10月19日	民主德国（已变更）	现行有效		
12	《南太平洋无核区条约》第二和第三号附加议定书	1986年8月8日	法国、苏联（已变更）、英国和美国	现行有效	1987年2月10日签署，1988年10月21日交存批准书	签署两议定书不意味着改变对《不扩散核武器条约》和《部分禁止核试验条约》的原则立场
13	中华人民共和国林业部和美利坚合众国内政部关于自然保护交流与合作议定书及附件	1986年11月19日	美国	现行有效		
14	关于消耗臭氧层物质的蒙特利尔议定书	1987年9月16日	联合国	现行有效	中国于1991年6月14日加入	

序号	名称	签订日期	国家或国际组织	效力	中国参加情况	备注
15	制止危及大陆架固定平台安全非法行为议定书	1988年3月10日	国际海事组织	现行有效	1988年10月25日签署，1991年8月20日交存批准书、加入书，1992年3月1日对中国生效	
16	中华人民共和国国家气象局和蒙古人民共和国自然环境保护部关于气象科学技术合作议定书	1988年9月12日	蒙古	现行有效		
17	中华人民共和国国家科学技术委员会和德意志联邦共和国联邦研究技术部关于可再生能源领域合作的议定书	1988年12月15日	联邦德国（已变更）	现行有效	1987年2月10日签署，1988年10月21日交存批准书、加入书，1988年10月21日对中国生效	签署两议定书不意味着改变对《不扩散核武器条约》和《部分禁止核试验条约》的原则立场
18	经修正的关于消耗臭氧层物质的蒙特利尔议定书	1990年6月29日，1991年6月21日	联合国	现行有效	1991年6月13日交存加入书，1992年8月20 日对中国生效	
19	关于环境保护的南极条约议定书	1991年6月23日	联合国	现行有效	1991年10月4日签署	
20	修正《国际油污损害民事责任公约》的1992年议定书	1992年11月27日	国际海事组织	现行有效	1999年1月5日批准，2000年1月5日交存加入书，2000年1月5日对中国生效	《设立国际油污损害赔偿基金国际公约》不再适用于中华人民共和国香港特别行政区
21	修正《设立国际油污损害赔偿基金国际公约》的1992年议定书	1992年11月27日	联合国	现行有效	1999年1月5日交存加入书，2000年1月5日对中国生效	
22	中华人民共和国建设部、罗马尼亚公共工程国土规划部合作议定书	1994年4月29日	罗马尼亚	现行有效		
23	中华人民共和国政府和印度共和国政府关于保护虎的议定书	1995年3月2日	印度	现行有效		
24	中华人民共和国水利部与巴西联邦共和国矿产能源部关于小水电合作议定书	1995年12月13日	巴西	现行有效		

序号	名称	签订日期	国家或国际组织	效力	中国参加情况	备注
25	《非洲无核武器区条约》第一、第二议定书	1996年4月11日	法国、俄罗斯、英国和美国	2009年7月15日	1996年4月11日签署该条约第一、第二议定书，1997年7月3日批准，1997年10月10日交存批准书	
26	《防止倾倒废物和其他物质污染海洋公约》1996年议定书	1996年11月7日	国际海事组织	现行有效	2006年6月29日批准，9月29日交存批准书，10月29日对中国生效	
27	中华人民共和国政府和俄罗斯联邦政府关于保护虎的议定书	1997年11月10日	俄罗斯	现行有效		
28	《联合国气候变化框架公约》京都议定书	1997年12月11日	联合国	现行有效	1998年5月29日签署，2002年8月5日批准，2002年8月30日交存加入书，2005年2月16日对中国生效	
29	卡塔赫纳生物安全议定书	2000年1月29日	联合国	现行有效	2000年8月8日签署，2005年4月27日核准，2005年6月8日交存核准书，2005年9月6日对中国生效	暂不适用于澳门特别行政区
30	《国际遗传工程和生物技术中心章程》关于中心所在地的议定书	2007年10月24日	联合国	现行有效	中国默认接受议定书，2008年5月29日对中国生效	
31	关于获取遗传资源和公正和公平分享其利用所产生惠益的名古屋议定书	2010年10月29日	联合国	现行有效	中国于2016年6月8日加入议定书，2016年9月6日起对中国生效	暂不适用于香港和澳门特别行政区
32	《中亚无核武器区条约》议定书	2014年5月6日	联合国	现行有效	2014年5月6日签署，2015年4月24日批准，2015年8月17日对中国生效	

表3 中国加入的国际环境保护公约、议定书的修正案

序号	名称	签订日期	国家与国际组织	效力	中国参加情况	备注
1	《国际防止船舶造成污染公约》及其1978年议定书附则Ⅰ修正案	1978年2月17日	国际海事组织	现行有效	2014年4月1日被视为默认接受，2014年10月1日对中国生效	

序号	名称	签订日期	国家与国际组织	效力	中国参加情况	备注
2	《濒危野生动植物种国际贸易公约》第21条的修正案	1983年4月30日	联合国	现行有效	1988年7月7日交存接受书	
3	《巴塞尔公约》缔约方会议第三次会议通过的第III/1号决定对《巴塞尔公约》的修正案	1995年9月22日	联合国	现行有效	2001年5月1日交存批准书	
4	《关于消耗臭氧层物质的蒙特利尔议定书》蒙特利尔修正案	1997年9月17日	联合国	现行有效	2010年1月30日做出接受决定，2010年5月19日交存接受书，2010年8月17日对中国生效	重申该议定书第五条规定不适用于香港和澳门特别行政区
5	《国际海上搜寻和救助公约》1998年修正案	1998年5月18日	国际海事组织	现行有效	2000年1月1日对中国生效	
6	《关于消耗臭氧层物质的蒙特利尔议定书》北京修正案	1999年12月3日	联合国	现行有效	2010年1月30日做出接受决定，2010年5月19日交存接受书，2010年8月17日对中国生效	重申议定书第五条规定不适用于香港和澳门特别行政区
7	《73/78防污公约》附则I修正案	2003年12月4日	国际海事组织海上环境保护委员会	现行有效	2007年1月1日生效	
8	经修正的经1978年议定书修订的《国际防止船舶造成污染公约》附则II的修正案	2004年10月15日	国际海事组织	现行有效	2007年1月1日对中国生效	
9	经1978年议定书修订的《国际防止船舶造成污染公约》的1997年议定书附件的修正案	2005年7月22日	国际海事组织海上环境保护委员会	现行有效	2006年11月22日对中国生效	
10	《防止倾倒废物和其他物质污染海洋公约》1996年议定书附件1修正案	2006年11月2日	国际海事组织海上环境保护委员会	现行有效	2007年2月8日决定接受，2007年2月10日自动对中国生效	
11	《防止倾倒废物和其他物质污染海洋公约》1996年议定书附件1修正案	2006年11月2日	国际海事组织海上环境保护委员会	现行有效	2007年2月8日决定接受，2007年2月10日生效	
12	经修正的经1978年议定书修订的《国际防止船舶造成污染公约》附则I的修正案	2009年7月17日	国际海事组织海上环境保护委员会	现行有效	2011年1月1日对中国生效	
13	《关于持久性有机污染物的斯德哥尔摩公约》新增列9种持久性有机污染物修正案	2011年4月29日	联合国	现行有效	2013年8月30日批准，2013年12月26日交存批准书，2014年3月26日对中国生效	

序号	名称	签订日期	国家与国际组织	效力	中国参加情况	备注
14	《关于持久性有机污染物的斯德哥尔摩公约》新增列硫丹修正案	2011年4月29日	联合国	现行有效	2013年8月30日批准，2013年12月26日交存批准书，2014年3月26日对中国生效	
15	经修正的经1978年议定书修订的《1973年国际防止船舶造成污染公约》附则Ⅳ的修正案	2011年7月15日	国际海事组织海上环境保护委员会	现行有效	2012年7月1日被视为默认接受，2013年1月1日对中国生效	
16	《京都议定书》多哈修正案	2012年12月8日	联合国	尚未生效	2014年6月3日递交接受书	

表4　中国加入的国际环境保护换文

序号	名称	签订日期	国家	效力
1	中国和日本关于两国渔业协定附件一的二、2的换文	1975年8月15日	日本	现行有效
2	中国和日本关于两国渔业协定第一条第一款的换文	1975年8月15日	日本	现行有效
3	中华人民共和国政府和美利坚合众国政府关于延长中华人民共和国政府和美利坚合众国政府关于美国海岸外渔业协定的换文	1996年6月6日	美国	现行有效
4	中华人民共和国政府和日本国政府关于设立中日民间绿化合作委员会的换文	1999年11月19日	日本	现行有效

表5　中国签署的国际环境保护宣言

序号	名称	签订日期	国家与国际组织	效力
1	关于自然资源之永久主权宣言	1962年12月14日	联合国	现行有效
2	人类环境宣言	1972年6月5日	联合国	现行有效
3	里约环境与发展宣言	1992年6月14日	联合国	现行有效
4	国际清洁生产宣言	1998年9月29日	联合国环境规划署	现行有效
5	约翰内斯堡可持续发展宣言	2002年9月4日	联合国	现行有效
6	中国和欧盟气候变化联合宣言	2005年9月5日	欧洲联盟	现行有效
7	内比都宣言——超越2012：面向新十年的战略发展伙伴关系	2011年12月20日	越南、老挝、柬埔寨、缅甸、泰国	现行有效

表6　中国发表的国际环境保护联合声明、联合公报

序号	名称	签订日期	国家与国际组织	效力
1	中华人民共和国政府和巴西联邦共和国政府关于可持续发展共同议程的联合声明	1996年11月8日	巴西	现行有效
2	中华人民共和国政府和加拿大政府面向二十一世纪环境合作框架声明	1998年11月19日	加拿大	现行有效

序号	名称	签订日期	国家与国际组织	效力
3	中华人民共和国政府和日本国政府面向二十一世纪环境合作联合公报	1998 年 11 月 26 日	日本	现行有效
4	中美环境与发展合作联合声明	2000 年 5 月 19 日	美国	现行有效
5	中华人民共和国政府和比利时王国政府关于在环境领域进一步合作的联合声明	2005 年 6 月 6 日	比利时	现行有效
6	中国、印度、日本、韩国、美国五国能源部长联合声明	2006 年 12 月 16 日	韩国、日本、印度、美国	现行有效
7	中华人民共和国政府和日本国政府关于进一步加强环境保护合作的联合声明	2007 年 4 月 11 日	日本	现行有效
8	中华人民共和国与澳大利亚联邦关于气候变化和能源问题的联合声明	2007 年 9 月 6 日	澳大利亚	现行有效
9	中华人民共和国和法兰西共和国关于应对气候变化的联合声明	2007 年 11 月 26 日	法国	现行有效
10	中华人民共和国政府和日本国政府关于进一步加强气候变化科学技术合作的联合声明	2007 年 12 月 28 日	日本	现行有效
11	中华人民共和国政府和澳大利亚政府关于进一步密切在气候变化方面合作的联合声明	2008 年 4 月 10 日	澳大利亚	现行有效
12	中国和东盟领导人关于可持续发展的联合声明	2010 年 10 月 29 日	东盟	现行有效
13	中欧能源安全联合声明	2012 年 5 月 3 日	欧盟	现行有效
14	第五次中日韩领导人会议关于森林可持续经营、防治荒漠化和野生动物保护合作的联合声明	2012 年 5 月 13 日	韩国、日本	现行有效
15	中英气候变化联合声明	2014 年 6 月 17 日	英国	现行有效
16	中欧气候变化联合声明	2015 年 6 月 29 日	欧盟	现行有效
17	中法两国深化民用核能合作的联合声明	2015 年 6 月 30 日	法国	现行有效
18	中美元首气候变化联合声明	2016 年 3 月 31 日	美国	现行有效

表 7　中国签署的国际环境保护谅解备忘录

序号	名称	签订日期	国家	效力
1	日中渔业协议会代表团致中国渔业协会代表团的备忘录	1965 年 12 月 17 日	日本	现行有效
2	中华人民共和国林业部长和加拿大环境部长关于林业交流和合作谅解备忘录	1981 年 4 月 28 日	加拿大	现行有效
3	中华人民共和国政府和智利共和国政府渔业合作谅解备忘录	1995 年 11 月 24 日	智利	现行有效
4	中华人民共和国国家环境保护局与加拿大环境部环境合作备忘录	1998 年 1 月 16 日	加拿大	现行有效
5	中华人民共和国政府与大不列颠及北爱尔兰联合王国政府环境合作备忘录	1998 年 6 月 17 日	英国	现行有效
6	中华人民共和国国家林业局和加拿大自然资源部关于林业合作的谅解备忘录	1998 年 11 月 19 日	加拿大	现行有效

序号	名称	签订日期	国家	效力
7	中华人民共和国国家发展计划委员会和澳大利亚工业、科学与资源部关于在矿业与能源领域进行贸易与投资合作的谅解备忘录	1999年9月8日	澳大利亚	现行有效
8	中华人民共和国国家发展计划委员会与委内瑞拉玻利瓦尔共和国能源和矿产部能源十年（2001—2011年）合作谅解备忘录	2001年5月24日	委内瑞拉	现行有效
9	中华人民共和国国土资源部与斐济群岛共和国土地和矿产资源部关于在矿业领域合作的谅解备忘录	2002年1月1日	斐济	现行有效
10	中华人民共和国水利部与印度共和国水利部关于中方向印方提供雅鲁藏布江—布拉马普特拉河汛期水文资料的谅解备忘录	2002年1月14日	印度	现行有效
11	中华人民共和国政府和比利时王国政府环境合作谅解备忘录	2002年3月26日	比利时	现行有效
12	中华人民共和国水利部和越南社会主义共和国水文气象总局关于越方向中方提供左江上游汛期水文资料的谅解备忘录	2002年4月4日	越南	现行有效
13	中华人民共和国国家环境保护总局和芬兰共和国环境部环境合作谅解备忘录	2002年5月9日	芬兰	现行有效
14	中华人民共和国国家环境保护总局与瑞典王国环境保护局环境合作谅解备忘录	2002年8月31日	瑞典	现行有效
15	中华人民共和国国土资源部和墨西哥合众国土地改革部关于土地领域合作的谅解备忘录	2002年10月8日	墨西哥	现行有效
16	中华人民共和国国土资源部与哈萨克斯坦共和国能源矿产部关于开展地质矿产和能源合作的谅解备忘录	2002年10月21日	哈萨克斯坦	现行有效
17	中华人民共和国政府和加拿大政府关于向中国西部乡村利用太阳能发电项目谅解备忘录	2003年5月19日	加拿大	现行有效
18	中华人民共和国政府和加拿大政府关于燃煤锅炉减排二氧化碳项目谅解备忘录	2003年5月19日	加拿大	现行有效
19	中华人民共和国国家发展和改革委员会与伊朗伊斯兰共和国石油部合作谅解备忘录	2004年10月28日	伊朗	现行有效
20	中华人民共和国国家发展和改革委员会与巴基斯坦伊斯兰共和国石油和自然资源部谅解备忘录	2004年12月15日	巴基斯坦	现行有效
21	中华人民共和国政府和印度尼西亚共和国政府关于加强基础设施建设和自然资源开发领域合作谅解备忘录	2005年4月25日	印度尼西亚	现行有效
22	中华人民共和国水利部与意大利共和国环境与领土部的合作谅解备忘录	2005年8月1日	意大利	现行有效
23	中华人民共和国国土资源部与印度共和国矿业部关于在矿业领域合作的谅解备忘录	2005年9月15日	印度	现行有效

序号	名称	签订日期	国家	效力
24	中华人民共和国国家发展和改革委员会和巴基斯坦伊斯兰共和国政府石油与自然资源部谅解备忘录（续）	2005 年 12 月 30 日	巴基斯坦	现行有效
25	中华人民共和国国家发展和改革委员会与印度共和国石油天然气部关于加强石油天然气领域合作的谅解备忘录	2006 年 1 月 12 日	印度	现行有效
26	中华人民共和国国家安全生产监督管理总局与澳大利亚联邦工业、旅游和资源部关于煤矿安全合作的谅解备忘录	2006 年 4 月 3 日	澳大利亚	现行有效
27	中华人民共和国国家发展和改革委员会和墨西哥合众国能源部关于能源领域合作的谅解备忘录	2006 年 5 月 20 日	墨西哥	现行有效
28	中奥节能环保领域合作谅解备忘录	2006 年 6 月 6 日	奥地利	现行有效
29	中华人民共和国水利部与摩洛哥王国国土整治、水资源与环境部水务国务秘书处在水资源领域合作谅解备忘录	2006 年 7 月 19 日	摩洛哥	现行有效
30	中华人民共和国国家发展和改革委员会与印度共和国石油和天然气部关于联合勘探、开发、获取第三国油气资源的谅解备忘录	2006 年 12 月 17 日	印度	现行有效
31	中华人民共和国国家发展和改革委员会与日本国经济产业省关于建立双边部长能源政策对话机制的谅解备忘录	2006 年 12 月 17 日	日本	现行有效
32	中华人民共和国国家发展和改革委员会与芬兰共和国贸易和工业部环境合作备忘录	2007 年 1 月 25 日	芬兰	现行有效
33	中华人民共和国水利部和美利坚合众国环境保护局在水资源管理领域合作谅解备忘录	2007 年 3 月 27 日	美国	现行有效
34	中华人民共和国政府和加拿大政府关于中国环境与发展国际合作委员会项目的谅解备忘录	2007 年 4 月 3 日	加拿大	现行有效
35	中华人民共和国国家环境保护总局与智利共和国国家环境委员会环境合作谅解备忘录	2007 年 9 月 20 日	智利	现行有效
36	中华人民共和国国家发展和改革委员会与美利坚合众国农业部及能源部关于合作开发生物燃料的谅解备忘录	2007 年 12 月 11 日	美国	现行有效
37	中华人民共和国国家发展和改革委员会与古巴共和国基础工业部在可再生能源和节能领域开展合作的谅解备忘录	2007 年 12 月 19 日	古巴	现行有效
38	中华人民共和国国家发展和改革委员会与秘鲁共和国能源矿产部关于促进能源和矿业领域合作的谅解备忘录	2008 年 3 月 19 日	秘鲁	现行有效
39	中华人民共和国政府和美利坚合众国政府对旧石器时代到唐末的归类考古材料以及至少250 年以上的古迹雕塑和壁上艺术实施进口限制的谅解备忘录	2009 年 1 月 15 日	美国	现行有效

序号	名称	签订日期	国家	效力
40	中华人民共和国政府与哈萨克斯坦共和国政府关于能源和贷款领域一揽子合作的备忘录	2009年4月16日	哈萨克斯坦	现行有效
41	中华人民共和国政府与美利坚合众国政府关于加强气候变化、能源和环境合作的谅解备忘录	2009年11月5日	美国	现行有效
42	中华人民共和国政府和乌兹别克斯坦共和国政府关于天然气领域合作备忘录	2010年6月9日	乌兹别克斯坦	现行有效
43	中华人民共和国政府和南非共和国政府关于能源合作备忘录	2010年8月24日	南非	现行有效
44	中华人民共和国政府和泰王国政府关于可持续发展合作谅解备忘录	2011年12月22日	泰国	现行有效
45	中华人民共和国政府和日本国政府关于2012年4月29日后销毁中国境内日本遗弃化学武器的备忘录	2012年4月12日	日本	现行有效
46	中华人民共和国政府和大不列颠及北爱尔兰联合王国政府关于加强民用核能领域合作的谅解备忘录	2013年10月15日	英国	现行有效

表8 中国签署的其他国际环境保护法律文件

序号	名称	签订日期	国家与国际组织	效力	中国参加情况
1	国际原子能机构规约	1956年10月26日	国际原子能机构	现行有效	1984年1月1日交存接受书，1984年1月1日生效
2	国际卫生条例	1969年7月25日	世界卫生组织	现行有效	自1979年6月1日起承认该条例
3	国际遗传工程和生物技术中心章程	1983年9月13日	联合国	现行有效	1983年9月13日签署，1986年11月6日交存加入书
4	中华人民共和国和美利坚合众国能源与环境合作倡议书	1997年10月29日	美国	现行有效	
5	中华人民共和国政府与加拿大政府环境合作行动计划	1999年4月16日	加拿大	现行有效	
6	世界自然保护联盟（IUCN）防止因生物入侵而造成的生物多样性损失指南	2000年2月9日	世界自然保护联盟	现行有效	
7	中华人民共和国国家发展和改革委员会与澳大利亚环境和遗产部关于气候变化项目活动框架合作意向书	2006年10月17日	澳大利亚	现行有效	
8	海上事故或海上事件安全调查国际标准和建议做法规则	2008年5月16日	国际海事组织	现行有效	2009年7月1日默认接受
9	中华人民共和国和瑞典王国关于在可持续发展方面加强战略合作的框架文件	2012年4月24日	瑞典	现行有效	

条目分类索引

【总论】

【环境保护基础法律】

【环境污染防治法律】

【自然资源利用与保护法律】

【环境与资源保护专门事项法律】

【环境资源保护相关法律】

【环境保护行政法规】

【地方环境保护法规】

【环境保护国际法律文件】

【外国环境法】

【中国国内环境法案例】

【联合国国际法院环境法案例】

【世界贸易组织（WTO）环境法案例】

【其他国际环境法案例】

【外国环境案例】

条目汉字笔画索引

说　明

一、本索引供读者按条目标题的汉字笔画查检条目。

二、条目标题按第一字笔画数由少到多的顺序排列，同画数的按笔顺横（一）、竖（丨）、撇（丿）、点（丶）、折（㇕，包括 ㄴ く 等）的顺序排列，笔画数和笔顺都相同的按下一个字的笔画数和笔顺排列。第一字相同的，依次按后面各字的笔画数和笔顺排列。

二画

三画

四画

五画

六画

七画

八画

九画

十画

十一画

十二画

十三画

十五画

十六画

条目外文索引

说　明

本索引按照条目外文标题的逐词排列法顺序排列。

D

E

F

G

H

I

J

K

L

M

N

O

P

R

S

T

U

V

W

Others

本书主要编辑、出版人员

社　　长：王新程

首席编审：刘志荣

总 经 理：罗永席

总 编 辑：朱丹琪

副总编辑：沈　建

主任编辑：李卫民

责任编辑：李卫民　韩　睿

编　　辑：张　娣　谷妍妍

装帧设计：彭　杉　宋　瑞

责任校对：任　丽

责任印制：王　焱　郝　明